华东师范大学中文系学术丛书

音韵学
方法和实践

郑 伟 著

上海古籍出版社

本书的研究获以下项目资助：

教育部人文社科规划基金项目"壮泰语古籍与古文字中的汉字音及其历史层次"（17YJA740073）
教育部霍英东教育基金会高校青年教师研究基金（#141101）
2010年度纪念李方桂先生中国语言学研究学会"李方桂田野调查奖"（LFK Fieldwork Award）
华东师范大学"紫江青年学者"岗位科研基金

本书的出版获以下项目资助：

2016年度上海市文化发展基金

三百年来的音韵学所以能成一种有系统有价值的科学，正因为那些研究音韵的人，自顾炎武直到章太炎都能用这种科学的方法，都能有这种科学的精神。

—— 胡适（1891—1962）

若把一个熟习语音学的人和这样一个无工具的研究者比长短，是没法子竞争的。又如解释隋唐音，西洋人之知道梵音的，自然按照译名容易下手，在中国人本没有这个工具，又没有法子。又如西藏、缅甸、暹罗等语，实在和汉语出于一语族，将来以比较语言学的方法来建设中国古代言语学，取资于这些语言中的印证处至多，没有这些工具不能成这些学问。

—— 傅斯年（1896—1950）

目　　录

前言：音韵研究的传统与创新 ················· 001
图表目录 ····························· 001

第一章　中古音述略 ······················· 001
第二章　文献考证方法 ····················· 008
　　第一节　先秦至元明汉语方音的源流 ··········· 008
　　第二节　郭璞《方言·注》"呼姊声如市"的涵义 ····· 024
　　第三节　宋本《玉篇·五音之图》"五音"的涵义 ····· 040
　　第四节　《事林广记》"音谱类"《辨字差殊》的音韵条例 ·· 051
　　第五节　《中原音韵》"微维同音"的涵义及相关问题 ··· 066
第三章　词族比较方法 ····················· 084
　　第一节　从古文字与语言比较论"来"字的音义 ······ 084
　　第二节　从古文献与语言比较论"洗"字的音义 ······ 100
　　第三节　从古文献与语言比较论"咬"字的音义 ······ 111
第四章　译音参证方法 ····················· 117
　　第一节　从域外译音论麻佳同韵的时代性 ········· 117
　　第二节　从域外译音论匣入喻三的地域性 ········· 134
　　第三节　从八思巴字汉译音论重纽唇音字 ········· 151
第五章　语言地理方法 ····················· 169
　　第一节　边界性方言与地理边界的关系 ·········· 169

第二节　通泰方言及邻近吴语的边界性 …………………… 178
　　第三节　苏皖边界吴语方言的元音高化 …………………… 198
第六章　实验/田野语音学方法 …………………………………… 211
　　第一节　威坪徽语的清声化浊及其实验分析 ……………… 211
　　第二节　威坪徽语的内爆音及其实验分析 ………………… 221
第七章　语言类型学方法 …………………………………………… 233
　　第一节　语音演化与演化类型：以边近音[l]为例 ………… 233
　　第二节　地理类型与音变过程：以灰泰入虞为例 ………… 252
第八章　研究方法的综合 …………………………………………… 264
　　第一节　历史音变与方言地理 ……………………………… 264
　　第二节　方音史的研究理论与方法 ………………………… 281
第九章　全书总结 …………………………………………………… 311
　　第一节　内容回顾 …………………………………………… 311
　　第二节　结语 ………………………………………………… 317

名词索引 ……………………………………………………………… 320
主要征引古籍 ………………………………………………………… 326
引用书目 ……………………………………………………………… 329
后记 …………………………………………………………………… 358

前言：音韵研究的传统与创新

传统的中国音韵学，大致包括古音学（先秦韵文、谐声字）、今音学（《切韵》系韵书）、等韵学（《韵镜》、《切韵指掌图》等唐宋韵图）、北音学（元代以后的北方韵书）四个门类。这是按照其处理的基本资料来分的，当然也兼顾了研究资料的时代早晚。如果单从时代来划分，音韵学可以分作上古音、中古音、近代音三个大的分支。为什么没有包括现代音呢？那是因为这里所用的"音韵学"名称，是个狭义的定义，具体地说，研究汉语史文献资料所见的语音现象，才被纳入音韵学的范围。我们知道，音韵学的研究对象是汉语史各个阶段的音韵系统（phonological system），而核心问题是音节（syllable），包括音节结构的类型，声母（initial）、介音（medial）、韵腹元音（main vowel）、韵尾（ending）、声调（tone）等音节成分的性质、演变及其相互影响等。很明显，包括普通话和各大方言在内的现代汉语，同样面临上述问题。因此，音韵（音韵系统/音系）演变的研究范围，不仅包括汉语史不同阶段的音系，也应该包括汉语方言的音系。

按照作者的理解，说到某一门学科的研究传统与创新，不外乎三个层面，一是观念（ideal），二是材料（source），三是方法（method）。就汉语音韵的研究而言，观念层面的传统是经世致用，材料层面的传统是历代古书，方法层面的传统是文献考证。简言之，就是从文献（"读经"）到文献（"解经"）。《白虎通》、《释名》、《说文》等古书中的譬况、合音、声训、读若等材料是为代表。东汉以后，西学（不是所谓"西方"之学，而是"西域"之学）的传入打破了这一传统。反切注音的兴起（周法高《佛教东传对中国音韵学之影响》，载氏著《中国语文论丛》，台北正中书局1963年)、永明"声病说"和近体律诗的产生(梅祖麟、梅维恒《梵文诗律和诗病说对齐梁声律形成的影响》,《哈佛亚洲研究学报》1991年第51期)、四声的发现(陈寅恪《四声三问》,《清华学报》第9卷第2期,1934年),都受到了梵文的影响。中唐以降,《韵镜》等韵图用声韵纵横相配的方法记录汉字音节、用"字母"来统括汉字声母,同样也与梵文的影响不无关系(罗常培《中国音韵学的外来影响》,《东方杂志》第32卷第14期,1935年;李新魁《梵学的传入与汉语音韵学的发展——兼论饶宗颐先生对梵学研究的贡献》,《李新魁音韵学论集》,汕头大学出版社1997年)。反切、韵图都是声韵相配的音节结构分析方法,本质上说都是结构主义。

肇自南宋、盛行于有清三百年的古音学研究,基本上已摆脱经学的樊篱,而逐渐成为一门独立的学科。明代陈第(1541—1617)提出的"时有古今,地有南北,字有更革,音有转移"(《毛诗古音考·序》),标志着汉语音韵研究进入了全新时期。语音是随着时代而变化的,后人读《诗经》,不能因为读起来不押韵而认为"古人韵缓"。以此种认识为前提,音理的探讨才有可能;可以说,这也是达尔文(Charles Darwin,1809—1882)"演化论"在语言学领域的先声。Juliette Blevins《演化音系学:语音类型的涌现》(*Evolutionary Phonology: The Emergence of Sound Patterns*, Cambridge University Press,2004)一书的第二章开头就引了陈第这段著名的话。明末清初的顾炎武(1613—1682),为清代古音学的开山鼻祖。如果说陈第对古音的研究还停留在"仅仅单独辨每字古读某,而不曾比类综合,探本寻源,归纳出古韵的部类分合,仍然是散漫而无系统的知识"(周祖谟《音学五书·前言》,中华书局1982年,第1页)的阶段,那么顾氏不但在古音学领域著述丰硕,开创性地撰成《音论》三卷、《诗本音》十卷、《易音》三卷、《古音表》二卷等,而且其"分部归字虽然借《广韵》韵部名称以为统摄,但并不为《广韵》韵部所囿,而能离析《广韵》,把不同韵的字分隶于古韵两部。如支韵字一半入脂之,一半入歌戈;尤韵字一半入脂之,一半入萧宵;麻韵字一半入鱼虞,一半入歌戈;庚韵字一半入阳唐,一半入耕清。足见用心之细。后来江永、段玉裁步其踵武,擘析更精,成就更大。由此可知:顾氏启牖之功诚不可没"(见前引文,第2—3页)。顾氏用"离析唐韵"(学界惯用此名,《唐韵》即指《广韵》)的方法,指出中古同个韵类所辖各字,上古可能属于不同韵部,上古同个韵部所辖各字,中古可能属于不同韵类,和结构主义的研究方法相合。

胡适先生在《治学的方法与材料》(《胡适文存》三集二卷,亚东图书馆1930年,第188页)一文中说:"科学的方法,说来其实很简单,只不过'尊重事实,尊重证据'。在应用上,科学的方法只不过'大胆的假设,小心的求证'。在历史上,西洋这三百年的自然科学都是这种方法的成绩;中国这三百年的朴学也都是这种方法的结果。顾炎武、阎若璩的方法,同伽利略(Galileo)、牛顿(Newton)的方法,是一样的:他们都能把他们的学说建筑在证据之上。"

在肯定了清代学者科学的治学方法之后,胡氏随即指出了他们在材料上的局限,"顾氏、阎氏的材料全是文字的,伽利略一班人的材料全是实物的。文字的材料有限,钻来钻去,总不出这故纸堆的范围;故三百年的中国学术的最大成绩不过是两大部《皇清经解》而已。……不但材料规定了学术的范围,材料并且可以大大地影响方法的本身。文字的材料是死的,故考证学只能跟着材料走,虽然不能不搜求材料,却不能捏造材料。从文字的校勘以至历史的考证,都只能尊重证据,却不能创造证据。自然科学的材料便不限于搜求现成的材料,还可以创造新的证据。实验的方法便是创造证据的方法。……纸上的材料只能产生考据的方法;考据的方法只是被动的运动材料。自然科学的材料却可以产生实验的方法;实验便不受现成材料的拘束,可以随意创造平常不可得见的情境,逼拶出新结果来。"(见前引文,第196—197页)

胡适在当时鼓吹民主与科学,对清代学术的评价既有中肯之处,同时也不无偏颇。正如上文所述,包括古音研究在内的清代朴学,其成就绝不仅仅限于《皇清经解》而已。文献考证、结构分析都是清代朴学在音韵研究方面值得称道的传统与创新。只不过,材料决定方法,清儒所见的材料有限,所以在方法上已无法再有创新。

就研究材料而言,19世纪末以来有"五大发现":(1)殷墟甲骨文字;(2)敦煌、塞上及西域简牍;(3)敦煌千佛洞的六朝唐人写卷;(4)内阁大库的书籍档案;(5)中国境内的古外族遗文(李零《简帛古书与学术源流》,生活·读书·新知三联书店 2004 年,第 4—5 页)。很巧的是,这五项新材料,对音韵研究都有不同程度的贡献。甲骨文中所见谐声字、西汉简牍所见通假字可用来考证周秦两汉的声韵,敦煌所见诸多唐人韵书残卷可用来作为考订六朝隋唐声韵的重要证据。清廷内府藏宋濂跋和项子京跋等《切韵》(601)版本,更是丰富了学界对中古韵书的认识,尤其是宋跋本,是迄今唯一完整的、时代上最接近陆法言《切韵》的版本。西夏国书、契丹小字、八思巴字等外族古文字古文献,则为宋元辽金时期北方汉语语音的研究提供了标音性的证据。

总的来说,以上所列,仍然属于历史文献材料考证的范畴。下面谨就晚清民国至 20 世纪上半叶中国音韵学研究之传统与创新,以研究方法为纲,逐一检点并加以评述。

一、历史比较

历史比较语言学于 19 世纪中后期在欧洲兴起,标志着语言学成为一门独立的现代学科。在基本观念上,强调语音演变的规律性,如有例外,也是另外的规律在起作用。在研究方法上,强调使用比较的方法,为具有发生学联系的一组语言构拟早期的形式,法国著名语言学家梅耶(Meillet Antoine)说"比较研究是语言学家用来建立语言史唯一有效的工具。我们要观察的是变化的结果,而不是变化本身。所以只有把这些结果结合起来才能追溯语言的发展"(《历史语言学中的比较方法》,岑麒祥译,载《国外语言学论文选译》,语文出版社 1992 年,第 11 页)。在研究材料上,强调了现实语言而不是古代文献的重要性,"即使是最好的文字(书面语言)也不能准确地记录口语的连续变化。文字(书面语言)时常是固定了的,世代相传,它的形式几乎是没有变化的。就是在文字(书面语言)还没有完全固定的时候,书写习惯大体上总要受以前形式的支配——这些形式又不是大家都很熟悉的。……语言的历史是要把语言的状况加以比较才能建立起来的。因为人们在写作的时候,虽然偶然也会或多或少依照当时的口语习惯,但是历代文献所提供的事实,比起那些从来没有人把它记载下来的重大事实,差不多总是不大重要、无关轻重的"(见前引文,第 9—11 页)。

历史比较法在19世纪的印欧系语言的研究中取得了辉煌的成就,"格林定律"(Grimm's law)、"格拉斯曼定律"(Grassman's law)、"维尔纳定律"(Verner's Law)等是其代表。瑞典学者高本汉(Berhnard Karlgren)将历史比较法用于汉语中古音韵的研究,著成《中国音韵学研究》(1915—1926),原书为法文版,由时任国立中央研究院历史语言研究所研究员的赵元任、李方桂、罗常培三位合译成中文,于1940年在商务印书馆出版。该书甫一问世,便在国际汉学界和国内知识界引起了轰动,亦成为中国现代语言学的标志性著作。傅斯年在中文版的序中评价该书时说:"在其前三卷出版后,顿引起列国治汉学者之绝大兴趣,我国人士治语文之学能读法文者,亦无不引为学术上之幸事。盖其综合西方学人方音研究之方法与我国历来相传反切等韵之学,实具承前启后之大力量,而开汉学进展之一大关键也。"高氏在书中援引了三十多处汉语方言,用比较方法构拟中古的声、韵、调系统。因为得了新的材料(现代方言)与方法(历史比较),其学术影响无疑超越了有清三百年。

被誉为"汉语语言学之父"的赵元任,于1927年10月开始进行吴语方言的调查研究,并于次年出版《现代吴语的研究》("清华学校研究院丛书"第四种)一书。梅祖麟《中国语言学的传统与创新》(《学术史与方法学的省思》,台北"中研院"史语所2000年,第482—483页)对该书的评价是:"从书的架构来看,目的是得到吴语方言第一手资料,而且是准备用比较方法来构拟共同吴语的。"我们可以注意到,赵元任在《吴语》一书中,列出了33个调查点,而高本汉的《研究》第四部分"方言字汇"部分,恰好也是33个点(其中三种是日译汉音、朝鲜汉音、安南汉音),这种巧合恐怕是有意为之。非汉语方面,王静如《中台藏缅数目字及人称代名词语源试探》(《史语所集刊》第3本第1分,1931年)比较了汉语、侗台、藏缅诸语言的数词与代词,探讨其共同来源。李方桂《广西凌云傜语》(《史语所集刊》第1本第4分,1930年)根据当时能见到的语料,利用比较方法,提出瑶语与苗语(而不是与泰语)有亲缘关系;"The Hypothesis of A Pre-glottlized Series of Consonants in Primitive Tai"(《史语所集刊》1943年第11本)一文通过对现代侗台语各方言的比较,为古台语构拟了一套带前喉塞音的声母。闻宥《印度支那语族概说》(《边政公论》第1卷第5-6期,1941年)提出了"印度支那语族"假设,将汉语及西南少数民族语言分作西藏缅甸、汉泰两大语系;《印度支那语中双唇鼻声之舌面化》(《说文月刊》1944年第4卷)广征藏、羌、彝、纳西、木雅、瑶、白泰等民族语材料,联系汉语谐声字,探讨了双唇鼻音[m]的舌面化音变。张琨《苗傜语声调问题》(《史语所集刊》1947年第16本)一文通过对苗瑶语方言的历史比较,提出古苗瑶语具有八个声调,阴、阳调类各占一半。王静如在清华大学研究院师从赵元任,张琨早年亦毕业于清华,后在史语所任职,并追随李方桂从事藏缅、苗瑶语言的调查。闻宥虽无史语所背景,但在20世纪三四十年代,他致力于西南边疆地区少数民族语言文字的调查研究,在纳西文、方块壮文、字喃、彝文、羌语等领域均有开创之功。

二、译音对勘

自20世纪初始,欧美汉学家贝利(H. W. Bailey)、劳费尔(B. Laufer)、沙畹(E. Chavannes)、伯希和(Paul Pelliot)、卜弼德(P. A. Boodberg)等,都曾撰文讨论过中国古书里诸如"突厥"、"吐谷浑"、"拓跋"(桃花石)、"撑犁"(天)、"丝"等专名的汉文写法,或者是它们在外语中的对音问题。尤其是伯希和,凭借其对古代西域(即中亚地区)各种外族遗文的熟稔和深厚广博的语文学知识,在该领域发表了一系列成果,还包括像《论古汉语音韵学》(*Sur la phonétique du chinois ancien*)这样的未发表著作[韩百诗(Hambis, Louis)《法国的蒙古学泰斗——伯希和》,《伯希和西域探险记》(耿昇译),人民出版社2011年,第407页]。正如评论者所说,"如果人们想由此而说伯希和从未描述过一种语言状态,那么他就不是一名真正的语言学家。伯希和非常注重对音问题,他觉得,唯有一种严格的对音体系,尤其是那些专用名词或外来词的汉文对音,才可以使人确定在借鉴方面的词汇衔接之真相,而历史的衔接却要依靠语言的衔接。他在此问题也成为一代语音学家和语言学家们的首倡者和先驱"(路易·勒努(Renou, Louis)《伯希和的传奇学术生涯》,见前引书,第350页)。

作为"超级东方学家",伯希和把主要的精力放在了对粟特语、突厥语、吐火罗语、佉卢文、回鹘文、梵文、藏文、阿拉伯文等中亚古代语文的考证上,并没有太多顾及古汉语音韵的研究。即便如此,伯希和、马伯乐(Henri Maspero)

两位在汉学方面的杰出工作,对当时正在全力撰写博士论文的高本汉造成了非常大的压力,以至于他要加快工作的进度,当得知伯希和放弃开设古汉语语音学课程以及伯希和因战争不能担任他的论文答辩主考官后,高本汉为之雀跃不已(马悦然《我的老师高本汉》,李之义译,吉林出版集团有限责任公司2009年,第99—100、132、307页)。

陈寅恪《五胡问题及其他》(《星岛日报》1949年4月3日)曾言及佉卢文Cinstan为"震旦"之读音,又谓羯人语"万"字读若Tman,当借自汉语。虽涉及对音,惜材料零散,结论亦不全面。真正有意识地运用外语译音来做中国古音研究的,当属俄国汉学家钢和泰(Alexander von Staël-Holstein)《音译梵书与中国古音》(《国学季刊》第1卷第1期,1923年)。钢氏指出:"研究各时代的汉字如何读法,有三个重要的材料来源。第一,中国各种方言里与日本安南朝鲜文里汉字读音的比较研究。第二,古字典(《唐韵》之类)里用反切表示汉字的读法,古韵表可以考见韵母的分类。第三,中国字在外国文里的译音,与外国字在中国文里的译音。"这里所说的第一、第三两点,都关乎中外译音。钢氏利用他收集的法天、梵赞诸僧的梵文密咒(Mantras)的汉字译音,印证了高本汉关于《切韵》的构拟,这一观察角度是前人研究中古音时未曾措意的。胡适将其翻译成中文,介绍给国内学界,并引起了一番热烈的讨论。随后汪荣宝《歌戈鱼虞模古读考》(《国学季刊》第1卷第2期,1923年)广采梵汉对音,兼及《史记》、《汉书》至唐宋史籍所见外国专名之译音、日本汉音等,提出"读歌戈收[a]者,唐宋以上之音,读鱼虞模收[a]者,魏晋以上之音。南山可移,此案必不可改"。钱玄同在该文附以跋语,肯定了汪氏对歌戈鱼虞模古读的考证之功,并引《吕氏春秋·重言》里管仲言伐莒时"口呿而不唫"证明鱼部字上古当读开口。王静如《西夏文汉藏译音释略》(《史语所集刊》第2本第2分,1930年)以西夏文、藏文的汉字译音材料为据,结合现代方言,考察宋代西北方音的声韵特点,所揭之语言事实如[m]变[b]、[n]变[d]、[ŋ]变[g]、[aŋ]近似[o]、[eŋ]近似[e]等。罗常培《唐五代西北方音》(史语所专刊1933年)征引《千字文》、《大乘中宗见解》、《金刚经》、《唐蕃会盟碑》等汉藏对音材料及注音本《开蒙要训》,成为利用译音对勘方法研究古音的经典之作。

三、词族比较

古汉语中有大量音近异同的词,诸如"解懈""见现"之类,是为同源词(或称"同族词")。北宋贾昌朝(997—1065)《群经音辨》有感于"近世字书摩灭,惟陆德明《经典释文》备载诸家音训。先儒之学,传授异同。大抵古字不繁,率多假借,故一字之文、音、诂殊别者众,当为辨析",分作五类讨论:一、字同音异,如中和之"中"(陟弓切,平声)与适中之"中"(陟用切,去声);二、字音清浊,如训"屈也"之"折"(之舌切,清声)与训"既屈也"之"折"(市列切,浊声);三、彼此异音,如取于人曰贷之"贷"(他得切,入声)与"与之曰贷"之"贷"(他代切,舒声);四、字音疑混,如"居高定体"之"上"(时亮切,去声)与"自下而升"之"上"(时掌切,上声);五、字训得失,如《说文》训"水凝也,俗作凝"的"冰"(鱼陵切)、"凝"(彼陵切)二字。虽然此书并非探讨音义关联的专著,归类也不尽合理,但所举语例基本均属同源词,因此椎轮之功不可没。

在汉语词源学、词族比较方面有开创性研究的学者,有两位不得不提。一位是杨树达,杨先生1905—1911年间留学日本,既有深厚的旧学根柢,又深受新学影响。杨氏自谓:"我研究文字学的方法,是受了欧洲文字语源学Etymology的影响的。"(《积微居小学述林·自序》)他在文字训诂学方面的研究,充分发挥"因声求义",由声音的联系推求不同字在词义上的关系,进而建立词族。汉语里声韵上有联系的字,除了同声符的谐声字("工江"之类),还有假借字("其箕"之类)、转注字("考老"之类),而另外一大宗就是同族词了。杨氏在这方面的研究,大都汇于《积微居小学金石论丛》(商务印书馆1937年)、《积微居小学述林》(科学出版社1954年)之中。二书内容浩博,不能具引,我们仅从其《积微翁回忆录》(北京大学出版社2007年)的记录中择引数条,以见一斑:

五月廿二日。看《汉书·鲍宣传》。"浆酒霍肉",颜〔师古〕释"霍"为藿叶,于文例不合。余定为臛之假字。《说文》:"臛,肉羹也。"(一九二八年记)

三月十八日。撰《〈庄子〉"意怠""鹠鸲"一鸟说》。|三十一日。《方

言》《广雅》"桓"训忧,王、钱疏皆不得其说。余疑桓与患古音近,古书容当有假桓为患者,故子云有此训,特今日不可得见耳。|七月二十五日。读《说文》,悟慈字当受义于子,兹、子古音同也。慈当训爱子,许〔慎〕但训爱,广泛不切矣。段注亦无所发明。|十月五日。读《说文》,治声训。颣训侧出泉,盖假声为顷,顷为头顷侧也。馨训香之远,殷盖假为迥,迥训远也。(一九三二年记)

另一位是瑞典汉学家高本汉。高本汉于1926年完成了汉语中古音领域的名山之作《中国音韵学研究》后,开始向上古音研究进军,陆续发表的有关论著有:"Le Proto-Chinois, Langue Flexionnelle"(原始汉语为屈折语说,1920)、"Analytic Dictionary of Chinese and Sino-Japanese"(中日汉字分析字典,1923)、"A Principle in the Phonetic Compounds of the Chinese Scripts"(汉字的谐声原则,1925)、"Tibetan and Chinese"(藏语和汉语,1931)、"Shi King Researches"(诗经研究,1932)、"Problems in Archaic Chinese"(上古音中的几个问题,1928)、"The Poetic Parts in Lao-Tsi"(老子韵语,1932)、"Word Families in Chinese"(汉语词类,1933)等。其中最后一种,原本是在《远东博物馆集刊》(*BMFEA*)第五卷发表的长篇论文,后由张世禄先生译成中文,1937年由商务印书馆刊印。高书一上来便开宗明义,阐明其研究汉语词族目的:

> 研究中国语音历史的一个主要目的,是在准备做印度支那比较语言学的基础——所谓印度支那比较语言学,就是把中国语、台语、西藏缅甸语作一种系统的比较,这些语言虽然是歧异的方言,而为亲属的语言确实无疑。可是,依我的见解,这种的研究并不宜于掇拾孤独的中国"语词"而把它们来和孤独的西藏或暹罗语词相比较。其理由是在中国语上并非包含着某某数千独立的单音缀,它们彼此间毫无亲属关系的;中国语里也正和其他一切语言里一样,语词组成许多族类,各类的亲属语词由同一本原的语根所构成的。例如中国语的"目"mi̯ôk(眼睛),如果我们没有先把这

个 miôk 所属的族类建立起来,就不能证明它和西藏语 mig(眼睛)系属同一的。"眸"这个语词,上古音 miôg(瞳睛),它和 miôk 属于同类,确是无疑;也正是相像这个 miôg 乃直接相合于西藏语的 mig 的。

我们把高氏的意思略作概括:(1)上古音的研究是汉藏比较语言学的前期准备工作;(2)不能直接将适用于分析型的印欧系语言的历史比较法直接照搬来研究孤立型的汉藏系语言,而应该注重词族,即对音义相通的同源词的搜集、整理。(3)以汉语"目""眸"为例,二字的差异在于韵尾的清浊,且词义相近,是为同源词,属同个词族;它们与藏语 mig 亦同源。

相较而言,杨、高二人的研究方法都很科学,但实有不同。杨树达先生在 1952 年 8 月 12 日的日记中,谈及其《述林》一书交当时中国科学院审查后的反馈意见,申明了自己研究语源学的方法,归结起来有五点:第一,受欧洲近现代研究方法之影响;第二,既重《说文》,亦重段玉裁、桂馥等清代学者的注解;第三,强调广征语料,不排斥现代语言;第四,尤其重视甲金文字;第五,强调形义密合,从浩瀚古书中发现字词的音义联系,音韵考证倒在其次。概括言之,杨氏注重形义和内证。

高本汉受过西方现代学术的训练,虽然研究范围广涉汉语音韵学、方言学、词典学、文献学、考古学、文学、艺术与宗教等,但其主业无疑是音韵学。所以高氏的立场是"要研究中国的语源学,势必至于进入印度支那比较语言学的范围。而要把中国的语词来和西藏语、暹罗语上的相比较,第一步的工作还须在考定中国上古音。依着中国上古的音读分列中国语词的族类,这就是奠定印度支那比较语言学的基础"(见张世禄《词类》序言)。概括言之:第一,高氏的研究目的,是服务于将来的汉藏比较语言学,而非杨氏只重视词源研究本身;第二,注重音韵考证,而非杨氏的形义联系;第三,高氏援引藏语、台语等印证汉语内部的同源词,而杨氏只用内证;第四,高氏讲求音韵转换规则,比如韵尾辅音交替、声母辅音交替、介音交替、元音交替等,杨氏则不强调同族词之间的音韵关系。

值得一提的是,从杨树达的日记节本来看,他与高本汉于 20 世纪 30 年代

时相过从,互通文字:(皆见前引《积微翁回忆录》)

　　四月六日。访胡适之,见告瑞典高本汉近著《诗经研究》,论及《老子》,称余《老子古义》之美,容当假与余读之。|四月二十九日。访胡适之,见示瑞典高本汉《老子之韵语》论文,中引及《老子古义》,……胡适之旋以此册赠余。|十一月八日。高本汉寄赠论文二篇:一为《诗经古韵》,即前某君见示者;一为纪念蔡元培作者。(一九三三年记)

　　十一月二十三日。瑞典高本汉寄所著《中国语语族》论文来。|十二月三日。高本汉屡赠其著作,以《古声韵讨论集》及《形声字声中有义略证》、《释旇》以下十一篇寄赠答之。(一九三四年记)

　　一月十二日。美国人卜德寄所著《左传与国语》论文来,申证高本汉《左传》非伪书之说,颇有心思。(一九三五年记)

　　二月十九日。瑞典高本汉寄所著论文四册来。中有《古铜器所见之殷周》一首,景印鼎彝甚多。(一九三六年记)

杨、高二人除了互赠著作,也比较重视对方的研究成果。作为中西方词源学研究的大家,也可堪称一段佳话。

四、语音实验

　　在学术取向上,西方现代语音学和中国传统音韵学截然不同,前者偏重实证,依赖于自然科学技术,主要包括生理、物理、心理三个分支;后者偏重主观认知,有人为因素介入,虽然也不乏理性分析和科学判断,但总的来说是经验性学科。北宋沈括《梦溪笔谈》(卷十三)曾记载"颡叫子"的故事:"世人以竹木牙骨之类为叫子,置人喉中吹之,能作人言,谓之颡叫子。尝有病瘖者,为人所苦,烦冤无以自言。听讼者试取叫子令颡之作声,如傀儡子。粗能辨其一二,其冤获申。此亦可记也。"可能是史籍所见中国关于言语病理及矫治的最早案例了。

　　国内学界对于高本汉的《中国音韵学研究》,往往叹服其在音韵史文献考证和现代方言历史比较方面的惊人成就,而该书其实还有一卷"现代方言的描写语音学",高氏指出了一些可以用于语音分析的实验仪器。比如可以用假腭、X 光、探口器来观察元音的发音部位,用音叉、Lioret 仪器来测定元音的音高。高氏说:"我现在所想作的是一个打粗样的工作,就是在没有人到过的树林子去作第一次开荒的麻烦工作,这在印欧语言里是已经早有人作过的了。这种工作得要尽量研究很多中国方言的最重要的音韵特质。虽然要把所有实验语言学的方法都应用到那么大的一个范围里去探讨不是一个人的力量所能作得到的事,但是这种工作至少也必须有个一致的方法,并且,在可能范围之内,还得有一个深切而又不太琐碎的语言学所需要的准确度。"在这段话中,高氏指出了几件重要的事实。第一,印欧语的语音实验已成气候,但汉语及其方言的现代语音学研究则有待开展;第二,实验语言学研究的最佳状态,不是单个人所能完成的,团队协作或者说借助于其他学科(尤其是自然学科)才是成效最好的状态;第三,汉语方言的实验研究必须有赖于全面而深入的田野调查。

刘复(半农)先生是中国现代语音学的奠基人,1925 年他在法国巴黎获得国家文学博士学位。在此之前两年,刘氏发表《实验四声变化之一例》(《国学季刊》第 1 卷第 3 期);前一年,他的博士论文以《四声实验录》为名在上海群益书社出版。是书发明了"乙二声调推断尺",还首次用浪纹计阐明了基频是声调的物理基础,并对北京、南京、武昌、长沙、成都、福州、广州、潮州、江阴、江山、旌德、腾越(今腾冲)等十二处汉语方言的声调作了实验分析,亦对四声问题作了历史性的追溯。《实验录》指出了实验语音学的基本方法,直到今天也句句在理,"实验语音学是附属于言语学范围之内的;他研究时所取的材料是语言,他所以要研究的目的是为着语言。但他研究的方法,却已脱离了言语学而与声学、乐音学、算学相关;所以有许多地方,物理、乐理、数理互相结合"(参见该书引言)。1929 年,刘复在北京大学创立了"语音乐律实验室",是中国最早的专门致力于现代语音学研究的学术机构。1934 年刘复逝世后,改由罗常培先生继续主持该实验室。

20 世纪二三十年代,致力于语音实验研究的另一位大师是赵元任。1922

年,赵氏发表了《五声的标准》(《国语月刊》第1卷第7期)、《中国言语字调底实验研究法》(《科学》第7卷第9期),1924年发表了《语音的物理成素》(《科学》第9卷第5期)。其中《字调》一文应该是中国学者发表的汉语语音实验研究方面最早的一篇论文了。该文先介绍了中国各处方言字调分类的大概,还指出了"从声学来看,辅音最难实验,因为杂声(noise)的声浪最为复杂;元音第二,因这是试验附属音(overtone)的问题;就是字调最容易试验,因为只要晓得基本音高(pitch of the fundamental)的变就行了,并不必细验声浪的形状"。现在实验语音的软硬件、技术手段跟草创时期相比,自然已有了极大的进步,但汉语及民族语言学界似乎仍是对声调的实验研究最多,元音次之,辅音最少。

1924至1925年,赵元任在欧洲访问了多位语言学家、语音学家和他们的实验室。如英国的Lloyd James、Daniel Jones、Stephen Jones和C. K. Ogden,法国的Paul Pelliot和Jean Rousselot、瑞典的高本汉,以及德国的Wihelm Heinitz等教授(赵新那、黄培云编《赵元任年谱》,商务印书馆1998年,第124—127页)。如果说1922年赵氏发表的《字调》是从声学(acoustic)角度的实验分析,那么1935年发表的《中国方言当中爆发音的种类》(《史语所集刊》第5本第4分)一文便是主要从发声(phonation,传统的说法是发音方法)的角度,对汉语方言中的十类爆发音作了讨论。比如吴语里常见的浊音[b d g]不是真浊音,而是清爆发音带上"一大些浊音的送气"的[pɦ tɦ kɦ]。第九类指的是"浊音[b]同时声门有一点紧缩作用",见于上海的郊区、浙江永康等地,第十类见于海南岛的方言,是与第九类同样性质的爆发音,只是可以说前者稍弱、后者稍强,赵氏分别用[ˀb]和[ʔb]来标记。能根据当时的调查材料,作如此细致的分类,除了需要有异常灵敏的耳朵,还需要具备现代语音学的专业知识,恐怕除了赵元任先生,无人能为之。

实验语音学方面,还应提到王力的《博白方音实验录》(1931)和白涤洲的《关中声调实验录》(1934)。《博白》是作者于法国巴黎大学所写的博士学位论文,该文对广西博白方音的十个声调作了详细的实验分析与描写。在《关中》一文中,作者对所调查的关中地区39个县的方音的声调作了分析。

五、语言地理

语言地理学（或者说方言地理学）也是兴起于 19 世纪但与历史比较语言学旨趣不同的研究方法。后者通过对共时语音形式的比较，建立系统对应（systematic correspondence），构拟原始语言。历史比较法意在探讨语言与语言之间的发生学关系，并不关注某个语言是否有方言差异，也没有区分某个语言的书面形式和口头形式的明确意识。共时层面的方言差异，应该在原始语言中反映出来，"我们在印欧系语言间所观察到的差别，有些也可以同时在邻近的语言里找到。这就使我们可以假定：这些差别的出发点在印欧语里是早就存在的"（梅耶《历史语言学中的比较方法》，岑麒祥译，载《国外语言学论文选译》，语文出版社 1992 年，第 43 页）。而且，通过历史比较法所构拟的原始语言里不应该有方言性差异，无视方言的存在，"所以我们不能假定印欧语内部有确定的方言，而只能假定有某些语音上、形态上或词汇上的差别，而且这些差别都各有一定的界限。因此，在共同印欧语的领域里有许多界限把在几个观点上采用各种不同形式的区域划分开来。这些界限，即所谓同语线的彼此之间，只有一部分是互相符合的。……那些因地域而不同的变化，有许多是在共同语时期以后，由于各种穿插进去的创新而产生的。……方言这个概念，无论从哪一方面来看都是相当含混的。所以比较语言学家不能固守着这个概念，而必须另找一个界限比较明确的观察点"（前引文，第 43—45 页）。

瑞典学者 B.马尔姆贝格将方言的研究方法分成两类，"第一种方法是纯粹的方言描写，该方法的最终结果通常是写出若干方言专著，对某一具体地区的语言进行局部的或全部的描写（开始时，描写得最多的是语音或形态，或两者兼而有之）。这种描写方法通常是历史描写法：即根据方言比较古老的形式来解释其当前的种种现象"（《方言学与语言地理学》，黄长著译，中国社会科学出版社 1979 年，第 154 页）。这种描写方言学的研究，以编写方言调查报告为目的，通过选择某个方言的代表点，选择某一个主要发音合作人，记录他/她的方言实际面貌。即使是调查两个或以上的发音人，也必须以某位发音人为准，因为要避免人际差异对方言调查报告"准确性"的干扰。赵元任《现代吴语的研究》（1928）是这方面最早的汉语方言调查报告,其中的很多写法和做法,被后来的方言研究者视为圭臬。"在方言研究中使用的第二种方法就是人们所说的语言地理学或方言地理学的方法,这种方法想必对语言学方法论产生的重要的影响,并用来彻底推翻关于语言史的那些传统观点"(前引文,第 155 页)。

语言地理学的研究方法,对历史比较语言学的新语法学派所提出的"语音规则无例外"假设提出了挑战。1876 年,德国语言学家温克(G. Wenker)用三百个词构成的四十个短句的调查表,对莱茵河地区所做的方言调查显示,每个词项的方言形式,并不能整齐划一地表现出地域性差异。如果用方言地图来表示的话,每个词的反映形式所构成的等语线,无法重合,这说明"每个词都有它自己的历史"。语言地理的研究方法证明了语言变化是复杂多样的,语言历史的研究不能仅仅依靠历史比较法,通过密集的布点及调查,从地理分布差异的角度来勾勒语言变化的细节,是语言地理学对普通语言学的重要贡献。

林语堂早年从事语言学研究,也关注古代汉语方言及其地理分布问题,《汉代方音考》(1925)、《前汉方音区域考》(1927)、《燕齐鲁卫阳声转变考》(1933)、《陈宋淮楚歌寒对转考》(1933)等论文,对西汉扬雄《方言》及其他文献材料所见汉语方言在不同地域的分布及其特点作了诸多探索。1924 年 1 月,北京大学研究所国学门方言调查会成立,林语堂亦是其中一员,并提倡编制方音地图、研究方言语法、进行扬雄式的方言调查(焦立为等《二十世纪的中国语音学》,书海出版社 2004 年,第 67 页),这些工作都与林氏早年致力的古代方言地理研究密切相关。当然严格来说,这样的研究与西方学者倡导的语言地理学研究并不相同,因为后者只处理现代方言材料。

真正用语言地理的方法研究汉语方言的应是比利时贺登崧神父(W. A. Grootaers),贺氏于 1939 年到中国,曾师从周殿福先生学习汉语语言学,后来他到山西大同地区传教,并开始学习和研究当地的方言。1947 年与 1948 年的 7 月至 8 月,贺氏带领学生作了两次田野调查,第一次调查的地点是山西万全县(包括张家口市、万全县城和 93 个村庄),第二次将调查区域扩大至宣化县。在此之前,贺氏已发表《在中国进行语言地理学研究的必要性(其一、方法)》(《华裔学志》1943 年第 3 号),倡导语言地理学研究。可是,当时的汉语研究,主流是以高本汉《中国音韵学研究》、赵元任《现代吴语的研究》为代表的、以历史比较法为基本方法的研究,同时以字音的实地调查或历史研究为基本内容,而不是通过词汇调查获取字音。所以,贺氏的研究并没有得到学界的响应,语言地理的研究方法在国内可以说是被湮没的。贺氏发表的《大同市东南部方言的方言边界线》(《华裔学志》1945年第5号)、《大同市东南部方言中地域性语音变化举例》(《华裔学志》1946年第6号)等文章,是其研究方法的具体实践。贺氏当时任教于北京辅仁大学,他指导王辅世先生完成了硕士论文《宣化方言地图》(上下册,245页,地图35幅,1950年5月),该文自然也是运用语言地理方法研究汉语方言的重要著作,可是直到1994年才在日本正式出版。王辅世后来转攻中国少数民族语言的研究,直到最近《王辅世语言研究文集》(社会科学文献出版社2014年)的问世,这部汉语方言地理方面的早期经典著作才被更多的国内读者看到。

以上主要介绍了本书涉及的五种研究方法在20世纪50年代以前取得的成绩,其他一些方法,要么在中国古已有之(如文献考证),不必赘言;要么很晚才踏入国门(如类型比较),无话可说。总起来说,作者认为,音韵及其演变研究的方法,可以用"存故纳新、融汇中西"八个字加以概括,既有优良传统需要继承与发扬,又有诸多西方现代语言学理论与方法,需要我们加以借鉴、加以创新。

郑伟写于华东师范大学
二零一八年七月三日

图 表 目 录

图 2-1　Kom 语 iku"死"、iʒu"天空"二词的频谱图 ………… 080
图 2-2　Kuteb 语发 u 前 ɹ 的变体 ɹᵛ 时的 X 光图 …………… 081
图 2-3　Ewe 语[左]ɛ̀βɛ̀"人"、[右]ɛ̀vɛ̀"二"的上下唇和下齿的运动
　　　　轨迹 ………………………………………………………… 082
图 5-1　通州方言的元音移变 ……………………………………… 195
图 6-1　威坪镇(汪川村)方言声调格局图 ………………………… 212
图 6-2　发音人 FHL⟨左⟩"边"[bie¹²¹]、发音人 XXY⟨右⟩"刀"[dɐe¹²¹]
　　　　……………………………………………………………… 213
图 6-3　威坪方言阴平、阴去字(单字)的⟨左⟩CPP 值、⟨右⟩H1—H2 比较
　　　　……………………………………………………………… 215
图 6-4　常熟吴语"刀疤"⟨左⟩[tɔ⁵⁵ pu⁵²]、"牙膏"⟨右⟩[ŋa²³ kɔ³¹] …… 216
图 6-5　常熟吴语"山洞"⟨左⟩[sɛ⁵⁵ doŋ³¹]、"姑婆"⟨右⟩[ku⁵⁵ bu⁵²] …… 216
图 6-6　发音人 XHS⟨左⟩"右边"[ji³³ bie²¹]、发音人 XYQ⟨右⟩
　　　　"薄刀₍莱刀₎"[pʰɐe²¹ dɐe²¹] ……………………………………… 217
图 6-7　发音人 XYQ⟨左⟩"书包"[zɯ²¹ pɐe²¹]、⟨右⟩"扁担"[piẽ²¹ tã³³]
　　　　……………………………………………………………… 217
图 6-8　⟨左⟩Sindhi 语带[ɓ]词的空气动力学数据、⟨右⟩Degema 语[b]、
　　　　[ɓ]波形图 ………………………………………………… 225
图 6-9　W1(FHL)"妹"[ɓe³⁵⁴]声波图、宽带语图 ………………… 226
图 6-10　M1"磨"[ɓɯ³⁵⁴]声波、宽带语图 ………………………… 226

图 6-11　M1"貌"[ɓɤ³⁵⁴]声波、宽带语图 …………………………………… 227
图 6-12　M1〈左〉"命"[ɓĩ³⁵⁴]、〈右〉"柄"[pã³⁵⁴]声波、宽带语图 ……… 227
图 6-13　W1〈左〉"吕"[ɗi³⁵⁴]、〈右〉"流"[li²²]声波、宽带语图 ………… 228
图 6-14　发音人 W1〈左〉"马"[mo¹³]、〈右〉"麻"[mo²²]声波、宽带语图
　　　　　………………………………………………………………………… 229
图 6-15　M1〈左〉"灯"[təŋ¹²¹]、〈右〉"凳"[təŋ³⁵⁴]声波、宽带语图 …… 230
图 7-1　边近音[l]的演化类型示意图 ……………………………………… 251
图 8-1　南部吴语麻三字读音的地理分布图 ……………………………… 268
图 8-2　吴语知庄章组字的读音 …………………………………………… 269
图 8-3　吴语见组细音字的读音 …………………………………………… 269
图 8-4　吴语麻三字的读音分布 …………………………………………… 270
图 8-5　吴语四声八调型方言的分布 ……………………………………… 270
图 8-6　吴语小称音的分布 ………………………………………………… 270
图 8-7　吴语全浊声母读音的分布 ………………………………………… 272
图 8-8　吴语影母字读音的分布 …………………………………………… 272
图 8-9　吴语歌韵字读音的分布 …………………………………………… 272
图 8-10　吴语哈、泰韵字读音的分布 ……………………………………… 272
图 8-11　吴语支微入虞型的分布 …………………………………………… 273
图 8-12　吴语"打"字读音的分布 ………………………………………… 273
图 8-13　吴语寒韵字锐钝不分韵且读圆唇韵母的地理分布 …………… 276
图 8-14　几种音变势力在吴语中的强弱推移 …………………………… 278

表 1-1　早期中古汉语声母表 ……………………………………………… 004
表 1-2　早期中古汉语韵母表 ……………………………………………… 007
表 2-1　侗台语各方言"姊"义及相关称谓词的说法 …………………… 033
表 2-2　《玉篇·五音之图》各"音"例字重排表 ………………………… 045
表 2-3　闽北浦城方言非组字的今读音 …………………………………… 056
表 2-4　晋方言非组字和晓组字的今读音比较 …………………………… 059

图表目录

表 2-5	吴闽方言部分止摄见组字的今读音比较	064
表 3-1	侗台语各方言"洗(脸)"的说法	101
表 3-2	苗瑶语各方言"洗手"的说法	104
表 3-3	侗台及南亚语"涮洗"、"漱洗"义词的说法	105
表 3-4	苗瑶语"洗衣"的说法	107
表 3-5	南岛语"洗"义词的说法	108
表 4-1	《广韵》具有麻、佳异读的平、上、去声字	121
表 4-2	南部吴语个别麻、佳韵庄组字的今读音	127
表 4-3	南部吴语麻、佳韵字的今读音	128
表 4-4	闽南方言麻、佳韵字的文白异读	128
表 4-5	北部吴语麻、佳韵字的今读音	129
表 4-6	福州、建瓯及厦门(文读)麻、佳韵字的今读音	130
表 4-7	日译吴音和日译汉音中麻、佳韵	131
表 4-8	其他汉语代表方言麻、佳韵字的今读音	131
表 4-9	吴闽方言"厚後狗"三字的今读音比较	136
表 4-10	中古汉语前后期的介音系统	151
表 4-11	《切韵》时代重纽各韵的拟音	153
表 4-12	闽方言止开三支韵字的读音比较	162
表 4-13	《中原音韵》萧豪韵一二等帮组字	164
表 4-14	大英博物馆藏《蒙古字韵》中的重纽三等唇音字	167
表 4-15	大英博物馆藏《蒙古字韵》中的重纽四等唇音字	167
表 5-1	赵元任《现代吴语的研究》所拟吴音的声母系统	180
表 5-2	赵元任《通字方案》提出的通字声母系统	181
表 5-3	史皓元等拟测的北部吴语通语声母系统	183
表 5-4	史皓元等拟测的北部吴语通语韵母系统	183
表 5-5	笔者提出的拟测北部吴语共同音系时音韵特征的选取标准	185
表 5-6	史皓元等提出的官话检测标准	187
表 5-7	史皓元等提出的官话检测标准(续)	188

表 5-8	《研究》提出的"醉嘴粗"三分的例字及其拟音	189
表 5-9	部分北部吴语"追醉岁碎"、"吹嘴水尿"的读音	190
表 5-10	上海话"追醉岁碎"、"吹嘴水尿"的文白层次	190
表 5-11	南部江淮官话"蚕"、"扇"类字在三个方言里的读音	193
表 5-12	毗陵小片吴语与通泰方言咍、泰、佳韵字的读音	194
表 5-13	皖东南四个吴语韵母系统的音值比较	199
表 5-14	当涂县吴语与周边吴语的元音[i]的舌尖化	202
表 5-15	博望、吴家、新博方言定母齐、脂韵字的今读音	205
表 5-16	博望、吴家、新博、湖阳吴语桓韵字的今读音	207
表 5-17	博望、吴家、新博、湖阳吴语寒韵字的今读音	208
表 5-18	博望、吴家、新博、湖阳吴语效摄字的今读音	208
表 5-19	当涂四个方言仙、元韵字的今读音	209
表 6-1	威坪镇(汪川村)方言的声调系统	212
表 6-2	威坪镇(汪川)与原淳城镇方言声调系统的比较表	222
表 7-1	闽西北方言来母读 s- 的例字	242
表 7-2	通泰方言灰、泰韵合口字的今读音	254
表 7-3	粤北土话灰、泰韵合口字的今读音	256
表 7-4	汉语代表方言灰、泰韵合口字的今读音	261
表 7-5	汉语代表方言灰、泰韵合口字韵母今读的文白层次比较表	262
表 8-1	南部吴语麻三字的今读音	267
表 8-2	赣方言侯韵字的今读音	298
表 8-3	汉语方言支微入虞在声母辅音层面的特点	299
表 8-4	吴方言麻佳同韵的音类及音值表现	301
表 8-5	嘉定方言寒桓侯尤诸韵字的今读音比较	302

第一章 中古音述略

　　本书主要从研究方法的角度，对汉语的历史音韵与方言音韵做专题式的探讨。从所涉及的语言材料的时代来看，基本上都是中古音，偶尔也会涉及近代、上古音的一些问题。众所周知，汉语音韵史研究中相对最重要的部分是中古音，因为中古音上承先秦音，下启近代音及现代方音。现代汉语方言的调查，离不开中古音这一参照系，上古音的探讨也在很大程度上依赖于清代学者提出的"离析唐韵"。下面准备先简单介绍一下中古音系，作为本书接下来讨论音韵问题的参考。

　　本书的目的不是专门讨论各期音系的拟测方案，所以下面只介绍目前若干较有代表性的看法，选取为大多数学者所接受的观点。

　　瑞典汉学家高本汉（1889—1978）的《中国音韵学研究》（*Études sur la phonologie chinoise*，1915—1926）首次用现代语言学的方法，对中古汉语的音系做了系统的构拟，所据资料包括反切、韵图、域外译音、现代方言等。反切材料来自《切韵》、《广韵》一系的韵书，韵图则包括晚唐北宋以后的《韵镜》、《切韵指掌图》等。对于韵图，高本汉不同意法国汉学家 Maspero H.（马伯乐）在"*Études sur la phonétique historique le la langue Annamite*"（《越南语音韵史》，1912）中所提出的"这些表（按：指韵图）并不像是一般人所说的标注作表时代的读音，而是给古字书的读音作分类的"[①]，他认为《广韵》的反切所代表的语言可叫作"中古汉语"（l'ancien chinois），韵图代表的音叫作"近古汉语"（le

---

① 高本汉：《中国音韵学研究》（赵元任、罗常培、李方桂合译），商务印书馆，1940年，第20-21页。

chinois moyen),"在《广韵》出版的时候,非但把相沿下来的反切很忠实的保存着,就是二百零六韵的排列也都因仍旧贯。可是,后来四五百年,语言很有些朝着韵系简化的方向上变动。……所以司马光奉敕作一个字书的指南,就得把有关系的音都归纳成摄,好让人一眼可以全看见……"[1]。高氏虽然没有就此展开讨论,而且其论述也有失实之处,但至少他已经认识到了中古反切、唐宋韵图这两种材料所反映出的语音差异。实际上,罗常培也较早提出"等韵图其作用为审音表,其对象纯为当时之语音"[2]的看法。高本汉还谈到了三类韵图的不同:《韵镜》具有较强拟古性,比如止开三精组字"赀雌慈思"在晚唐以后失去[i]介音读作[ɿ],《切韵指掌图》已列入一等,但《韵镜》还是把它们放在四等[3]。因此《指掌图》在反映实际语音方面比《韵镜》更加明显。再晚一点,到了元代刘鉴的《经史正音切韵指南》(1336),虽然在体例上有沿袭《指掌图》的迹象,但相比之下,两者的若干差异也体现了实际语音的演变,如"庄疮床霜"在《指掌图》、反切都读开口,而《切韵指南》已列为合口,和现在的官话一样了。可见,高本汉已经注意到了反切与韵图形制之间是不完全一致的,两者间的龃龉很大一部分就是由汉语实际语音发展而造成的。

比较明确地将中古汉语分作早、晚两期的,最早可能是周法高(Chou 1961)在一篇会议论文里所提出的主张。周先生分别将其称作 Middle Medieval Period (ca. 600 A. D.- 900 A. D.)和 Late Medieval Period (ca. 900 A. D.- 1200 A. D.)[4]。

加拿大汉学家蒲立本提出将中古汉语分为早、晚两期,并做了系统的构拟。蒲氏认为,作为晚唐标准语的"晚期中古汉语"(Late Middle Chinese,LMC)和以《切韵》为代表"早期中古汉语"(Early Middle Chinese,EMC)并非

---

[1] 高本汉:《中国音韵学研究》,第 21-22 页。
[2] 罗常培:《拟答郭晋稀〈读切韵指掌图〉》,《罗常培文集》(第七卷),山东教育出版社,2008 年,第 412 页。
[3] 高本汉:《中国音韵学研究》,第 22-25 页。
[4] 周法高:"Stages in the development of the Chinese language",《中国语文论丛》,(台北)正中书局,1963 年,第 432-438 页。

前后相继,而是具有平行关系的两个方言①。近来 Branner 对蒲氏的理论提出了批评。蒲氏提出 LMC 的主要证据来自语言学方面,比如李贺、白居易诗歌所反映出的晚唐口语。其他的证据还有:一、慧琳(736—820)《一切经音义》的反切;二、公元 8 世纪以后的对佛经梵文的转写、藏文中的汉字音等;三、域外汉字音,如日译汉音、朝鲜译音、汉越音。前两条在 Branner 看来具有相同的性质,都跟佛教、佛经翻译有关,因此,用反切或转写材料来证实这种音韵分析方法,进而认为它们反映了 8 至 9 世纪的北方口语,有循环论证之嫌;第三条材料只能反映某种外语拼读汉语(而非其固有词)的传统,未必就和韵图音系一致。这就否定了蒲氏关于韵图反映晚期中古汉语的论据。Branner 认为,晚唐标准语存在与否,还需要政治及社会语言学层面的证据,这方面的历史材料最有说服力②。

麦耘曾指出中古韵图的介音系统及其与《切韵》时代的介音系统之间的差异③。黄笑山也主张将中古音分为《切韵》音系、中唐—五代音系两个历史阶段,并且分别讨论了两种音系的不同特点及演变关系④。竺家宁在讨论"中古语音系统"时将魏晋六朝到隋唐这一段称之为"中古前期"⑤,同时在"中古后期语音概述"部分讨论宋代音,可见也有分期的观念。

韵图一方面继承了《切韵》以来未变的一些语音特征,比如帮组读 p-、庄组读 tʂ-、以母读 j-等;另一方面,更多的是,从《切韵》到韵图,众多音类关系、音值表现都有所改变,比如庄、章合并读 tʂ-,云、以合并读 Ø-,纯四等韵字增生-i-介音,支、脂、之、微诸韵合并,入声韵尾-p/-t/-k 开始消变等。

作为拼读反切的工具,等韵图将各个字音按等分列,这种声韵配合表的制

---

① 蒲立本(Pulleyblank E. G.): *Middle Chinese: A Study in Historical Phonology*, The University of British Columbia Press, 1984, p.xiv.
② Branner: "Introduction: What are rime tables and what do they mean?", In Branner D. P. (ed.) *The Chinese Rime Tables: Linguistic Philosophy and Historical-comparative Phonology*, John Benjamins Publishing Company, 2006, p.14.
③ 麦耘:《韵图的介音系统及重纽在〈切韵〉前后的演变》,《音韵与方言研究》,广东人民出版社,1995 年,第 66 页。
④ 黄笑山:《〈切韵〉和中唐五代音位系统》,(台北)文津出版社,1995 年,第 13 页。
⑤ 竺家宁:《声韵学》,(台北)五南图书出版公司,1991 年,第 290 页。

作，一方面依托《广韵》反切，另一方面又在客观上反映了当时的实际语音，表面上看来有若干不一致的地方，其实韵母的"等"和声母的"等"是不同的两个概念。李新魁指出，等韵学中"等"最早来源于翻译佛经对汉语声类发音的标注，主要是发音方法上用来区分的①。稍后从声母的发音部位上来分等，因此通及韵母，声和韵的分等相应合，使整个音节"字"也有了等的划分。如阳韵是三等韵，但并非一定位于韵图三等的位置。知、庄组字列在二等位置，因为知组声母可以和二、三等韵配合，庄组声母的三等韵字列在二等位置，是因为其《切韵》时代的介音发生了改变，到了韵图时代，将其放在二等位置才能与实际语音相符合。有些语音演变在等韵图里有直接的体现，并且有其他语音史材料的支持。例如：一、声母方面。帮、非组和端、知组的明确分化，云、以母并为喻母（分别列于韵图三、四等），庄、章组并为照组。二、韵母方面。止、蟹摄部分字合流，舌尖元音 ï 出现，江、宕摄入声韵读同效摄。至于蒲氏提到的外语译音，作为韵图的旁证，自然也无可指摘。例如韵图将重纽 A 类和重纽 B 类分别置于四等和三等位置，虽然无法据此获知具体音值，但朝鲜译音、汉越音都不同程度地显示出其介音、声母色彩的差异。

下面分早、晚两个时期，简述一下中古汉语的音系。先看早期中古汉语的声母系统（表 1-1）。

表 1-1　早期中古汉语声母表

唇　音	帮 p	滂 ph	並 b			明 m	云 w
软腭音	见 k	溪 kh	群 g			疑 ŋ	
喉　音	影 ʔ			晓 x	匣 ɣ		
舌尖-齿龈音	端 t	透 th	定 d			泥 n	来 l
	知 ṭ	彻 ṭh	澄 ḍ			娘 ɳ	
	精 ts	清 tsh	从 dz	心 s	邪 z		
	庄 tʂ	初 tʂh	崇 dʐ	生 ʂ	俟 ʐ		
舌面前-龈腭音	章 tɕ	昌 tɕh	禅 dʑ	书 ɕ	禅 ʑ	日 ɲ	以 j

---

① 李新魁：《论"等"的起源和发展》，《李新魁自选集》，河南教育出版社，1993 年，第 228 页。

第一章 中古音述略

关于表1-1所列各类声母,还有几点需要说明:

一、俟母独立的原因,是"漦、俟"二字在反切系联上分别与崇母"茌、士"二字对立。尽管字少,而且《玉篇》、《经典释文》等韵书将其归入崇母,此处还是将其分立。

二、晓、匣二母作为擦音声母,其发音部位为舌根-软腭音还是喉门音,学界还有争议。现代南方方言多读[h ɦ],北方官话则因浊音清化而合并为[x]。考虑到《切韵》音系作为早期中古汉语的代表,其音系基础"应当是公元六世纪南北士人通用的雅言。至于审音方面细微的分别,主要根据的是六世纪南方承用的书音"[1]。如果考虑到北方的文学语言,从今论古,晓、匣母拟作舌根擦音[x ɣ]为妥。古人对汉语声母发音部位的命名,有时候显得模糊,"五音"、"七音"之中有些跟现代语音学的理解有些不同。比如见、溪、群、疑母为所谓"牙音",似乎并不准确。唐释守温"三十字母"(巴黎图书馆藏伯希和敦煌写本残卷No.2011)有"心邪晓是喉中音清、匣喻影亦是喉中音浊"的论述,把精组、晓匣影喻等声母都看成是"喉中音",也是有些蹊跷。总之,如果硬要用语音学的术语内涵去套传统音韵学的名目,往往会有矛盾。如果是北方书音在南方的变体,根据历史比较法的原则,不妨将晓、匣母拟作[h ɦ]。

三、《切韵》音系的云、以母在反切行为上不相混,可见是两个独立的声母。以母拟作[j]没有异议,而云母的读法却有[ɣ ɦ ɣj w]等各种观点。[ɣ]的拟音已给了匣母,不宜再用;如果认为[ɣj]是云母的读音,那么云、匣声母相同,只有介音的区别,即使匣、云互补分布(匣母见于一、二、四等,云母只见于三等),也不合理,而且中古音的云、匣相混只是南方音的特点,北方仍然有别。因此,云母拟作[w]最合理,同时也比较容易解释梵汉对音为何作[b](实际音值是[w])、越南汉字音作[v]、现代粤语读[w]等现象[2]。需要注意的是,云、以都是次浊声母,不能仅仅将两者视作以[w]、[j]作为介音的零声母,因为如果都是零声母,应该可以互为反切上字才对,但事实上不是这样。可见,古人也

---

[1] 周祖谟:《切韵的性质和它的音系基础》,《语言学论丛》第五辑,商务印书馆,1963年,第68页。
[2] 黄笑山:《〈切韵〉和中唐五代音位系统》,第32—33页。本书第二章第五小节对"微维"同音问题的讨论也与此有关。

是认为云、以在《切韵》时代不论南北,都是具有不同声母的。所以说,云母[w]、以母[j]首先应该是声母辅音不同,然后再是介音不同。

四、中古南方方言(金陵吴音)的匣母和云母合并,即音韵、方言学界经常说到的"喻三归匣"。本书将这种现象称之为"匣入喻三",即在北方本为舌根擦音的匣母在中古吴越方音变作零声母,与云母[w]合并。既然同为零声母,那么匣母是带有气嗓音(breathy voice)特征的零声母[Ø̇-],云母则是带有合口介音-w的零声母[Ø̇(w)-],详细情况可参看本书第四章第二小节的讨论。

到了中古后期,汉语声母方面的重要变化主要是非组[pf pfh bv ɱ]从帮组分化出来,章组和庄组合并为照组[tʂ tʂh ʂ dʐ ʐ],云、以母合并为喻母[j]等。上文已经提及,不再赘述。

高本汉对《切韵》音系韵母系统的构拟比较复杂,原因是没有采用音位学的观念,对音值近似的韵母元音未做音位归并。本书将中古音韵母主元音的音位处理为/o ɑ a ɛ i ə/等7个。其中/o/的变体包括[o ɤ ɔ],/ɑ/的变体包括[a ɐ],/ɛ/的变体包括[e ɜ æ],/ə/的变体包括[ɨ ɯ]。

下面再看音位化了的早期中古汉语的韵母系统(见表1-2)①。

关于表1-2所列各类韵母,还有几点需要说明:

一、介音系统。-0-表示一等韵不带介音,-w-为合口介音,-r-为二等韵介音,-j-为三等韵介音。

二、韵母主元音的拟定原则是"韵尾相同的前提下,不同韵即不同主元音"。

三、臻(栉)韵放在两处,是因为该韵庄组字的平、入声与上、去声字读音不同,臻(栉)韵字是从真(质)韵字中分化而来的。具体的分化原因跟庄组声母的翘舌性质有些关系,但对于声调的取舍条件(即为何只有平、入二声字独立出来),目前还不好解释。

四、纯四等韵字的主元音为-e,不带-i-介音。"齐萧先添青"五韵分别拟作[ei eu en em eŋ]。

---

① 表1-2的韵母分类及其拟音可参看麦耘《音韵学概论》(江苏教育出版社,2009年,第70-71页)的方案,局部有所改动。具体的改动理由,另外再做详论,此处不赘。

第一章 中古音述略

五、寒桓、歌戈、真谆三类韵，《切韵》(601)时代两两不分，即只有开合介音的不同，《广韵》(1008)则两两独立，演变为不同的主元音。表1-2因为是早期中古音音系，所以还是合在一起。

表1-2 早期中古汉语韵母表

韵腹	韵尾介音	-0	-i	-u	-ŋ/-k	-n/-t	-m/-p
u	-w- -jw-	模	灰		东二/屋二 东三/屋三	魂/没 文/物	
o	-0- -r- -j(w)-	鱼ɤ 虞	废		冬/沃ɔ 江/觉ɔ 钟/烛		
ɑ	-(w)- -j(w)-	歌戈二 戈三	泰	豪	唐/铎	寒桓/曷末	谈/盍
a	-r(w)- -j(w)-	麻二 麻三	夬	肴	庚二/陌二 庚三/陌三	删/鎋	衔/狎 严/业
ɛ	-0- -r- -j(w)-	佳æ 支e	齐e 皆佳æ 祭	萧e 宵	青/锡e 耕/麦æ 清/昔	先/屑e 山/黠æ 仙/薛	添/帖e 咸/洽æ 盐/叶
i	-j(w)-	脂		幽		真谆/质术 臻/栉ɪ	侵/缉
ə	-0- -r- -j(w)-	咍 之	哈 微ɯ	侯 尤	登/德 蒸/职ɨ 阳/药ɐ	痕 元/月ɐ 欣/迄ɯ	覃/合 凡/乏ɐ

第二章 文献考证方法

第一节 先秦至元明汉语方音的源流

一、先秦两汉时期

汉语自古以来就有语言或方言的不同。《礼记·王制》曰:"五方之民,言语不通,嗜欲不同。"甲骨文的材料显示,殷商汉语和《诗经》《楚辞》的语言无疑是具有传承关系的。甲骨卜辞记录的主要是王室的占卜文字,虽然卜问格式比较固定,但由于卜问的事情纷繁多样,因此内容还是颇为丰富的,能够反映社会生活的诸多方面,兼具史料和语料两方面的价值。此外,甲骨文还有部分为记事刻辞,记录田猎、征伐、朝觐等。根据古文字学家的观察:"商代人在使用书面语言方面实际上已经达到的水平,无论在文字的篇幅上,或是在记叙事实和表达思想感情的技巧上,无疑都会高于甲骨卜辞的水平。"[①]陈梦家也指出:"卜辞是研究中国语法史的最早的一宗资料,可以从它开始研究汉语语法发展的规律。"[②]

甲骨文时代的语言是否具有方言性?这个问题至今没有引起学界足够的重视。Takashima & Yue 两位通过对甲骨文材料的详细考察,从历史语法的角度,指出商代汉语的双宾语句式(the double-object structure)有两种不同的

---

① 裘锡圭:《甲骨卜辞》(为《中国大百科全书·中国文学》写的词条之一),《裘锡圭学术文集·杂著卷》(第六卷),复旦大学出版社,2012年,第244页。
② 陈梦家:《殷虚卜辞综述》,科学出版社,1956年,第85页。

语序,此乃方言混合(dialect mixture)或外部影响的结果,类似的现象在现代香港粤语中也能见到①。可惜,商代甲骨文材料并未透露出明确的音韵演变的方言性的信息。

俞敏曾经证明,汉、藏两族不但由同一母系氏族派生而来,语言上也有同源关系②。《国语·晋语四》说:"昔少典娶于有蟜氏,生黄帝、炎帝。黄帝以姬水成,炎帝以姜水成。成而异德,故黄帝为'姬',炎帝为'姜'。"姬、姜的语言可以视作不同部族所用同一种语言的不同方言。《后汉书·西羌传》说:"西羌之本,出自三苗,姜姓之别也。"可见姜、羌又是同源的,"羌"*khjaŋ、"姜"*kjaŋ 的上古音也非常近。《帝王世纪》说:"伯禹夏后氏,姒姓也……字高密……长于西羌……夷人也。"藏、羌本属同枝,《旧唐书·吐蕃传》说:"吐蕃……本汉西羌之地也……于羌中建国。"俞敏又从语音、词汇、语法(虚词、词类、词组、词序)等不同角度论证了东齐语和藏语的同源关系③。种种证据表明,汉语和藏缅语具有发生学关系是可以相信的。

另一方面,即便承认汉藏同源,也应该看到,华夏民族所操的书面语言,即所谓"雅言",可能是汉族与戎、夷等民族共同使用的交际工具,而在口语层面,不同民族间的差异还是可以存在的。《论语·为政》:"殷因于夏礼,所损益可知也;周因于殷礼,所损益可知也。"《论语·述而》:"《诗》、《书》、执《礼》,皆雅言也。"可见,夏、商、周三代在语言和文化上是有继承关系的。《左传·襄公十四年》:"我诸戎饮食衣服不与华同,贽币不通,言语不达,何恶之能为,不与于会,亦无瞢焉,赋《青蝇》而退。"可见戎人有自己的语言,同时能使用诸夏官方的"雅言"。夏、商、周三代在语言、文化、习俗等方面的传承,传世文献中还有不少记载。如:

---

① Takashima, Ken-ichi and Anne O. Yue: "Evidence of possible dialect mixture in Oracle-Bone inscriptions", In Ting Pang-hsin and Anne O. Yue (eds.) *Memory of Professor Li Fang-kuei: Essays of Linguistic Change and the Chinese Dialects*, Institute of Linguistics (Preparatory Office), Academia Sinica and University of Washington, 2000, pp.1-52.
② 俞敏:《汉藏两族人和话同源探索》,《北京师范大学学报》1980年第1期,第45-53页。
③ 俞敏:《东汉以前的姜语与西羌语》,《民族语文》1991年第1期,第1-11页。

(1) 载,岁也。夏曰岁,商曰祀,周曰年,唐虞曰载。(《尔雅·释天》)

(2) 禘,大祭也;绎,又祭也。周曰绎,商曰肜,夏曰复胙。(《尔雅·释天》)

(3) 夏曰校,殷曰序,周曰庠;学则三代共之。(《孟子·滕文公上》)

(4) 夏后氏五十而贡,殷人七十而助,周人百亩而彻。(《孟子·滕文公上》)

(5) 爵,夏后氏以琖,殷以斝,周以爵。(《礼记·明堂位》)

(6) 夏后氏世室,堂修二七,广四修一。(《周礼·考工记·匠人》)(蔡邕《〈明堂月令〉章句》:"明堂者,天子大庙,所以祭祀。夏后氏世室,殷人重屋,周人明堂。"世室亦即太室。)

"雅"、"夏"二字在文献中多相通。《左传·襄公二十八年》提到的"公子雅",《韩非子·外储说右上》作"公子夏"。近年出土郭店楚简《孔子诗论》大小雅的"雅"作"夏",《墨子·天志下》引"大雅"也作"大夏"。《荀子·荣辱篇》曰"譬之越人安越,楚人安楚,君子安雅",《荀子·儒效篇》"居楚而楚,居越而越,居夏而夏","雅"则写作"夏"字。王先谦《集解》引王引之:"'雅'读为'夏',夏谓中国也"。"中国"古即指中原,按"夏"不但指中原,而且指夏地的习俗和语言。住在中原就习染夏人的习俗语言,那么中原之所以称夏,自然和这里是夏人的故地有关系。

西周、东周时期的金文有一部分为有韵铭文,将其与上古韵部比较后可以发现,两周金文在用韵上比较统一,而且并没有显著的方言差异,可见它是一种典型的书面语言。金文并非对日常用语的记录,而是主要在朝廷、宗庙记载一些严肃的重大事件,典雅庄重,与《诗经》"大雅"、"颂"类似。另一方面,研究表明,虽然语音方面的地域差异不显著,但是在词汇上却有一些方言不同的迹象。例如,楚系金文中的"媰"(用作女性长辈称谓)、"筓"(用作量词)、"柰"(表示月、月份)三个词都来自古楚语,而且还保留在一些现代南方汉语方言或侗台、苗瑶等南方少数民族语言中①。

《诗经》收集了 305 首西周初年(公元前 1000 年)至春秋中期(前 600 年)

---

① 郭必之:《金文中的楚系方言词三则》,《东方文化》1998 年第 36 期,第 104–115 页。

由官方采集的诗,具体包括了十五国风(160 首)、小雅(74 首)、大雅(31 首)和颂(分为周、鲁、商三部分,共 40 首)几个部分。就方法论而言,承认《诗经》在押韵习惯上的一致性,才能作为上古音研究的基本资料。章太炎的看法很有见地①:

> 或疑古韵不同于今韵,就古韵言,亦必有方音不同,何以十五国风韵皆一律?且古时未有韵书,而用韵皆能一致,此最不可解者。答曰:古无韵书,即以官音为韵书。今之官音,古称雅言。……国风异于谣谚,据《小序》说,大半刺讥国政,此非田夫野老所为,可知也。其他里巷细情,民俗杂事,虽设为主客,托言士女,而其词皆出于文人之手。观于汉、晋乐府,可以得其例矣。田夫野老,或用方言,而士大夫则无有不知雅言者。故十五国风不同,而其韵部相同。

章太炎的意见是,《诗经》押韵之所以没有受方言不同的影响,就因为用的是雅言。只是既然是民间歌谣,作为庶民百姓的口头文学形式,用雅言来押韵,总觉得有些奇怪。从语言的局部特征来看,有各地方言成分的渗入应该是事实。比如有学者指出,冬侵两部在东土之诗分为二部,西土之诗合为一部;脂微两部西土之诗多合用,而东土之诗多分用等②。郭沫若的看法与之不同,郭氏认为十五《国风》是因为经过了孔子的删改整理,才出现了格律齐整的局面③:

> 大率古时白话的土俗歌谣是不遵守一定的格律的,而一到诗人手里,要经意做作起来的时候,便立地为四言格律所限定了。《国风》应该有大部分是民间歌谣,然也多是守着格律的,我相信是经过了孔门的删改。

---

① 章太炎:《论语言文字之学》,《国粹学报》1906 年第 24、25 期;引自章念驰编:《章太炎演讲集》,上海人民出版社,2011 年,第 11-12 页。
② 王健庵:《〈诗经〉用韵的两大方言韵系——上古方音初探》,《中国语文》1992 年第 3 期,第 207-212 页。
③ 郭沫若:《屈原研究》,1942 年;《郭沫若全集·历史编》(第四卷),人民出版社,1982 年,第 52-53 页。

《国风》所采集者十余国,《雅》《颂》所概括者数百年,而诗之音韵格调无地方色彩与时代差异,即此便足以证明,《诗》是经过整齐划一的工作的。时当在春秋与战国之交,人当不限于一人。

很显然,包括《国风》在内的《诗经》的语言基本上可以说是同质的,这一点从明末清初的顾炎武,直到民国的章太炎、黄侃等从事上古音研究的学者,已经做了很好的证明。至于押韵系统的规律性形成的原因,是雅言还是人为所导致的,从目前的材料来看,还没办法说定。

南方汉语最早形成的是楚语,它于先秦时期已经存在,其他方言都是秦汉以后在楚语、北方通语的基础上形成的。先秦典籍里有颇多关于"楚语"的记载。如《孟子·滕文公下》:"孟子谓戴不胜曰:'子欲子之王之善与?我明告子。有楚大夫于此,欲其子之齐语也,则使齐人傅诸?使楚人傅诸?'曰:'使齐人傅之。'曰:'一齐人傅之,众楚人咻之。虽日挞而求其齐也,不可得矣;引而置之庄岳之间数年,虽日挞而求其楚,亦不可得矣。'"这段话很清楚地说明了当时齐、楚方言的不同。

先秦两汉传世文献记载的一些古代方言词,需要借助亲属语言或邻近语言的材料,相互比勘,才能做好语源学(etymology)的工作。闻宥对传世文献中的动物名"适/麌"(黑鹿)、族名"骆越/摇越/瓯越"等语词的考证①,严学宭对古楚语中遗存的"芈"(熊)、"煤"(火也)、"嫷"(美也)等少数民族语词的探源②,都是非常有启发性的工作。张永言对"貔/豼"、"铩/槎"、"於菟/麟"等非汉语词的语源也发表了令人信服的看法③。《左传·宣公四年》:"楚人谓乳'穀',谓虎'於菟',故命之曰斗穀於菟。"清儒王念孙《广雅疏证》云:"单言则曰虎,重言则曰於菟,虎与於菟声相近。"王氏作为乾嘉学派的代表人物之一,长于文献考据,其学术成就令人钦佩。但古音"虎"为喉擦音,"菟"为齿龈塞音,发音部位和发音方法都差得很远;用单言、重言(重叠)来解释两者,更是缺乏

---

① 闻宥:《黑鹿释名》,《民族语文》1979 年第 1 期,第 21 - 24 页;《族名小考》,《中央民族学院学报》1981 年第 3 期,第 53 - 55 页。
② 严学宭:《论楚族和楚语》,《严学宭民族研究文集》,民族出版社,1997 年,第 378 - 403 页。
③ 张永言:《语源札记三则》,《民族语文》1983 年第 6 期,第 23 - 25 页。

确凿证据。张永言指出,"於菟"的"於"只是前缀音,并无实义,《方言》卷八:"虎,……江淮南楚之间……或谓之於䖘。"郭璞注:"今江南山夷呼虎为䖘,音狗窦。"藏文 stag(虎)、现代藏语 ta 与"菟"、"䖘"的上古音正相合,可见"菟"只是个方言标音字,其词源应从藏缅语寻绎[①]。

先秦两汉的传世文献中,尚有不少古楚语词,经过比较语言学的分析,可以证明来自古代的非汉语,如藏缅语、侗台语、苗瑶语等。例如[②]:

(1)"寱"*njagx,《说文·寱部》:"楚人谓寐曰寱。"比较:藏文 ɲal、阿力克藏语 ɲa"睡觉"。

(2)"跖"*skljak,同"蹠"。《说文·足部》:"楚人谓跳跃曰蹠。"比较:嘉戎语 ka mtsak、木雅语 tə^{55} tsɐ^{33}、史兴语 tsa^{53}"跳(～远)"。

(3)"莽"*magx/*maŋx,《方言》卷十三:"苏、芥,草也……南楚江湘之间谓之莽。"比较:缅文 mrɑk、浪速语 maŋ^{35}、载瓦语 maŋ^{21}、怒苏怒语 mɹa^{53}"草"。

(4)"銛"*djug,《淮南子·齐俗》高诱注:"楚人谓刃顿为銛。"比较:缅文 tum^3、阿昌语 təm^{35}、仙岛语 tum^{31}、南华彝语 me^{21} du^{21}"钝(刀～)"。

(5)"潭"*dam,《说文·水部》:"潭,水。出武陵镡成王山,东入郁林。"比较:傣拉语 tham^1、龙州壮语 thum^1、仫佬语 lam^2、水语 ndam^1"池塘"。

(6)"哈"*həg,《楚辞·九章·惜诵》:"行不群以颠越兮,又众兆之所哈。"王逸注:"哈,笑也。楚人谓相啁笑曰哈。"比较:泰语 huə^1、版纳傣语 xo^1、龙州壮语 hu^1"笑"。

(7)"燥"*sugx,《诗经·周南·汝坟》:"鲂鱼赪尾,王室如毁。"唐陆德明(约550—630)《经典释文》:"楚人名火曰燥。"比较苗瑶语各方言:江底 tou^4、湘江 təu^4、罗香 tou^4、长坪 tau^4、览金 tɔu^4、东山 təu^4、三江 teu^4、大坪 tu^4。声母 t-是由更早的咝擦音 s-塞音化而来的。

此外,民族史学界的研究也表明:"江汉之间以及汉淮之间,正是古藏缅语、古壮侗语、古苗瑶语与夏言、楚言接触交流的中心。由此,在楚言里有其他

---

① 张永言:《语源探索三例》,《中国语言学学报》第3期,商务印书馆,1988年,135-149页。
② 郑伟:《先秦两汉文献所见楚语词札记》,《汉语史学报》第11辑,上海教育出版社,2011年,第241-248页。如无特别说明,本节所涉汉语上古音均采用李方桂《上古音研究》(商务印书馆,1980年)的拟音体系。

语言的成分是势所必至的。"①

先秦两汉典籍还经常提到"越语"一词。古越语通行于春秋时期的吴越两国。《吕氏春秋·知化》:"吴王夫差将伐齐。子胥曰:'不可。夫齐之与吴也,习俗不同,言语不通,我得其地不能处,得其民不得使。夫吴之与越也,接土邻境,壤交道属;习俗同,言语通,我得其地能处之,得其民能使之。越于我亦然。'"可见吴、越两国语言相通,但与齐国不同。刘向《说苑·善说》记载了鄂君子皙听不懂越人歌,"乃召越译,乃楚说之"。可见古越语与古楚语也不相同,需要专门翻译才能通话。吴国王族可能是周的同姓,所操的语言应是汉语,而一般民众所说的越语今天看来应是侗台语(非汉语)。《越人拥楫歌》、《勾践维甲令》等传世文献,是用汉字来标写古越语的语音,因此需要通过和现代侗台语的比较才能正确释读。

著名学者王国维曾于1925年在"古史新证"课上提出以"地下之新材料""补正纸上之资料"的"二重证据法"。探讨中国古代方言,如果能够将出土文献与传世文献相互发明,无疑可以加深我们对汉语史(包括古代汉语方言)的认识。20世纪50年代以后各地陆续有竹简帛书出土,其中信阳楚简、九店楚简、望山楚简、包山楚简、郭店楚墓竹书、上海博物馆藏楚竹书、河南新蔡葛陵楚简、清华大学藏战国楚简等楚地出土文献,都是研究战国楚方言音韵、词汇、语法的重要资料。

以音韵层面为例,最重要的工作自然是确认某项音变特征有别于中原通语,同时只存在于楚方言,或者至少是只在楚方言中有很明显的表现。包括战国、秦汉楚系简帛资料在内的出土文献,是探讨古楚语音系的重要材料,但其中有哪些反映通语、哪些反映方言,并不容易判断,因此需要将其与反映古楚语的传世文献结合来看,比如《老子》、《楚辞》、宋玉赋、《庄子》、《淮南子》的韵文等。和韵母相比,声母的探讨能依靠的材料相对少一些,无法依靠韵文,而只能从通假、假借、异文、谐声等角度加以考察。

以声母为例,据赵彤的考察,楚方言比较明显的特点有:(1)唇音 p-/ph-

---

① 张正明:《楚文化史》,上海人民出版社,1987年,第100页。

与唇化舌根音 k^w-/kh^w-的交替,如"古浦"、"古父"、"笸肤"、"吾抚"、"言纺"、"爻貌"等;(2) 唇音 m-和晓母 x-的交替,如"昏闻"、"昏问"、"悔母"、"昏岷"、"海母"等;(3) 鼻音(泥 n-、娘 ɲ-、日 ȵ-)与次清声母(透 th-、彻 tʰ-、书 ɕ-、心 s-)的交替,如"愿匿"、"态(態)能"、"需儒"、"身仁"、"摄囡"、"宠龙"等;(4) 舌根鼻音 ŋ-与擦音晓母 x-、生母 ʂ-交替,如"午许"、"义(義)牺(犧)"、"谑虐"、"化讹"、"色疑"、"疏疋"等①。

楚系简帛所见古楚语语法的研究近年来也有不少值得注意的成果,如日本学者大西克也对连词"及"、"与"在秦系、楚系不同地域性质文献中的分布等所进行的研究②。

就词汇、语法层面来说,战国楚方言的探讨,除了要从出土文献中搜求可用的资料,有时还需要跳出通假、异文等汉语内部材料,结合活的现代语言(少数民族语言、汉语方言),从而对楚系文字做语言学的分析。比如林虹瑛等、毕鄂、郑伟等学者都从不同角度注意到了楚系简帛中写作上"羽"下"能"的字,从其所出现的语境、出土文献与传世文献的异文对照来看,应该是个以"能"为声符的形声字,同时在语义上应该解释为"一"③。郑伟还详细说明了"䨙"字的句法功能及其与"一"字在用法上的异同,至少包括以下四点④:

(1) 作为专有名词(如"太一生水"),通常只写作"一"而不写作"䨙";
(2) 确切用做数词,特别是不与其他数词相对使用时,一般也不写作"䨙",如"一逝一来"(《郭店楚简·语丛四》,简 21)、"三雄一雌,三呱一媞,一王母保(抱)三嬰婗"(《郭店楚简·语丛四》,简 26、27);
(3) "一"表示动量时写作"䨙",如"疾䨙续䨙已"(《新蔡楚简》甲一:22;

---

① 赵彤:《战国楚方言音系》,中国戏剧出版社,2007 年,第 50 - 61 页。
② 大西克也:《马王堆帛书〈五十二病方〉的语法特点》,湖南省博物馆编:《马王堆汉墓研究文集——1992 年马王堆汉墓国际学术讨论会论文选》,湖南出版社,1994 年,第 125 - 131 页;又《并列连词"及"、"与"在出土文献中的分布及上古汉语方言语法》,郭锡良主编:《古汉语语法论集》,语文出版社,1998 年,130 - 143 页。
③ 林虹瑛等:《战国文字「䨙」について》,《开篇》(日本)2004 年第 23 期,71 - 75 页;毕鄂(Behr Wolfgang):《楚语管窥》,"上古汉语构拟国际学术研讨会"论文,复旦大学中文系,2005 年;郑伟:《古代楚方言"䨙"字的来源》,《中国语文》2007 年第 4 期,第 378 - 381 页。
④ 郑伟:《古代楚方言"䨙"字的来源》,第 380 页。

《新蔡楚简》甲三：284)；

(4) 表示抽象的"完整、始终、一以贯之"之类的意思时，多写作"龏"，但有时也可写作古文"弌"，如《郭简·五行》"其仪一也"在《郭店楚简·缁衣》作"其仪弌也"。

另外，根据我们的观察，目前还没看到楚简里把第(3)、(4)种环境下出现的"弌"直接写作"一"的，这说明楚简里的"一"、"弌"用法也可能有别，而"弌"、"龏"的用法则应该接近。不少古文字学家认为该字和"一"、"弌"音近，可以通假，但实际上泥母蒸部[*nuŋ]、影母质部[*qid]之间语音关系相近的观点是很难让人信服的；相反地，如果注意到作为古楚语底层语言的侗台语里的数词"一"读音就是[nən]，那么我们就无须拘泥于汉语本身的材料来解释该字的语源。

西汉扬雄《方言》(全称为《輶轩使者绝代语释别国方言》)无疑是记录秦汉方言的重要资料。林语堂很早就对《方言》做了现代语言学意义的研究，他根据该书将西汉方言分为十四个区系：(1) 秦晋，(2) 梁及楚之西部，(3) 赵魏自河以北，(4) 宋卫及魏之一部，(5) 郑韩周，(6) 齐鲁，(7) 燕代，(8) 燕代北鄙朝鲜洌水，(9) 东齐海岱之间淮泗(亦名青徐)，(10) 陈汝颍江淮(楚)，(11) 南楚，(12) 吴扬越，(13) 西秦，(14) 秦晋北鄙[①]。后来历史学家严耕望也做过类似的研究，其分区的数目、名称及内涵与林语堂早期对《方言》所做的方言地理的分区分析大同小异[②]。美国学者司礼义神父(Serruys P.)发表过扬雄《方言》研究的专著，从诗文用韵、谐声系统、假借等方面讨论了先秦语音的重构，同时对方言地理、方言音韵等也有所涉及[③]。丁启阵对《方言》的材料分析更加细致，除了谈到方言区划、方言地理等，还对《方言》的标音材料、合韵情况、汉代方言字、《方言》郭璞注等具体问题做了详细讨论[④]。

---

① 林语堂：《前汉方音区域考》，1927年；《林语堂名著全集·语言学论丛》(第十九卷)，东北师范大学出版社，1994年，第14-41页。

② 严耕望：《扬雄所记先秦方言地理区》，(香港)《新亚书院学术年刊》1975年第17卷，第37-56页。

③ Serruys Paul：*The Dialects of Han Time according to Fang Yan*，University of California Press，1959.

④ 丁启阵：《秦汉方言》，东方出版社，1991年。

东汉刘熙《释名》记载了"天"字在青徐一带读舌头音(坦也),豫司兖冀一带读舌腹音(显也)。《山海经·海内经》以"天毒"、《后汉书》和《续汉书》的西域传等用"天竺、身毒"来翻译古伊朗语的hinduka,《艺文类聚》引《白虎通》"天者,身也"。将"天"的上古音拟作*hl-,然后可以分别解释它在不同方言中的音变:*hl-在沿海的青徐方言中变得较快,已变作了th-[①],而中州方言还保留着h-的音值,因此音近于"显"。两者有相同的早期形式,沿海的语音变化相对超前,随后中州也按照相同的规则变化[②]。hl->th-的语音变化也有类型学方面的支持。从谐声来看,不少透母字和来母或以母字谐声,如"体礼"、"獭懒"、"汤杨"、"偷俞"、"掏鹠"等。李方桂曾举《唐蕃会盟碑》(822)的例子,指出唐朝人将藏文的lh-都译作th-,例如lha-mthong译成"贪通",lho-gong译成"土公"[③]。从这个意义上说,古代方言的地理变异同样反映了汉语的历史演变过程,跟19世纪兴起的历史比较语言学所强调的从空间差异推知时间序列的观点相一致。

二、魏晋南北朝时期

魏晋南北朝时期的社会动荡,局势混乱,为避战乱,人群迁徙流动频繁,此种局面客观上使方言变得复杂,分歧也日趋严重。这一时期的方言差异,在很大程度上体现为南北地理的差异。南朝金陵为六朝政治文化的中心。《晋书·王导传》:"洛京倾覆,中州士女避乱江左者十六七。"魏晋南北朝时期的社会动荡,局势混乱,为避战乱,人群迁徙流动频繁,此种局面客观上使方言变得复杂,分歧也日趋严重。当时的社会状况可以概括为:军阀竞起,立国甚多;外族入侵,南北对峙;士庶迁徙,遍及南土[④]。明代陈第(1541—1617)《读诗拙

---

① 李方桂《中国上古音声母问题》(《香港中文大学中国文化研究所学报》第三卷第二期,1970年,第518页)中指出汉语从上古到中古有hl->th-的语音演变,同时也援引了汉藏语系其他语言的例子来证明。

② 郑张尚芳:《上古音系(第二版)》,上海教育出版社,2013年,第9页;徐文堪:《关于"身毒"、"天竺"、"印度"等词的词源》,徐文堪著:《编余问学录》,浙江大学出版社,2014年,第109页。

③ 李方桂:《中国上古音声母问题》,《香港中文大学中国文化研究所学报》第三卷第二期,第518页。

④ 董达武:《周秦两汉魏晋南北朝方言共同语初探》,天津古籍出版社,1992年,第131页。

言》:"自五胡乱华,驱中原之人入于江左,而河淮南北间杂夷言,声音之变或自此始。"由此造成的影响至少有两点:一是汉人人口大增,他们努力学习当地方言,增强了汉语方言对非汉语的同化力量,二是中原南迁人士的聚集导致了双方言制的产生,即士族和庶民的双重语言制。陆德明《经典释文·叙录》:"方言差别,固自不同,河北江南,最为巨异,或失在浮清,或滞于沉浊。"所谓河北,即指以汴洛地区方言为代表的北方话;江南则是指以金陵为代表的江东地区的土著方言。《切韵·序》:"吴楚则时伤轻浅,燕赵则多伤重浊。秦陇则去声为入,梁益则平声似去。"《颜氏家训·音辞》:"南方水土和柔,其音清举而切诣,失在浮浅,其辞多鄙俗。北方山川深厚,其音沉浊而讹钝,得其质直,其辞多古语。"各种文献记载的涵义大致相同,即指出当时的汉语有明显的南北差异。

另一方面,从社会阶层的角度来看,北方的士、庶之间的方言差别不大,而南方则恰恰相反。南方士族多从北方中原地区南迁而来,操的是洛阳旧音;江东庶族则说土著吴语,与北方话的差别很大。所以《颜氏家训·音辞》说:"冠冕君子,南方为优;闾里小人,北方为愈。易服而与之谈,南方士庶数言可辨;隔垣而听其语,北方朝野终日难分。"陈寅恪先生指出:"南北所以有如此不同者,盖江左士族操北语,而庶人操吴语;河北则社会阶级虽殊,而语音无别故也。"[①]江东方言在六朝时称为"吴语",但其性质与现代方言学意义上的吴语不完全相等,它是吴语、江淮方言、闽语、徽语的共同祖语[②]。

《切韵》(601)是研究汉语语音史不可或缺的参考资料。该书的编纂,目的是要"论南北是非,古今通塞",可见其应该有个明确的音系选取标准,即南北朝的文学语言,也就是金陵、洛下的读书音。陈寅恪先生从史学的角度,充分证明了《切韵》所代表的方言是"洛下旧音","而东汉伊始,以迄于西晋,文化政治之中心均在洛阳,则洛阳及其近傍之旧音,即颜氏所视为雅正明晰之古音,固可推见也。至金陵士族与洛下士庶所操之语言,虽同属古昔洛阳之音系,而

---

① 陈寅恪:《东晋南朝之吴语》,《历史语言研究所集刊》第七本第一分,1936年,第2页。
② 郑张尚芳:《吴语》,董楚平等撰:《中华文化通志·吴越文化志》,上海人民出版社,1998年,第293页。

一染吴、越,一糅夷虏,其驳杂不纯,又极相似"①。《世说新语·雅量》:"桓公伏甲设馔,广延朝士,因此欲诛谢安、王坦之。……谢之宽容,愈表于貌,望阶趋席,方作洛生咏,讽'浩浩洪流'。桓惮其旷远,乃趣解兵。"所谓洛下旧音,陈寅恪解释说:"不仅谓昔日洛阳通行之语音,亦兼指谢安以前洛生咏之音读。特综集各地方音以成此复合体之新音者,非陆法言及颜、萧诸贤,而是数百年前之太学博士耳。"②高本汉认为《切韵》代表的是长安音,"这一方言在唐朝成为一种共通语(Koine),除沿海的福建省以外,全国各州县的知识界人士都说这种语言"③,这是不准确的。隋末直到中唐以前,当时的标准语仍然是洛阳话,后来随着长安作为政治中心的地位日益提高,才转而成为新的标准方言。

日本吴音、古汉越语等域外汉字音(Sino-Xenic)是探讨六朝江东方言的重要参考资料,目前吴、闽、徽、赣等南方方言仍然保留了不少江东方言的特征。南朝江东方言的特点至少包括以下几点:

(1) 鱼虞有别,鱼韵字读开口[ˇɪə]④;
(2) 支脂有别,支韵和脂韵的读音分别作[ˇjie]、[ˇji];
(3) 仙先有别,先韵的主元音比仙韵舌位稍低;
(4) 梗摄字读低元音韵母[ɐŋ],与曾摄不同;
(5) 匣母字有 g-、w- 等读法,喻三(云母)和匣母字合流;
(6) 跟北方话"人、腿、冷、袖子"对应的词汇分别为"侬、骸、淘、裯";
(7) 三身人称代词分别是"侬"(我)、"汝"(你)、"渠"(他);
(8) 指示代词有"尔"、"尔许"、"尔馨"、"如馨"、"许"等形式;
(9) 疑问代词用"底"。

探讨南北朝时期的汉语方言,还有一点不容忽视,那就是当时南方方言的层次性。颜之推在《颜氏家训·音辞》里说"南染吴越,北杂夷虏",指出了南北

---

① 陈寅恪:《从史实论切韵》,《岭南学报》第 9 卷第 2 期,1949 年;《陈寅恪集·金明馆丛稿初编》,生活·读书·新知三联书店,2001 年,第 393 页。
② 陈寅恪:《从史实论切韵》,《陈寅恪集·金明馆丛稿初编》,第 409 页。
③ 高本汉:《中上古汉语音韵纲要》(聂鸿音译),齐鲁书社,1987 年,第 2 页。
④ 平山久雄:《中古汉语鱼韵的音值——兼论人称代词"你"的来源》,《中国语文》1995 年第 5 期,第 338 页。

汉语方言中的异质成分。《魏书·司马叡传》曰:"中原冠带呼江东之人皆为貉子,若狐貉类云。巴、蜀、蛮、獠、谿、俚、楚、越,鸟声禽呼,言语不同,猴、蛇、鱼、鳖,嗜欲皆异。江山辽阔,将数千里,叡羁縻而已,未能制服其民。"举例而言,东汉郑玄(127—200)曾提到"越人谓死为札",梅祖麟和罗杰瑞的研究表明,其时越人"死"的语源为南亚语。可比较越南语 chêt、芒语(Moung) chít/chét、卡图语(Katu) chet、孟语(Mon) chɒt,这些读音与"札"字的古音 *tsɛt 密合①。到了东晋郭璞(276—324)时代仍有"今江东山夷呼虎麤,音狗窦之窦"的记载,可见当时江东地区仍有少数民族语言与汉语相杂的痕迹②。此外,郭璞所记江东方言,有些特征与日译吴音较近,而跟现代吴语不合,如"今江东人呼'羊'声如'蝇'",吴音"羊蝇"都读作-io,现代闽语"羊"字韵母为-iũ。另一方面,日译吴音反映的江东方言有些特征跟现代吴语差别较大,而更接近闽语。如鼻声母塞化为[mb nd ŋg]、麻韵前化、梗摄细音字读-ya 等。

三、隋唐宋时期

唐代以后,汉语各大方言的基本面貌已经形成。第一,唐顾况《囝》诗中出现了今日仍习见于闽语的方言词"囝"、"郎罢"等,北宋丁度等所编《集韵》(1037)也有类似的记载。第二,唐末五代闽人避王曦之乱大量迁入温州地区,却未能使温州话变为闽语,可见当时吴语的格局已定。第三,唐代对汀州、潮州的开拓使那里成为客话及闽语区域,而从此离开潮、汀地区而北迁的畲族都已放弃近似苗瑶语的固有畲语,带走学来的客话,说明客、闽方言当时也都已形成③。就语音的角度而言,这一时期有较多文献记载的有中原方言、西北方言、关中方言、广信方言等。

由于实际语音的发展,中唐以后的汉语方言(包括北方话)跟《切韵》音系的差别就比较明显了。唐末李涪《刊误》:"原其著述之初,士人尚多专业,经史

---

① Mei, Tsu-lin & Jerry Norman: "The Austroasiatics in ancient South China: some lexical evidence",*Monumenta Serica*,1976 年第 17 期,第 279 页。
② 上文已经说明,中国古代的南方地区把老虎称作"麤"是藏缅语成分的反映。亦可参看本章第二节的内容。
③ 郑张尚芳:《吴语》,《中华文化通志·吴越文化志》,第 296 页。

精练,罕有不述之文,故《切韵》未为时人之所急。后代学问日浅,尤少专经,或舍四声,则秉笔多碍。自尔已后,乃为要切之具。然吴音乖舛,不亦甚乎?"李氏以"上声为去、去声为上","东农非韵"和"浮"字读伏予切等具体例子来指摘《切韵》反映的是"吴音"。孙光宪(901—968)《北梦琐言》(卷九):"广明以前,《切韵》多用吴音,而清、青之字,不必分用。"也有大致相同的意见。其实这些并不能用来证明《切韵》反映的吴音,而是跟《切韵》相比,当时的北方话在韵类分合、声调演变等方面已有了新的特点。比如脂之与微、皆佳、庚耕、严盐、仙先、东冬、咍灰、真殷、山删、覃谈、青清等"重韵"均已经合并。

中唐时期慧琳《一切经音义》景审序:"近有元庭坚《韵英》及张戬《考声切韵》,今之所音,取则于此。"此书所代表的是唐代关中音①。如卷一《大唐三藏圣教序》"覆载"条云:"上敷务反,见《韵英》,秦音也;诸字书皆敷救反,吴楚之音也。"初唐沙门玄应也撰有《一切经音义》,该书反切所反映的语音基础为隋末初唐的中原汴洛方言。相对于慧琳《音义》来说,玄应《音义》与《切韵》音系更为接近。如卷十三"旃檀树经"注云:"躇,肠于、肠诛二反。"说明"躇"字中古有鱼、虞两读,可见当时两韵并不相混,与《切韵》的分韵格局一致②。

晚唐北宋以后,受印度悉昙学的影响,汉语音韵学家创制了等韵图,用图表的形式对汉语的音节结构做了科学的分析。早期韵图《韵镜》、《七音略》按照《切韵》系韵书来分韵,后期韵图《四声等子》、《切韵指掌图》、《切韵指南》等韵书则将韵部加以合并。韵图与《切韵》不相合之处,正反映了从隋代、初唐到晚唐、北宋的语音演变。韵图与《切韵》介音系统的差异就是典型的例子,而且诸多语音演变都与此相关③。比如为何庄组三等韵字在韵图中被置于二等、精组三等韵字被置于四等,为何以母被置于四等,为何止摄精组部分三等韵字置于一等。此外,《守温韵学残卷》、《归三十字母例》所反映的晚唐北宋的声母系统,与韵图"三十六字母"相合,跟《切韵》的声母系统相比,已经有了新的发展。比如从帮组分化出非组,云母和以母合并为喻母,章组和庄组合并为照组等,

---

① 黄淬伯:《唐代关中方言音系》,江苏古籍出版社,1998年,第4页。
② 李新魁:《梵学的传入与汉语音韵学的发展》,《李新魁音韵学论集》,汕头大学出版社,1997年,第500页。
③ 麦耘:《韵图的介音系统及重纽在〈切韵〉前后的演变》,《音韵与方言研究》,第64页。

都是晚期中古汉语的特点。

中晚唐以后出现的若干域外汉字音材料,对于汉语历史方言的研究至关重要。如汉藏对音代表西北方音,日译汉音(Kan-on)、朝鲜译音(Sino-Korean)代表长安方音,汉越音(Sino-Vietnamese)代表南方广信方音,也有学者认为汉越音的音系基础是长安方言。罗常培先生利用汉藏对音《千字文》、《大乘中宗见解》,藏文译音《金刚经》《阿弥陀经》和注音本《开蒙要训》等材料,对唐五代西北方音做了详细的探讨,并将其与《唐蕃会盟碑》(822)中的汉藏对音以及现代西北方音进行了比较,从而得出不少反映唐五代西北方音的信息。声母方面:如轻重唇分化,明母读 mb-、泥母读 nd-,庄章合流,知照合流,擦音类禅审、邪心、匣晓相混等;韵母方面:如宕梗摄鼻音韵尾消变,鱼韵大部分读同止摄,部分一二等韵合流等①。宋代方音不但见于《四声等子》等反映实际语音的韵图资料,北宋邵雍(1011—1077)《皇极经世·声音唱和图》也是 11 世纪北方官话的记录,周祖谟认为它的音系基础是汴洛音,而雅洪托夫则认为该书反映的是北京音②。例如《切韵》时代的收-k 尾的入声字,在《唱和图》中与其他声调的读复合元音的字列在一起。

四、元明时期

从文献资料来看,元代《中原音韵》(1324)、《蒙古字韵》(成书于 13 世纪末)两部韵书都是北方官话的反映。但必须说明的是,此处的"北方官话"只是个含糊的表述。因为从宋元时期开始,北方官话和中原官话并不是相同的概念,前者指的是幽燕一带的官话,地理分布上包括现在的北京、内蒙古及东北地区,中原官话则是指河北以南的官话。关于《中原》的音系基础,学界也有幽燕(大都音)、中原(汴洛)方言两种不同的看法。和《蒙古》相比,《中原》更加能够反映元代标准语的口语音,这是得到普遍认同的看法,而前者则更多地反映了元代标准语的读书音。

---

① 罗常培:《唐五代西北方音》,中研院历史语言研究所单刊甲种之十二,1933 年。
② 雅洪托夫:《十一世纪的北京音》,《汉语史论集》(雅洪托夫著,唐作藩、胡双宝选编),北京大学出版社,1986 年,第 187 - 196 页。

第二章 文献考证方法

一般认为,在汉语方言中间,北方官话可算是去古最远的,因为它没有像南方的吴、老湘等方言一样保留浊音声母,没有像粤、客、赣等方言一样保留-p、-t、-k、-m 尾,没有像闽语那样保留知组读如端组、非组读如帮组,也没有如畲话那样有四等字不带 i 介音等存古的音韵特征。但其实在不同方言中,滞古现象都只是其少数特殊的历史保留项,没有哪个方言能把上述所有这些古老特征现象全盘保留下来,此外它们另都各自创辟了自己这个方言支系的新变化。如此去观察,其实官话方言也有着自己的滞古保留项,有着较为独特同时南方各方言都未能保留的特征。

学界一般注意最多的北方官话的语音特征主要是三项:(一)全浊声母清化,而且平声送气仄声不送气;(二)缺少鼻音韵尾-m,入声韵缺少塞音韵尾或只收喉塞尾;(三)声调方面,包括仄声不分阴阳、浊上归去。

但必须承认,上述三类特征的地理分布并不普遍,或者不具有排他性质,如:(1)关中地区 16 县和山西中原官话汾河片 31 县市的方言,其全浊声母字不论平仄都读送气清音;(2)现代吴、湘方言同样也没有-m 韵尾①,入声也无塞音韵尾或者只收喉塞音韵尾;(3)在南方方言的文读层中,除了浊上归去,其实很少体现这些"特点"。既然我们认为南方方言的文读层是权威官话影响的结果,因此官话的特点正可以通过对它的观察而归纳出来。

从音节结构的层面,我们可以归纳官话的十二项音韵特征如下:

(一)声母:(1)二等字喉牙声母腭化,舌齿声母后化;(2)疑母零声母化,与影、喻母相混;(3)日、微母失去鼻音成分;(4)日母止摄字变边音、自成音节或元音化;(5)全浊清化,平声送气仄声多不送。

(二)韵母:(1)上古低元音-a 在鼻尾及-w 尾前保持("安康,高谈");(2)哈泰、覃谈合并;(3)曾梗合并;(4)麻韵三等字另行分立为车遮韵;(5)-m、-n 尾字合并。

(三)声调:(1)去声不分阴阳(加全浊上归去,如"布"同"簿步"、"带"同

---

① 就吴语来说,-m 尾是否已经消失至晚在明末方言中仍有不同。徐渭《南词叙录》:"吴人不辨清、亲、侵三韵。"凌濛初《谭曲杂札》:"其廉纤、监咸、侵寻闭口三韵,旧曲原未尝轻借。今会稽、毘陵二郡,土音犹严,皆自然出之,非待学而能者;独东西吴人懵然,亦莫可解。"

"待袋")；(2)入声无塞音韵尾或变作喉塞韵尾。

第二节　郭璞《方言·注》"呼姊声如市"的涵义

一、引言

西汉扬雄《方言》卷十二下云："娋、孟，姊也。"

三国魏人张揖《广雅·释亲》云"娋，孟姊也"，清王念孙疏证："此《方言》文也。娋，《广韵》作'㛪'，云'齐人呼姊'也。"

东晋郭璞(276—324，河东闻喜人)为该则材料所作的注释如下：

今江东、山越间呼姊声如市。此因字误遂俗也。娋，音义未详。

何大安对郭璞的这段文字做了一番解释①：

因为一般人把"姊"字写作"姉"，山越便据"姉"字而读"姊"为"市"。山越的语言原来有没有与"姊"意义相同的词，我们不得而知。但是如非郭璞指明，后人便无从辨识吴地"姊"之读"市"并非汉语所固有。……那么我们说六朝吴语之中有一些非汉语成分，应该是可以确定的第一点。

如何理解何先生所说"山越便据'姉'字而读'姊'为'市'"呢？如果说山越族是因为看到汉语的"姉"字，便称"姊(姐)"为"市"，显然不合情理。山越语作为古百越语(即现代侗台语的前身)的一支，其语言中必定有表示"姊"义的语素。况且郭璞早已言明，山越语"姊"的叫法与"市"字声音相同或相近。那么，

---

① 何大安：《六朝吴语的层次》，《历史语言研究所集刊》第六十四本第一分，1993年，第869页。

郭璞的话可以理解为：第一，汉语中"姊"写作"姉"，只不过是字形相近，以致讹误①。第二，山越语"姊(姐)"义语素②与汉语"市"字读音相近。这两点性质不同。

汉语的"市"字是否有表示"姊"的义项呢？若有，"姊"读如"市"的语源便可在汉语内部获得。大徐本《说文·巾部》："市，韠也。上古衣蔽前而已，市以象之。天子朱市，诸侯赤市，卿大夫葱衡。从巾，象连带之形。分勿切。""市"字篆文写作"韍"，从韦、从犮。《说文·韦部》："韠，韍也。所以蔽前者，以韦。下广二尺，上广一尺，其颈五寸。一命缊韠，再命赤韠。从韦毕声，卑吉切。"先秦金文"市"从巾从一，"一"象系巾之横带之形。"市"、"韍"上古同属帮组物部，音义相通。古代文献中属于该词族中的字还有③：

"芾"，《诗经·候人》"三百赤芾"，《诗经·采菽》"赤芾在股"。

"韐"，《说文·市部》："韐，士无市有韐……其色韎……。韐，或从韦。"

"茀"，《诗经·采芑》陆德明释文："本又作芾，或作绂，皆音弗。"

"绋"，《白虎通·绋冕》："天子朱绋，诸侯赤绋……《书》曰黼黻衣，黄朱绋，……绋以韦为之者，反古不忘本也，上广一尺，下广二尺。"

"袚"，《说文·衣部》："蛮夷衣，从衣犮声，一曰蔽厀。"

"绂"，《易·困》："朱绂方来，困于赤绂。"

可见，古汉语表示蔽膝的"市"字并没有"姊"义④，而且从文献用例来看，

---

① "宋"讹作"市"字之形的文献记载，如南宋孙奕《履斋示儿编》卷二十二："书腑胇字为肺，不知肺字乃从宋，乃干肺之肺也。"参蒋冀骋、吴福祥：《近代汉语纲要》，湖南教育出版社，1997年，第 38 页。
② 之所以称其"姊"义语素，而不是"姐"义语素，是因为"姐"字表示姊义是后起的。《说文》："姐，蜀人谓母曰姐。"又"姊，女兄也。"此外，闻宥在《释"姐"》[《纪念顾颉刚学术论文集》(下册)，巴蜀书社，1990 年]一文中曾指出，《后汉书·西羌传》等文献还经常提到"乡姐"、"牢姐"、"勒姐"、"累姐"等部落之名，此处的"姐"与亲属称谓词无关，而是代表了羌语"水"的汉字对音(现代羌语"水"的读音如 pts1、wts1、tṣu、tṣue 等)。
③ 陈梦家：《释市》，《西周铜器断代》(上册)，中华书局，2004 年，第 431 页。
④ 黄树先《说"膝"》(《古汉语研究》2003 年第 3 期，第 89 页)将先秦汉语表示蔽膝的"市"*pŭt 与藏缅语的 *pŭt 比较，如藏文 pus-mo"膝"，克钦语 phut"跪"、ləphut"膝"，怒语 phaŋ-phit"膝"。

"市"、"芾"既是谐声字,也是异体字,"绋"字音义也相通。所以《广韵·物韵》说:"市,经典作'芾'。"

何大安曾将六朝吴语分作四个层次,其中第一个层次为非汉语层①,何先生所说"吴地'姊'之读'市'并非汉语所固有"便应该属于该层次。"姊"写作"姊"纯粹只是形误,而非"姊"字有"姊"义。由此,要想探求江东、山越间读"姊"为"市"的语源,必须借助百越语才能解决。

颜之推(531—约595)《颜氏家训·音辞》说:"南染吴越,北杂夷虏,皆有深弊,不可具论。"魏晋南北朝时期的汉语在北方受匈奴、鲜卑等少数民族语言的影响,在南方受"吴越"等百越民族语言的影响。下文想要进一步说明,"吴"、"越"并举的涵义是江东土著②、百越语之间关系密切。其时的江东方言是现代吴、闽语的前身,同时由于与百越民族(如山越)杂居,前者的主体虽为汉语方言,但无疑具有比现代吴、闽语更为丰富的古越语(侗台语)底层。

二、史籍中的江东与山越

首先有必要考察一下中古以前的历史文献所揭江东与山越的所在区域。传世史籍中有多处提及江东,下面略举数条。

〔楚〕王尝用滑于越而纳句章。昧之难,越乱,故楚南察濑胡而野江东。(《战国策·楚策·楚王问于范环》)

请封于江东,考烈王许之。春申君因城故吴墟,以自为都邑。(《史记·春申君列传》;张守节《史记正义》:"今苏州也。")

于是项王乃欲东渡乌江,乌江亭长檥船待,谓项王曰:"江东虽小,地方千里,众数十万人,亦足王也。"(《史记·项羽本纪》;张守节《正义》:"乌江亭,即和州乌江县也。")

吴东有海盐章山之铜,三江五湖之利,亦江东之一都会也。(《汉书·

---

① 何大安:《六朝吴语的层次》,第872页。
② 何大安《论郭璞江东语的名义》(《汉语方言与音韵论文集》,自印本,2009年,第186页)指出,郭璞只称"江东语",而不称"江东方言",当然这并不是为了区别语言(language)与方言(dialect),只是沿用了扬雄《方言》类似于"关中语""通语""楚语"等的称说习惯。

地理志·下》）

何大安曾考证郭璞所说的"江东语"的涵义，认为其所指应为东晋初相当于秦会稽郡一带的方言，其代表点为"吴"而非"建康"①。

至于山越之名，始见于东汉末年。山越以"宗"为组织骨干，部称"宗部"，伍称"宗伍"，首领称"宗帅"。因其氏族残余严重，故而称"宗"②。略举史料数条如下：

〔建安〕五年，〔孙〕策薨，以事授权……是时惟有会稽、吴郡、丹杨、豫章、庐陵，然深险之地犹未尽从……〔权〕分部诸将，镇抚山越，讨不从命。（《三国志·吴志·孙权传》）

以辅义中郎将使蜀。权谓温曰："卿不宜远出，恐诸葛孔明不知吾所以与曹氏通意，以故屈卿行。若山越都除，便欲大构于蜀。行人之义，受命不受辞也。"（《三国志·吴志·张温传》）

从征刘勋，破黄祖，还讨鄱阳，领乐安（今江西武宁县西）长，山越畏服。（《三国志·吴志·韩当传》）

魏晋时期，长江以南地区仍有大量的少数民族族群在地理上广泛分布。即便是在汉族族群的聚居之地，也往往可能与少数民族杂处。关于此点，史书有明确的记录：

南至交州。经历东瓯、闽、越之国，行经万里，不见汉地。……会苍梧诸县夷越蜂起，州府倾覆。（《三国志·蜀志·许靖传》）

其中便包括吴越、瓯越、闽越、扬越、山越等百越民族各个族群，由于这些百越民族与长江以南的汉人在历史上长期接触，一种情形是，与汉人杂居的地

---

① 何大安：《论郭璞江东语的名义》，第190页。
② 王仲荦：《魏晋南北朝史》（上册），上海人民出版社，1979年，第116页。

区,其语言被汉语所替换,发展成为某种汉语方言,同时无疑仍有百越语言的底层;另一种则是未被汉语所完全替代,其主体仍为非汉语,但有大量的汉借词进入,后来发展成为侗台语族的各个语支。

> 中原冠带呼江东之人皆为貉子,若狐貉类云。巴、蜀、蛮、獠、谿、俚、楚、越,鸟声禽呼,言语不同。猴蛇鱼鼋,嗜欲皆异。江山辽阔,将数千里。(《魏书·司马叡传》)

陈寅恪对其中的"越"族曾做过一番解释[①]:

> 伯起所谓越者,即陈承祚书之山越,凡《吴志》中山寇、山贼、山民及山帅等名词,亦俱指此民族及其酋长而言。……东晋南朝史乘虽极罕见此民之名,然其为潜伏混同于江左民族之中,仍为一有力之分子则无疑也。

从"夷越"这一名称来看,百越民族与汉语的语言在魏晋南北朝时期的差异可想而知。陈先生的论断也表明,江东山越族与江东土著汉族之间的混居是无疑的事实;再进一步推论,那么从语言上看,"南然吴越"则不难理解,亦即当时江东吴语与百越语之间仍有较深的纠葛。

三、魏晋时期"市"声字的读音

从汉语音韵史来看,魏晋南北朝时期与先秦音较远,更接近于中古《切韵》音系。下面先梳理古汉语"市"("宋")声字的声、韵类别。上文论及的声符"市"中古非母物韵,上古滂母物部,其他谐声字包括(以《说文》所收为据):

[①] 陈寅恪:《魏书司马叡传江东民族条释证及推论》,《历史语言研究所集刊》第十一本第一分,1944年,第15页。

(一) 帮母字

牺,博盖切,《说文》:"二岁牛,从牛(市)宋声。"
跋(迡),北末切,《说文》:"前顿也,从辵(市)宋声。贾侍中说。一读若楷,又若郅。"
邶,博盖切,《说文》:"沛郡,从邑(市)宋声。"
鲂,博盖切,《说文》:"鲂鱼也,出乐浪潘国,从鱼(市)宋声。"

(二) 滂母字

沛,普盖切,《说文》:"沛水,出辽东番汗塞外,西南入海,从水(市)宋声。"
㧖,普活切,《说文》:"撞也,从手(市)宋声。"
酟,普活切,《说文》:"酒色也,从酉(市)宋声"。

(三) 敷母字

肺,芳吠切,《说文》:"金藏也,从肉(市)宋声。"
柿,芳吠切,《说文》:"削木札朴也,从木(市)宋声。陈楚谓椟为柿。"

(四) 並母字

迡,蒲拨切,《说文》:"行貌,从辵(市)宋声。"
旆,蒲盖切,《说文》:"继旐之旗也,沛然而垂。从㫃(市)宋声。"
犻,蒲没切,《说文》:"过弗取也,从犬(市)宋声。读若字。"
怖,蒲昧切,《说文》:"恨怒也,从心(市)宋声。《诗》曰:视我怖怖。"

"市"、"宋"在《说文》中本来是两个不同的字,前者表示"蔽膝",后者表示"草木盛"。但这两字在东汉时期已经混用,《说文》"索"字下云:"从宋,糸。杜林说,宋亦朱市字。"王力先生曾做过详细讨论,总的来说,从"市"("宋")得声的字上古或属去声祭部("肺柿")、队部("旆"),或属入声物部("市宋")[①]。至

---

① 王力:《古韵脂微质物月五部的分野》,《语言学论丛》第五辑,商务印书馆,1963年,第34-35页。

于魏晋时期，"市"字本身不入韵，其他属该谐声系列的字，如"肺"（如郭璞《山海经图珠鳖鱼赞》）、"沛"（如杨戏《赞冯休元等》、夏侯玄《皇胤赋》）、"霈"（如陆机《浮云赋》）、"旆"（如曹植《七启之三》）等字都是废、祭韵和泰韵字相押，或是泰韵字自押韵的例子①。

值得注意的是，"市"的谐声系列字集中于去声、入声两类。从上古音到中古音的演变来看，去、入二声本来就是一类。清代学者段玉裁《六书音均表》说："古平上为一类，去入为一类，上与平一也，去与入一也。上声备于三百篇，去声备于魏晋。"王力先生将上古入声分作长、短两类，长入变作中古的入声，短入变作中古的去声②。李新魁提出上古音中有一类"次入韵"，这类字与入声韵在谐声系统上关系很密切，前者带喉塞音韵尾[ʔ]而不是[t]；次入韵到了《切韵》时代失去韵尾，变作去声③。

很明显，直到魏晋时代，去、入声关系仍然非常密切，中古"泰、夬、祭、废"四韵是仅有去声而无平、上声的"异类"，实则是较晚从入声字分化而来的去声字。以"市"为声符的去声字为泰、祭韵，恰恰在此"异类"之列。"市"字《切韵》为敷母物韵，声母上，魏晋时代帮、非两类唇音尚未分化，"市"又是只有去、入声相交涉的谐声声符。更重要的是，"市"的异体字"芾"在中古除了物韵一读，还有微韵去声（方味切）、泰韵（博盖切）两读④。据丁邦新先生（Ting 1975：95、102、111）的考察，魏晋时期脂、微两部不分，同时脂、微（包括相应的入声质）与泰部之间有不少相押的例字，如：

傅玄《瓜赋》：氣（微）翠（脂）鱠（泰）伟（微）；

董京《答孙楚》：贵（微）大（泰）；

张翰《仗赋》：味（微）外赖（泰）；

潘尼《火赋》：逸（质）萃（脂）沸（微）。

---

① Ting, Pang-hsin（丁邦新）：*Chinese Phonology of the Wei-Chin Period: Reconstruction of the Finals as Reflected in Poetry*, Institute of History and Philology, 1975, pp.107–111.
② 王力：《汉语语音史》，中国社会科学出版社，1985年，第79页。
③ 李新魁：《汉语音韵学》，北京出版社，1994年，第331–339页。
④ 余迺永：《新校互注宋本广韵（定稿本）》（上册），上海人民出版社，2008年，第475页。

因此我们将"市"字的魏晋音拟作 *phəi(非母)或 *pəi(帮母)。

四、侗台语"姊"义语素的语音对应

实际上,郭璞所记载的"江东、山越间呼姊声如市"的词源来自侗台语。先看侗台语各方言"姐"的说法①:

ph-声母类:泰语 phi³,老挝 phi⁵;
p-声母类:版纳、德宏、傣拉、龙州、柳江 pi⁶,布依 pi⁴,邕宁 pei⁴,武鸣 pai⁴;
b-声母类:临高 bɔi³;
f-声母类:水语 fe⁴;
v-声母类:毛南 ve²,佯僙 ve⁴,锦语、莫语 vaai⁴;
ȴ-声母类:侗南 ȴaai⁴。

就声、韵母形式而言,"姊"义语素有以下一些音变细节需要提及。

(一)侗水语支(水语、毛南等)部分方言的唇齿擦音声母 f-/v-是后起的,来自双唇塞音声母 p-/ph-/b-。邢公畹的研究表明:"侗泰语跟古代汉语一样,只有重唇音,轻唇音是较晚的时候才从重唇音里分化出来。"②

(二)"姊"义语素在大部分侗台语方言虽然声母为清的 p-/ph-/f-,但声调为阳调类 4 或 6(少数为 2),表明该词声母应为浊类。临高语读第 3 调,但声母为 b-。根据梁敏、张均如的研究,临高先民大概于春秋、战国之际便从广西东南部和雷州半岛一带迁到了海南岛,"在距今大概二千五百多年,临高人迁往海南岛之前,壮语北部方言跟南部方言及傣、泰等语言之间和侗语、仫佬语跟毛南等语言之间都存在相当差异"③。临高语"姊"义语素的读音可以和其他侗台语相对应,因此 *b-应作为该语素声母的早期形式。

---

① 梁敏、张均如:《侗台语族概论》,中国社会科学出版社,1996 年,第 201 页。
② 邢公畹:《古无轻唇音是汉语和侗泰语共有的现象》,《王力先生纪念文集》,商务印书馆,1990 年,第 36 页。
③ 梁敏、张均如:《侗台语族概论》,第 21-24 页。

（三）除临高以外，早期的浊塞音在侗台语大部分方言都变作了清塞音。从声母与声调的关系来看，泰语、老挝语为一类，此类声母为 ph-，读阴调类；其他侗台语为另一类，此类声母为 p-/f-/v-，读阳调类。两者的不同是浊音清化的方言性差异造成的，泰语型的 b-变作 ph-后与各自音系中固有的 ph-声母字一起演变，被视为清声类字；版纳型的 b-变作 p-之后，没有跟各自音系中的清声母同变，因为这些方言大多只有来自更早的 *p-的内爆音 ɓ-（如武鸣）或 m-（如德宏），既然缺少现成的 p-音位，那么新生的 p-自然也就谈不上跟 p-同变了，所以虽然"姊"义语素读清声母 p-，但仍为阳调类。按照声母、调类的匹配规律，水语的 f-、毛南等的 v-、侗南的 t-也应当来自 p-或 b-而非 ph-。

（四）侗南的舌面塞音 c-看起来似乎与其他方言不对应，但其实 c-来自唇音声母的齿龈化或腭化：pj- > t- > tʃ- > tɕ-> ts-①。Ohala J.指出原始班图语的 *pja"新"变作了豪撒语、祖鲁语的 tʃha，意大利语罗马方言的 pjeno"满"在 Genoese 方言变作 tʃena。中古唇音重纽四等字在汉越音中声母由 [p ph m] 变作 [t th z]，此类音变还见于山西闻喜方言、龙州壮语、藏语、独龙语等②。

就侗台语来说，pl-/pr- > pj-是复辅音声母演变的常见类型，因此有部分 t-/c-/ts-/tɕ-等齿龈、龈腭塞音声母来自更早的 pl-。如③：

沸水~：邕宁 plaau⁶，水语、锦语、莫语 pjaau⁶，毛南 phjaau⁵，侗北 tau⁶；

稀疏：布依 pja⁴，柳江 tsa⁴，毛南 tsja⁴；

蛔虫：邕宁、武鸣 ple⁶，布依、毛南 tɛ⁶，柳江 te⁶；

草木灰：拉珈 pleu⁴，龙州 pjau⁶，临高、琼山 tau⁶，黎语 tau³，泰语 thau³；

孤儿：泰语 phra⁴，傣拉 phja⁴，龙州 pja⁴，武鸣 kja⁴，布依 tɕa⁴，邕宁 tsa⁴。

---

① 习惯上声母后的介音写作-j-或-i-、主元音写作-i，因此无需区分［j］和［i］。
② 朱晓农：《唇音齿龈化和重纽四等》，《语言研究》2004 年第 3 期，第 12－13 页。
③ 梁敏、张均如：《侗台语族概论》，第 202－204 页。

（五）韵母形式的变化也有规律可循，高元音-i可以作为早期侗台语的韵母读音。后来高元音-i在各方言出现裂化或低化，如①：

-i（泰语）＞ -e（水语）/-ɛ（毛南）＞ -ei（邕宁）＞ -ai（莫语）

梁敏、张均如将原始侗台语的读音拟作*bwiɛi②。由于唇音声母字不分开合，其介音-w-可以取消，韵母形式也不必拟作复杂的三合元音，而可以用-i来解释各种方言的变化，亦即本文主张改拟作*bi。早期侗台语的b-声母后来发生的语音演变包括了浊音清化、轻唇化、腭化等，跟汉语语音史颇有可比之处：

(1) b-（临高）＞ p-（傣语）＞ f-（水语）；
(2) b-（临高）＞ ph-（泰语）；
(3) b-（临高）＞ v-（毛南）；
(4) b(i)-（临高）＞ p(i)- ＞ ɬ-（侗语）。

还要说明的是，就侗台语的固有词而言，"兄、姐"为同个语素，大多数方言为[pi⁴]之类的读音形式，"弟、妹"为同个语素，大多数方言为[nuuŋ⁴]之类的读音形式。下面壮侗语族各方言"姊"及相关语素的叫法表(2-1)（同个方言的不同说法用分号隔开）③：

表2-1　侗台语各方言"姊"义及相关称谓词的说法

	哥　哥	姐　姐	弟　弟	妹　妹
壮武鸣	ko¹；pai⁴	ɕe¹；ta⁶ɕe³	tak⁸ nuuŋ⁴	ta⁶ nuuŋ⁴
布依望谟	pi⁴ pu⁴ saai¹；kɔ⁶	pi⁴ mai⁴ buɯk⁷；pi⁴ luɯk⁸ buɯk⁷	nuuŋ⁴ pu⁴ saai¹	nuuŋ⁴ mai⁴ buɯk⁷；nuuŋ⁴ luɯk⁸ buɯk⁷
临高东英	ʔeŋ¹；ko³	bəi³；tsia³	tok⁷	məi⁴；ko¹

---

① 由于临高语从原始侗台语分化出来的时间较早，其韵母形式不在此音变规则之列，而应该是裂化后主元音继而再后高化：i＞ai＞ɑi＞ɔi。
② 梁敏、张均如：《侗台语族概论》，第924页。
③ 中央民族学院少数民族语言研究所第五研究室：《壮侗语族语言词汇集》，中央民族学院出版社，1985年，第25-26页。

续　表

	哥　哥	姐　姐	弟　弟	妹　妹
傣景洪	pi⁶ tsai²	pi⁶ jiŋ²	noŋ⁴ tsai²	noŋ⁴ jiŋ²
傣德宏	tsaai² ; pi⁶ tsaai²①	tse² ; pi⁶ tse² ; pi⁶ saau¹	loŋ⁴ tsaai²	loŋ⁴ saau¹
侗章鲁	ɬaai⁴	ɬaai⁴ ; pəi⁴	noŋ⁴	noŋ⁴
仫佬罗城	faai⁴	tsɛ²	nuŋ⁴	nuŋ⁴ ; nuŋ⁴ laak⁸ ʔjaak⁷
水水庆	faai⁴	fe²	nu⁴ baan¹	nu⁴ ʔbjaak⁷
毛难下南	vaai⁴	vɛ²	nuŋ⁴ ; mi³	nuŋ⁴ ; nuŋ⁴ laak⁸ biik⁸
黎保定	n̠ooŋ³ ; pha³ ɬau³ ; ɬɯɯk⁷ ɬau³ ; ʔeeŋ²	hau³ ; ʔei² ; ɬɯɯk⁷ khau³	pha³ guuŋ¹ ; guuŋ¹	ɬɯɯk⁷ guuŋ¹ ; guuŋ¹

从上表可以看到，不少侗台语往往是固有词、汉借词并用。比如 ko¹、kɔ⁶ 以及 ɕe¹、tsɛ²、tsia³ 之类的说法显然分别借自汉字的"哥"、"姐"。比较而言，黎语的说法与其他侗台语差别很大，一方面，黎语表"哥"义的语素用[n̠ooŋ³]，与其他侗台语表示"弟、妹"的 nuŋ⁴/noŋ⁴/loŋ⁴/noŋ⁴ 类语素同源；另一方面，黎语不用[pi⁴]来表示"兄"或者"姐"。根据梁敏、张均如的考察，黎族先民于四千多年以前尚处于原始社会的阶段便前往海南岛，其语言与其他侗台语的同源词也不超过百分之三十②。这说明黎语表称谓语素[n̠ooŋ³]与其他侗台语是同源的，但既然不用[pi⁴]作亲属称谓，那么有两种可能：第一，[pi⁴]并不能追溯至原始侗台语，而只是黎语从侗台语里分化出来以后才出现的语素；第二，原始侗台语的[*bi]在黎语中失落了，只保存了另一个相关的亲属称谓语素[n̠ooŋ³]。另外共同侗台语时期的[nuŋ⁴]在表称谓时，并不刻意区分长幼，自黎语与其他侗台语分化之后，除黎语以外的大多数侗台语用[pi⁴]来表示"兄、

---

① 原书第 25 页 pi⁶ tsaai² 误作 pi⁶ tsːi²，今改。
② 梁敏、张均如：《侗台语族概论》，第 19 页。

姐",即其称谓习惯只区别长幼而非性别,称谓语素[nuŋ⁴]则用来表示"弟、妹"。

值得注意的是,章鲁侗语的"姊"义语素也有两个,但从其语音形式来看,都是固有词。结合上文介绍的"姊"义语素在侗台语中的音变规则便不难理解,[pəi⁴]来自-i元音裂化,即 pi > pei > pəi;[ɬaai⁴]来自声母受-i影响而发生的腭化,继而元音再裂化,即 pi > ɬi > ɬei > ɬai。

至于侗台语"姊"义语素在各方言中的声调对应,上文已从声母与声调的制约关系的角度做了讨论。总的来说,单、双数调兼有,可见声母有清、浊之分。正如现代汉语方言仍有声母的清、浊和声调的阴、阳之分一样,我们也应当允许侗台语内部有方言差异。从年代来看,浊音清化规则的发生一定是在临高语与其他侗台语分化以后,所以临高语目前还能保留浊声母 b-的读法,而长江中下游的早期侗台语(即古越语)在秦汉以后发生清化,很可能在魏晋时期,山越先民口中的"姊"义语素已经是清化的[phəi]或者[pəi],故而此类读音在郭璞的耳中听起来跟汉语的"市"字读音无疑相同或非常近似,于是便有了"江东、山越间呼姊声如市"的文献记录。

五、江东、百越语的"关系字"举例

上文指出,从大量的史料记载来看,魏晋南北朝时期的江东地区,山越先民与江东土著仍然交往密切。山越是古百越族的一支,所使用的语言为古越语(侗台语),江东土著所操的自然是南朝江东吴语。周振鹤、游汝杰和潘悟云等先生分别从历史、语言的角度,说明了魏晋南朝时期百越民族在南方地区的分布①。李如龙、游汝杰等也已论及,现代吴、闽方言至今仍有早期侗台语的"底层"②。照此推想,南朝江东吴语应有更多的非汉语成分。对于《颜氏家

---

① 周振鹤、游汝杰:《方言与中国文化》,上海人民出版社,1986年,第38-39页;潘悟云:《语言接触与汉语南方方言的形成》,邹嘉彦、游汝杰编:《语言接触论集》,上海教育出版社,2004年,第298-318页。
② 李如龙:《闽方言中的古楚语和古吴语》,李如龙:《方言与音韵论集》,香港中文大学中国文化研究所吴多泰中国语文研究中心,1996年,第110-120页;游汝杰:《汉语方言学导论(修订本)》,上海教育出版社,2000年,第132-134页。

训·音辞》所说的"南染吴越,北杂夷虏",陈寅恪认为:"乃就士族所操之音辞而比较言之。盖当时金陵士族操北音,故得云'南染吴、越'也。"①周祖谟从音韵的角度解释说:"惟北人多杂外族之音,语多不正,反不若南方士大夫音辞之彬雅耳。"②就词汇角度而论,魏晋南北朝时期的北方汉语中也多夹杂"胡语",如《世说新语·政事》说:"王丞相……因过胡人前,弹指云'兰阇!兰阇!'群胡同笑,四坐并欢。"说的是丞相王导接待胡人,以胡语相迎;四座之人既然能懂,想必在当时的汉语口语系统里掺有其他少数民族语言成分并不奇怪。其他的例子如亲属称谓"哥"、地名"去斤水"(见于813年《元和郡县志》)都来自北朝的鲜卑语,北朝胡姓"乙旃"借自突厥语③。

音韵方面,郑张尚芳已经指出,《颜氏家训》所说的南方人以从为邪、以禅为船,从性质上说是以浊擦音代替浊塞擦音,而这正是底层语言,即古百越语的发音习惯,因为侗台语的齿音是没有塞擦音的,只有擦音[s z]④。江东方言与吴、闽等现代方言在词汇上的关系,学界已有一些探讨,至于其中的非汉语成分,目前尚无专门的论述。下文所举六例,Norman曾经作为江东方言与吴、闽语之间渊源关系的证据⑤,这里不再赘述。就江东方言与百越语的关系来看,除了邓晓华论及"骹"字以外⑥,其余五条作为两者的"关系字",学界至今很少谈到,简述如下⑦。

(1) 健 *lien²,《尔雅·释畜》:"未成鸡,健。"郭璞注:"江东呼鸡少者曰健。

---

① 陈寅恪:《从史实论切韵》,《陈寅恪集·金明馆丛稿初编》,第392页。
② 周祖谟:《颜氏家训音辞篇注补》,周祖谟:《问学集》(上册),中华书局,1966年,第412页。
③ 梅祖麟:《试释〈颜氏家训〉里的"南染吴越,北杂夷虏"——兼论现代闽语的来源》,《语言暨语言学》2015年第16卷第2期,第131-133页。
④ 郑张尚芳:《颜之推"南染吴越、北杂夷虏"谜题试由声母索解》,《中国音韵学——中国音韵学研究会南昌国际研讨会论文集·2008》,江西人民出版社,2010年,第22-29页。
⑤ Norman, Jerry(罗杰瑞):"Some ancient Chinese dialect words in the Min dialects",《方言》1983年第3期,第202-211页。
⑥ 邓晓华:《试论古南方汉语的形成》,邹嘉彦、游汝杰编:《语言接触论集》,上海教育出版社,2004年,第284页。
⑦ 各个例字根据《广韵》《集韵》等韵书记录的反切,或将郭璞等注疏家所用的反切或直音折合为中古音,按李新魁《中古音》(商务印书馆,1991年,第118-119页)的拟音体系,作为江东方言词,其读音代表是魏晋音,跟《切韵》系韵书的南朝音在时间上不完全一致,所以只作为参考。相应的侗台语词后所标的读音,来自梁敏、张均如《侗台语族概论》的拟音。

第二章　文献考证方法

健,音练。"①比较侗台语"秧鸡"*klen：龙州 ɬin²、佯僙 rjan²、侗南 san¹。Norman 注意到了闽、客方言中的相关说法,如厦门 nuā⁶、建阳 nuā⁵、将乐 suāi⁵"未孵成的小鸡",客家 kai¹ lon⁵"雏鸡"②。侗台语另外还有塞音、塞擦音的读音形式,如：德宏 tsan²、傣拉、拉珈 tsɛn²、柳江、布依 kan¹、仫佬、锦语、莫语、标语 kan³。读 k-/ts-与读 ɬ-/r-/s-声母的形式之间,韵母、声调均能对应,可以考虑它们有共同的来源。梁敏、张均如为其构拟了早期读音*klen③,是合理的。

（2）凊（瀞）*tɕhieŋ⁵,《世说新语·排调》："刘真长始见王丞相,时盛暑之月,丞相以腹熨弹棋局,曰：'何乃凊！'刘既出,人问：'见王公云何？'刘曰：'未见他异,唯闻作吴语耳！'"看来"凊"是南朝吴语典型的口语词。《集韵·映韵》："瀞、偮、凊,楚庆切,冷也,吴人谓之瀞。或从人,亦作凊。"比较布依语各方言的"冷"④：兴义巴结、安龙八坎、册亨乃言、贞丰鲁容、望谟者香、罗甸坡球 ɕen⁴、平塘西凉、独山水岩 ɕen⁴、安龙天桥、惠水长安 ɕiin⁴、兴仁云盘 sěŋ⁵、长顺营盘 ɕiaŋ⁴、平塘凯西 tsian⁴、安顺黄腊、都匀富溪、贵筑青岩 tɕian⁴、清镇西南 tsian⁴、水城田坝 tɕian³。Norman 指出现代闽语继承了南朝吴语的这一说法⑤,如厦门、柘荣 tshin⁵、福安 tshen⁵、福州 tsheiŋ⁵、揭阳、建瓯 tsheŋ⁵、建阳 thoiŋ⁵、将乐 tshiŋ⁵、邵武 tshən⁵"冷水~"。浙南吴语表示"冷"的说法,如：庆元 tshəŋ⁵、常山 tshʌ̃⁵、遂昌 tshəŋ⁵,也与之同源。

（3）藻*bieu²,《尔雅·释草》："萍,苹。"郭璞注："水中浮萍也,江东谓之藻。"《广韵·宵韵》："《方言》云：江东谓浮萍为藻。符宵切。"⑥比较侗台语"浮萍"：邕宁、柳江 piiu²、武鸣 piəu²、临高、琼山 fiu²、水语、锦语、莫语 piu²、毛南、拉珈 pjeu²。Norman 指出闽、客、粤语中"藻"的说法,如福安、福州 phiu²、宁德

---

①　根据我们的统计,郭璞注《尔雅》、《方言》、《山海经》、《穆天子传》等古籍时,共约一百七十处提到了"江东方言"。
②　罗杰瑞："Some ancient Chinese dialect words in the Min dialects",第 206-207 页。
③　梁敏、张均如：《侗台语族概论》,第 953 页。
④　喻世长：《布依语调查报告》,科学出版社,1959 年,第 221 页。
⑤　罗杰瑞："Some ancient Chinese dialect words in the Min dialects",第 208 页。
⑥　余迺永《新校互注宋本广韵（定稿本）》（下册,第 150 页）指出："注文见《尔雅·释草》郭注,非《方言》文。"

pheu², 厦门、建阳、揭阳 phio², 建瓯 phiau⁵, 柘荣 phio², 永安 phiɯ², 将乐 phiau⁹, 邵武 phiau⁷, 客家 phiau², 广州 phiu²①。游汝杰补充了吴语温州话 bie³¹ 的说法,同时也注意到了它跟侗台语是有关系的②。

（4）骹 *khau¹,《南史·王亮传》:"时有晋陵令沈嶬之性粗疏,好犯亮讳,亮不堪,遂启代之。嶬之怏怏,乃造坐云:'下官以犯讳被代,未知明府讳。若为攸字,当作无骹尊傍犬? 为犬傍无骹尊? 若是有心攸? 无心攸? 乞告示。'亮不履下床跣而走,嶬之抚掌大笑而去。"晋陵（今江苏常州所辖）为南朝金陵近畿,可见把腿叫作"骹"是当时的南方口语。《广韵·肴韵》口交切。比较侗台语"腿":泰语、老挝、龙州 kha¹, 布依、柳江、锦语、莫语 ka¹, 武鸣、黎语 ha¹, 版纳、德宏、傣拉 xa¹。部分浙南吴语、闽语至今仍用该词表示"腿"或"脚",如浙江常山 khɔ¹, 遂昌 khɐɯ¹, 福建厦门、潮州、福州 kha¹, 建瓯 khau¹。北部吴语常熟话中蟹脚叫作[ha³ gɔ²],后字想必也是"骹"字。

（5）槢 *xie¹,《方言》卷五:"𨡔,陈楚宋魏之间或谓之箪,或谓之槢,或谓之瓢。"郭璞注:"今江东呼勺为槢,音羲。"又《广韵·支韵》:"桸,杓也,许羁切。""槢"、"桸"为同一语素的不同写法。黎语"勺子"hwei¹、"调羹"hwei¹ keŋ², 后者的 keŋ² 可能借自汉语的"羹"③。再看黎语其他方言的"瓢":中砂、黑土 hei¹, 堑对 huui¹/vei¹, 保城 huui¹, 加茂 huəp⁸, 西方、白沙 ŋei¹, 元门 mei⁴, 通什 guui¹。④ Norman 指出闽语仍用"桸"表示水勺、粪勺之类相关的,如福安 he¹, 厦门 hia¹、揭阳 hia¹, 潮阳 pu² hia¹（瓠桸）⑤。浙江庆元吴语的瓢叫作"蒲⁼桸"[pɤ⁴ xai¹],与南朝吴语、闽语保持一致。

下面再提出两例,或可作为江东、百越"关系字"的新证:

（6）帢 *phiən²,《方言》卷四:"大巾谓之帢。嵩岳之南,陈颍之间谓之帤。"郭璞注:"江东呼巾帢耳。"可比较侗台语"裙子":邕宁 phən⁵, 武鸣 vun³, 布依 vin³, 侗南、侗北 wən³, 莫语 fin³, 锦语 fin³/win³。其中武鸣、莫语等的唇齿擦

---

① 罗杰瑞:"Some ancient Chinese dialect words in the Min dialects",第 206 页。
② 游汝杰:《汉语方言学导论》（修订本）,第 133 页。
③ 中央民族学院少数民族语言研究所第五研究室:《壮侗语族语言词汇集》,第 115 页。
④ 欧阳觉亚、郑贻青:《黎语调查研究》,中国社会科学出版社,1983 年,第 458 页。
⑤ 罗杰瑞:"Some Ancient Chinese Dialect Words in the Min Dialects",第 205 页。

音 f-/v-和侗语、锦语等的 w-显然都是从双唇声母变来的。

（7）凯 *khɒi³,《方言》卷十三："盂谓之櫺……椀谓之𥂁,盂谓之銚锐。"郭璞注："椀,亦盂属,江东名盂为凯,亦曰瓯也。"这则材料表明,江东方言的"凯"也只是"盂"义语素的标音字而已。《广韵·海韵》苦亥切。比较侗台语的"甑子"：龙州 khai¹,仫佬 khɣe¹,黎语 kai¹,布依 zai¹,泰语、老挝、德宏、傣拉 hai¹,临高 sɒi¹,拉珈 sai¹,标语 ɕoi¹。擦音声母 s-/z-/ɕ-是从 kh-辅音弱化而来的。

六、结语

上文所论虽是关涉汉语词汇史的一个小问题,但颇有意义。学界以往在讨论魏晋南北朝时期山越、江东两个族群的关系,通常只能从史料勾稽的角度,说明两者之间的交流甚为密切,语言学层面的探讨似乎还未涉及。已有的研究表明,山越与江东各自说的分别是古侗台语（百越语）和吴语。以今天的眼光来看,少数民族语言、汉语方言似乎应该各不相干,但在当时,江东吴语无疑具有更多古越语的"底层"成分。通过比较"市"字的魏晋音与古代侗台语"姊"义语素的读音,可知郭璞注《方言》时说的"今江东、山越间呼姊声如市",所指即江东、山越语之间"姊"义语素与"市"字读音近似。

颜之推《颜氏家训》有"南染吴越,北杂夷虏"的断语,此处的"南"、"北"当然是指汉语的南北方言,如果是南方方言的书面语,那么"南染吴越"便是意在强调江东土著吴语对其的影响；如果是南方方言的口语,那么这四字的涵义就不能只从汉语本身来理解,而应该放宽眼界,更多地发现南方口语里的古代百越语言成分。"吴"、"越"所指固然以汉语方言为主,但考虑到魏晋南北朝时期的中国南、北地区的语言接触,"吴越"方言则含有更多百越民族语言成分也是事实。本节以"市"（姊）字为例,兼及郭璞所载其他江东方言成分与侗台语的比较,以此作为结合非汉语材料来探讨中古汉语及方言史的一项尝试。

第三节 宋本《玉篇·五音之图》"五音"的涵义

一、引言

唐宋以后的韵书材料,提到了"四声"、"五声"、"五音"等名目者,有宋陈彭年等重修、1013 年成书的《大广益会玉篇》[①]所附《五音声论》、《四声五音九弄反纽图》(以下简称"九弄图")与涵括其中的《五音之图》,以及《切韵指掌图》(以下简称"指掌图")所附的《辨五音例》等,其解读还存在一些争议,但总的来说不外乎与声调、声母、韵、介音等音节结构成分有关。清钱大昕《十驾斋养新录》卷五"喉舌齿唇牙声"条提到了上述部分术语[②]:

> 右《玉篇》卷末所载沙门神珙《四声五音九弄反纽图》,分喉舌齿唇牙五声,每各举八字以见例,即字母之滥觞也。唇声八字有重唇,无轻唇,盖古音如此。喉牙两声相出入,与后来字母不同。
> 《广韵》卷末有《辨字五音法》:一唇声,"并"、"饼";二舌声,"灵"、"历";三齿声,"陟"、"珍";四牙声,"迦"、"佉";五喉声,"纲"、"各"。以"纲""各"为喉声,与神珙同。
> 神珙《辨五音法》:宫舌居中,宫、隆、居、间。商开口张,书、余、商、阳。角舌缩却,古、伍、角、岳。羽撮口聚,羽、矩、于、俱。徵舌柱齿,徵、里、陟、力。与今字母多异。

[①] 俗称今本《玉篇》,或称宋本《玉篇》,另外还有元本《玉篇》等,与宋本的内容略异。参冈井慎吾:《玉篇の研究》,东京东洋文库,1933 年,第 283-336 页。国内音韵学界引用的今本《玉篇》,通常只指宋本,有别于原本《玉篇》,后者全佚已经不存,如今在邻国日本尚存有原本《玉篇》零卷。此外,原本《玉篇》的反切完整地收录于沙门空海《篆隶万象名义》之中。参周祖谟:《万象名义中之原本玉篇音系》,周祖谟:《问学集》(上册),中华书局,1966 年,第 270-272 页。
[②] 钱大昕氏所说的《辨五音法》即《五音之图》。钱大昕著,陈文和、孙显军点校:《十驾斋养新录》,江苏古籍出版社,2000 年,第 96 页。

先说"四声",它最易理解,就是"平、上、去、入"。《九弄图·序》:"昔有梁朝沈约,创立纽字之图,皆以平书,碎寻难见。唐又有阳宁公、南阳释处忠,此二公者,又撰《元和韵谱》……谱曰:平声者,哀而安;上声者,厉而举;去声者,清而远;入声者,直而促。"这段话道出了四声的性质,用现代语音学的概念来解释,是关于调形、调值的描述,也涉及声调的音高、音长等问题。至于"五音",常规的理解,就是唇、牙、喉、齿、舌五类声母,如果加上半齿(日)、半舌(来)就是"七音"。郑樵《通志·七音略·序》:"江左之儒,知纵有平上去入为四声,而不知衡有宫、商、角、徵、羽、半徵、半商为七音。"①

本来"五音"、"七音"是字母之学,其兴起与印度悉昙学的影响有关,所以郑氏的序有"七音之韵,起于西域"之类的话,今人陈寅恪曾论证,"四声"一方面既是南朝周颙、沈约、谢朓等"善辨声韵"的文士首先发现,另一方面也以印度"声明论"为现实依据②,而郑氏将七音用"宫商"来比附,王力认为纯粹是"牵强附会,也不必深究"③。同样地,《指掌图·辨五音例》的"五音"也给声母系统套上了"宫商"之名。具体地说,"宫"指喉音(舌居中),"商"指齿头、正齿音(开口张),"角"指牙音(舌缩却),"徵"指舌头、舌上音(舌柱齿),"羽"指重唇、轻唇音(撮口聚)。括号里的说法,是古人用当时的术语来描述如何运用发音器官。敦煌出土的《守温韵学残卷·辩宫商徵羽角例》④也有"宫商"及"舌居中"等说法,"都与神珙四声五音九弄反纽图相同"⑤。

"宫商"在中国历代文献中是个多义词,正如张清常等先生所指出的,它主要涉及音乐,但也跟语言学关系密切,跟声母、元音、声调等都可以发生关系⑥。《韵镜》前附《五音清浊》的表述比较简洁,指出了"五音"、"清浊"跟声母的联

---

① 郑樵:《通志》,中华书局,1987年,第513页上栏。
② 陈寅恪:《四声三问》,《清华学报》第9卷第2期,1934年,第367-381页。
③ 王力:《中国语言学史》,《王力文集》(第十二卷),山东教育出版社,1990年,第113页。
④ 潘重规:《新抄P二零一二守温韵学残卷》,潘重规著:《瀛涯敦煌韵辑别录》,香港新亚研究所,1973年,第87-92页。
⑤ 周祖谟:《读守温韵学残卷后记》,周祖谟著:《问学集》(上册),第502页。
⑥ 参张清常:《汉语声韵学里面的宫商角徵羽》,1942年;《张清常文集》(第一卷·音韵),北京语言文化大学出版社,2006年,第1-29页。此文论述了"宫商角徵羽"与声母(喉牙舌齿唇)、元音、声调(平上去入)的关系。关于声调,日释空海《文镜秘府论·调声》引元兢说:"声有五声,角徵宫商羽也。分于文字四声,平上去入也。宫商为平声,徵为上声,羽为去声,角为入声。"

系,符合传统音韵学一般的习惯。

宋本《玉篇》后附《五音声论》,有所谓"东方喉声"、"西方舌声"、"南方齿声"、"北方唇声"、"中央牙声",以五方之名冠于"五声",依然是从声母索解,只是刻意区别了"何我刚"(喉声)、"更硬牙"(牙声),让我们看到了一等韵、二等韵字在声母相同(均为见系字)的前提下,仍须分别"喉"、"牙"声母。陆志韦较早注意到了《九弄图》中"东方喉声"与"中央牙声"例字的不同。其分别的依据,陆先生认为是声母 k-、c-(腭化的 k-)两系的不同,"有清一代之音韵学家不知二系前后元音之关系及其在宋代等韵学上之地位,辄以神珙图为儿戏。'更硬……'为'刚我……'之腭音,显而易见"①。也就是用声母腭化与否来区分一、二等字,以反对高本汉用腭化(或谓"喻化")与否来区分三等与四等字。

正如陆志韦所言,三、四等之别不仅仅在于声母,两者在韵母主元音上也存在差异。至于陆先生所说牙喉音一、二等字的不同在于声母是否腭化,也不是事实的全部。声母色彩的不同,其实是由于介音不同所造成的。陆文还提到:"至若双唇音本无所谓腭音与非腭音值分别,然《切韵》《广韵》于三等作'方芳符武',四等作'博普蒲莫',界限分明。"②此处涉及了轻唇化的问题,虽然说的不是一、二等字,但就双唇音而言,直到元代《中原音韵》(1324)时代,仍然可见同个韵部里一、二等字不在同一个小韵之中。既然唇音无所谓腭化,说明声母的音值不是关键所在,介音才是最重要的区别。中古一等韵无介音,二等具-r-介音,且介音既可属韵,亦可属声。类似地,宋本《广韵》后附《辩字五音法》,以三等韵字"迦佉"作牙声,一等韵字"纲各"作喉声,意在区分有无-j-介音的声母。

二、《五音之图》与"宫商"之名的一致性解释

《指掌图·辨五音例》与宋本《玉篇·五音之图》都有"宫,舌居中"等相类似的内容,区别在于前者没有例字,后者为每类声母各添上了四个例字。以"宫"音为例,《五音之图》有以下内容:① 正反(居隆:宫)、② 到反(宫间:

---

① 陆志韦:《三四等及所谓"喻化"》,《燕京学报》1939 年第 26 期,第 144 页。
② 陆志韦:《三四等及所谓"喻化"》,《燕京学报》1939 年第 26 期,第 144 页。

居)、③ 正叠韵(居间)、④ 傍叠韵(宫隆)、⑤ 傍叠重道(隆宫)、⑥ 正叠重道(间居)、⑦ 正到双声(居宫)、⑧ 傍到双声(间隆)、⑨ 正双声(隆间)、⑩ 傍双声(宫居)。其中第①、②两条,分别指出"居隆"切"宫"和"宫间"切"居"。"反"是反切之意,"到"即"倒",颠倒的意思。③、④两条讲叠韵,即"居间"(鱼韵)、"宫隆"(东₃韵)两两同韵。⑤、⑥将③、④重复说了一遍,故曰"重道",需要注意的是,制图之人以东₃韵字为"正",以鱼韵字为"傍"。第③到⑥四条讲叠韵,接下来从第⑦到⑩四条则讲双声。其中来母字为"正"、见母字为"傍",⑦、⑧两条则分别将⑨、⑩两条的例字再倒过来说一次。其他图依此类推。以"正反"、"到反"为例(其他都是在此基础上不同角度的汉字重排),五图涉及的反切及例字分别是(括号内为反切):

宫:宫(居隆)、居(宫间)
商:商(书阳)、书(商余)
角:角(古岳)、古(角伍)
徵:徵(陟里)、陟(徵力)
羽:羽(于矩)、于(羽俱)

就"喉"(宫)、"牙"(角)的被切字来看,"宫居"同为三等韵字,"角古"则为一、二等韵字,因此是用三等韵与非三等韵字的介音不同来区分"喉"、"牙"。这跟上述《广韵·辩字五音法》的做法是相同的。

再看"齿头/正齿"(商)、"舌头/舌上"(徵)、"重唇/轻唇"(羽)三类,在《五音之图》里的代表字分别是"商书"、"徵陟"、"羽于",全部是三等韵字。就声母而言,"宫、商、角、徵、羽"的代表字分别为见母 $*k$-、书母 $*ɕ$-、见母 $*k$-、知母 $*t$-、云母 $*w$-[①],各组声类不同,但又部分相同(宫、角),所以单凭声母不能完全分别。另外,《五音之图》牙、喉、舌、齿音字都有,独缺唇音字。

《玉篇》所附《五音声论》和《五音之图》(《九弄图》的一部分)"羽"音所举的

---

① 如无特别说明,本节所用的中古拟音皆据黄笑山《〈切韵〉和中唐五代音位系统》,第 22-23、97-98 页。

例字不同,如果由同一人所作,按常理不应有此分别。清戴震《声韵考》卷四"书玉篇卷末声论反纽图后"曰:"《玉篇》卷末附以沙门神珙《五音声论》、《四声五音九弄反纽图》。考珙自序,不一语涉及《五音声论》,殆唐末宋初,或杂取以附《玉篇》末,非珙之为,故列之珙《反纽图》前,不题作者姓氏。"从《五音之图》的例字来看,戴氏的怀疑不无道理。

但是,从语音学来看,《五音声论》的"帮庞剥雹"与《五音之图》的"羽矩于俱"并无二致,因为唇音字本身就有唇化特征,"羽"类字虽为喉牙音,但都是合口字,合口性也就是唇化特征,而且这类字的韵母主元音[u]或[o]都是圆唇的,可见两者性质相同。从音系学来看,唇、喉、牙音声母在区别特征上都具有"钝音性"(grave),唇音不论开合,都具有合口性,喉牙音加上合口介音或圆唇主元音,其合口性程度更深,故而等韵家用"撮口聚"来形容"羽"音的"发音姿态"是很准确的。

音韵学界在讨论《五音之图》时,也曾引用汉代以来讲"宫商"的声训材料,如刘歆《钟律书》:"商者,章也……。角者,触也……。宫者,中也……。徵者,祉也……。羽者,宇也。"该则与《汉书·律历志》的记录是相同的。又《白虎通·礼乐》:"角者,跃也……。徵者,止也……。商者,张也……。羽者,纡也……。宫者,容也……。"①如果从声训的标准来看,似乎并不严格,比如前一则材料"角"(牙音)与"触"字声母不同类,一为见组、一为知组;"宫"(喉音)与"中"字声母亦不同类,一为见组,一为知组。后一则材料注"角"音的"跃"字和注"宫"音的"容"均为以母,可归章组("商"音)。两则材料注"商"音的字也不一样,前一则的"章"字还是章组,但后一则的"张"字则为知组("徵"音)。这就更加证明,不能单从声母的角度来解读汉代声训材料里的"宫商"之名。

下面将"五音"五组共十个例字重新排列,并加上中古拟音(表2-2)②。

---

① 黄耀堃:《试释神珙〈九弄图〉的"五音"——兼略论"五音之家"》,《黄耀堃语言学论文集》,凤凰出版社,2004年,第22页。
② 黄笑山《〈切韵〉和中唐五代音位系统》(第97-98页)将除重纽四等字的介音写作[i]之外,其他大部分三等韵的介音都写作[ɹ]。另外,学界普遍认为,鱼韵字在《切韵》音系中应作开口,现在黄笑山先生将鱼韵写作[ɹo],其开口性质由介音来体现,从介音对主元音的影响来看,[o]在[ɹ]后面变成[ɣ]是可能的。

表 2-2 《玉篇·五音之图》各"音"例字重排表

宫	居		宫		商	书		商	
	宫	间	居	隆		商	余	书	阳
	见 k-	鱼-iɤ	见 k-	东-iuŋ		书 ɕ-	鱼-io	书 ɕ-	阳-iɒŋ
角	古		角		徵	陟		徵	
	角	伍	古	岳		陟	里	徵	力
	见 k-	模-uo	见 k-	觉-rok		知 t-	之-i	知 t-	职-iik
羽	于		羽						
	羽	俱	于	矩					
	云 w-	虞-io	云 w-	虞-io					

综观上表,可知"五音"中每一组下的两个被切字,所用的四个反切上下字,都是两两双声、两两叠韵,而且两两同调①,很有规律。每音之内,声类相同,但韵类不同("羽"音下"于、羽"则声、韵均同),比如"宫"音,韵母有鱼、钟两类。如何用统一的标准解释其间的差别呢?上文说过,不能以声母作为区分标准,也不能单凭韵母主元音,更不能只看韵尾或声调,而应该着眼于韵母主元音与韵尾搭配后的发音状态,即"韵"的语音性质。传统音韵学所说的"韵"(rhyme;或者叫"韵基"、"韵体")与"韵母"(final)是不同的概念,前者不包括介音,后者包括介音。下面把"五音"每组的两个例字按"声、介、韵(韵核+韵尾)"等音节要素加以归并。

	声母	介音	韵基
宫(居/宫)	k	-i-	ɤ/uŋ
羽(于/羽)	w	-i-	o
商(书/商)	ɕ	-i-	ɤ/ɒŋ
徵(徵/陟)	t	-i-	i/ik
角(古/角)	k	-0-/-r-	uo/ok

---

① 注意"俱"字《广韵》有平声见母、去声群母两读,"羽"音下"于""俱"二字相配,均读虞韵平声,一为云母、一为见母;"羽""矩"二字相配,均读虞韵上声,一为云母,一为见母。亦即此处取"俱"字平声见母一读。

先说"羽"音,例字属虞韵,主元音是[o]、无韵尾。"宫"音例字的韵基[o]、[uŋ]在语音表现上很近,都具有[+后]、[+圆唇]的音系特征,统一写作[u]。"商"音例字的韵基是[ɤ]、[ɒŋ],可以统一为介于[ɤ]、[ɒ]两者之间的开口的[ʌ]。"徵"音例字的韵基是[ɨ]、[ɨk],两者主元音相同,后者的[k]收紧点在软腭与舌根,与元音[ɨ]的偏央的舌位不冲突,而且塞音韵尾[k]没有口腔的破阻(release),整个发音状态并不会因其而改变,故而统一为[ɨ]。"角"音例字的韵基分别是[uo]①、[ok],后者的问题如同"陟"字一样,入声韵尾可以不予考虑,因此统一为[ʊ]。总结而言,"五音"的发音状态可以重写为②:宫-u、羽-o、商-ʌ、徵-ɨ、角-ʊ。

以往的研究,如黄耀堃在讨论《五音之图》"五音"的含义时,基本的结论是:"五音确是指五种不同的韵(主元音)。……宫商角徵羽的名称,也许是偶然与发音部位向外推移顺序相同,……它们之间互有关联,特别是'韵'这个概念。……宫商角徵羽的主元音是从内而外,……《五音之图》的'五音'应考虑为韵的解释。"③黄先生从韵的角度诠释《五音之图》"五音"的性质,与我们的设想接近,将"等呼"(介音)作为韵母的一部分来考虑也很有见地,只是黄先生仅仅是就"宫商角徵羽"这五个字本身的音韵地位来做文章,而没有全面考察五组十个例字具体的读音及语音特点。

事实上,张世禄先生早在20世纪30年代就曾经讨论过《五音之图》所含"五音"的性质④:

> 如神珙《五音之图》(宋本或元本《玉篇》所载)本是用来说明反切的方法,而标着下列的五句:"宫,舌居中;商,开口张;角,舌缩却;徵,舌柱齿;

---

① 不少学者将中古模韵拟作[uo],此处的[u]不能简单地处理为合口介音,否则按照《切韵》分韵的原则,模、鱼、虞韵的主元音就变得一样了。所以这么写,也是权宜之计,应像鱼韵一样,考虑到[u]对后接[o]的影响。

② 每组都有平声字,故而声调也忽略不计,以平声为准;每组声母也只取一个。二等介音-r-的实际音值接近于[ɰ],它跟元音[ɯ]的音值相近,很难分开。参郑张尚芳:《重纽的来源及其反映》,《声韵论丛》第六辑,台北学生书局,1997年,第184页。

③ 黄耀堃:《试释神珙〈九弄图〉的"五音"——兼略论"五音之家"》,《黄耀堃语言学论文集》,第10—14页。

④ 张世禄:《中国音韵学史》(下册),商务印书馆,1998年,第25页。

羽,撮口聚。"守温《韵学残卷》第三截《辨宫商角徵羽例》也列着同样的五句……把这五个字音分别形容它们发音的部位和情状,并不是单就辅音而言,还包含着这些字音里元音性质的关系。这种含混的辨音,一方面启示了韵素上的"等呼"的区分,一方面在后代又配成了"五音"、"七音"用这些名称来表明声纽上的发音部位的差别。

我们在上文的论述也支持张先生对《五音之图》的基本认识。唐兰亦曾说:"《声类》、《韵集》以宫商角徵羽为五部,……或以五声指声母,即喉牙齿舌唇,此更不然。韵目所示,吕书以韵分,不能以每韵析入喉牙等类也。盖宫商实指韵部,宫者东冬,商者阳唐,角者萧宵,徵者哈灰,羽者鱼虞,创始者粗疏,故但列五部耳。"①古人所用"舌居中"、"撮口聚"之类的描述,可以单纯描述声母,如宋本《指掌图》的《辨五音例》,也可以描述整个音节发音的部位或状态。上文一开始就说到,"宫商角徵羽"是中国本土化的概念②,是传统文化的一部分,由来已久,用途广泛,内涵丰富,用在音韵学上,也是五花八门,需要视具体环境而定,所以仍然可以研究、值得研究。同样地,"五音"多用来指声母的类别,这是最常用的,有时也叫"七音",郑樵《七音略》相信就是以此命名,但《五音之图》的"五音"、"宫商"不是跟声母、而是跟"韵"有着直接关系,即发音时的口腔状态。

三、"五音"、"五姓"与"宫商"的共同内涵

那么,除了《五音之图》,还有没有其他材料能够证明我们对"五音"、"宫商"之名实质的阐释呢? 这便需要介绍另一个与"五音"相关的概念:"五姓"。先看从汉魏到隋唐的几则文献材料③:

---

① 唐兰:《〈唐写本王仁昫刊谬补缺切韵〉跋》,1947 年;《唐写本王仁昫刊谬补缺切韵》,江苏凤凰教育出版社,2017 年,第 106 - 107 页。
② 另一个本土色彩浓厚的是所谓"五行",古人也能将其与"宫商"扯上关系。如汉代《乐纬》:"孔子曰:丘吹律定姓,一言得土曰宫,三言得火曰徵,五言得水曰羽,七言得金曰商,九言得木曰角。"很明显,这跟音韵学毫无关系,无须置论。
③ 参张清常:《李登〈声类〉和"五音之家"的关系》,1956 年;《张清常文集》(第一卷·音韵),第 135 - 136 页。但张先生在该文中没有从语言学的角度对这些"五姓"材料加以解释。

(1) 魏成大尹李焉与卜者王况谋,况谓焉曰:"……君姓李,李音徵……"

（《汉书·王莽传》）

(2) 萧,"角"姓也。

（《南齐书·祥瑞志》）

(3) 〔劭〕引《坤灵图》曰:"泰姓商名宫,……"谨案:此言皆为大隋而发也,……姓"商"者,皇家于五姓为"商"也;名"宫"者,武元皇帝讳于五声为"宫";……胜龙所以白者,杨姓纳音为"商"。（《隋书·王劭传》）

(4) 〔才〕叙宅经曰:……至于近代师巫,更加五姓之说。言五姓者,谓宫、商、角、徵、羽等,天下万物,悉配属之,行事吉凶,依此为法。至于张、王等为商,武、庾等为羽,欲似同韵相求;及其以柳姓为宫,以赵姓为角,又非四声相管。其间亦有同是一姓,分属宫商,后有复姓数字,徵羽不别。验于经典,本无斯说;诸阴阳书,亦无此语。直是野俗口传,竟无所出之处。

（《旧唐书·吕才传》）

上面引的四则文献从时代上看跨度不小,从汉至唐,而且都讲到"宫商"之名与"五姓"的关系,所举例字与《玉篇》所附的《五音之图》亦有可比之处。虽然该图的具体时代已不可考,但从其内容来看,比如"宫商"之名、"撮口聚"之类的描述等,此图并非孤例,一定前有所承。

第(1)条"李"音"徵",联系《五音之图》"徵"音下例字"徵"的反切下字是"里","李"、"里"同为之韵上声,可见《五音之图》"徵"音所举例字是有历史依据的,同时只取韵、不管声。

第(2)条说姓萧的萧属于"角"姓,很明显,应按照第(1)条的思路来解,"萧"、"角"二字在南朝时期韵尾有-u、-k之别,但其语音特征有共性,比如都有软腭的收紧点,都具有[＋钝音]特征。从汉语音韵史来看,中古后期收-k尾的宕江摄入声字开始变作-u尾,与效摄字合并,《指掌图》将两类字放在一张图里,就是证明。《五音之图》"角"代表字有模韵"古"-uo,从韵母特征来看,与南朝时期的"萧"-au、"角"-ok并无二致,可见《南齐书》从"五姓"角度来描写"五音"的这则记录与《五音之图》用"古"、"角"来表现的语音特征是相同的。

第(3)条说杨姓为"商",比照《五音之图》"商"代表字"书商",此二字与"阳"同音的"杨"字同韵。

第(4)条最值得注意,因为作者吕才从音韵学的角度阐述了"五姓"与"五音"如何联系,并做了评述,似乎对其不置可否。具体来说,吕才认为"张"、"王"属"商"姓可能是因为三字同韵而且同调,但"柳"属"宫"、"赵"属"角"似乎又不好解释,因为既不同韵、又不同调。鉴于此,吕才最后的结论是"野俗口传,竟无所出之处"。从我们的分析来看,吕才的说法恐怕是有问题的。"张"、"王"均为阳韵字,属"商"音,与"商"代表字"商"同类,没有问题;"柳"为尤韵,与"宫"代表字"冏"字相比,虽不同韵,但"柳"字具有-u 韵尾,与"宫隆"的-ŋ 尾性质相类似,即具有[+后]、[+圆唇]的音系特征,且都有软腭作为收紧点①,因此柳姓为"宫",也完全合理。再看赵姓,"赵"字为效摄字,有-u 韵尾,和上面所说的"萧"是一样的,那么归入"角"音,自然是正确的。同样地,"武"、"庾"二字同为虞韵,与"羽"代表字"羽于"同韵。

总而言之,自汉至唐诸史籍所载"五姓"之说,一旦与"宫商"相联系,其内涵可以连同《玉篇·五音之图》一并解释。这说明古人对这些术语的使用是有现实依据的,反过来也表明,《汉书》到《旧唐书》等史籍与《玉篇》等韵书中的材料都是真实可靠的,古人对于此问题的认识,既是科学的,也是历史一贯的。

四、结语

从有清至现代,诸多音韵学者,如戴震、方国瑜、张世禄、张清常、殷孟伦、黄耀堃、郑张尚芳等都曾就"五音"、"五姓"、"宫商"之名的内涵及其相互关系发表过高见②。本节在前人研究的基础上,认为尽管古人在术语的运用上不像

---

① 从-ŋ 是-k 的同部位鼻音辅音来看,也能说明-ŋ、-k、-u 三者是接近的。
② 参戴震:《声韵考》(第四卷),中华书局,1985 年;方国瑜:《〈玉篇〉所载五音声论跋》,《方国瑜文集》(第五辑),云南教育出版社,2003 年,第 513－521 页;张世禄:《中国音韵学史》(下册);张清常:《汉语声韵学里面的宫商角徵羽》、《李登〈声类〉和"五音之家"的关系》;殷孟伦:《〈四声五音九弄反纽图〉简释》,《山东大学学报》1957 年第 1 期,第 147－164 页;黄耀堃:《试释神珙〈九弄图〉的"五音"——兼略论"五音之家"》;郑张尚芳:《〈辩十四声例法〉及"五音"试解》,《语言研究》2011 年第 1 期,第 88－95 页。

现代科学那么精密，但也并非杂乱无章、随心所欲，而是遵循一定规律的，我们不赞成把它看作"牵强附会"而"不必深究"的做法，这也是我们跟张世禄等前辈学者一致的地方。

　　从音韵学的角度来看，我们主张把声母层面的"五音"（如《玉篇·五音声论》、《指掌图·辨五音例》、《广韵·辨字五音法》等）与非声母层面的"五音"（如《玉篇·五音之图》）区分开来。类似地，"舌居中"、"撮口聚"（如《守温韵学残卷·辩宫商角徵羽例》、《指掌图·辨五音例》、宋本《玉篇·五音之图》等）之类的描述，主要是指"韵"（不是"韵母"，即无须考虑介音）的五种口腔发音状态。音节是汉语音系的基本单位，如果把音节的发音看作是个动态的过程，声母为"发"、韵母则为"收"，从这个角度来看，所谓"五音"，即可指"发"（声），也可指"收"（韵）。根据我们的观察，东汉以后一些史料里关于"五姓"的记载，其运用"宫商"之名的依据，至少有一部分很明确，是跟《玉篇·五音之图》保持高度一致的。实际上，跟"五音"、"五姓"说有关系的，还有"吹律（卜名）"、"六十甲子纳音"、"纳甲"、"五音之家"、"口调五音"等名目，饶宗颐、黄耀堃等皆有论述[①]，此处不再赘述。

　　可以一提的是，近来郑张尚芳指出，《切韵》系韵书的韵目部次，是按五音"宫商角徵羽"来排列的，其渊源则是李登《声类》的"以五声命字"，"五声"即"宫商角徵羽"。韵目与十六摄、"宫商"之名的对应如下：宫：东冬钟韵（通摄）；角：江韵（江摄）；徵：支脂之微韵（止摄）；羽：鱼虞模韵（遇摄）；徵：齐佳皆灰咍｜真文殷元魂痕寒删山先仙韵（蟹｜山臻摄）；商：歌麻｜阳唐庚耕清青登蒸（果假｜宕梗曾摄）；角：萧宵肴豪韵（效摄）；宫：尤幽侯｜侵覃谈盐严添咸衔凡（流｜深咸摄）[②]。既然是用来作韵目排序，说明也是取"韵"而不取"声"，这也是"五音"（或"五声命字"的"五声"）跟韵母有关的证据。

　　[①] 饶宗颐：《秦简中的五行说与纳音说》，《中国语文研究》1985年总第7期，第37—50页；黄耀堃：《口调五音与纳音——并试论"苍天已死，黄天当立"》，《黄耀堃语言学论文集》，第105—124页。
　　[②] 郑张尚芳：《〈辩十四声例法〉及"五音"试解》，《语言研究》2011年第1期，第93页。

第二章　文献考证方法

第四节　《事林广记》"音谱类" 《辨字差殊》的音韵条例

一、引言

　　《事林广记》为南宋陈元靓(福建崇安人)所编的一部类书,该书曾经元人增删,版本也有不同,其中元刊本就有和刻本、台北故宫博物院藏元至顺年间刊本《新编纂图增类群书类要事林广记》、日本国立公文书馆内阁文库藏元至顺年间刊本《新编纂图增类群书类要事林广记》、北京大学图书馆藏本《纂图增新群书类要事林广记》等几种[①]。根据平田昌司的介绍,流传于日本的《事林广记》,除了内阁文库元刊本,尚有元禄十二年翻刻元泰定二年刊本《新编群书类要事林广记》、庆应义塾大学斯道文库藏明洪武刊本、天理大学图书馆藏明弘治四年刊本、国立公文书馆内阁藏明弘治刊本等。《事林广记》的"音谱类"收录的和汉语史研究有关的资料包括《正字清浊》、《呼吸字诀》、《呼吸诗诀》、《辨字差殊》、《合口字诀》等[②]。平田先生通过参考宋元韵书、元明曲论、现代吴闽方言等资料,对"音谱类"中《辨字差殊》的内容作了详细的分析,也提出了不少颇有价值的观点。该文指出,《辨字差殊》的音系基础是元代浙闽唱曲艺人通用的一种"中州音",跟《中原音韵》音系有比较大的差别。"音谱类"的《正字清浊》条云:"昔之京语,今之浙音,《广韵》《玉篇》不能详载。所以外路或未知之,粗用切音为古今语脉。殊不知反成乡谈蛮字,贻笑于人。因循久远,讹舛无辨,至于言词赓唱不协律调,皆由是也。今将教坊乐府呼吸字指、重叠异用、平侧通称并附此,以俟识者赏音。"言下之意,"音谱类"所涉及的五音、唱法、咬字等问题,是为了"正音"服务的。北宋末年,宋室南迁,偏安于临安一隅;从语言的角度来看,汴洛官话对杭州及其周边苏州、绍兴、常州、衢州、宁波各处吴语

[①]　王珂:《宋元日用类书〈事林广记〉研究》,上海师范大学博士学位论文,2010年。
[②]　平田昌司:《〈事林广记〉音谱类〈辨字差殊〉条试释》,《汉语史学报》第五辑,上海教育出版社,2005年,第159页。

的影响可以想见。

明末沈宠绥(今江苏吴江人)曾提出南北曲韵"北叶《中原》、南遵《洪武》，音韵分清，乃成合谱"(《度曲须知·入声收诀》)，即应"北曲字音，必从周德清《中原音韵》为准，非如南字之别遵《洪武韵》也"(《弦索辩讹·凡例》)。目前学界对《中原音韵》的音系基础仍有不同意见，有的主张"大都音"说，有的主张"河南音"说。不管怎样，都代表了当时的北方口语。《洪武正韵·序》云"壹以中原雅音为定"，但事实上并非如此。如果说保留浊声母所表现的可能是《洪武正韵》守旧的一面，不一定反映实际口语，而书中不少禅(床)母和日母字相混，以及寒韵字的分并等，显然是南方吴音的流露①。可见，即便是"南遵《洪武》"，所遵循的未必就是北方官话。

从南曲押韵的习惯来看，也不见得仅以中州音为据。尉迟治平曾经归纳过南曲押韵的特点，如：① 真文、庚青混押，② 桓欢、先天、寒山混押，③ 支思、齐微、鱼模混押，④ 歌戈、家麻、车遮混押，⑤ 开口韵与闭口韵混押，⑥ 入声单押②。这些显然与《中原》、《洪武》不合，而只不过是当时南方口语的反映罢了。《中原音韵·正语作词起例》："南宋都杭，吴兴与切邻，故其戏文如《乐昌分镜》等类，唱念呼吸皆如约韵。"意思是说，南曲的唱词、念白所遵循的习惯，就是南朝沈约所在的浙江吴兴的方音。上面提到的南曲诸种押韵特征，即沈宠绥所指斥的吴音。如"吴俗庚青皆犯真文，鼻音并收舐腭，所谓'兵清'诸字，每溷'宾亲'之讹"(《度曲须知·入声收诀》)，"廉纤必犯先天，监咸必犯寒山，寻侵必犯真文"(《度曲须知·鼻音抉隐》)，"入声入唱，南独异音"(《度曲须知·入声收诀》)等等。

包括《辨字差殊》在内的《事林广记·音谱类》作为《弦索辩讹》、《度曲须知》等南曲字音记录的先声，无疑能够透露出中州音、吴音两方面(亦即《正字清浊》提到的"京音"、"浙音")的异同。平田先生的文章对《辨字差殊》的72条语音材料分别做了说明，言之有据。本节准备在此基础上，对部分条例做进一步的讨论。

---

① 宁忌浮：《洪武正韵研究》，上海辞书出版社，2003年，第59-60、149-151页。
② 平田昌司：《〈事林广记〉音谱类〈辨字差殊〉条试释》，《汉语史学报》第五辑，第163页。

二、若干音韵条例所反映的音变规则

(一) 条例(06)(07)(29)(35)

(06)"飞,半似'希'字收";
(07)"肥,半似'兮'字收";
(29)"肺,音戏。非与'费'字同音";
(35)"翡,音系。非与'腓'字同音"。

《辨字差殊》所记以上四条的被注字"飞肥翡"中古属微韵,"肺"属废韵,声母均为非组。中古支脂微祭齐灰泰合口诸韵在《中原音韵》归入"齐微韵"读 [*uei]。平田先生指出,(06)为非晓母相混,(07)(35)为奉匣母相混,(29)为敷晓母相混。如果对其做进一步概括,即非组与晓组相混。一般来说,非组在南方方言读唇齿擦音 f-/v-,同时可能有白读形式 p-/ph-/b-;晓组读喉擦音 h-/ɦ-,同时匣母可能有舌根塞音白读形式 k-/kh-/g-。以上四条相混,可以从声母、韵母两个不同层面做出假设。平田先生认为此处是由于声母读音相近或导致相混,"当时浙闽一些方音还没有轻唇音,也不存在 f-/h-的音位对立,描述中州音'飞'字声母 f-只能用 h-代替。'飞,半似希字'等,应该是根据浙南人或闽人靠自己的耳朵描写中州音轻唇音的音注"[①]。我们认为有几点值得注意:

第一,其实(06)、(07)和(29)、(35)之间还是有所区别的,前面两条强调的是"飞希"、"肥兮"音近,后两条强调的不仅是"肺戏"、"翡系"同音,同时还指出"肺费"、"翡腓"不同音。按照一般的理解,(06)、(07)所谓"半似"的意思应该是音近,而不是完全相同。既然是音近,那就有两种以上的可能性,"飞希"、"肥兮"声调两两相同,所以可以考虑声母、韵母两个因素。要么声同,要么韵同,如果声、韵均不同,大概也谈不上"半似"了。

第二,因为"肺戏"、"翡系"是同音关系,从其入手比较合适。考虑到南方

[①] 平田昌司:《〈事林广记〉音谱类〈辨字差殊〉条试释》,《汉语史学报》第五辑,第163页。

方言的止蟹开三四等见系字不发生北方官话型的腭化音变，韵母中古以后又合并为[i]，现代吴闽方言也没有内部分化的迹象，所以"戏系"和"希兮"在元明时期读[xi]（当然也可能是[hi]，为方便讨论，如无必要，不做区分）是可以确定的。而"肺戏"、"翡系"两两同音，因此蟹止合口三等非组字"肺翡"也读[xi]。

第三，除去读[xi]的"戏系希兮肺翡"六个字，与之有关的还有"飞肥费翡"四字。从汉语语音史来看，中古止摄合口支脂之微诸韵到了宋代已经浑然无别，《四声等子》《切韵指掌图》等也将这些字混列。不考虑声调的话，照理这些非组字应该同音才对。但《辨字差殊》反映的方言显示"飞希"、"肺兮"之间只是"半似"。所谓"半似"，即声、韵两者有一个相同，另一个相近。"希兮"读[xi]，"飞肥"的读音则有两种可能：

1. 假设一："飞肥"读[xy]，即声母和"希兮"相同读[x]，韵母读[y]。"飞肥"诸字韵母为[y]是"支微入虞"音变的结果，即中古止蟹摄三四等韵合口字读如鱼虞韵。就音值表现而言，支微入虞后的音值一般是-y。不同的方言中还可能出现若干音值变异，如山西方言在[pf pfh f]等声母后变作[u]，湖北黄孝方言在[tʂ tʂh ʂ Ø]等声母后变作[ʮ]等。根据我们的观察，凡是有非组字读软腭或喉擦音声母 x-/h- 的方言，必然会有支微入虞音变。

若将所涉诸字之间的语音关系加以形式化，可以罗列如下：

飞肥 xy ≈ 希兮 xi；肺 = 戏 xi ≠ 费；翡 = 系 xi ≠ 腓

《事林广记》的编者陈元靓是闽北崇安人，考虑到其方言背景，可以先观察一下现代闽北方言是否有"飞肥"读软腭或喉擦音以及是否有"飞希"同音的迹象。我们发现，闽北建瓯迪口方言的确是"飞希"、"肺戏"同音，这一点符合《辨字差殊》的描述；但同时"费戏"同音，这一点与之并不相符。例字如下①：

hi [132] 非飞（～机）希；[22] 废肺戏费

---

① 例字参看秋谷裕幸：《闽北区三县市方言研究》，台北"中研院"语言学研究所专刊，2008年，第194、197页。

hy[22]匪(土～);[132]虚挥辉;[33]许;[243]雨(落～)惠慧

建瓯方言的材料除了表明蟹止摄合口非组字读喉擦音 h-,以及该类字有支微入虞音变之外①,还有个值得注意的现象,就是古音来源相同的"飞肥"、"匪"两类字韵母不同。很明显,"飞肥"的韵母[i]是由早期"匪"字所在的支微入虞层[y]变来的。只不过 y＞i 的音变以词汇为条件,而并非"新语法学派"所强调的"符合音变条件的语音单位一律发生音变",这也就是"词汇扩散理论"所强调的音变的具体表现。

据李如龙的调查,在兼具闽南、闽东方言特点的仙游话中也有"飞希"、"肺戏"同音的现象,只是除了读[i],该组字并没有像建瓯方言那样读[y]的层次②:

hi[1]非菲霏飞_{文读}妃啡(咖～)稀晞希;[2]肥_{文读}(合～);[4]戏肺费吠_{文读}

ku[1]龟;[4]句

如果看支微入虞层,仙游话并不明显,只有少数例字,如"龟"。其实整个闽方言中,除了闽北、闽南、闽东、闽中和莆仙方言的支微入虞都只有少量例字。就闽南方言而言,"龟"字普遍读[ku]是其典型特征,但再无其他更多的例字③。

作为扩散式音变的另一表现,那就是在地理分布上,同个地区若干相邻的、有密切联系的次方言中,有的已经出现某种音变,但尚未完成("变异"),有的则还没有开始音变的进程("未变")。李如龙曾比较过闽北浦城县境内几种方言的语音特征,其中包括"飞肥分翻"等非组字在石陂话中读擦音 x-或保留双唇声母的白读音④:

① 更多材料可参看秋谷裕幸《闽北区三县市方言研究》中建瓯方言同音字表[y]韵所列的字。
② 李如龙:《福建县市方言志 12 种》,福建教育出版社,2001 年,第 144 页。
③ 郑伟:《"支微入虞"与现代方言》,《语言暨语言学》第 13 卷第 5 期,2012 年,第 903 页。
④ 李如龙:《福建县市方言志 12 种》,第 517 页。

表 2-3 闽北浦城方言非组字的今读音

	飞	肥	分	翻	房	浮	亡	万	微
南浦	fi¹	fi²	fēi¹	fɑi¹	fãu²	fiɑo²	fãu²	fãi⁵	fi²
忠信	fi¹	fi²	fēi¹	fɑi¹	fãu²	fiɑo²	fãu²	fãi⁵	fi²
临江	fi¹	fi²	xuĩ¹	xuæ̃¹	xuɔ̃²	iu²	uɔ̃²	xuæ̃⁶	fi²
石陂	xy¹	py⁵	xueiŋ¹	xuaiŋ¹	bɔŋ²	ɦiu²	bɔŋ²	uaiŋ⁶	ɦy²

秋谷裕幸提供了石陂方言的更多例字,包括:非飞(～机)妃 xy⁵³ | 费肺废 xy³³。从上表各方言 f->x- 的情形可以看出,声母从 f- 变作 x- 是逐词发生的,并非整齐划一。同时石陂方言的"飞肺"读[xy],但"分系戏"读[xi]①,亦即前者尚未出现 xy>xi 的音变。闽北政和_镇前_方言的情形类似,如:非飞(～机)hy⁵² | 费肺废匪(土～)hy⁴² | 稀分 hi⁵² | 戏 hi⁴²②。由此,可将建瓯方言划为"变异型",石陂、政和方言划为"未变型"。

2. 假设二:"飞肥"读[pi],即韵母和"希分"相同读[i],声母读[p]。根据这种语音关系,所涉例字可以形式化为:

飞肥 phi≈希分 xi;肺 xi=戏 xi≠费;翡 xi=系 xi≠腓

这种假设是基于非组字在吴、闽方言仍有双唇塞音白读的事实。关于止蟹摄非组字的白读问题,需要将吴、闽方言分开讨论,同时必须结合支微入虞音变来看。目前北部吴语"肥"多有白读[bi],但"飞"字只读 f- 声母。南部吴语"飞痱"多有白读音,如"痱"③:常山 pue³、庆元 ʔbai³、遂昌 pei³;"飞":庆元 ʔbai¹、青田 phi²⁴。尽管支微入虞音变普遍见于南部吴语,但止蟹摄非组字并不参与此音变,所以也就不可能出现[y]韵今读。支微入虞在闽北方言中不论是所涉

---

① 秋谷裕幸:《闽北区三县市方言研究》,第 97、100 页。
② 秋谷裕幸:《闽北区三县市方言研究》,第 145、147 页。
③ 曹志耘:《南部吴语语音研究》,商务印书馆,2002 年,第 235 页;平田昌司:《〈事林广记〉音谱类〈辨字差殊〉条试释》,《汉语史学报》第五辑,第 163 页。

韵类(支脂微祭废齐灰)①、声类(帮非组、见系、知章组、精组)还是该层次的辖字数量都异常丰富,下面仅以帮、非组字为例,以见一斑②:

松溪:背 py⁶ | 肥 py²;建阳:肥 py² | 痱 py⁵;峡阳:肥 py³;洋墩:肥 py⁵;

石陂:吠 by⁶ | 废肺 xy⁵;政和:非飞 hy²¹;建瓯:匪 hy²²;将乐:沸 phy²¹。

从声母来看,非组读双唇塞音 p-是闽语保守性的体现,属白读层,而唇齿擦音 f-是晚唐以后北方汉语的特点,属文读层。读 h-或 x-声母的非组字,其来源是 f-。据李如龙的调查,闽北南平市土官话(北方方言岛)的非组字多读 x-声母,少数读 p-、ph-,读 x-的都带合口介音或圆唇主元音,如:飞 xui¹ | 反 xyæŋ³ | 肥 xui² | 吠 xui⁵ | 放 xyæŋ⁵ | 夫 xu¹ | 分 xueŋ¹ | 粪 xueŋ⁵ | 风蜂 xoŋ¹ | 饭 xyæŋ⁵ | 房 xyæŋ² | 奉 xoŋ⁵;孵 pu⁵ | 甫 phu³ | 否 pheu³③。该方言 xu-来自 f-,但没有支微入虞音变,所以韵母仍作-ui 而不是-y。从音系的角度看,闽北方言"飞肥"有读[py]或[pui]、[fi]、[xui](后三个形式出现于不发生支微入虞的方言,或者是支微入虞以外的层次)的音位序列,但不可能有[pi]或[fy]的读音形式。从蕴含关系的角度来看,出现"飞"字读[xy]或腭化的[ɕy]的方言,必然有支微入虞;反之,有支微入虞,非组字未必一定参与音变。因此,如果《辨字差殊》反映早期闽北方言,那么可能的情形应该是假设一。

那么,有没有第三种可能性,即"飞肥"、"希兮"分别读官话型的[fei]、[ɕi]呢④?这种假设作为陈元靓所谓的"中州音"来理解似乎最简易。关于"半似'希'字收"的"收"字的涵义,学界目前还没有合理的解释。如果认为"收"指的

---

① 为了和蟹止摄合口三四等字入虞相区别,我们建议称其为"灰泰入虞"。该音变在汉语方言也不难见到,只是其辖字没有支微入虞丰富。山西方言如清徐、古交等也有灰、泰韵字读入虞韵的现象。
② 语料引自陈章太、李如龙:《闽语研究》,语文出版社,1991 年,第 145 页;李如龙:《福建县市方言志 12 种》,第 326、440 页;秋谷裕幸:《闽北区三县市方言研究》,第 197 页;郑伟:《"支微入虞"与现代方言》,《语言暨语言学》第 13 卷第 5 期,第 902 - 903 页。
③ 陈章太、李如龙:《闽语研究》,第 474 页。
④ 如果反过来,假设"飞肥"读[fi]、"希兮"读[ɕei],则更加不可能。

是韵母或韵尾(收尾)的话，"飞希"确实可以看作"半似"，但两字声母 f-、ɕ-也不一样，因此"半似"也就无法落实了。另外，从平田先生和本节的讨论都可以看出，《辨字差殊》所描述的"中州音"和一般意义上的北方官话还是有不小的差别的，如果"飞"读[fei]、"系"读[ɕi]，根本就没必要特别指出。

上文没有对"费腓"二字的读音提出讨论，按照新语法学派的假设，"肺费"、"翡腓"音韵条件相同，理应同音才是，但《辨字差殊》指出两两不同音。平田先生引了浙南吴语和闽语材料，如浙江丽水"肺费"读 phi^{52}，景宁读 phi^{45}，福建仙游"肺费戏"读 hi^{52}①。其实这和上面所说的情形类似，吴、闽方言要分开来说。吴语显示的是非组字的白读，闽语的 h-则来自早期的 f-。《辨字差殊》所揭只能是具有支微入虞音变的方言，所以"肺费"不同音有两种可能：第一，当"肺翡"韵母已读入虞韵-y 进而变作-i 时，"费腓"字尚未加入支微入虞的行列，即未变作-y。这点不难理解，综观整个汉语方言，支微入虞音变的发生本身就具有阶段性，既有音类条件，也兼有词汇条件。第二，"费腓"虽然已经读入虞韵，但仍保持圆唇-y 的读法，尚未变作开口的-i，从而有别于已从-y 变作-i 的"肺翡"。

兼具非组字读 x-/h-和支微入虞音变的还有吴、徽、赣等南方方言及山东、山西等北方方言。举例如下(斜线前后分别是白读和文读音，下同)②：

江苏吕四：飞 ɕy^{44}｜虽尿 ɕy^{44}｜栩许 ɕy^{51}；

浙江平湖：榧(～子)ɕy^3｜许髓 ɕy^3；

浙江淳安：飞 ɕy^1/fi^1｜肥 ɕy^2/fi^2｜匪 ɕy^3/fi^3｜痱 ɕy^5/fi^{5}③

---

① 平田昌司：《〈事林广记〉音谱类〈辨字差殊〉条试释》，《汉语史学报》第五辑，第 169 页。
② 语料参卢今元：《吕四方言研究》，上海辞书出版社，2007 年，第 60 页；郑伟：《太湖片吴语音韵研究演变》，复旦大学博士学位论文，2008 年，第 86 页；张光宇：《汉语方言的区际联系》，温端政、沈慧云主编：《语文新论——〈语文研究〉15 周年纪念文集》，1996 年，第 33 页；平田昌司主编：《徽州方言研究》，东京好文出版，1998 年，第 114 页；刘纶鑫主编：《客赣方言比较研究》，中国社会科学出版社，1999 年。
③ 我们查检了傅国通等《浙江吴语分区》(浙江省语言学会编委会・浙江省教育厅方言研究室)、曹志耘《严州方言研究》(东京好文出版，1996 年)和孟庆惠《徽州方言》(安徽人民出版社，2005 年)中有关淳安方言的资料，并没有找到"飞肥匪费"诸字[ɕy]的白读。张光宇《汉语方言的区际联系》一文的参考文献部分也未列出淳安方言的材料出处。只好暂且存疑。

安徽黟县：榧(香～)ɕyɛi⁵³｜栩髓 ɕyɛi⁵³；

江西莲花：肺吠 ɕy⁵/hui⁵｜匪 ɕy³/hui³｜费 ɕy⁵/hui⁵｜肥 ɕy²/hui²｜句锯文贵白 tɕy⁵；

山东肥城：飞 ɕy¹｜肥 ɕy²｜费 ɕy⁵

以上方言中不但有止蟹合三四字非组字读[ɕy]，其韵母表现同时还属于支微入虞的层次，可比较上列各方言鱼虞韵字的读法。

以上所举方言中的音变 fei > ɕy 分布很零星，但在山西方言中却成片分布，所以单独讨论。请看下表①：

表2-4　晋方言非组字和晓组字的今读音比较

	飞	肥	肺	费	希	苇	嘴	许
万荣	ɕi¹/fei¹	ɕi²/fei²	fei⁵	ɕi⁵/fei⁵	ɕi¹	y⁵纬	tɕy³	ɕy³
临猗	ɕi¹/fei¹	ɕi²/fei²	fei⁵	ɕi⁵/fei⁵	ɕi³¹	uei⁵胃	tɕy⁵醉	ly²
永济	ɕi¹/fei¹	fei²	fei⁵	ɕi⁵/fei⁵	ɕi²¹	vei⁵胃	tsuei⁵醉	y²驴
吉县	ɕi¹/fei¹	ɕi²/fei²	fei⁵	ɕi⁵/fei⁵	ɕi¹	uei⁵胃	tɕy⁵/tsuei⁵	ly²驴
新绛	ɕi¹/fei¹	ɕi²/fei²	fei⁵	ɕi⁵/fei⁵	ɕi¹	y³/uei³	tɕy³/tsuei³	ɕy³
运城	ɕi¹/fei¹	ɕi²/fei²	fei⁵	ɕi⁵/fei⁵	ɕi¹	uei⁵胃	tɕy⁵/tsuei⁵	y²驴
介休	ɕi¹/xuei¹	ɕi¹/xuei¹	xuei⁵	—	ɕi¹	uei¹	tsuei³	ɕy³
清徐	fi¹	ɕi¹/fi¹	ɕi⁵/fi⁵	ɕi⁵/fi⁵	ɕi¹	vi¹	tɕy³	ɕy³
汾西	fei¹	ɕʐ²/fei²	ɕʐ⁵雍/fei⁵	ɕʐ⁵/fei⁵	ɕʐ¹¹	uei⁵胃	tɕy⁵/tsuei⁵醉	ly²驴
中阳	xuei¹	ɕi²/xuei²	xuei⁵	xuei⁵	ɕi¹	y⁵纬	tɕy³	ɕy³
岚县	fei¹	ɕi²/fei²	fei⁵	—	ɕi¹	uei²围	tɕy³	ɕy³

---

① 表2-4中的语料参看张光宇：《汉语方言的区际联系》，第32-33页；王临惠：《汾河流域方言的语音特点及其流变》，中国社会科学出版社，2003年，第185、192页；钱曾怡主编：《汉语官话方言研究》，齐鲁书社，2001年，第438页；胡福汝：《中阳县方言志》，学林出版社，1990年，第23、25、41页；吴建生、赵宏因：《万荣方言词典》，江苏教育出版社，1997年；侯精一、温端政主编：《山西方言调查报告》，山西联合高校出版社，1993年。其中临猗一行"胃醉驴"三字的读音来自闻喜方言，万荣读 ɕi² 的本字，原书第23页未写出，今补出"肥"字。

续 表

	飞	肥	肺	费	希	苇	嘴	许
静乐	fei¹	fei²	fei⁵	ɕi⁵/fei⁵	ɕi⁵	vei³	tɕy³/tsuei³	ɕy³
娄烦	fei¹	fei¹	fei⁵	ɕi⁵/fei⁵	ɕi⁵	y³	tɕy³/tsuei³	ɕy³
古交	fei¹	sʅ¹/fei¹	fei⁵	sʅ⁵/fei⁵	sʅ¹	ɥ³	tsʅ³/tsuei³	sɥ³
祁县	xuei¹	sʅ¹/xuei¹	xuei⁵	sʅ⁵/xuei⁵	sʅ¹	uei³	tɕyu³/tsuei³	ɕyu³
孝义	xuei¹	ɕi¹/xuei¹	xuei⁵	ɕi⁵/xuei⁵	ɕi¹	y³/uei³	tɕy³	ɕy³
霍州	fei¹	ɕi²/fei²	fei⁵	ɕi⁵/fei⁵	ɕi¹	y³/uei³	tɕy³/tsuei³	ɕy³
洪洞	ɕy¹/fei¹	ɕi²/fei²	fei⁵	ɕi⁵/fei⁵	ɕi¹	y³/uei³	tɕy³/tsuei³	ɕy³
临汾	ɕy¹/fei¹	fei²	fei⁵	fei⁵	ɕi¹	y³/uei³	tɕy³/tsuei³	ɕy³
曲沃	ɕi¹/fei¹	ɕi¹/fei¹	fei⁵	fei⁵	ɕi¹	y³/uei³	tɕy³/tsuei³	ɕy³
侯马	ɕi¹/fei¹	ɕi²/fei²	fei⁵	ɕi⁵/fei⁵	ɕi¹	y³/uei³	tɕy³/tsuei³	ɕy³
稷山	ɕi¹/fei¹	ɕi²/fei²	fei⁵	ɕi⁵/fei⁵	ɕi¹	y³/uei³	tɕy³/tsuei³	ɕy³
河津	ɕi¹/fei¹	ɕi²/fei²	fei⁵	ɕi⁵/fei⁵	ɕi¹	y³/uei³	tɕy³/tsuei³	ɕy³

可见,《辨字差殊》的"肺系"同音在山西方言中异常丰富,地理分布既广,同时该音变在各方言的具体表现不尽相同。

第一,除了文读形式 f-,"飞肥费肺"诸字在山西方言中最常见的读法是[ɕi](古交、祁县的-ʅ和汾西的-ʑ都是-i 的后续演变式),少数读[ɕy](如洪洞、临汾,个别方言的-ɥ是-y 的后续演变式)。"飞希"同音的那些山西方言,全部都有支微入虞音变,与上文从闽北、吴、徽、赣等方言得出的蕴含共性相一致。其今读韵母为-y/-ɥ/-yu,包括新绛、介休、清徐、静乐、娄烦、孝义、霍州、曲沃、侯马、稷山、河津、古交、祁县等方言。洪洞、临汾的"飞希"同音层是-y,这点和新绛型方言稍有不同,但兼有支微入虞音变这一点是相同的。

第二,方言比较可以反映方言的历史。上文提出,具有"飞希/肺戏"同音的方言,其非组字的 fei 曾变作 xuei。山西方言中"飞肺肥"诸字的声母除了腭化的 ɕ-(或后续的 s-),还有就是仍为唇齿擦音的 f-,亦即未发生 fei > xuei 音变。从上表可见,没有发生 x- > ɕ- 的方言,有的读 fei,有的读 xuei;而且从层次性质上说,各方言中如果有 ɕi/ɕy 的读法,则为白读,相应地 fei、xuei 则属文读层,可见 fei、xuei 来源相同,可以建立音变关系。

第三,洪洞、临汾方言的"肥费"读 ɕi,"飞"读 ɕy。"飞"字的圆唇今读-y 来自共时层面的连音同化,在洪洞话中只在"飞娃"一词出现①,"飞"字受后字圆唇介音的影响由早期的-i 变来。

那么其他大部分山西方言中的 ɕi 是否也来自早期的 ɕy 呢？上文说过,以上所举的山西方言,只要有"飞希"同音,必定会有支微入虞。支微入虞的音变过程为 *iuei ＞ iu ＞ y。舌齿音(知章系)、牙喉音(见系)声母字若参与该音变,声母一般会腭化变作[tɕy tɕhy ɕy zy y]②。汉语方言中(除了有些闽北方言),[p ph b f]与-y 很少共现,因此非组字若参与支微入虞音变,其声母应先变作 x-或 h-,然后才可能发生腭化,即：fei ＞ xuei ＞ xyei ＞ xyi ＞ xy ＞ ɕy。

(二) 条例(09)(25)(28)

(09)"余,少似'夷'字收";
(25)"缘铅,音延。非与'袁'字同音";
(28)"与,少似'已'字收"。

"余与缘铅"都是以母字,"余与"属合口鱼韵,"缘铅"属合口仙韵;"夷延已"也都是以母字,"夷已"属开口脂和之韵,"延"属开口仙韵。以上诸字在《辨字差殊》所代表的方言中无疑读零声母(声母记作 j-),这些字的音变规则可以写为：jy ＞ ji(余与);jyVN ＞ jiVN(缘铅)。该音变和上一小节所论有关,都能说明《辨字差殊》时代确实有 y ＞ i。

沈宠绥《度曲须知·鼻音抉隐》对早期吴语撮口呼变开口(即[y]介音变作[i])有详细的记载,兹录如下：

---

① 乔全生：《洪洞方言研究》,中央文献出版社,1999 年,第 168 页。谢谢乔先生面告这则材料。
② 当然,个别方言见系字发生支微入虞音变后仍保持软腭音读法,如山西清徐：圉 ky¹ | 桂 ky⁵。浙江宁海、天台等方言的情形也相类似。

子疑鼻音之说，请以撮口证之，夫裙、许、渊、娟等字，理应撮口呼唱，乃历稽谱傍，何以书、住、朱、除，则记撮口，而裙、许、渊、娟，绝少铃认呼？盖有记有不记，因苏城人之有撮有不撮耳。试观松陵、玉峰等处，于书、住、朱、除四字，天然撮口，谱傍似可无记，而必记无遗者，岂非以苏城之呼书为诗，呼住为治，呼朱为支，呼除为池之故呼？吴兴土俗以勤读群，以喜读许，以烟读渊，以坚读娟，似乎谱傍不能无记，乃竟无一记者，又岂非苏城于此四字天然撮口，无须更添蛇足也乎？然则庚青之记收鼻，即如朱、住、书、除之不可记撮口也。东江两韵之本鼻音而不记鼻音者，即如裙、许、渊、娟之本撮口而不记撮口也。若谓东江两韵谱无一记不应收鼻，将渊、娟等字之不记撮口者，必不撮口呼唱，一如吴兴之烟、坚土语，乃为贴切耶？惟闭口韵姑苏全犯开口，故谱中无字不记。撮口则仅乖其半，故亦什记其五。

沈氏所述的这段话意在说明东江诸韵在南曲中应以鼻音-ŋ收尾，而不应收舐腭音(-n)，同时也明确提到了明代苏州一带吴语中"勤群"、"喜许"、"烟渊"、"坚娟"同音的现象。

从类型学的角度看，前元音往往倾向于不圆唇，因此 y＞i 并不罕见。吴语中可能以[y]为主元音的韵类包括遇合三鱼虞韵和读入虞韵蟹止摄合口三四等韵，以[i]为主元音的韵类包括止蟹摄开口三四等韵。一旦发生 y＞i，那么这几类韵便出现合流。如江苏海门[①]：

遇合三字：女 ni⁴ | 驴 li² | 取 tɕhi³ | 徐 zi² | 居 tɕi¹ | 句 tɕi⁵ | 去文 tɕhi⁵ | 序 dzi⁴ | 薯 dzi⁶ | 雨 ɦi⁴；
止合三字：龟 tɕi¹ | 鬼 tɕi³ | 贵 tɕi⁵ | 跪 dzi⁴ | 柜 dzi⁶ | 髓 ɕi³ | 喂 i⁵ | 围 ɦi²；
止蟹开三四字：基 tɕi¹ | 饥 tɕi¹ | 祭 tɕi⁵ | 妻 tɕhi¹ | 齐 dzi² | 耳 ni⁶ | 旗 dzi² | 西 ɕi¹ | 已 i³ | 椅 i⁵。

---

① 鲍明炜、王均主编：《南通地区方言研究》，江苏教育出版社，2002年，第156页。

闽北方言中也有类似的现象,如建宁方言有 y ＞ i 的音变,例如①:

遇合三:吕旅 li³|虑 li⁵|朱 tsi¹|主 tsi³|铸 tsi⁴|厨 tshi²|柱 tshi³|处 tshi⁴|住 tshi⁵|输须 si¹|树 si⁵|区 khi¹|居 ki¹|渠 khi²|巨 khi⁵|娱 ŋi²;

止蟹合三:类 li⁵|嘴 tsi³|醉赘 tsi⁵|吹炊 tshi¹|槌锤 tshi²|翠粹 tshi⁴|虽 si¹|垂睡谁 si²|税遂 si⁴|瑞 si⁵

周德清《中原音韵·正语作词起例》:"有客谓世有称'往'为'网','桂'为'寄','羡'为'选','到'为'豆','丛'为'从',此乃与称陶渊明之'渊'为'烟'之所同也。"值得注意的有两点:① 齐韵合口四等"桂"在吴语、闽北及山西方言等都有入虞读[tɕy]的现象,此处说"桂"字读"寄",即指 tɕy ＞ tɕi。② "渊"字读"烟",和沈宠绥所指相同,反映了 yɛn ＞ iɛn 的撮口音消变。另外,福建南安、晋江等闽南方言没有撮口呼音位[y],这点已为学界所熟知,而且似乎没有证据表明《辨字差殊》的音系基础与现代闽南方言有直接的联系,因此不再赘述。

(三) 条例(02)(05)

(02)"规,音龟。非与'基'字同音";
(05)"馗,音逵。非与'旗'字同音"。

可以想见,"规龟"和"逵馗"在元明时期的北方官话可能读作[kui khui]之类,同音并不奇怪。但《辨字差殊》的作者指出,"规龟"与"基"、"馗逵"与"旗"不同音,如果只是[ui][i]的韵母开合之别,似乎并无特别强调之必要。而且,我们知道,元明之际的南方方言已有支微入虞的记载。叶盛(1420—1474)《水东日记》卷四:"吾昆山、吴淞以南,以'归'呼入虞韵。"该音变在吴语(包括与吴语关系密切的江淮官话泰如片)之中仍然十分普遍。上文提到,闽方言中闽东、闽中、莆仙次方言中支微入虞音变不明显,只有闽北方言包括止合三支脂

---

① 李如龙:《福建县市方言志12种》,第393页。

微韵、蟹合三四祭齐韵,甚至是蟹合一灰诸韵字和虞韵字同韵①。平田先生举了吴闽方言中的一些例子(表 2-5)②:

表 2-5 吴闽方言部分止摄见组字的今读音比较

	杭州	嵊县	天台	温州	平阳	庆元	建宁	建阳	建瓯	福清	仙游
规	kuei^{323}	ku$_E$^{413}	kuei^{33}	tɕy^{44} / kai^{44}	tɕy^{44}	tɕy^{334} / kuai^{334}	kui^{34}	ky^{53}	ky^{54}	kui^{53}	kui^{54}
龟	kuei^{323}	tɕy^{413} / ku$_E$^{413}	ky^{33}	tɕy^{44}	tɕy^{44}	tɕy^{334}	kui^{34}	ky^{53}	ky^{54}	kui^{53}	ku^{54} / kui^{54}
基	tɕi^{323}	ki^{413}	ki^{33}	tsʅ^{44}	tɕi^{44}	tɕi^{334}	ki^{34}	ki^{53}	ki^{54}	ki^{53}	ki^{54}

一方面,早期吴闽方言的见系字也参与了支微入虞音变;另一方面,读-y 韵的见系字在《辨字差殊》的方言中尚未发生 ky > ki 的音变,因此与止开三见系字读-i 韵有别。

三、结语

本节对《事林广记》"音谱类"所录《辨字差殊》中几条音韵条例做了讨论,着眼点是早期文献记录和现代方言之间的比较。历史文献去古已远,而且其描写记录大多比较零星,未必能够全面、准确地反映某个方言的早期面貌。在这种情况下,研究者一方面需要对文献材料加以甄别,去粗取精;另一方面需要联系现代方言,在现实和历史材料之间建立逻辑联系,从多种可能性中择取最贴近历史事实的假设。

本节所涉问题,主要围绕三条音变规则:(1) 支微入虞,(2) 非组声母软腭化/喉音化,(3) 撮口韵的消变。加以形式化,可分别描述如下:

(1) iuei > iue > iu > y(三四等韵字);uei > yei > yi > y(一等韵字;非组三等韵字)

---

① 郑伟:《"支微入虞"与现代方言》,《语言暨语言学》第 13 卷第 5 期,第 907 页。
② 平田昌司:《〈事林广记〉音谱类〈辨字差殊〉条试释》,《汉语史学报》第五辑,第 162 页。

(2) fei ＞ xuei ＞ xyei ＞ xyi ＞ xy ＞ ɕy(＞ɕi)

(3) y ＞ i(y 为主元音或介音)

支微入虞并不是本节重点讨论的问题,但规则(2)、(3)都与之密切相关。规则(2)所体现的"飞"类字读[ɕy],必须以[y]的产生为音变的韵母条件,这点从部分闽北方言和山西方言等都能观察得到。规则(3)的输入形式[y]无疑也代表来自支微入虞音变的那部分[y],山西大部分方言"飞肥"类字读[ɕi]和个别闽北方言"匪"字读[hi],都与此有关。

在音变过程上,这三条音变也都在不同程度上以词汇扩散为表现方式。相对而言,词汇扩散理论比新语法学派的"音变无例外"假设更加适用于包括早期方言在内的汉语方言实际演变情形。汉语的历史研究有个得天独厚的优势,就是从《诗经》时代开始,就有"音类"的观念可循,中古以后的"韵"、"等"、"摄"更容易被方言和音韵研究者有效利用。正因为有"音类"和"音类成员"(或称"辖字")作为观察的尺度,我们可以发现,符合某种音变条件的某个音类的辖字,并不一定出现整齐的音位变化。更常见的,则是一部分已从 A 变作 B,一部分还停留在 A 的音值阶段,还有一部分则 A、B 两种音值均可。这也是王士元先生提出的"词汇扩散理论"的精髓所在,即音变的实现是以词汇为基本单位的。

通过对上述《辨字差殊》中几条音韵条例的分析,我们无法断定它代表的是某个早期吴语还是闽北方言。作者陈元靓称之为"浙音",但很明显有些特征与现代浙江吴语不符,而与闽北方言接近,但有时又是相反的情形。或许可以假定,当时浙江吴语和闽北方言之间的共享特征比现在更多,随着时间的推移,由于内部结构变迁和移民、文教等外部因素的影响,促使浙南、闽北方言之间的差距越来越大。正如平田昌司、王福堂等先生所指出的,目前闽北方言还有一些特点可能来自吴语的影响,即所谓的"第九调"和一套"软化声母"(soften initials)[①]。另外,山西方言与吴、闽方言地理上相隔甚远,但却有诸多共同的创新特征,从历史语言学的角度看,很可能具有发生学上的联系。要开

[①] 平田昌司:《闽北方言"第九调"的性质》,《方言》1988 年第 1 期,第 12－24 页;王福堂:《闽北方言弱化声母和"第九调"之我见》,《中国语文》1994 年第 6 期,第 430－433 页。

展这一课题的研究,还需要做不少前期探索,希望将来能够有一些实质性的成果问世。

附录 《事林广记》"音谱类"《辨字差殊》收录的72则语音材料,以元刊本为准,内阁文库弘治本的次序如下:

(1)蓉、(2)规、(3)缸、(4)持、(5)馗、(6)飞、(7)肥、(8)巍、(9)余、(10)浮、(11)佳、(12)陪、(13)元、(14)蕃、(15)珊、(16)言、(17)初、(18)先、(19)韶、(20)貂、(21)悬、(22)船、(23)鹃、(24)猫、(25)缘铅、(26)虾、(27)豪、(28)与、(29)肺、(30)吐、(31)總、(32)土、(33)滓、(34)泛、(35)翡、(36)墨、(37)北、(38)国、(39)屈、(40)嗅、(41)故、(42)始、(43)抖、(44)阿、(45)蜘、(46)枇、(47)蒲、(48)喉、(49)呆、(50)未味、(51)缪、(53)恨、(52)三、(57)诚、(58)团栾、(56)窓、(58)恁、(66)狐葫糊、(67)双、(65)范犯範、(54)鸾銮栾峦、(59)恐、(60)早、(61)簪、(62)中、(63)数、(64)鹏朋鬅、(68)教、(69)镇、(70)抱、(71)应、(72)大。

第五节 《中原音韵》"微维同音"的涵义及相关问题

一、引言

元代周德清《中原音韵》(1324)有个值得注意的现象,即齐微韵的阳声字下首列"微薇维惟",表示其同音。《切韵》(601)时代"微薇"属微母微韵合口字,"惟维"属以母脂韵合口字,声、韵母都不同,两组字的中古音分别为 *ɱjwəi、*jwi。音韵学界多认为《中原音韵》的编订参考过元代燕山卓从之《中州乐府音韵类编》,只不过卓书与周书相比简略得多。值得注意的是,卓书的"微薇维惟"并没有置于一处,"微薇"二字在齐微韵【阳】下单列,"维惟"二字在齐微韵【阴阳】与"围为鬼遗"等字同列,似乎表明"微薇"与"维惟"并不同音①。

---

① 卓从之《中州乐府音韵类编》附在元代青城杨朝英《朝野新声太平乐府》书前。本节参考的是中华书局1958年的排印本。

我们不免怀疑,周书将"微薇维惟"列在同个小韵,可能是受自身方言的影响,也许在卓书所依据的大都音里,这四字并未同音;另一个可能是周、卓二人所编韵书所据的方言基础不同,"微唯"只在周书所据的方言中同音。关于《中原音韵》的音系基础,学界有大都音、中原音等不同见解。但是,继承了大都音的北京话,"微维"也是同音的。那么,周书的记录是否可靠呢?是否还有其他资料可证明呢?

罗常培说:"《中原音韵》微母字惟齐微部'微薇'纽下混入以母'惟唯'二字。案利玛窦标音亦注'惟'为 üui,与其他喻母字不同。且今安南译音、客家、山西及闽语、吴语亦皆读为微母。故此二字乃喻母转微之例外,不足妨碍微母独立也。"①陆志韦也注意到了《中原》的"微维"相混,进而推想"'维'跟'微'同条,跟'围'分别,也许只代表南曲的吴音"②。比较而言,罗先生的观点更符合语言事实。

"微薇惟唯"四字在《中原音韵》同归齐微韵,音位性的合并很明确,但其具体音值《中原》本身无法说明。《蒙古字韵》(序作于 1308 年)与《中原》相比,成书时代接近,但其语音基础有所不同,后者反映了元代中原地区的口语音,前者则是读书音系统的反映③。《蒙古字韵》是用八思巴字母拼写汉字音节的韵书,该书中"微""惟维"可分别写作 wi、jui,保持了[w]—[j]的声母对立④。看来,《蒙古》所反映的音韵特点与《中原》并不一致。

《切韵》微母字 *ɱ- 到了元代《中原音韵》很可能已变成唇齿近音 *ʋ-。之后它可以有两种演变方向:① 增大上齿与下唇的摩擦力度,变成唇齿擦音 v-;② 改变其调音位置至最近的部位,从唇齿变成双唇的 w-。如今多数北方官话的微母字读音属于后者,但也可见读 v-的方言,如陕西西安、清涧等⑤,现代吴语中微母字白读为 m-,文读为 v-(如苏州"味"mi^6 白读/vi^6 文读)。中古的云

---

① 罗常培:《〈中原音韵〉声类考》,《历史语言研究所集刊》第二本第四分,1932 年,第 432 页。
② 陆志韦:《释中原音韵》,《燕京学报》1946 年第 31 期,第 42 页。
③ 杨耐思:《元代汉语的标准音》,刘广和、谢纪锋主编:《薪火编》,山西高校联合出版社,1996 年,第 105 页。
④ 罗常培、蔡美彪:《八思巴字与元代汉语》(增订本),中国社会科学出版社,2004 年,第 261 页。
⑤ 刘勋宁:《〈中原音韵〉"微薇维惟"解》,《语言学论丛》第十五辑,商务印书馆,1988 年,第 53 页。

母 *w-、以母 *j- 有别，到了韵图时代，前者在三等介音 -j- 的影响下发生音变 *wj- ＞ j-，于是云、以合流为喻母。若将声母、介音一并考虑，则《中原音韵》的以母合口三等可拟作 *jw-（声母 *j-＋复合介音 -jw-）。我们知道，汉语史上轻唇化的重要表现就是合口三等介音 -jw- 为声母所吞没，因此微母还是作 *ʋ-。至于韵母，既然《蒙古字韵》中"微维"韵母都读 -i，我们假设《中原音韵》大概也是如此。很显然，《中原音韵》"微维"同音反映了元代口语中 *jwi ＞ ʋi 的音变。

二、中古域外译音中的"微维"诸字

上文提到，罗常培曾指出安南译音（即汉越音）的"惟"字读同微母，不知罗先生根据何种资料。根据高本汉、何成等、三根谷彻提供的汉越语资料，其所列"惟"字读 duy[zui]，并不读 vi，"帷"字倒是可以读 vi（"微尾"也读 vi），但它是云母字①。也就是说，汉越音似乎没有显示出以母脂韵合口字读 v-。

接下来看魏晋南北朝时期的梵汉对音资料与韵书中对有关字音的记载。

刘广和曾根据法显、佛陀跋陀罗等梵文对音资料，讨论东晋汉语的声母问题，其中以母字绝大多数都是对梵文的 y-，例字如"夷逸盐延阎衍焰摇遥药耶夜余喻逾"等字。但以母合口字"惟维"可以有 p-、v- 两种对音，即"维"字对 p- 和"惟维"对 v-，另外以母合口字"阅"也对 v-②。因此，"维惟阅"和云母（"韦卫于域曰越云芸"）、匣母（"和恕桓洹会"）两类声母的读音是相同的。值得注意的是，这其中并没有"微薇"之类的微母微韵字，也就是说，梵汉对音资料所揭示的现象与后来《中原音韵》的"微唯"同音并不是一回事。那为何"惟维阅"这几个中古以母字会有类似云母的读音？

汉语语音史的研究表明，用来对译梵文的 v- 的那些云、匣母及个别以母字在当时显然不会读唇齿浊擦音声母 v-，看来只可能是个双唇近音 w-。云母字绝大多数为合口三等字，带 -w-、-j- 双重介音，音韵学界少数学者将其《切韵》音拟作 *j-（如高本汉、李方桂、周法高等），以区别于匣母的 *ɣ-，大部分学者主

---

① 高本汉：《中国音韵学研究》（中译本），第 566 页；何成等：《越汉辞典》，商务印书馆，1960 年，第 1338 页；三根谷彻：《中古汉语と越南汉字音》，东京汲古书院，1993 年，第 469 页。
② 刘广和：《东晋译经对音的晋语声母系统》，《语言研究》1991 年增刊，第 67 页。

张中古云、匣声母无别,有的将其拟作*ɣ-,有的拟作*ɦ-①。实际上,就其音值而言,将云/匣母合口字视作带-jw-介音的声母*w-并没有太大的问题。由于介音-j-受到合口介音-w-和声母 w-的双重影响而失落,因此云/匣母字的声母便成了 w-。所以有的学者就将其中古音拟为*w-。如黄笑山注意到了后汉三国至隋的梵汉对音里云母字对译梵文 v 的现象,同时以粤方言、日本万叶假名、越南汉字音等材料为证据,提出《切韵》时代的云母应为独立声母,并拟作*w-②。

可见,梵汉对音所反映出的东晋北方话里的云/匣母字应该就属这类情形③。至于这几个以母合口字,其声母到了东汉以后,已经由上古*l-往腭近音的 j-的方向发展④,因此声介合母的形式就是*jw-,同样是异化作用的结果,个别以母字会失去声母 j-而导致介音-w-占据了声母位置,于是"惟维阅"就混同于云/匣母的合口字。也就是说,这种现象与《中原音韵》前后"微薇维惟"同音合并后的音值并不相同,因为汉语史上唇齿擦音 v-的产生时代不可能早至东汉前后。

我们知道,《切韵》"惟唯"只有以母一读,但据沈建民的考察,陆德明《经典释文》共有六例云以互切(该书称作"于母",其中有一例不可靠),都是以云切以,同时又有用以母字作反切上字一读。这五例是:聿,于必反/尹必反;唯,于癸反/余癸反;遗,于季反/以季反;潏,于橘反/尹橘反;缘,于绢反/以绢反⑤。郑张尚芳认为这几个以母合口字上古应属云母,并提出上古云母也有重纽之别,重纽四等后来变作以母合口字,重纽三等仍为云母合口字;以"舊矞穴匀目顷荧役"为声符的字多与匣母合口四等或其他见系合口四等字相关,应归入云

---

① 潘悟云:《汉语历史音韵学》,上海教育出版社,2000 年,第 61 页。
② 黄笑山:《于以两母和重纽问题》,《语言研究》1996 年增刊,第 244-245 页。
③ 唐五代西北方音里也有将云母字用 w-来对译的现象。
④ 辛嶋静志《汉译佛典的语言研究》(《俗语言研究》1997 年总第 4 期、1998 年总第 5 期)一文看到《长阿含经》中有原语的 j[dz]用禅母、y[j]用以母的明确区别,指出公元 5 世纪初长安方音的以母应为类似于印度语言的腭近音 y-。
⑤ 沈建民:《〈经典释文〉音切研究》,中华书局,2007 年,第 48-49 页。

母才合理,而且上古带 i、e 主元音的韵部缺云母字,正好互补①。郑张先生从中古音某些声符字的分布着眼,主张有些以母字上古本属云母,后来才变为以母,当然不无道理。但是就中古音而言,云以两母是否构成重纽对立,学界还有不同意见。黄笑山就曾指出,《切韵》时代云、以是不同声母,并不存在重纽问题,中唐五代以后重纽、喻母三四等的语音性质发生了变化,才出现类似重纽的语音区别②。就笔者看来,《经典释文》所见几个云以互切的例子只是表明,当时云母合口 *wjw-(声介合母)的声母失落而变成 *jw-,于是等同于以母合口。这和近代以后"惟唯维"诸字的特殊变化也不是一类现象。

另外,现代方言的实际情形也不支持"惟唯维"古为云母而非以母的假设:第一,"唯"字在今天苏州话的白读音就是 ji^2(以母读法),而且是白读音,只出现在地名"唯亭"之中,这点有力地证明《切韵》将其列为以母是有根据的;第二,保持着中古以后微、云声母对立的现代方言,其"唯"字并不读入云母,而是与微母字同变。

下面再看中古后期于阗文汉字译音材料中的有关记录。

20 世纪初期在敦煌藏经洞出土了大量的于阗文书,这些用于阗文记录的资料包含了众多以地名、官职名、人名为主的汉语词汇。日本学者高田时雄详细考察了这些词汇,并将它们和用于阗婆罗谜文字转写《金刚经》的汉字音材料(高田氏将两者分别简称为"文书"、Kbr)相比较③。其中原文表 8(微母)在"文书"没有用例,Kbr 里"微"字标为 yvī[jwi],同样是微母微韵的去声字"味"则记作 vīyi[wiji],其他微母字则一律写作 v-[w];表 35(以母)Kbr 中的两个脂韵合口字"维唯"都同样写成 yvī[jwi],表 36(云母)支韵合口去声"为"、祭韵合口"卫"两字也是如此。看来在 Kbr 所记录的汉语中,若不计声调,"微维唯为卫"是同音的。总的说来,于阗文标写的汉语里,"喻母四等(以类)之全部、喻母三等

---

① 郑张尚芳:《〈切韵〉j 声母与 i 韵尾的来源问题》,《纪念王力先生九十诞辰文集》,山东教育出版社,1990 年,第 168 页。
② 黄笑山:《于以两母和重纽问题》,《语言研究》1996 年增刊,第 247 - 249 页。
③ 高田时雄:《于阗文书中的汉语语汇》,1988 年;高田时雄著:《敦煌·民族·语言》,中华书局,2005 年,第 213 - 305 页。

（云类）之大部以 y 来写"，而且"从大体来看，微母和喻母还是有区别的"①。

高田先生指出，"文书"、Kbr 虽然成书时间不同，但两者同样反映了公元 10 世纪的河西方言。具体地说，后者更倾向于字音，为汉字作逐字的语音标写；前者则是对日常使用的词汇进行标音，对于考察当时的汉语语音来说，后者的价值相对更大。可惜"文书"没有出现"唯微"等汉字及其于阗标音，无法与 Kbr 作比较；不过两者的其他唇齿音字的声母标写形式是一致的，如非、敷母都标为 hv-[hw]（方 hvā｜夫付 hvū｜副 hvūṃ｜敷 hvū）。于阗音将汉语的 f-写作 hw-，是由于它们在听感上很接近，也容易混听。吴、湘、闽、西南官话等现代方言中都能见到 f-、hu-的相互转化。既然"文书"和 Kbr 所反映非组字的实际语音并无差别，说明了 Kbr 所体现的"唯微"同音的可靠性。

从 Kbr 用于阗文对汉语微母字的转写几乎都用 v-[w]来看，10 世纪时河西方音中的微母字已从中古前期的 *m-唇齿化为 *ɱ-，进而向口辅音转化。汉语史学界多认为中古后期（以北宋《四声等子》为代表）的微母字仍是 *ɱ-，而于阗汉字音反映出当时西北方言微母字的演变更快，已经和近代汉语（以《中原音韵》为代表）的面貌接近；其音值虽不一定就是近音[w]，但肯定与之很近，或者是[ʋ]。"微"字特别标作 y-[j]，表明其三等字的细音性质依然存在（其他微母字的-j-介音则已被声母异化而消失）。至于以母合口字，只出现"容 yūṃ｜谷 yākä"（文书）、"馀与喻欲 yū｜唯维 yvī｜缘 yviṃnä"（Kbr）几个。字虽不多，但三等介音-j-、合口-w-都有明确体现（"文书"中"谷"字的标写有些特别），-j- 即为声母 y-[j]，"容"、"馀"等主元音本来就是[u]，-w-介音无须再标，"唯"、"缘"等字以 v-[w]体现合口。

与以母合口字全部标以[jw]的情形不同，喻三（云母）合口字略显游移。除了跟以母合口一样用 yv-[jw]以外，云母合口还有 v-[w]（王 vā｜云 viṃnä）、hv-/ḥ-（王 ḥvāṃ/ ḥau｜为 ḥvī）、h-（王 hvāṃ）、gv-（谓为 gvī）、零声母（为卫 uvī）②。特别是"王、为、卫"都有两到四种不同的标法。由此，当时的河西方音中云母字

---

① 高田时雄：《于阗文书中的汉语语汇》，《敦煌・民族・语言》，第 239、259 页。
② 高田时雄：《于阗文书中的汉语语汇》，《敦煌・民族・语言》，第 258-259 页。

呈现出词汇扩散式演变：jw->w-音变使有些字带不带-j-介音均可，有些字已失去三等介音而成为仅存-w-的合口零声母字，有些字则仍有复合介音-jw-，也可视作零声母字；类似地，保留合口三等介音-jw-、韵母为-ui 的"微"字 *jwui（*jwi）未参与其他微母字的介音变化 jw->w-，属于音变过程中脱队的"剩余"形式（residue），而蟹（祭韵）、止（支脂韵）两摄已有合并作 *-ui 的迹象，仍保留合口介音的该韵类字便可写作 *jui（*jwi），如此"微维为卫"相混便不奇怪了。

三、前腭音声母 j-唇齿化的类型学观察

上文说明了《中原音韵》之前的文献所见的以母脂韵"唯"与微母微韵"微"的合口字同音。以母字"唯"的音变容易理解：切韵 *jwi > Kbr. *ʋi > 近代 ʋi～vi。从于阗汉字音来看，微母字的音变有点复杂，可能有两种方向：（一）*ɱjwəi > ʋjwi > ʋwi > ʋi > vi，即《切韵》时的 *ɱ-口音化后，由于声母 ʋ-、介音-w-都具有合口性，异化作用使-w-介音消失，因此 Kbr 中微母字的声母几乎都是 v-[w]；（二）*ɱjwəi > ʋjwi > jwi > ʋi > vi，即声母口音化为 ʋ-后，同样是异化作用而使 ʋ-消失，继而 jw-可能再变成合口性声母 ʋ-，这是"微"字的独特变化，所以 Kbr 将"微"字写作[jw]，而"味"字和其他微母字一样标为 v-[w]。

周祖谟曾对"唯微"同音做过说明："惟今开封音止摄合口喻母四等读 vi，三等读 ui，似犹有界画可言。推原其故，盖喻三由匣母细音而读为无声母一类，皆由 ɣ 音之失落所致。喻四之读为 v，则由于 j 与 u 相连而演成者也。"[①]周先生认为开封话"惟"字读 v-是 j 与 u 共同作用的结果，是很有见地的，与本节的想法一致。考虑到音变条件，我们认为可以将其形式化为：j->v-/__V [+back，-low]（其中 V 表示元音，其舌位特征为非低且后，下文将音变条件简写作[+B，-L]）。至于语音条件的界定，一方面是根据"唯维惟"在文献和方言材料中表现归纳出来的；另一方面，从下文所举的跨方言、跨语言的材料看，这种语音条件下的 j-同样会变作唇齿音，因此是具有类型学价值的、可推演的

---

① 周祖谟：《宋代汴洛语音考》，《问学集》（下册），中华书局，1966 年，第 592-593 页。

自然音变。

"微唯"在汉语方言如西安(官话)、太原(晋语)读 vei^2(西安老派读 vi^2)[①]。苏州文读都是 vi^2,其中"微"白读 mi^2,是明微母不分的层次,"唯"白读 ji^2 值得注意,表明其音变方向是 *jwi＞ji,即合口介音因异化而消失,u 一旦脱落,j 就缺少了唇齿化的条件,变 v 已无可能。"遗"中古为以母脂韵合口三等字(另有去声合口一读),《中原音韵》已将其读作齐微韵的开口(与"饴颐"同音),失去了合口成分。苏州话"微唯"读 v 都属文读层,看来是权威方言渗透的结果。梅县"微"读 mi^2,而"唯维"读 vi^2,说明以母合口三等字曾经有过 j＞v 的音变。温州又是一种情形,其"微唯"分别读作 vei^2、vi^2,虽不同音,但声母的演变一致;福州话合口作"微唯"作 mi^2,音类是合并的,但音值却非唇齿音,下文将有所论述。

(一)吴徽语。浙江温州话老派和新派的口音差异,包括古遇、蟹、止摄(合口三等)的喻母字老派今声母读 j-,韵母读-y,新派今声母读 v-。如:雨 jy^4/vu^4|芋 jy^2/vu^2|盂 vu^2|卫 jy^6/vu^6|围 jy^2/vu^2[②]。-y 是-iu 的中和音值,因此音变规则可以改写作 j(i)u＞vu。郑张尚芳参考早期温州话的文献资料,认为孟国美《温州方言入门》(1893)、汤壁垣《瓯音字汇》(1925)的"雨"字都读 ɦyɥ^4,老派温州话读作 ɦɯ^4 或 vɯ^4,新派读作 vu^4[③]。《温州方言词典》(1998)和《温州方言志》(2008)的记音方式略有不同,但都指出了遇、止摄合口三等字喻母字"雨遗"为 jy、ɦɯ、vɯ 之类的读音,由此也说明 ju＞vu 的音变会有 ɦɯ 或 vɯ 的中间阶段。年龄差异引起的语音变异反映了历时音变,也使音变过程具有可观察性,因此温州话的材料尤显珍贵。

浙江淳安方言部分喻母字和日、疑、影母合口三等字读 v-[④],例如:-ā 韵:冤怨圆员缘元原源袁辕园援阮远院愿县;-en 韵:匀云永泳咏润闰韵运晕;-əʔ 韵:悦阅月越曰粤穴域役疫。从音变起点来看,这些例字声母合并为带合口

[①] 北京大学中文系语言学教研室:《汉语方音字汇》(第二版重排本),语文出版社,2003 年,第 172 页。
[②] 游汝杰、杨乾明:《温州方言词典》,江苏教育出版社,1998 年,"引论"部分第 6 页。
[③] 郑张尚芳:《温州方言志》,中华书局,2008 年,第 72-74 页。
[④] 曹志耘:《严州方言研究》,第 23-35 页。

三等介音的零声母后显然都经历了 jw->v 的唇齿化音变。注意淳安话影母合口一等及微母合口三等也同样也变作 v-(乌 va²²⁴｜武 va⁵⁵)，这类字的 v-来自合口介音-w-后起的唇齿化，与三等介音 j > v__V[＋B，－L]（此处的 V 即近音 w）来源不同，虽然两者都是普遍音变。

（二）客赣方言。秀篆、长汀、宁化、西河、香港、宜丰、修水、建宁、邵武等方言中喻母合口字的读作 v-。其中以母字读 v-的有：余，宜丰 vi²⁵，修水 vi²；役，长汀 vi²⁷，宁化、邵武 vi⁷，建宁 vik⁸；允，秀篆 vin³⁵，宜丰、修水、建内、邵武 vin³；缘，武平 vieŋ²，宁化 vieŋ²，宜丰 vieŋ²⁵，建宁、邵武 vien²；营，宜丰 vin²⁵，宁化 viŋ²①。云母字读 v-的例字如：雨，秀篆 vu³⁵，宁都 vu³，宜丰、修水 vi³；芋，连南、陆川、香港 vu⁵⁶，揭西 vu³⁶，秀篆 vu⁴⁶，宜丰、修水 vi⁶；永，河源 vin⁵，秀篆 vin⁶，武平 viŋ³⁶，宁化、建宁 viŋ³，邵武 vin³。阴声韵字的 v-来自 *ju > vu（雨芋）、*ju > vʉ > vɿ > vi"余"等，主元音-u 参与音变，前文已提到苗瑶、侗台语和温州吴语等都有此类变化。阳声、入声韵字也有类似的情形，只是其唇齿化的条件并非三等介音-j-和主元音 u 相配，而是来自零声母后的介音-jw-。客赣方言的影、疑、日母的合口三等字也有读 v-(＜*jw-)的，如：冤，秀篆、建宁、邵武 vien¹，长汀 vie¹，宁化 vieŋ¹，宜丰 vien¹；闰，秀篆、建宁、邵武 vin⁶，武平 viŋ³⁶，宁化 vin⁶⁸；元原，邵武 vien²（另有：软 vin³｜月 vie⁶）。

（三）湘语和乡话。湖南零陵、泸溪、常宁、溆浦、浏阳等有"唯维微"同读 vi 或 vei 的现象。另外，宁远平话的部分喻、疑母合口三等字读 v-，如：雨 vu⁵｜月越拐 vəi⁶｜园 vaŋ²｜远 vaŋ⁵｜愿 vaŋ⁶。v-来自零声母后介音-jw-的唇齿化。湖南城步青衣苗人话的音变类似，如：鸳 vi¹｜冤 vie¹｜圆元 vie²｜远 vie³｜顺 ven⁶，包括影、疑、云母的合口三等字②。"顺"字读 v-较为特别，但是通过比较会发现，它和其他字的音变起点相同。青衣苗人话章组字读音的一般规律是今洪音韵母前读 t-组，细音韵母前读 tɕ-组，但船母的有些常用字在此之外，如"夜"ie⁷，因此船母

---

① 本节客赣方言的语料参李如龙、张双庆主编：《客赣方言调查报告》，厦门大学出版社，1992 年。个别以母开口字，如邵武、南丰的"赢"字读 vian²，可能来自后起的合口读法（上海嘉定"赢"也读合口 ɦyŋ²）。

② 湖南宁远平话和青衣苗人话的语料分别参张晓勤：《宁远平话研究》，湖南教育出版社，1999 年；李蓝：《湖南城步青衣苗人话》，中国社会科学出版社，2004 年。

字"顺"早期也可能是读作零声母的,那么它便和其他零声母字一样,三等合口介音经历了唇齿化的演变。湖南古丈乡话的"远雨有"诸字也读 v-声母①。

(四)闽方言。浙江苍南蛮话属闽语闽东片②,该方言有两个特点:①"惟唯维微"读 vi,②"盂雨芋有"读 vu。此二种音韵特征有别于其他闽东方言,如浙江泰顺:盂 ou²|雨 hou⁶|有 vu⁶|惟维唯 y²|微 mi¹。另以母脂韵合口字"维"在闽东方言读 m-,如福州、福清、古田、福鼎(白琳)、霞浦(长春)mi²,寿宁(斜滩)me²,后三个方言的微母微韵去声"味"字都和"维"同韵③。

特征①见于汉语史(于阗汉字音、《中原音韵》)和众多汉语方言,从汉语语音史来看,中古以后微母才从明母分化出来,经历"鼻音 m- > 唇齿鼻音 ɱ- > 近音 ʋ- > 唇齿擦音 v-"的音变过程,微母字与以母合口字的混并已见于10世纪的河西方言,其音值可能已是 v-(< ʋ < jw-),也可能是 *ʋ-。闽东方言有中古以后的音类合并,但其音值代表了汉语史的中古阶段,如何解释音类和音值之间的矛盾?我们认为,福州话"微唯"的声母 m-是后起的,并非直接继承了《切韵》的明(微)母读法。理由有二:

(1)内部证据。闽东方言读 mi 的以母合口字除了"维唯惟",还有"遗"字(如白琳、长春 mi²,斜滩 me²),有别于其他汉语方言。这说明中古以后的这条音变规则在闽东地区另外还有类推创新(analogical creation),因为同韵的"遗"字也参与了此项音变。既然是后起变化,那么 m-可能来自 v-/ʋ-的"回钩式音变"。

(2)间接证据。中古以后确曾有过将喻母字读成明母字的方言,著名的例子来自汉语语法史。唐代文献里有相当于复数词尾"们"的"弭"、"伟"。如:
(a) 我弭当家没处得卢皮遐来[《因话录》4.10;《唐语林》(6.28)引作"弥"字]。
(b) 今抛向南衙,被公揩大伟虼邓邓把将作官职去(《嘉话录》,《太平广记》260.6引)。(c) 儿郎伟,重重祝愿,——夸张(《司空表圣文集》10.58《障车文》)。

---

① 伍云姬、沈瑞清:《湘西古丈瓦乡话调查报告》,上海教育出版社,2010年,第16页。
② 浙南闽东方言的语料参秋谷裕幸:《浙南的闽东区方言》,台北"中研院"语言学研究所专刊,2005年。
③ 秋谷先生所记白琳、长春、斜滩三个方言点的"同音字汇"、"字音对照"部分都未列"微"字,因此只能与"味"字比较。福州"维微"都读[mi]。

吕叔湘先生说："'弭'和'弥'都是明母字，跟'们'字是双声，大概有语源上的关系。'伟'是喻母字，但如拿现代关中方言'伟'和'尾'同读 u-/v- 的情形来推测，'伟'也很可能代表一个跟'们'有语源关系的原属微母的字。"[①] 吕先生建立明母"们"字与喻（云）母"伟"、微母"尾"字间语源关系的尝试是可取的，韵母上反映了 -n ＞ -i 的鼻尾弱化，这种变化至今在北方方言仍可见到，元代的复数词尾写作"每"也是个明证；声母上"伟"字可能就代表了 ʋei ＞ mei 之类的某种方言变化。

特征②也有略加讨论的必要。秋谷裕幸记录的四个闽东方言和福州话都无 v- 声母，自然也缺少像苍南蛮话"雨芋有"读 v- 的例子。苍南的 v- 是来自 j＞v/__V[＋B,－L]吗？有两种可能需要考虑。

（1）其他闽东区方言的"雨芋有"大致有洪(-o/u/ou)、细(-y)两类读法，如泰顺：雨 hou⁶｜芋 ou⁶｜有 ʋu⁶；福鼎城关：雨 huo⁶｜芋 uo⁶｜有 u⁶；福鼎白琳：雨 xuo⁶｜芋 uo⁶｜有 u⁶；霞浦长春：雨 xo⁶｜芋 o⁻⁴⁴｜有 u⁶；寿宁城关：雨 y³｜芋 uo⁶｜有 u⁶；寿宁斜滩：雨 y³｜芋 o⁶｜有 o⁶；柘荣城关：雨 xuo⁶｜芋 o⁻⁴⁴｜有 u⁶；霞浦城关、柘荣富溪：雨 y³｜芋 o⁻⁴⁴｜有 u⁶。虞韵云母读洪音的特点与除闽北区和邵将区以外的闽语相同，流摄云母"有"也普遍读作 -u/o。着眼于此，苍南的 v- 可能来自 *ɦu ＞ vu。上文说过，双唇部位的元音 u 或近音 w 变作 vu 极其常见[②]，其间可能经过 ʋu 的阶段，泰顺"有"字读 ʋu 正反映了这种过渡音变。如此，苍南的 v- 便不属于本节所论的 j ＞ v。

（2）泰顺、苍南同属浙南温州所辖的闽东方言，也有一致的特点，但两者的差别仍较明显。泰顺地处浙南山区，交通不便，与外界的交往也很有限，所以比较容易保留闽东话的特点，而不易受温州等瓯江片吴语的影响。苍南蛮话的分布区域与温州等交往频繁，所以苍南既难保持闽东的特点，又容易受吴语的影响[③]。前文已经提到，温州话已将"雨芋盂"读作 vu，恰好苍南也是如此，而泰顺及福建境内的闽东方言都没有，那么苍南 v- 便可能是方言接触的结

---

① 吕叔湘：《说们》，吕叔湘著：《汉语语法论文集》，科学出版社，1955 年，第 145 页。
② 如早期德语的 w＞v，北京话的微母字 w-有变体 ʋ-（"为"wei～ʋei）。上海、嘉兴、绍兴话 -u 在声母 f-/v-/ø-/ɦ- 后面变成 ʋ/v（有的记成自成音节ṃ）等。
③ 秋谷裕幸：《浙南的闽东区方言》，第 260 页。

果,即来自 j＞v。

除了汉语史及其现代方言,周边的其他语言学也有相类似的语音演变,请看以下数例。

（一）藏缅语。从词族（同根词）、异形词来看,藏语本身便有此种音变。如①：

yus"表功、功劳"～yud"赞颂"～vud"夸大";

yog"下面"～g-yog"奴仆"～vog"下面";

yong-yongs"来"～vong-vongs"来";

yong-yongs"发生,可能,可以"～vong-vongs"发生,可以";

yu sha ～ vu sha"稀粥,肉汤";

yob～vob"镫";yu bu～vu bu～yu cag～vu cag～yu bu cag～vu bu cag"我们";

yud～vud"片刻";

yud tsam～vud tsam"瞬间";

yog～yod～vod"有,在"。

藏文 y-[j]在高元音-o/-u（可以是单元音作韵母,也可以带鼻音或塞音韵尾）后面会唇齿化为 v-。该音变在藏缅语族语言的共时变异里也能见到。书面藏语的声母系统有 j-无 v-,以 j-为词根辅音的藏文词很少。共同藏缅语有声母 y-[j],同样也没有 v-②。以《藏缅语语音和词汇》(1991,简称 ZMY)所收一千词为考察对象,我们发现,如果某个词的古藏文形式是以后高 u、o 之类为主元音、以 j-为词根声母,那么它在藏缅语方言中几乎都有唇齿化为 v-的形式③：

---

① 张济川:《藏语词族研究——古代藏族如何丰富发展他们的词汇》,社会科学文献出版社,2009年,第 115－116、181 页。

② Benedict P. K.（本尼迪克特）: *Sino-Tibetan: A Conspectus*, Cambridge University Press, 1972, p.13.

③ 本节藏缅语的材料参《藏缅语语音和词汇》（中国社会科学出版社,1991 年）一书,不再注明。例词后所标数字为该词在此书中的编号。

"左边"(♯53)：藏文① g-jon ma,拉萨藏语 jõ⁵⁵ ŋø?¹³,格德藏语 joŋ⁵⁵ ma⁵³,门巴 jøn⁵⁵ mᴀ⁵³,扎巴 wa³⁵ ɕā⁵⁵,大方彝语 fə³³,南涧彝语 ve²¹ ɕi⁵⁵,南华彝语 vɐ⁵⁵ bɛ²¹;

"碗"(♯447)：藏文 dkar jol,拉萨藏语 ka⁵⁵ jy⁵⁵,泽库藏语 ka wu,门巴 kᴀ⁵⁵ joʔ⁵³,哈尼 khǒ³¹ jǒ³¹,珞巴 kə³³ vɯ³³;

"扔丢掉"(♯558)：藏文 d-b-jugs,拉萨藏语 juʔ⁵³,泽库藏语 ɣjok,扎巴 wə³⁵ re⁵³,基诺 vɐ⁴²;

"穿"(♯646)：藏文 g-jon,门巴 je,大方彝语 ve¹³,南华彝语 ve̠²¹,弥勒彝语 vi̠²¹,拉祜 və²¹,缅语 wuʔ⁴⁴,载瓦 vut²¹,浪速 vɛʔ³¹;

"有~事情"(♯735)：藏文 jod,夏河藏语 jol,珞巴 we⁵³,载瓦 vo⁵⁵;

"进~来"(♯746)：德格藏语 joŋ¹³,普米 xə³⁵ ju⁵³,缅语 wĩ²²,喜德彝语 vɯ³³,载瓦 vaŋ⁵¹,浪速 võ³¹。

很明显,唇齿化音变只在部分方言中出现,如彝语、珞巴、载瓦、拉祜、浪速等。可特别注意"左边"、"穿"两例,词根都是 jon,两者在其他方言中的演变结果有同有异,门巴分别为 jøn、je,但到了彝语次方言都变成 ve、vɐ 之类的唇齿音声母。当然,条件具备,音变能否发生是一回事,而发不发生是另一回事,因为还涉及自身音系结构等其他因素。音变条件除了关涉声母 j-和韵腹-u/-o,与韵尾似乎无关。符合 j＞v/__V[＋B,－L]的音变条件而未变的例子很少,ZMY 中仅见"沟"(♯24)一例;相反,不符合[＋B,－L]的 j-无一例唇齿化为 v-的,如低元音-a 前的 j-不唇齿化,高元音-i 前的 j-也不唇齿化②。

(二)侗台语。请看以下几个例子:

"递、伸"：泰语 juɯn³,版纳、德宏 juɯn⁶,柳江、布依 juun⁶,毛南语 zjuun⁴,傣拉 vin⁶。梁敏、张均如构拟的共同语为 *juun③。傣拉 v-的产生条

---

① 为了醒目起见,我们用短横将藏文的上加字 g-与词根声母 j-隔开,下同。
② 前者如"树枝"(♯225)、"常常"(♯994)、"也"(♯1000)、"在"(♯1001)等词例,后者如"是"(♯733)。
③ 梁敏、张均如：《侗台语族概论》,第 397 页。

件 *j>v(泰语、傣拉的-u 在 j-的影响前化为-ɯ、-i)。例如①：

"园子~菜地~"：侗语 jaan¹ᐟ，临高 vən²，黎语 viin²，仫佬 fjen¹，布依、壮 suun¹；

"风筝"：临高 jiu⁴，壮语 jiu⁶ ɣum²，仫佬 jeu⁶，布依 zeu⁶，傣西 vau⁶；

"叫~名字~"：水语、毛难 ju⁵，壮语 heu⁶，布依 zeu⁶，临高 veu¹。

和藏缅语的情形类似，侗台语中后高元音前 j-的唇齿化音变也是少数方言变异的结果，不成系统，并且词例很少。"园子"在侗语读低元音的 jaan¹ᐟ，好像与其他例子的音变条件不同，其实不然。它实际借自中古后期的汉语"園(园)"*jwεn，云、以母到了韵图时代合并为喻母，实际是带合口三等介音-jw-的零声母字。布依语的后高元音-u 还能反映介音性质(声母擦音化为 s-)。"风筝"借自汉语的"鹞"(壮语是"鹞"jiu⁶ 和"风"ɣum² 构成的复合词)，音变过程：壮语 j(i)u (＞ viu ＞ veu)＞傣西 vau。"叫"也是同样的音变②：水语 ju (＞ viu) ＞ 临高 veu。

（三）苗瑶语。苗瑶语也有类似的音变。例如③：

"园~菜~"：多祝 vun²，先进 vaŋ²，高坡 voŋ²，长峒 vi²，青岩 woŋ²，石门 vɦaɯ²，枫香 vu²；

"芋头"：养蒿、瑶里、多祝、大坪 vu⁶，先进 veu⁶，长峒 vau⁶，七百弄 vo⁶，石门 vey⁶，宗地 wɯ⁶，江底、罗香 hou⁶，长坪 hau⁶。

这两例在苗瑶语各方言的读音几乎都是 v-，之所以将其作为 j＞v 音变的证据，是因为它们都是汉借词，"园(園)"也见于侗台语，韵母在各方言的变

---

① 以下三例参《壮侗语族语言词汇集》，第 107、132、214 页。
② 壮语"叫"来自 heu＜jeu＜jiu。j＞h，j＞ɣ 或 j＞z 之类的擦音化在侗台、苗瑶等南方民族语言和南方汉语方言中是常见的音变。
③ 以下两例参王辅世、毛宗武：《苗瑶语古音构拟》，中国社会科学出版社，1995 年，第 83、84 页。

化剧烈,有-n＞-ŋ(高坡)、失落韵尾(枫香)、主元音低化(先进)等。"芋头"显然借自汉语"芋"*ju,各方言所反映的音变方向如同侗台语的"叫、风筝":*ju(＞viu)＞先进 veu～石门 vey＞长垌 vau,或者*ju 直接变作 vu。反过来说,带-e/-i 之类前高元音的 j-声母字,也看不到有变作 v-的方言,如"岭"(312 页)等。

四、前腭音声母 j-唇齿化的语音学基础

从其他语言来看,u＞ʋ＞v 的语音变异是常见的。据 Ladefoged 和 Maddieson 的观察,西非 Kom 语和 Kuteb 语中某个音节的韵核(nucleus)部分会出现后高元音和较松的唇齿音[ʋ]之间的共时变异①。由语音学层面观之,唇齿部位的调音性质的出现条件也是可预测的,即跟其前接的辅音有关,包括软腭塞音、舌冠塞擦音及擦音。图 2-1 是 Kom 语中两个词中元音[u]发生变异的例子。[iku]"死"辅音[k]除阻后、元音[u]前有一段约 100 毫秒较强的、类似元音的双唇清擦音段,而且从成阻前第二共振峰的陡降趋势来看,双唇音

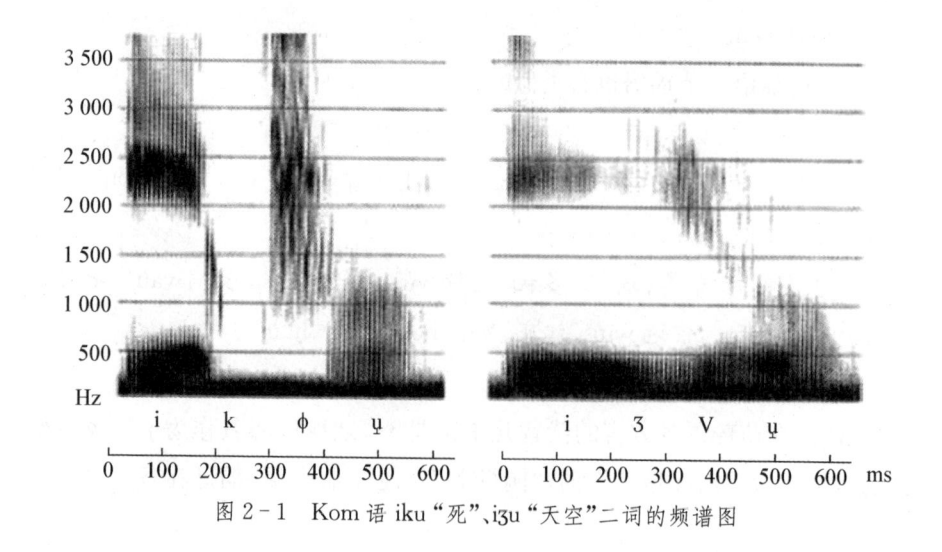

图 2-1　Kom 语 iku"死"、iʒu"天空"二词的频谱图

---

① Ladefoged Peter & Maddieson Ian: *The Sounds of the World's Languages*, Blackwell Publishing, 1996, pp.366-367.

的成阻和软腭塞音的除阻是协同的。另个词[iʒu]"天空"更值得注意,该词在舌面龈后擦音[ʒ]和[u]之间有唇齿[v]的滑音段。正如 Ladefoged 和 Maddieson 指出的,[u]前的擦音音段[ʒv]是一种罕见的双调音部位的协同辅音①。频谱图显示擦音段具有较低的频率范围,这点和单纯擦音[ʒ]的声学表现是不同的。Kuteb 语的近音[w]在以擦音、塞擦音后也有唇齿化的变体,而且这种 z > zᵛ 的变异同样是有前接辅音条件的②。

下文的图 2-2 显示了该语言[zᵛ]发音时的调音部位③,类似的语音特征最近又在印度西北部 Angami 语(藏缅语)中发现。从听感上说,舌面的后龈擦音[ʒ]和舌面的腭前近音[j]比较接近,Kom 语 ʒ > ʒv/__u 和本节所论的 j > v/__V[+B,−L]也有可比之处。Ladefoged 提供的 Kuteb 语例子是

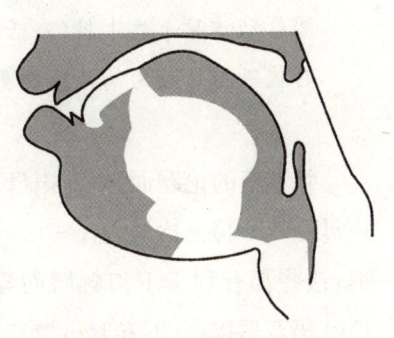

图 2-2 Kuteb 语发 u 前 z 的变体 zᵛ 时的 X 光图

[baze]"他们洗(过去时)"变作[bazᵛe],跟 j>v 的非低且后元音的条件不符④。Ladefoged 将语音变异的条件限定在前接辅音上,而且没有提供其他例子,因此无法判断 z > zᵛ 在其他的元音条件下是否也能发生。不过,舌面前的腭龈擦音[ʐ]也是和[j]音色最近的辅音之一(南方民族语中常见 j > ʐ 的擦化音变),也就是和[j]的唇齿化的辅音环境相同。就此点而言,[ʐ]后增生[v]滑音倒并不奇怪,因为正如下文所指出的,发[j]时的生理特点也是其变作[v]的有利条件。

元音[u]或近音[w]的收紧点在双唇和软腭,其声学特征和唇齿近音[ʋ]相近,[ʋ]到[v]也仅有一步之遥,特别是在[j]后面。汉语语音史上的轻唇化音

---

① Ladefoged & Maddieson: *The Sounds of the World's Languages*, p.366.
② Ladefoged Peter: *A Phonetic study of West African Languages*, Cambridge University Press, 1968, p.32.
③ 图 2-2 和图 2-3 分别引自 Ladefoged & Maddieson: *The Sounds of the World's Languages*, p.367, 140.
④ Ladefoged: *A Phonetic study of West African Languages*, p.32.

变,就跟[j]、[w]的音位配列密切相关。麦耘曾对轻唇音声母的产生作了如下的语音阐释①：

> 三等介音使下腭上抬,后元音使下腭后退,这些都有利于下唇触齿而导致双唇音的唇齿化。……元音的圆唇势对声母唇齿化也有帮助,因为圆唇动作时下唇上抬(在舌位、开口度相同的情况下,下唇的位置在圆唇时较不圆唇时为高),从而更易于触齿。

就本节的论题而言,零声母 ø 后的介音-j-或者具有半元音/近音性质的j-声母能使下腭上抬,具有[-low]、[+round]特征的 u/w、o 等又容易使下腭后退,这些都有利于下齿触唇而导致轻唇化。Ladefoged 和 Maddieson 比较过 Ewe 语双唇擦音[β]和唇齿擦音[v]发音时调音器官的运动轨迹②。从图 2-3 可以看到,发[β]时上唇向下、向后运动,下唇向上、向后运动。发[v]时则有比[β]更多的运动轨迹,并且向上到达的位置更高、部位也有更多后缩;同时,发[v]时上唇保持静止,不参与调音活动。Ladefoged 观察到南非的 Kwangali、

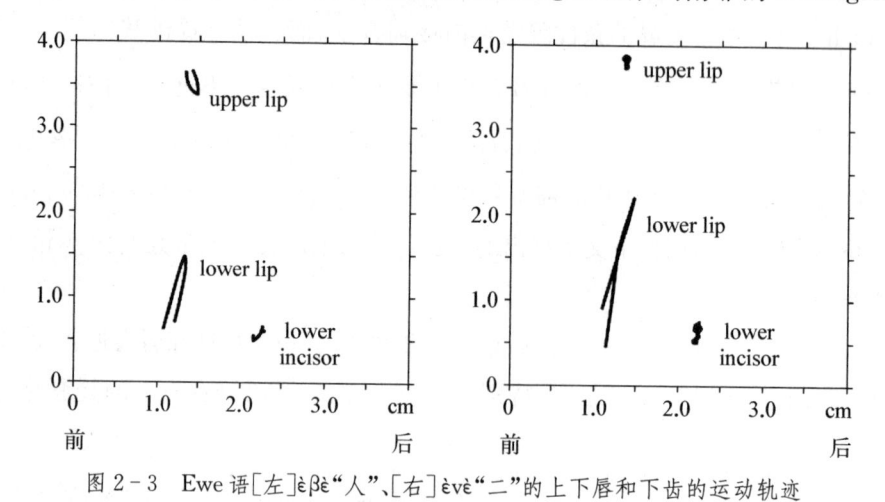

图 2-3 Ewe 语[左]èβè"人"、[右]èvè"二"的上下唇和下齿的运动轨迹

① 麦耘:《〈切韵〉元音系统试拟》,麦耘著:《音韵与方言研究》,广东人民出版社,1995 年,第 100 页。
② Ladefoged & Maddieson: *The Sounds of the World's Languages*, p.140.

RuGciriku 语(班图语)和 Venda 语等都有[β]~[v]的音位对立,这些语言中的[v]发音时下唇后退,同时高过下齿①。[v]的下唇部位后缩、上抬的调音特征和[j]的下腭上抬、[u]的下腭后退动作的效果十分一致,这是产生 j>v 的生理因素。

五、结语

上文从《中原音韵》的"微唯"同音说起,认为其反映的实质是[j]变作[v]:j>v/_V[+B,−L]。于阗汉字音材料将以母脂韵、微母微韵合口字合流的现象前推至公元 10 世纪的河西方音,而梵汉对音所反映的 4 世纪东晋北方话和后来《经典释文》音切的有关现象需要区别对待。作为条件音变,j > v 在各种材料(文献/方言/民族语等)中都有所体现,而且语音条件高度一致,说明其作为自然音变的类型学价值。共时语音类型是历时音变的结果,音变类型的发现和建立,除了需要探索泛时意义下的一致变化(包括变化条件),还得力图寻求其实验语音学的依据(人类发音的普遍生理、心理因素等),j>v 也不例外。

---

① Ladefoged Peter: What do we symbolize? Thoughts prompted by bilabial and labiodental fricatives, *Journal of the International Phonetic Association*, 1990 年第 20 期, 第 33 - 36 页。

第三章 词族比较方法

第一节 从古文字与语言比较论"来"字的音义

一、引言

汉语的文献资料最早可以追溯至商代后期的甲骨文时代,甲骨文大部分是商王的占卜记录。已发掘的甲骨文数量很多,内容也很丰富,是我们研究商代语言、文化和历史等的珍贵材料。

藏文初创于公元 7 世纪,藏语是汉藏语系内部除了汉语之外,有着最早书面文献记录的语言。藏文是根据某种梵文书体创制的拼音文字,能够较忠实地反映当时的语言面貌,不过,藏文所记录的语言不一定等于早期藏语,它也是语言演变的产物。要窥探藏语的早期面貌,可以有以下一些途径:(一)研究藏缅语族内各语支间的语音对应规律,用历史比较法构拟早期藏语;(二)观察藏文所反映的音韵结构及其内部的同源异形词,用内部拟测法构拟早期藏语;(三)从汉藏比较的角度,利用汉语上古音知识,从同源词看藏文形式的早期来源。同时,汉语上古音的研究也要用藏缅语(包括苗瑶语、侗台语)来检验,反复检讨和修改,从而更好地解释共同汉藏语到上古汉语、原始藏缅语的音韵演变。

本节在汉藏同源的理论背景下,探讨从共同汉藏语继承下来的一组同源词。我们认为出现在甲骨文中的三种不同用法的"来",在藏语里都有同源词,且有着共同汉藏语的源头；通过探讨原始藏缅语到早期藏语再到书面藏语的演变类型和规律，我们可以看到词族比较的重要性。

二、古文字材料里"来"字的用法

"来"，《说文》认为"象芒朿之形"，本义是麦子，一般认为是小麦。"来"在甲骨文里象麦形，但几乎不用其本义，表示"麦"义的似乎只有下面一例：

(1) 辛亥卜，贞：或刈来。（《合集》9565①）

甲骨文里也有"麦"字，除用作地名（如"田麦"、"田于麦"）外，也有当麦子讲的，如：

(2) 月一正，曰食麦。（《合集》24440）

还有便是第一期卜辞常常出现的所谓"告麦"，这里的麦也是指麦子。有的学者（如于省吾、陈梦家等先生）认为来是小麦，麦是大麦，因材料不多，尚待进一步研究。

"来"在甲骨文里最常见的是表示来去的"来"，如：

(3) 己亥卜，贞：王其田，往来无灾。（《合集》28476）
(4) 有来祸自北。（《屯南》2058）
(5) 甲寅卜，争贞：曰雀来复。贞：勿曰雀来复。（《合集》7076 正）

此外，"来"在甲骨文还有个突出的用法，就是用来表示时间关系，如：

(6) 乙未卜：来乙巳……（《合集》11691）

---

① 裘锡圭：《甲骨文中所见的商代农业》，裘锡圭著：《古文字论集》，中华书局，1992年，第238页。如无必要，本节所引古文字字形，都写作通行汉字。

(7) 癸亥卜：乙丑用侯屯。于来乙亥用侯屯。(《合集》32187)

(8) 乙亥卜，出贞：来丁亥……(《合集》23618)

可见，甲骨文的"来"用来指称日期时都是"来日"的意思，"来"有"下一个（时日）"的意思①。甲骨文里还可以有"今岁"、"来岁"、"今来岁"的说法，多与农业生产有关。关于"岁"字的理解，大致有以下几种意见：(1) "岁"为年岁，是借"岁"纪年，如孙海波、董作宾、陈炜湛等。(2) "岁"指季节②。(3) "岁"作为祭祀用语，意义为"载"，亦即供载牺牲③。

西周金文和先秦古籍也有"来岁"之说，如：

(9) □来岁弗赏(偿)。(《曶鼎》)

(10) 尝之日，涖卜来岁之芟。(《周礼·春官·宗伯》)

(11) 合诸侯制，百县为来岁受朔日。(《礼记·月令》)

(12) 夫往岁之粜贱，狗彘食人食，故来岁之民不足也。(《管子·国蓄》)

从古书的用例来看，将甲骨文"来岁"之"岁"理解为年岁比较合理。传世文献里也有"来干支"和"来某月（日）"的用法，如：

(13) 太公望命御方，来丁卯望告以馘俘。(《逸周书·世俘》)④

(14) 越若来，三月，惟丙午朏。(《尚书·召诰》)

这里的"来"是"(某段时间)以后"的意思。"来丁卯"即四天之后的丁卯日，"来

---

① 常玉芝：《殷商历法研究》，吉林文史出版社，1998年，第254—255页。该书认为"岁"是指年岁，不是指季节。
② 陈梦家：《殷虚卜辞综述》，第115—119页。陈先生最初认为"岁或者指太阳年"，后来则改易此说。
③ 岛邦男：《殷墟卜辞研究——殷代的社会》(中译本)，台北鼎文书局，1975年，第499—502页。
④ 夏含夷和陈梦家等学者的断句不同，他认为"来丁卯"应该和卜辞"来某日"的语法结构相当，故应在"方"后断句。参夏含夷：《释"御方"》，夏含夷著：《古史异观》，上海古籍出版社，2005年，第90—91页。

三月"是三个月以后的某天。

综合甲骨、金文及先秦古书的例子,可以看出从最早的甲骨文时代开始,时间词"来"的用法一直被延续下来,意指"未来的某段时间"或"……以后的某段时间"①。

三、从语言比较看"来"字的用法

接下来证明甲骨文"来"代表的三个词(下文分别称作"来$_1$""来$_2$""来$_3$")来自共同的汉藏语。在详细讨论汉藏同源词之前,我们先提出汉语和藏语之间一个重要的音韵对应:上古汉语之部*-ɯ 与藏语元音-a 的系统对应。

判定某些语言之间是否存在亲属关系,需要建立可靠的、系统的音韵对应规则。上古汉语和藏缅语(包括侗台语、苗瑶语等)之间构词形态的比较尚不成熟,故而确立汉语、藏语间基本元音的系统对应就显得格外重要。俞敏、龚煌城、施向东等学者已经提出了一定数量的汉藏同源词②,尤其是龚煌城的文章用可靠的材料证明了上古汉语之部字(包括蒸、职部)和藏语-a 的对应③。下面援引龚先生举的例子:④

一、之部*-ɯ:藏语-a

(1) 汉:母 *mɯɯʔ 　　(2) 汉:耳 *njɯʔ
　　藏:ma 母亲　　　　　藏:rna 耳朵

---

① 沈培《殷墟甲骨文"今"的特殊用法》(《古文字研究》第二十六辑,中华书局,2006年,第66-67页)一文提出,甲骨文"今来岁"中"今"、"来"的对立以十天为"单位","来干支"中的"来"并非一定指时间较远的将来;"今"、"来"的本质区别也并非时间的距离,而是所谓"时间单位"的不同,过了这一天,到了下一个"单位",即由"今岁"到了"来岁"。此外,甲骨文里还有"今春"、"来春"、"今秋"、"今来秋"等辞例。
② 参俞敏:《汉藏同源字谱稿》,《民族语文》1989年第1期,56-77页,1989年第2期,第49-64页;龚煌城(Gong Hwang-cherng): The system of finals in Proto-Sino-Tibetan,龚煌城著:《汉藏语研究论文集》,北京大学出版社,2004年,第79-124页;施向东:《汉语和藏语同源体系比较研究》,华语教学出版社,2000年。
③ 也可参看 LaPolla Randy J(罗仁地):Variable finals in Proto-Sino-Tibetan,《历史语言研究所集刊》第五十六本第一分,1994年,第131-173页。该文举例讨论了上古汉语之部字和原始藏缅语*-a 韵母的系统对应。
④ 龚煌城: The system of finals in Proto-Sino-Tibetan,第94-115页。本节的汉字上古拟音多参看郑张尚芳《上古音系(第二版)》(上海教育出版社,2013年)。

(3) 汉：子 *sklɯʔ，字 *sglɯs　　　　(4) 汉：事 *sgrɯs
　　藏：tsha 孙子，btsa 生育、养育　　藏：rdzas 事物、物体
(5) 汉：慈 *sglɯ，孳 *sglɯs
　　藏：mdza 抚养、慈爱

二、蒸部 *-ɯŋ：藏语 -aŋ

(6) 汉：憎 *sklɯɯŋs　　　　(7) 汉：梦 *mɯɯŋs
　　藏：sdaŋ 恨　　　　　　藏：rmaŋ 梦
(8) 汉：蒸 *kljɯŋ
　　缅：thâŋ 燃料、燃烧的木头；松树、冷杉

三、职部 *-ɯk：藏语 -ak

(9) 汉：墨 *mɯɯk　　　　(10) 汉：翼 *lɯk
　　藏：smag 黑暗的、黑暗　　藏：lag 手、胳膊
(11) 汉：织 *tjɯk　　　　(12) 汉：息 *sɯk
　　藏：N-thag① 编织 thags 纹理、网　　缅：ə-sak 呼吸、生命

四、侵部 *-ɯm：藏语 -am

(13) 汉：尢 *lɯm　　　　(14) 汉：含 *gɯɯm
　　藏：lam 道路，lâm 路线、道路　　藏：N-gam 放进或扔进嘴里
(15) 汉：恁 *njɯm
　　藏：nyam(s) 精神、思想，snyam 想、猜想

五、辑部 *-ɯp：藏语 -ap

(16) 汉：立 *lɯp　　　　(17) 汉：汲 *kɯp
　　缅：rap 站立　　　　缅：khap 舀取、井中取水
(18) 汉：泣 *khrɯp
　　藏：khrab-khrab 哭泣者

下文将会看到，我们讨论的"来"在藏语的同源词的词根元音都是 -a。

---

① N 是本节对藏文前附小阿(a-chung)的转写，因为对这个藏文声母的音值尚未统一的认识，故不同学者的转写方式也不尽相同。

(一) 动词"来"在共同汉藏语里的同源词

藏文 ɕag<*srak<*s-ra-k；其他藏缅语：阿科语 kŭ la-ne，阿卡语 lá-ɦɯ，马加尔语 ra-khe，哈克钦语 ra，梅梯语 lāk，缅文 lɑ²，彝语 la³³，傈僳语 lɑ³³，拉祜语 lA³¹。吴安其构拟的原始藏缅语的"来"*C-ra-g，并提出藏文 ɕ-<*sr-①。LaPolla 给"来"构拟的原始藏缅语形式词根也是*ra，并认为它和汉语"来"同源②。

藏文 ɕ-和 tɕ-、tɕh-声母都是后起的，整个汉藏语的塞擦音声母有着更早的别的来源。从汉藏语比较看，藏文的 ɕ-至少有以下两类：

(1) 藏文 ɕ-<*l-/l-<*C-l-/C-r-，比如：ɕod 说、说话～汉语"说"*lot<*s-l-；ɕor 脱落、遗失～汉语"脱"*loot<*kh-l-；ɕoŋ 容纳、装进～汉语"容"*loŋ<*k-l-；ɕoŋ 洞、腔～汉语"洞"*dooŋs<*g-looŋs；ɕoŋ 谷、河谷～汉语"巷"grooŋs，"峪"*k-lok；gɕal 洗涤、漱洗～汉语"汏"*g-laaps>*daats；ɕib-pa 低声耳语～汉语"聂"*nep<*m-l-(《说文·耳部》"附耳私小语也"，"聂"在上古和书、以母字相通③)。

(2) 藏文 ɕ-<*s-<*sl-/sr-，比如：ɕi-ba 死～汉语"死"*siʔ<sl-、"尸"*hlji<*s-lj-；ɕiŋ 树木～汉语"薪"*siŋ<*sr-；gɕod-pa 刷洗～汉语"刷"*srod、"帅"*sruts(帅，甲骨文象双手拭席形)。

就"来"而言，藏缅语的方言均指向词根 ra 或 la，故藏文的形式来自上揭第(1)类音变。原始藏缅语是*C-ra-g，*C 是某种前缀，*-g 是后缀，ra 变成 la，就像汉语来母字*r->l-。

"来"字在《诗经》10 次与平声字相押，4 次与入声字相押；再加上甲骨文里"来"就象麦形，与"麦"*mrɯɯk 本是同一个字，所以有的学者怀疑"来"字本来就有平、入两读。从藏文及藏缅语个别方言看，"来"字在共同汉藏语里应带

---

① 吴安其：《汉藏语同源研究》，中央民族大学出版社，2002 年，第 114、188 页。
② 罗仁地：Variable finals in Proto-Sino-Tibetan，第 167 页。
③ "聂"假借为"摄"*hljep<*s-lj-，《山海经·海外北经》"聂耳之国"注："耳长，行则以手摄持之也。""聂"也通"膝"*kljep，《礼记·少仪》："聂而切之为脍。"郑玄注："聂之言膝也。""膝"从枼*l-得声。

有*-g,这个*-g可能是具有某种语法功能的后缀,它在《诗经》时代还有所反映,所以能和入声字相押,后来便失去了,而在藏文里则表现为-k韵尾。当然,这些目前仍是假设,证明尚待来日。

《方言》卷二:"仪、佫,来也。陈颍之间曰仪,周郑之郊、齐鲁之间曰佫,或曰怀。""佫"*g-lak~*glak,最早出现于甲骨文,最初作"各",训作"来",如"王其各于大乙,衍伐,不菁雨"(《甲》663);"……乙丑,……各祖……"(《后》下19·5)①。"仪"*ŋral<**m-gral、"怀"*gruul与"佫"、"来"之间,似乎在语音形态上相关,可以视作不同的方言变体。

(二) 与汉语"麦"同源的藏语词

汉语"来₂"*m-rɯɯ-g~"麦"*mrɯɯk<*m-rɯɯ-g

藏语 bra-bo<*b-ra<*m-ra "buckwheat" 荞麦②

大多数 br-起首的词,都有另外一个以 N-br-为声母的同源异形词,例如③:

braŋ ～ N-braŋ 胸脯;braŋ-pa ～ N-braŋ-pa 出生;
brab-pa ～ N-brab-pa 突然抓住;bral ～ N-bral-ba 分离,分裂;
bri ～ N-bri-ba 削弱,削减,消灭;brim(s) ～ N-brim-pa 分配;
bru-ba ～ brus ～ N-bru-ba 挖,刻,检看;brub-pa ～ brubs-pa ～ N-brub-pa 溢出,冲走;
bre-ba ～ N-bre-ba 柱子的头部;bregs-pa ～ N-breg-pa 割断,收割;
breŋs-ba ～ N-breŋ-ba 带子,绳子;bres ～ bres-kyu ～ N-bre-ba 管理者;
brob ～ brol ～ N-brab-pa ～ N-bral-ba 尝,想;bros ～ bro ～ N-bros-pa 逃离,逃跑。

---

① 参徐中舒主编:《甲骨文字典》,四川辞书出版社,2003年,第97-98页。
② 施向东《汉语和藏语同源体系比较研究》(第174-175页)认为"麦"和藏语 bra-bo 同源,但未做详细证明。
③ Jäschke H. A(叶斯开):*A Tibetan-English Dictionary*, Motilal Banarsidass Publishers, 1998年,第380-382页。

还有一些 br-词的同源异形词的声母常常和 b-交替：

  b-～k- braŋ-ŋe ～ kraŋ-ŋe 站着的；

  b-～g- bru-ʑa ～ bru-ɕa ～ gru-ʑa 西藏地名；bro-ma ～ gro-ma 麦子，某种药草，马铃薯；

  b-～p- brog-ʑu ～ prog-ʑu ～ sprog-ʑu 鸡冠；

  b-～d- brod-pa ～ drod 温暖、热心 ～ glod-pa 欢呼。

br-与 N-br-、br-与其他 Cr-的交替，说明了藏语里众多以 br-起首的词，其词根是 r-。另外，从汉藏语比较看，很多 N-br-在共同汉藏语里的词根是 r-或 l-，亦即 N-br- < *N-b-r-/*N-b-l-。请看下面的例子①：

  汉：矑 *raa < *m-raa 藏：N-b-ras 瞳子（侗台语"眼睛"：石家 praa¹，拉珈 pla¹，武鸣壮 ra¹）

  汉：龙 *roŋ < *m-roŋ 藏：N-b-rug 龙

  汉：连 *ren 藏：N-b-rel 联系

  汉：离 *ral 藏：N-b-ral 分离

  汉：粝、疠 *rats < *m-rat-s 藏：N-b-ras 大米、疠疥（印尼语 beras 米，baras 麻风）

  汉：裂 *rat 藏：N-b-rad 抓裂

  汉：陆 *ruk < *m-ruk 藏：N-b-rog 草野

  汉：磟 *ruul 藏：N-b-rul-ba 滚下

  汉：犛 *rɯ < *m-rɯ 藏：N-b-ri 犛牛

  汉：禀 *rɯm?（此为 *prɯm? 的转注字） 藏：N-b-rim 分配

  汉：剔/鬄 *g-leek 藏：N-b-reg 剃

  汉：稻 *g-lu 藏：N-b-ru 粮食、谷粒

---

① 此类汉藏同源词可参郑张尚芳：《原始汉语 p-类复声母在中古的表现形式》，丁邦新、余霭芹主编：《汉语史研究：纪念李方桂先生百年冥诞论文集》，台北"中研院"语言学研究所，2005 年，第 103 页。

上面所举的汉藏同源词中，有些从谐声、词族等证据可以看出原始汉语应是带前缀的形式。再从藏语 br- 的汉语同源词看，br- 有很多也应来自早期藏语的 *C-r-(*C- 常常是个鼻音前缀)①：

汉：理 *m-rɯʔ(《广雅》："顺也。") 藏：bre-ba 铺设、张挂、悬结

汉：理 *m-rɯʔ(《国语·周语》"行理以节逆之"注："吏也。") 藏：bres 管理者

汉：俚 *m-rɯʔ(《说文·人部》："聊也。") 藏：bre-mo 废话、瞎话

汉：悝 *m-rɯʔ(《东京赋》注："犹嘲也。") 藏：bre-mo 戏谑

汉：董 *m-ruk(《说文·艹部》："草也。") 藏：bre-ga 医用药草

汉：劙 *m-rɯ-g(《长阳赋》"分劙单于"注："割也。") 藏：bregs-pa 切断，割

汉：闵 *mrɯnʔ(《左传·宣公十二年》"少遭闵凶"注："忧也。") 藏：brel-ba 担心

汉：敏 *mrɯʔ～*mrɯŋʔ > *mrɯnʔ(《说文·攵部》："疾也。") 藏：brel-ba 忙碌的

汉：绳 *m-ljɯŋ(食陵切) 藏：breŋ-pa 带子，绳索 ～ N-breŋ 皮绳

汉：蛮 *m-roon/*b-roon 藏：bran 奴仆，苦工

汉：孿 *m-roon 藏：-bran 织

汉：挛 *m-roon 藏：-bran 相似的事物

汉：悦 *C-lot 藏：brod-pa 欢乐、欢乐的～glod-pa 欢呼～drod 热心

汉：蹈 *g-lu 藏：bro 舞蹈

汉：核 *Grɯɯk < *G-rɯɯk 藏：brag 岩石～ rag-tse 水果里的石头

由此，我们假设藏语 bra-bo"荞麦"声母是由 *b-r- 变来的，参照汉语 *m-r- 和藏

---

① 藏语的 br- 可能还有一部分来自早期藏语的 *b-，如：藏语 braŋ 胸脯、胸膛～汉语"膀" *baaŋʔ；藏语 braŋ 家、住处(参考藏语 baŋ 仓库)～汉语"房" *baŋ；藏语 brun 粪便～汉语"粪" *puns；藏语 brul 小颗粒、小块～汉语"坋" *bɯɯns(《说文》"尘也。")；藏语 bre-ko 洗用的盆～汉语"湢" *prɯk(<*-g)(《礼记·内则》"外内不共井，不共湢浴"，郑玄注："湢，浴室也。")。

语 br-的对应，藏语*b-r-也应该来自共同汉藏语的*m-r-。我们在上文说明 br-~gr-交替时举 bro-ma ~ gro-ma "麦子"这一例（这说明 r-可能是词根，而 b-~g-是前缀交替），我们认为它是藏语 bra-bo 的同源词，在藏语里，通过 a~o 元音交替构成同源异形词的例子极多，不烦赘举。另外，在藏文音系里，字母 b 可以出现在 k-、g-、tɕ-、t-、d-、ts-、z-、ʑ-、ɕ-、s-等 10 个基字前，但是 b 和 r 的组合只能有基字 b-加下置字 r-一种形式，而没有基字 r-再前加或上加 b 的形式，但 b 在藏文正字法里是可以作为前置字的，所以说，早期藏语的词根为 r-、前缀为 b-（包括从*m-前缀变来的 b-）的*b-r-类词，到藏文里就和 br-合并了。考虑到上古汉语有*m-r-/b-r 类复声母，不少词还跟藏文*b-r 同源，我们有理由认为 bra-bo 的词根是 ra[①]。

（三）藏文 mth-、md-声母的来源

在提出上古汉语"来₃"的藏语同源词之前，我们必须先讨论和藏文声母 mth-、md-的来源问题。

从藏文内部材料看，以 mth-、md-开头的词往往有同源关系：

藏文 mth- ~ 藏文 md-：
mtho 虎口尺 ~ mdo 汇合处，交叉地方
mtha 边际，界限，尽头；字尾 ~ mda 山沟尾
mthud 接应部分 ~ mdud-ba 打结；线结，绳子的疙瘩
mthoŋ-rgja 视野，眼界；mthoŋ 见，看明 ~ mdoŋs-pa 瞎子

那么，藏文内部这些同源词和其他一些以 mth-、md-开头的词在共同汉藏语里为何种形式？首先，藏语在带前置辅音 m-、N-以及在无前置音的情况下，会发生以下的音变：

[①] 共同汉藏语时期的*m-r-到藏文里变成 br-，也可能是某种方言现象的反映。自唐五代始，直到现在，西北方言还有 m- > mb-的音变，同时，东南闽方言也有鼻音声母读作同部位塞音的现象，这大概是古汉藏语就有的方言变化，而被不同时期和地域的语言（或方言）保留下来。

*C- > Ch-/Ǿ, m, N_(C 为清塞音或清塞擦音)①

此点实际上张琨已经提及②。就本节讨论的藏文 mth-而言，我们认为至少有以下来源(为醒目起见，下面将藏文的前置音 m 标写为 m-)：

(a) 藏语 m-th- < *m-t- ～ 上古汉语*t-/tj-(端母或章母)，共同汉藏语*m-t-

藏语 mthil 底，事物最下部 ～ 汉语"底"*tiilʔ(缅文 mre < *mliy 大地、土地、泥土、西夏文*lji 大地)

藏语 mthil 中央，主要部分 ～ 汉语"氐"*tiilʔ(小徐本《说文·氐部》："本也。")

藏语 mthug 厚；密，不稀薄，不稀疏 ～ 汉语"笃"*tuuk

藏语 mthu 恶咒 ～ 汉语"咒"*tjus

(b) 藏语 m-th-<*m-r- ～ 上古汉语*mr-/m-r-(明母或来母)，共同汉藏语*m-r-

藏语 mthe-mo 拇指，脚趾 ～ 汉语"拇"*mluʔ<**mruʔ

藏语 mthu 力量，威势，神力 ～ 汉语"勜"*m-ruw(《说文·力部》："并力也。")

藏语 mthoŋ 见，看明，察觉 ～ 汉语"望"*maŋs<**mraŋs(藏文 mraŋ 看见，a～o 交替构成的同源异形词)

(c) 藏语 m-th-<*m-l- ～ 上古汉语*m-lj-(禅、船母③)，共同汉藏语*m-lj-

---

① 赵彤:《藏语声母演变的几个问题》,《语言学论丛》第二十六辑,商务印书馆,2002 年,第 61 页。
② 张琨:《藏语在汉藏语系比较语言学中的作用》,中央民族学院少数民族语言研究所编著:《民族语文研究》,四川民族出版社,1984 年,第 299 页。
③ 李方桂《上古音研究》(第 16 页)认为上古禅、床(船)母有共同的来源。禅、船母的上古音值各家看法尚未统一,但一般认为并非简单声母,并有多种来源。郑张尚芳《上古音系》(上海教育出版社,2003 年,第 83 页)的上古基本声母表未列照(章、庄)组。就谐声行为而言,部分船母字和塞音相谐,而大多数禅母字则和塞音关系密切,从本节所举的材料以及一些学者的研究来看,和塞音相关的禅、船母上古应拟为*m-lj-。共同汉藏语的*m-lj-在汉语谐声时代便有变作*m-dj-的,所以禅、船母能和端母(章母)*m-t-、定母*m-d-谐声。

藏语 mthun-pa 一致,符合,随顺 ～ 汉语"顺"*m-ljuns

藏语 mthu 恶咒 ～ 汉语"咒"*m-lju(《广韵·尤韵》"咒"有"市流切"一读)

藏语 mthar 逐渐,渐次 ～ 汉语"嬗"*m-ljan(《说文·女部》:"缓也。")

藏语 mtho 虎口尺,卡 ～ 汉语"属"*m-ljok＜(*-g)(《说文·尾部》:"连也。")①

藏语 mtho 高 ～ 汉语"树"*m-ljos(《易·系辞》:"不封不树。")②

关于(c)类所揭藏文 mth-有*m-l-的来源,我们还需稍加讨论。龚煌城认为,和软腭舌根音谐声的禅母字上古应为*glj-,并且受词头的影响而演变为中古的床母或禅母③,并以汉语"舌"字为例,说明鼻音词头对声母所发生的影响:

舌　原始汉语　*m-ljat＞*m-djat＞上古汉语*djat＞中古汉语
　　　　　　　*dźjät"舌头(288a)"

藏文　　　ltśe＜*hljaj＜*hljad 舌头(比较藏文 ltśi＜*hlji "粪便")

缅文　　　hlya 舌头

"舌"字白保罗构拟的原始藏缅语为*m-lay～*s-lay(其中*m-lay 系根据库基语*m-lei 而来),其词头有*m-与*s-两种变体④。原始汉藏语的*m-和*s-都是身体器官名词的重要前缀,作为构词前缀,自然可以自由交替,原始汉语和藏缅语的形式还可以和苗瑶语*mlat 或*mlet 比较。

---

① 《释名·释亲》以"续"*ljuk 作为"属"声训字。《广雅》"属鹿,剑也",《汉书·宣帝纪》"属玉观"注:"即鵁鶄也,亦作鶹鵌。"重叠词和声训字都显示"属"和流音相关。另,按《经典释文》:"属,联也,章玉切;联而有所系曰属,时玉切。"前者照三母,应拟为*tjok;后者禅母,应拟为*m-ljok＞*djok,*m-是使动式前缀。

② 参俞敏:《汉藏同源字谱稿》,第69页。

③ 龚煌城:《上古汉语与原始汉藏语带 r 与 l 复声母的构拟》,龚煌城著:《汉藏语研究论文集》,北京大学出版社,2004年,第192-198页。

④ 本尼迪克特(或译作白保罗):《汉藏语言概论》(中译本),中国社会科学院民族研究所,1984年,第66页。

国外学者较早注意到了中古禅、船母更早可能有 *N-l-或 *m-l-的来源,如张谢蓓蒂、张琨曾假设,原始汉藏语的 *N-l-变为汉语的床母或禅母①。龚煌城作了如下修正:②

原始汉藏语、原始汉语 *N-l->中古汉语定母 d-
原始汉藏语、原始汉语 *N-lj->*dj->中古汉语床母 dź-或禅母ź-

我们认为龚先生的修正是合理的。郑张尚芳所拟的带 m-、N-冠音的字并无后世的禅、船母字,此外郑张先生还以汉语"麝" *gljaag > *ɦljaag(比较藏语 gla"麝香鹿")为例提出了船母字有 ɦ-冠式的来源③。

沙加尔(Sagart L.)在讨论上古汉语的 *m-前缀时,接受了中古禅、船母早期汉语带 *m-前缀的假设,如④:

舌 *ᵇm-lat:原始苗语 *mbleiᴅ 舌头
实 *ᵇm-lit:泰语 let,mlet,ma-let 颗粒
顺 *ᵇm-lun(?)-s > zywinH 顺从
射 *ᵇm-lak-s > zyæH 射箭

上面"舌、实"二例中的 *m-为身体器官和植物名词前缀,而 *m-在"顺、射"二词则作为动词前缀存在("射"字下文还将谈及)。

从我们提出的(c)类汉藏同源词来看,藏文 mth-部分来自共同汉藏语 *m-lj-的假设是可能的,藏文音系中并无 Tj-(T-表示舌尖塞音)声母,这说明共同汉藏语 *m-lj-到藏语的演变过程中,-j-在 l-塞化为 th-(<*t-)之前就已经失落了,即:共同汉藏语 *m-lj->早期藏语 *m-l->*m-t->藏文 mth-。

---

① 张谢蓓蒂、张琨:Tibetan prenasalized initials,《历史语言研究所集刊》第四十八本第二分,1977年,第 229-243 页。
② 龚煌城:《从汉藏语的比较看上古语的词头问题》,第 55 页。
③ 郑张尚芳:《上古音系》(第一版),第 146-147、154 页。
④ 沙加尔:《上古汉语词根》(中译本),上海教育出版社,2004 年,第 89-96 页。

另外，*m-lj-在后世的演变过程中，*m-t-中的 t 可能会受鼻音前缀的影响而浊化为*d-，随后*m-则失落，可比较：

藏语 dul 温顺 ～ 藏语 N-dul-ba 调治、教化、训练 ～ 藏语 mthun-pa 随顺 ～ 汉语"顺"*m-ljuns[①]

其音变程式大致为：共同汉藏语*m-lj->早期藏语*m-l->*m-t->*m-d->藏文*d-。

*m-r-/*m-l->t-/d-的音变在其他汉藏系语言中也能见到，比如侗台语：虱子，泰语 len²、版纳 min²、邕宁 mlan²、布依 nɛn²、临高 dɔn²；鸟，泰语 nok⁸、德宏 lok⁸、侗南 mok⁸、拉珈 mlok⁷、黎语 tat⁷；口水，泰语 ma?⁸ laai²/laai²、龙州 laai²、琼山 mai²、莫语 ɖui¹；月亮、月份，邕宁 mliin¹'、侗北 ljan¹、毛南 njen²、版纳 dən¹。而且，汉语方言至今尚见流音塞化现象，藏缅语里也有 C-l->t-之类的演变[②]。

上文说过，藏文 mth-和 md-大多有着共同的来源，既然如此，那么从共同汉藏语到早期藏语、再到藏文 md-的音韵演变理应是平行的：

(a') 藏语 m-d-<*m-d- ～ 上古汉语*d-(定母)，共同汉藏语*m-d-
藏语 mdun-khaŋ 住所，住处 ～ 汉语"庡"*duun?(《广雅》:"舍也。")

(b') 藏语 m-d-<*m-r- ～ 上古汉语*mr-/m-r-(明母或来母)，共同汉藏语*m-r-
藏语 mduŋ<*mluŋ 矛，戟 ～ 汉语"矛"*mu<*mlu
藏语 mda 山沟尾 ～ 汉语"尾"*mluul?(缅文 mrî 尾巴，西夏文 mjɨ

[①] "顺"的同族词为"循"。《释名·释言语》："顺，循也。"按"循"中古邪母，且从"盾"*duun?～*m-ljuun?得声（"盾楯"中古并有食允切的船母读音），上古音应拟为*C-ljun(C-代表某种前缀)；"驯"*s-ljun,《说文·马部》："马顺也。"《一切经音义》引《说文》："养野鸟兽，使服谓之驯。""驯"并可假借为"顺"，是"顺"的使动义。s-是上古汉语与藏缅语常见的使动式前缀。可以比较"食"(自动)*m-ljuk、"饲"(使动)*s-ljuk-s 的同源关系。这些词的词根都是*lj-，彼此为前缀交替的关系。

[②] 郑张尚芳：《上古音系》（第一版），第 134-140 页。

尾、下,mjiij 尾)

藏语 mdoŋs 翎眼 ～ 汉语"龙"*moŋ<**mroŋ

藏语 mdoŋs-pa 瞎子,盲人 ～ 汉语"盲"*maŋ<**mraŋ

(c′) 藏语 m-d-<*m-l-~ 上古汉语*m-lj-(禅、船母),共同汉藏语*m-lj-

藏语 mdun-khaŋ 住所,住处 ～ 汉语"宸"*m-ljun(《说文·宀部》:"屋宇也。")

藏语 mdo 汇合处,交叉地方 ～ 汉语"属"*m-ljok

藏语 mda 矢,箭 ～ 汉语"射"*m-ljaks

龚煌城列出了汉语"射"与藏缅语的同源词①：

原始汉语*m-ljiags ＞ *m-djiags ＞ 上古汉语*djiags ＞ dźja"shoot with bow; archer(807a)"

藏文 mda ＜ *mla "arrow" 矢,箭(Cf. m-dongs "blind" ＜ *m-longs：ldong-ba ＜ *N-long "to become blind, to be blind"；long "to be blind"；ldan-pa ＜ *N-lan, also mdan-pa ＜ *m-lan "cheek")

缅文 mlā＞mrâ～hmrâ "arrow" 箭,矢

藏文以 mth-开头的词不多,以 md-起首的词则更少,这给我们从汉藏语比较看 mth-、md-的早期来源带来了困难。上文我们尝试着重于比较构拟,通过建立藏文 mth-、md-之间平行的演变规则,结合藏语声母演变的研究成果,提出了汉语部分禅、船母来自共同汉藏语*m-lj-的问题来讨论。全面检讨藏语 m-C-和相关声母的来源,以及汉语禅、船母的来历等问题,还有待于将来。

上文讨论了藏文 mth-的几条演变规则,下面提出上古汉语"来$_3$"藏语同源词：

---

① 龚煌城:《上古汉语与原始汉藏语带 r 与 l 复声母的构拟》,《汉藏语研究论文集》,第 198 页。

汉语"来₃"*m-ruɯ-g

藏语 mtha～mthar＜早期藏语*m-ra "after, behind"：

rgyal-rabs sum-brgyai mthar "after 300 royal generations"三百个朝代以后

可见,藏语 mtha "……以后"符合上文的演变规则(b)。

四、结语

　　甲骨文是距今约 3 500 年的汉语文献,如果甲骨文里"来"的用法是从共同汉藏语传下来的,那么有些问题便可以看得更明确。比如麦子传到黄河流域的时间。麦子这种农作物应该是从西亚传入的,现在发现甲骨文和原始藏缅语里"麦子"这个词同源,那么可以肯定共同汉藏语时期麦子已经被借过来了。商代先民的主要农作物有黍之类,并用来祭祀,而麦子也用于祭祀,但大概不是商人的主要农作物[①]。有的学者认为甲骨文"来"字从字形看应为小麦。黄河流域原产的和小麦形状相似的农作物,想必不一定能在甲骨文字形上清晰地反映出差别来,故而很难断定甲骨文"来"所指即小麦而非其他。

　　我们假设,甲骨文三种用法的"来"均来自共同汉藏语。共同汉藏语的*-ɯ 演变到上古汉语和藏语里,分别变成*-ɯ 和*-a,且词根是 ra。上古汉语的三个"来"在藏语里的同源词涉及三项音变：

(1) *C-ra-g(*C-可表现为*m-～*s-的交替)＞ɕag～"来₁"

(2) *m-ra＞*b-ra＞bra～"来₂"

(3) *m-ra＞*mta＞mtha～"来₃"

至于这三项音变的先后顺序,还有待于将来进一步研究。

[①] 参张光直:《商文明》(中译本),辽宁教育出版社,2002 年,第 135 页。

第二节 从古文献与语言比较
论"洗"字的音义

一、引言

要论证汉语与其亲属语的发生学关系,进行有词族联系的词根比较是行之有效的方法。如郑张尚芳曾将汉语有关通道义的词族"巷、江、谷",分别和藏文、缅文、泰文、孟文等进行比较,并且指出:"有词族联系的词根都不可贸然作借词予以排斥。它们很可能正是华澳语系的共同词根。"①

"洗"这个动作是伴随着人类而产生的,它是个非常基本的词,斯瓦迪士的"二百词表"和郑张尚芳提出的"华澳语言比较三百核心词表"都列有该词②。古汉语中不少词与"洗"有关,本节拟对汉语中和"洗"有关的词作穷尽考查,并按其词根将它们系联为不同的词族,然后用历史比较的方法检视各个词族与藏缅、苗瑶、侗台语以及南亚、南岛语的语音对应,从而说明这些和"洗"有关的词在整个东亚语言里的广泛分布。

二、*sɯC 型词族③

这一类关于"洗"的词族成员大致为单音节词,韵腹为高元音,-C 则代表不同的韵尾。

洗 *sɯɯnʔ,《说文·水部》:"洒足也。"后起字"箲"*sɯɯnʔ(《广韵·铣韵》:"洗帚,饭具。")大概是由"洗"派生出的④。

---

① 郑张尚芳:《汉语与亲属语言比较的方法问题》,《南开语言学刊》第 2 期,南开大学出版社,2003 年,第 4 页。
② 郑张尚芳:《汉语与亲属语同源根词及附缀成分比较上的择对问题》,《郑张尚芳语言学论文集》(下册),中华书局,2012 年,第 729-730 页。
③ 如无特别说明,本节的上古拟音参考郑张尚芳《上古音系》(2003)的拟音体系。
④ 下文可以看到,汉语里跟"洗"有关的词,除了在语音形式上可归为不同词族,从语义属性看不外三类:(1) 表"洗"的动作,而受动者可能不同;(2) 表工具,即"洗"的动作凭借不同工具(或场所)来实现;(3) 表结果,即"洗"这一动作生成的不同产物。

淅 *seek，《说文·水部》："汰米也。"

瀄 *sroons，《玉篇》："所患切。洗马也。"后又写作"潒"①（《集韵·谏韵》："洗马。"）、"涮"（《广韵·谏韵》："涮洗也。"）。

俞敏认为，藏文 bsil"洗"、sel"扫除"可与汉语"洒"对应②。白语 se³³"洗（手、衣）"、se³³ pe²¹"洗澡"可以看成原始汉藏语*sel 韵尾脱落的结果。白保罗指出，原始汉藏语带韵尾*-l 的词根有时会变成同源异形韵尾-n～-r：汉语 siən～siər"洗"，藏缅语*(m-)s(y)il。藏语 bsil-ba"洗"敬语，克钦语 śin～kəśin"洗、洗澡"，卢舍依语 sil，朗科尔语 gerśil，塔多语 śil～kiśil，卡米语 məse（参见 mətśe"唾沫"＜*m-ts(y)l），拉克尔语 pəśi，米基尔语 iŋthi［库基-那加语*m-s(y)il］"洗、洗澡"。该词的藏-缅语词根为*(m)syil～*(m)syal，所以藏语的形式与这个词根无关，并指出同源异形词在藏语中是 bśal-ba"洗、清洗"，日旺语（怒语支）是 thizal"洗澡、洗"③。我们认为藏语 bsil-ba、bśal-ba 均能和汉语"洗"系列词比较。

其他藏缅语：史兴 zɛ³⁵，尔龚 zʁe，尔苏 tshe³³，哈尼-tshʅ³¹，彝语 tɕhi³³、tshi²¹，载瓦 tʃhi²¹，门巴 zik，浪速 tʃhik⁵⁵"洗衣"。整个汉藏语的塞擦音应该有着更早的来源，藏缅语的 tʃ-/tsh-可能来自*skl-之类的复声母。

试看侗台语的"洗（脸）"一词：

表 3-1 侗台语各方言"洗（脸）"的说法

老挝	版纳傣	傣拉	邕宁	武鸣	柳江	布依	标语
suəi⁵	soi⁶	ɬui⁵	ɬuːi⁵	θɯəi⁵	sɯːi⁵	soi⁵	θo³

侗台语-i 尾词和汉语-n 尾词有系统的语音对应，试比较：

涟 *ren，《楚辞·忧苦》："泣下涟涟。"王逸注："流貌也。"侗台语"流"：

---

① 有些字最早只出现于《广韵》、《集韵》等中古韵书等文献，但其在更早阶段的汉语口语里是否出现，很难说定，故仍将其列出，作为参考。
② 俞敏：《汉藏同源字谱稿》，第 67 页。
③ 白保罗：《汉藏语言概论》（中译本），第 171、302 页。

泰语、老挝 lai¹，临高 ləi¹，水语 lui⁵，毛难 lwai¹；

线 *seens＜*sqheens，《说文·糸部》："缕也。"侗台语"带子"：泰语、老挝、德宏 saai¹，邕宁 ɬaai¹，武鸣 θaai¹，侗南 se¹，仫佬 khɣe¹，锦语 ze¹；

沿 *lon，《说文·水部》："缘水而下也。"侗台语"游"：老挝、德宏 ləi²，傣拉 lui²，临高 ləi²，水语 lui²，黎语 plei¹；

次 *ljen，《说文·水部》："慕欲口液也。"侗台语"口水"：泰语、老挝、德宏 laai²，邕宁 mlaai²、临高 məi²，侗北 lje²，锦语 ləi¹，黎语 ɬaai¹；

远 *Gʷanʔ，侗台语"远"：泰语 klai²，版纳 kai¹，龙州 kwai¹，柳江 kjai¹、临高 lɔi¹，水语 di¹，黎语 lai¹。

从上面汉语和侗台语的语音对应看，两者的"洗"无疑是同源的。

再看南岛语"洗"：印尼语 tʃutʃi，Malagasy Merina 语 manasa，Paamese 语 gasi，Madurese 语 sassa，Da'a 语 nɔ-tapasi，Irarutu 语 bərasə，Sundanese 语 sisih 和汉语"洗"有关。沙加尔构拟了原始南岛语 *biseq"湿、洗"，并认为它和汉语"洗"同源①。

三、*cKleC 型词族

这里的 c-表示可能出现的前置辅音，K-表示舌根音声基（或前冠音），-l-（包括-r-）表示垫音（或声基），-e-（包括-i-、-ɯ-等高元音）表示韵腹，-C 表示各种不同形式的韵尾。

涚 *tsen＜**sklen(*ʔslen)，《说文·水部》："手瀄之。"

瀳 *kreenʔ，《说文·水部》："渐也。"

湅 *g·reens，《说文·水部》："瀳也。"亦通"练"，《文选·枚乘〈七发〉》："洒练五脏。"李善注："练，犹汏也。"

繝 *krees，《庄子·人间世》："挫针治繝，足以餬口。"成玄英疏："繝，

---

① 沙加尔：《论汉语、南岛语的亲属关系》，石锋编：《汉语研究在海外》，北京语言学院出版社，1995年，第89页。

浣衣也。"

敽 *ŋe<**ŋ·gle,《说文》:"滫米器也。"段注:"滫米犹淅米,淅之以得其泔也。"

汱 *g·liik,《集韵》:"汱荡,涤也。"

摡 *kɯɯts/*qhɯts,《说文》:"涤也。《诗》曰:'摡之釜鬵。'"通"溉"*kɯɯts,今见《诗经·桧风·匪风》:"谁能烹鱼?溉之釜鬵。"毛传:"溉,涤也。""摡"亦作"槩"*kɯɯts,《文选·枚乘〈七发〉》:"澡槩胸中。"李善注:"毛苌《诗》传曰:'溉,涤也。'槩与溉同。"

淬 *tshuuts<**skhluuts(*shuuds),《淮南子·修务》:"身淬霜露。"高诱注:"淬,浴也。"

澡 *tsuuʔ<**skluuʔ(*ʔslaawʔ)《说文》:"洒手也。"

四、*KlaC 型词族

这里的 K-表示舌根音、小舌音或喉擦音声基(或前冠音),-l-(包括-r-、-lj-)表示垫音(或声基),-C 表示各种不同形式的韵尾。

此系列的字和上面"洗"系列一样,词的数量较多,其"内部形式"也较复杂,表现在声母清浊、元音、韵尾等的交替,均为同源异形词。

汰 *glaaps①(*daads),《说文》:"淅㵓也。"

箉 *kljak,《广雅》:"籅也。"

釋 *hljak,《说文》:"渍米也。"段注:"渍米,淅米也。渍者初湛诸水,淅则淘汰之。《大雅》作'释','釋'之假借字也。"

污 *ɢʷa/*qʷaas,《诗·周南·葛覃》:"薄污我私,薄澣我衣。"孔颖达疏:"污、澣相对,则污亦澣名。""杅"*ɢʷa 可能是"污"的派生词,《礼记·玉藻》:"浴用二巾,上絺下绤,出杅,履蒯席,连用汤。"郑玄注:"杅,浴器也。"

施向东用"洗"对藏文 gshal 洗涤、漱洗②,我们认为 gshal 对汉语"汰"系列

---

① "汰"《说文》徒盖切,上古"盖盇"同源,所以谐声时代"盖"也应带唇音尾;至于拟测复声母 gl-,是因为从词族和比较构拟的材料看,"汰"很可能有过读 gl-类声母的阶段。
② 施向东:《汉语和藏语同源体系比较研究》,第 87、130 页。

更合。因为从来源上看,藏文的 sh-至少有一部分来自早期的*lhj-,并且藏文 sh-系列词和汉语的 l-/l-类词同源①。试看其他藏缅语的"洗澡":藏文 rgal,羌 χlɑ、χuə⁵⁵ lɑ⁵⁵、木雅-ʁa³³、拉祜-kA⁵⁴-、普米-tsa⁵⁵、土家-tsa⁵³、珞巴 kak。

再看苗瑶语的"洗手"一词:

表3-2 苗瑶语各方言"洗手"的说法

养蒿	吉卫	先进	石门	枫香	文界	长峒	多祝
sa³	ntsa³	ntsua³	ntsa³	za³	nte³	ȵtʃei³	tsji³

王辅世、毛宗武构拟的原始苗瑶语为*ntshA：u②,这里将声母构拟为塞擦音恐不确。我们认为大致可拟为*m-gla,正和汉语"汏"对应。

南亚语中的同源形式如格木语 曼买 glä ʔ "洗(脸、手)"、佤语 si ghra "洗菜"。从各语言间的语音对应看,其演变类型有以下几类:1. gl->k-类,如曼俄 kaʔ³¹ "洗衣";2. gl->l-类,如硝厂沟 lah、南虎 lɑih "洗衣",硝厂沟 lauh、南虎 lah、曼买 ra "洗(脸、手)";3. gl->ʂ-,如甘塘 ʂa⁵⁵ "洗(脸、手)",此种音变在南亚语比较常见。如现代越南语的 ʂ-就有大部分来源于古代越南语的 *Cr-,而且越文 ʂ-除了更多地对应于其他南亚语的 Cr-之外,也主要和汉藏语系语言的 Cr-对应;4. gl->t-类,如马散-taiʔ、艾帅-dau̯ʔ、孟朶 tau̯ʔ/tai̯ʔ "洗衣"。

另外,越南语 ʐat⁸ "洗濯"可能也和汉语"汏"有关,只不过存在塞韵尾的交替。

南岛语"洗":印尼语 membilas、landa 淘洗(<*lanla),拉德语 la：i。

属于该词族的还有下面一些词:

盥 *g·laaŋʔ,《说文·皿部》:"澡手也。"段注:"盥者,涤之甚也。"又作"荡"*g·laaŋʔ,《释名·释言语》:"荡,盥也,排盥去秽垢也。""盥"在一些汉语南方方言中读 l-,保留了上古层次的读音。如南宁平话 laŋ⁴,广州话 lɔŋ⁴,柳州

---

① 可比较:藏文 shod<*lhjod 说、说话对汉语"说"*lot;藏文 shong<*lhjong 容纳、装进对汉语"容"*loŋ;藏文 shor<*lhjor 脱落、遗失对汉语"脱"*loot。
② 王辅世、毛宗武:《苗瑶语古音构拟》,第145页。

话 laŋ³ 盥(口)漱口。

涃 *gaŋʔ,《说文·水部》:"浚干渍米也。"桂馥《义证》:"涃者,漉浙米使干。"

灡 *g·raans,《说文·水部》:"潘也。"

澉 *glaamʔ,《集韵·敢韵》:"澹澉,洒涤也。"可能是后起字。

滥 *graamʔ,《庄子·则阳》:"同滥而浴。"陆德明释文:"滥,浴器也。"

泔 *kaam,《说文·水部》:"周谓潘曰泔。"

澣 *gwaanʔ,《说文·水部》:"濯衣垢也,或从完。"

盥 *koons,《说文·皿部》:"澡手也。"《左传·僖公二十三年》:"奉匜沃盥,既而挥之。"孔颖达疏:"盥谓澡手也。"亦作"涫"*koons,《列子·黄帝》:"杨朱不答,至舍,进涫漱巾栉。"殷进顺释文:"涫,音管,《庄子》作盥。"

侗台、南亚语表示"涮洗"或"漱洗"的词也明显和汉语"盥"同源:

表3-3 侗台及南亚语"涮洗"、"漱洗"义词的说法

邕宁	仫佬	武鸣	老挝	布依	拉珈	格木曼买	格木南谦	拉佤	越南
klooŋ⁴	kɣaaŋ⁴	ɣieŋ⁴	laaŋ⁴	ziiŋ⁴	juoŋ⁴	kir laŋ	loŋ laŋ	klaŋ	tʂaaŋ⁵

沙加尔将南亚 Muong Khen 语 kool、Thavung 语 əkuul"洗头"和"盥"比较,也比较可信。东亚语言的-n、-l 交替是常见的变化①。

南岛语:Molbog 语 ugas,Raga 语 bʷaɣa,Tagalog 语 hūgas,Tawala 语 oga

---

① 可参看下面汉语和南亚语 Muong Khen 语、Thavung 语几个词的比较(南亚语的材料引自沙加尔:《论汉语、南岛语的亲属关系》,第69页):

汉语	Muong Khen 语	Thavung 语	词义	备注
磻 *baan	pool	kəpuul	石灰	仰光缅语 pʰō²² 尘土
姜 *klaŋ	kəəŋ	cəkɔɔŋ	生姜	缅文 khjaŋ³ 姜
妥 *noolʔ	tɔɔl	kətɔɔn	准备、配备	藏文 thogs 安上
姻 *qaal	kaaj	pəkə	女性的	——
拚 *paas	pa	təpah	用手打	缅文 pha¹ waa³ 掌
叩 *khoos	kɔ	əkɔh	打击	缅文 khɔk⁴ 敲
布 *paas	paaj	kəpaajh	棉布衣服	羌语 phua 衣服
肤 *pa	paj	təpɛh	鱼鳞	藏文 lpags 皮

"洗",可与汉语"汗"等对应。

五、*ClewC 型词族

这里的 C-表示声基(或前冠音),-l-(包括-r-、-lj-)表示垫音(或声基),-ew-(包括-u-、-aw-等圆唇元音)表示韵腹,-C 表示各种不同形式的韵尾。

涤 *g·lɯɯwk(*l'ɯɯwɢ)《说文·水部》"洒也。"《诗·豳风·七月》:"九月肃霜,十月涤场。"毛传:"涤,扫也。"也作"濯"*g·leewk,《字汇补》:"濯,涤也。"

浴 *k·lok,《说文·水部》:"洒身也。"(浀 *g·rook 大概和"浴"有关,《篇海类编》:"浀,濯也。")

濯 *rleewk,《说文·水部》:"瀚也。"

沟 *pljewk,《广雅》:"漱也。"

桃 *kljew,《广雅》:"浴床谓之桃。"《淮南子·说山》:"死而弃其招簝。""招"乃"桃"字之误①。

洮 *lew,《集韵》:"盥也。"《书·顾命》:"甲子,王乃洮颒水。"孔颖达疏:"颒是洗面,知洮是盥手。"又作"颒"。

浇 *raaw *ruuʔ,《广雅》:"洒也。"

淘 *b·luu,《篇海类编》:"澄汰也,淅米也。"

藏缅语:施向东用藏文 gshold"洗涤、漱洗"对汉语"洗"、用藏文 khrus、vkhud-pa"洗浴、洗涤"对汉语"颒"②,并以藏文 gdugs-khang"浴室"对汉语"浴"。藏文 gd-有一部分来源于原始汉藏语的*g·l-③。白保罗构拟了原始藏缅语*kruw:藏语 khrud-pa~khru-ba、克钦语 khrut、缅语 khyui、迪马萨语 gru④。其他藏缅语:嘉绒-skru-"洗澡",错那门巴 khruʔ⁵³(麻玛)、khrø⁵⁵ ɣu⁵⁵(文

---

① 于省吾:《双剑誃群经新证·双剑誃诸子新证》,上海书店出版社,1999 年,第 248 页。
② 施向东:《汉语和藏语同源体系比较研究》,第 87、130 页。
③ 可比较下面的汉藏同源词:汉语"栋"*k·looŋs,藏文 gduŋ 梁、栋材;汉语"张"*k·laŋ,藏文 gdaŋ 张开;汉语"痛"*kh·looŋs,藏文 gduŋ 痛苦;汉语"定"*g·leeŋs,藏文 gdeŋ 决定;汉语"毒"*g·luuk,藏文 gdug 毒;汉语"真"*k·liŋ,藏文 gdeŋ 真实。可参看潘悟云:《汉藏语历史比较中的几个声母问题》,《语言研究集刊》第一辑,复旦大学出版社,1987 年,第 10-37 页。
④ 白保罗:《汉藏语言概论》(中译本),第 35 页。

浪)"洗手、洗衣";景颇 khrut"洗衣"。梅祖麟、龚煌城提出上古汉语的韵尾*-k 和缅甸语的*-w＞-i 之间有语音对应,并主张汉语"浴"和缅甸语*khluw 同源①。

再看苗瑶语的"洗衣"一词:

表 3－4　苗瑶语"洗衣"的说法

养蒿	吉卫	先进	高坡	宗地	长垌	江底	罗香	三江
sho⁵	ntsho⁵	ntshua⁵	nshu⁵	ntsa⁵	ȵtʃu⁵	dzu⁵	do⁵	thu⁵

吴安其构拟了原始苗瑶语*kru"洗",并和藏缅语如景颇语 khʒut³¹＜*khrut＜*khru-t(吴先生认为-t 是使动后缀)、缅文 hljɔ²＜*khlo 比较②。

南亚语"洗(脸、手)":马散 khɔik、艾帅 khoik、曼俄 khoik,可以和汉语"浴"比较。胖品 dhu⁵¹、甘塘 thu³³"洗(衣)",和上文罗香、三江等苗瑶语一样,可能来自*C-l-/*Cl-。

六、*sloC 型词族

这里的 s-表示声基(或前冠音),-l-(包括-r-)表示垫音(或声基),-o-(包括-u-、-ɯ-、-ew-等圆唇元音)表示韵腹,-C 表示各种不同形式的韵尾。

簌 *slooʔ　*sroʔ,《说文·竹部》:"炊䉛也。"段注:"本漉米具也,既浚干则可炊矣。故名炊䉛……即今之溲箕也。"

匴 *slloonʔ,《说文·匚部》:"渌米籔也。"段注:"匴与䉛二字一物也。谓淅米讫,则移于此器内浚干之而待炊。"

涞 *slok,《说文·水部》:"涞,瀚也。"

缩 *sruk,《方言》:"炊䉛谓之缩。"郭璞注:"缩,漉米䉛也。"

漱 *srus　*slooks,《说文·水部》:"盪口也。"《楚辞·远游》:"飡六气而饮沆瀣兮,漱正阳而含朝霞。"王夫之通释:"漱,涤也。"

溲 *sruʔ,《诗·大雅·生民》:"释之叟叟。"毛传:"释,淅米也。叟叟,声

---

① 龚煌城、梅祖麟:《汉藏语比较语言学的回顾与前瞻》,《语言暨语言学》第 7 卷第 1 期,2006 年,第 239 页。
② 吴安其:《汉藏语同源研究》,中央民族大学出版社,2002 年,第 276 页。

也。"陆德明释文："叟,字又作溲。"后又作"溞"*suu,《广雅》："洒也。"郝懿行《尔雅义疏》："然则《诗》及《尔雅》正文当作溞,毛《诗》古文省作叟,《尔雅》今文变作溞耳。《生民》正义以溞、叟为古今字。"

潃 *sluw?,《说文》："久泔也。"《礼记·内则》："为稻粉糔溲之以为酏。"郑玄注："糔读与潃瀡之潃同。"

筲 *sreew,《篇海类编》："竹器,筲箕也。"

以上几个词可能是同源异形词,并可以和原始藏缅语词根*-lu-比较。白保罗指出藏缅语的来源:安加米那加语rəlu"洗澡"<原始藏缅语*(r-)lu(w)～*(m-)lu(w)①。还可比较藏语拉萨话 tʂhu⁵⁴现、tʂu⁵⁴末洗手、洗衣,tɕhu⁵⁴ kɛ¹⁴ 洗澡。藏语的塞擦音也是后起的,它可能源于原始藏语的*Cr-型(包括*sr-、*hr-等)复声母。又如:汉藏语*suH(或*zuH)"洗">上古汉语"糔"*su、"溲"*sru"使之变湿、洗、浸泡";彝语 su"洗(衣服、头)";南岛语*bathuh"洗";原始台语 saau"以清水冲洗"②。

很多南岛语"洗"的词根也作-lu-:Lewo语 kulu洗澡,Kalinga Limos 语 bulu,Dami 语 kulo,Gorontalo 语 moŋulo,邵语 fəɬuq(<*fəluq)洗衣,卑南 dəmirus、邵语 miluʔ洗澡,回辉话 za:u³³,拉德语 ra:u,原始占语*rau<(**ru)与汉语*luuʔ(<**luuq)可以对应。白保罗认为汉语"淘"dâu<d'og<*dlow/g 和台语*dlaaw/draaw"洗"(特别是金或银;米)、印尼语*lu[t']aw"涮"以及台湾高山语 sao(广泛分布的词根)"洗(衣物、身体)"有关系③。

另外,南岛语的"洗"还有以下的形式:

表 3-5 南岛语"洗"义词的说法

阿眉斯	布农	卑南	鲁凯	卑南
fatʃaʔ洗衣	mapasʔaχ洗衣	bənasəʔ洗衣	θabəθab洗器皿	məlisaw洗器皿

---

① 白保罗:《汉藏语言概论》(中译本),第 254 页。
② 帕依洛斯、史塔洛斯汀:《汉-藏语和澳-泰语》(中译文),《民族语文研究情报资料集》第 8 集,中国社会科学院民族研究所语言研究室,1987 年,第 57 页。
③ 白保罗:《汉藏语言概论》(中译本),第 314-315 页。

邓晓华认为,新石器时代原南岛人已普遍有洗衣的习惯,印尼语 basuk、阿眉斯 fatʃaʔ"洗衣"和侗台语 sak 之类词是同源的[①]。

南亚语:茶叶菁 suʔ^{51}、胖品 soik^{51}可以和汉语"涑"等词对应。

七、*sMlɯC 型同族词

这里的 s-(包括 h-)表示声基(或前冠音),-M-也可表示鼻音声基(或前冠音),-l-(包括-r-、-lj-)表示垫音(或声基),-ɯ-(包括-i-、-u-等高元音)表示韵腹,-C 表示各种不同形式的韵尾。

漇 *snɯɯ,《玉篇·水部》:"山佳切。漉米。"

洒 *suɯl?<**snuɯl?,《说文·水部》:"涤也。"

涊 *m-lin?(*mni?),《周礼·春官》:"王崩,大肆,以秬鬯涊。"郑玄注:"以秬鬯浴尸。""涊",《周礼》杜读为泯*min?,又从耳*njɯ?(<**m-lɯ?)得声。

为"洒"构拟复声母是因为"洒、迺"谐声。*sn-更早可能由*sm-l-类声母变来。参考藏语 bsnul-ba"洗",它应和汉语"洒"同源[②]。

南岛语"洗":回辉话 nai^{33},拉德语 mnɛi,原始占语*mani,邹语 eomueu$_{洗手}$、mamtsino$_{洗澡}$,沙阿鲁阿语 maasinu,排湾语 mavanav,阿眉斯语 mainuʔ,或与汉语此系列词有关。

上古汉语中同属该词族的还有:

澡 *noon? / *noons,《仪礼·士丧礼》:"浴用巾,挋用浴衣,澡濯弃于坎。"郑玄注:"沐浴余潘水,巾栉浴衣亦并弃之。"贾公彦疏:"潘水既经温煮,名之为澡。""澡"可能和甲金文里的"需"字有关[③]。

酳 *lins,《礼记·乐记》:"天子袒而割牲,执酱而馈,执爵而酳。"意思是"酒后漱口",应该也与"洗"有关。

沫 *hmɯɯts[④],《说文·水部》:"洒面也。"古文作"頮"*khɯɯts。"頮"甲

---

① 邓晓华:《人类文化语言学》,厦门大学出版社,1993 年,第 120 页。
② 蒲立本:《上古汉语的辅音系统》(中译本),中华书局,1999 年,第 128 页。
③ 甲骨文"需"字象人沐浴濡身之形。甲骨文从大,金文从天,《说文》说"而"象须形,是因为"需"所从的"天"字形讹变为"而",故许慎有此误说。参徐中舒主编:《甲骨文字典》,第 1126–1127 页。
④ 郑张尚芳《上古音系》(第一版,第 120 页)将该字的上古音拟为*hmaads。

骨文象人倚皿而以双手濯发之形。《尚书·顾命》:"甲子,王乃洮頮水。"陆德明释文:"頮,《说文》作沬,古文作頮。""沬"又改作"沐"*mook,《说文·水部》:"沐,濯发也。"① "䩉"是"沬"的异体字。《玉篇·面部》:"䩉,音悔。洗面也,与頮同。"《礼记·内则》:"其间面垢,燂潘请䩉。"

釁 *hmruns,此字在《颂鼎》、《秦公簋》等铭文中象双手持皿往头上浇水之形,乃"沐"之本字。《说文·爨部》:"釁,血祭也。象祭灶也。"许慎以为会意字,不妥,且释义亦有误。"釁"金文常借作"眉寿"之"眉"*mril。

臧缅语:白语-khou^{55}、-gɯ^{42},阿昌-kəʔ^{31}-,缅文-khjo^3,缅语-tɕho^{55},怒语-gɯ^{31}-,彝语 gɯ^{21}-,独龙-gɯ^{55}-"洗澡",可以和汉语"頮"对应。

南亚语:艾帅 hu̱m、马散 hi̱m、南虎 hom、曼俄 huɯm^{35}、曼买 muɯm、拉佤语 haum"洗澡"。早期南亚语大致可构拟为*hmuɯm,和汉语"沬、釁"的对应很严整。

汉语-n 与南亚语-m 的语音对应词例,如:

嫩 *nuuns 佤语 nhu̱m"嫩"②;

弯 *qroon(同族词还有"拳、卷、蜷、鬈"等) 佤语 gəm"弄弯",kakum"弯腰、驼背",越南语 khum^1"屈曲、窟窿",lum^1 khum^1"弯曲",khom^5"弓腰"③;

年 *niin＜**niiŋ 南亚语"年":马散 mum,孟汞 dum,肖厂沟 si mʌm,曼俄 nɨm^{31},甘塘 nɨp^{55}(＜*-m);

肝 *kaan＜**klann 南亚语"肝"马散 ka tom,艾帅 tɔm,南虎 ka tɑm,胖品 dhuam^{51},曼买 tɨl ləm,南谦 ta lam,南亚语原始形式可能是*ka-lam,曼买、南谦的 tɨl/ta-是 ka-受后面 l-同化的结果。

八、*PɯC 型同族词

这里的 P-表示唇音声母,-ɯ-表示韵腹(可与-ə-、-o-等元音交替),-C 表示

---

① 何九盈:《〈中国字例〉音韵释疑》,何九盈著:《音韵丛稿》,商务印书馆,2002年,第283页。
② 潘悟云:《对华澳语系假说的若干支持材料》,《著名中年语言学家自选集·潘悟云卷》,安徽教育出版社,2002年,第177页。
③ 潘悟云:《对华澳语系假说的若干支持材料》,《著名中年语言学家自选集·潘悟云卷》,第151-153页。

各种不同形式的韵尾。

湢 *pruuk,《礼记·内则》:"外内不共井,不共湢浴。"郑玄注:"湢,浴室也。"下面两个以鼻音收尾的 p-声母字,也可能是从"洗"引申来的。

盘 *boon,《礼记·丧大记》:"木用瓦盘。"孔颖达疏:"盘贮沐汁,就中沐也。"

潘 *phaan,《说文·水部》:"淅米汁也。"

上古汉语与"洗"有关的"湢"系列字在藏缅语中有同源词。白保罗提出:藏文 'phyi-ba～ʔphyid-pa"擦、抹掉",phyi-bdar"干净;(复合词)洗(脸)"(bdar"擦"),byi-dor"擦、扫除"(是明显的派生形式);卢舍依语 phiʔ(＜*phis＜*phi-s)"洗(脸)"＜原始汉藏语*(a-)pi(-s,-t)①。

南亚语拉佤语 phak_{洗食器}和南岛语回辉话 pa:i$^{11}_{清洗衣服、涮碗}$,拉德语 pa:c_{洗碟子}、bəh_{洗衣},Buang 语 ripək, Palawan 语 mənulouk/tulpuk, Ponapean 语 lop^{w}or, Buru 语 hobo, Sika 语 popo 的"洗"或可与汉语"湢"比较。

第三节　从古文献与语言比较论"咬"字的音义

"咬"(bite)是人类语言中最基本的动词之一,是个重要的核心词,它在 W. Swadesh 的"一百词表"里列第 56 位。本节准备利用词族比较的方法,即先穷尽列出古汉语文献中和"咬"相关的动词,然后按其语音关系划分出不同词族。和汉语的亲属关系最明确的是藏缅语,因此我们将比较核心词"咬"的各种形式和藏缅语的关系。"先建立词族,后进行比较,这是汉藏系语言的历史比较研究不同于印欧语的一个重要特点"②。

一、"齚"系列字

齚 *sgraak,《说文·齿部》:"齧也。"或体为"齰",《一切经音义》卷二引《通

---

① 白保罗:《汉藏语言概论》(中译本),466 页。
② 徐通锵:《历史语言学》,商务印书馆,2008 年,第 68 页。

俗文》："齞啑曰齚。"也与"咋"相通，《淮南子·修务》："龁咋足以噆肌碎骨。"高诱注："咋，啮也。"

齮 *ŋgralʔ，《说文·齿部》："齧也。"《史记·田儋列传》："秦复得志于天下，则齮龁用事者坟墓矣。"《一切经音义》卷七引《仓颉篇》："齐人谓齧咋为齮。"看来，"齮"是个古代齐方言词。

齘 *khraal，《广雅》："齧也。"

咀 *sklaaʔ，《说文·口部》："含味也。""咀"有咬义，《苍颉篇》："咀，噍也。"施向东指出上古汉语以"且"为声的一系列字与藏文-a 元音词有语音对应，其中包括"咀"和藏文 za"吃"的关系①。

噬 *djats<*g·ljats，《左传·哀公十二年》："国狗之瘈，无不噬也。"杜预注："噬，齧也。"藏文 ldad-pa～blad-pa～bldad～ldod"嚼"，词根为*lat，可以和汉语"噬"对应②。

狚 *thjaan<*kh·ljan，《玉篇·犬部》："充山切。噬也。""狧"*thaap，《正字通》："犬不吠而齧人曰冷狧。"都是后起字。

齴 *gaaŋʔ，《篇海类编》："齧也。"齤 *sqhraaŋ，《正字通》："齧声。"也都是后起字。

另有几例拟声词，也当属于此系列：齾 *graat，《玉篇·齿部》："胡葛切。齧物声。"齧 *raat<*g·raat，《玉篇·齿部》："卢葛切。齧物声。"嚹 *rap<*g·rap，《玉篇·口部》："力葉切。齧骨声。"歃*khaats（《广韵·夬韵》："齧也。"）、獑*graamʔ（《广韵·俨韵》："犬齧物声。"）亦为后起字。

藏缅语的以下三类"咬"义词，和"齤"系列词有语音对应③：第一类，如景颇 kǎ³¹、土家 ka³⁵、嘉戎-kha、门巴 kh$_A$⁵⁵-"咬"，傈僳 gua³¹"嚼"，羌语 ʁɑɪ-、普米-qa¹³、纳西 kha⁵⁵"啃（骨头）"，即都是 k-类词根声母；有的方言带有某种韵尾，如博嘎尔珞巴 gam、仰光缅语 kɑiʔ⁴⁴"咬"；有的声母发生擦化，如喜德彝语

---

① 施向东：《汉语和藏语同源体系比较研究》，第 78 页。
② Coblin South（柯蔚南）：*A Sinologist's Handlist of Sino-Tibetan Lexical Comparisons*，Steyler Verlag，1986 年，第 43 页。
③ 如无特别说明，本节的藏缅语材料均引自黄布凡主编：《藏缅语族语言词汇》，中央民族学院出版社，1992 年。

ɣa²¹(<*g-)"嚼"、大方彝语 xa¹³"啃";有的则来自更早的复声母,如阿昌 kzat⁵⁵(<*kr-)"啃";或带有前冠音,如普米-squɑ¹³"咬",尔龚 ʐqa-、羌语 χɢɑ²⁴¹"啃(骨头)"。第二类,词根声母是塞擦音,元音均为-a类,如:藏文 ɦtɕa-ba"咬、啃",纳西 tsha⁵⁵、彝语 dzA²¹、门巴-chAʔ⁵³"咬",德格藏语 tɕa⁵³、羌语 tʃɑq、门巴-chAp⁵³、羌语 χtʂa³³、扎巴-tʂha⁵⁵、白语 dzã⁴²、僜语 tɕa⁵⁵"嚼",拉萨藏语-cap¹³、泽库藏语-ndzap"啃"。整个汉藏语的塞擦音声母都是后起的,其更早应来源于*Cl-/sCl-之类的复辅音。第三类,词根声母为 ŋ 或 ŋk-,如:白语 ŋa⁴⁴、扎巴-ŋua⁵³、独龙 ŋap⁵⁵、载瓦 ŋat²¹"咬",白语 ŋa⁴⁴-(ŋ更早可能来自*ŋk-)、尔龚 ŋka"嚼"。这些词可以和上古汉语"齦"对应。第四类是以*-ta为词根,如:夏河藏语-tap、珞巴 thua⁵⁵、纳西 tha¹³、基诺 the⁵⁵"咬",僜语 thɑ³¹、尔苏 htɑ³³htɑ⁵⁵、史兴 tɕ⁵⁵-"嚼"。这类词可以和汉语"噬"*djats对应。再看罗仁地提供的藏缅语材料:独龙河方言 ŋap⁵⁵、怒江方言 rep⁵⁵,缅语 kwap、kyap、krap"夹住,使紧,牢固,可靠的",拉祜 gəʔ"用嘴紧紧咬住",比傈 kɔ̀"咬住"(来自*Ngwap等);TN语 khəŋ kup"咬,无论在水田还是旱地",拉祜 khò"咬",阿戛 kaw"(狗等)咬",他认为这些藏缅语形式可能和缅语 hap"(鱼、狗)向……咬去"有关,并构拟了原始藏缅语*hap"一口"和原始彝缅语的"咬":*Ngwap~*Ngrap~*Ngyap~*ø-kwap~*ø-krap[①]。

白保罗指出了藏语 had"一口"、缅语 hap"(鱼、狗)向……咬去"和卢舍依语 hap"咬、猛咬"之间的对应关系[②]。

黄树先将缅文 hap⁴"鱼吞食、狗咬"与汉语"馪"*Gap比较[③],《诗经·甫田》:"馪彼南亩",字亦作"嗑",《周易·噬嗑》:"颐中有物,曰噬嗑。"先秦文献"噬、嗑"连文,"嗑"更早可能也有"噬咬"义,后来才表示简单的"吃"义。"馪"和"啖"*glaamʔ、"啖"*g·laams、"啗"*gdaamʔ都是同源词。

吴安其构拟了原始汉藏语的"咬"*C-lam:上古汉语*g-lam-s(啖),原始藏

---

① 罗仁地:《独龙语与原始藏缅语比较研究(下)》(中译文),《民族语文研究情报资料集》第十二集,中国社会科学院民族研究所语言研究室,1989年,第25页。
② 白保罗:《汉藏语言概论》(中译本),第29页。
③ 黄树先:《汉缅语比较研究》,华中科技大学出版社,2003年,第101页。

缅语 *gram,原始侗台语 *k-lap,原始苗瑶语 *dop①。

二、"齦"系列字

齦 *khruɯnʔ,《说文·齿部》:"齧也。"段注:"此与豕部豤音义同,疑古只作豤,齦者后出分别之字也。今人又用为断字。"段氏认为"齦"较"豤"字后出,未必正确,但"齦、豤"显然是同源词。

豤 *khuɯnʔ,《说文·豕部》:"齧也。"段玉裁注:"豕之齧曰豤。"后作"啃"。"啃"*khuɯnʔ(《篇海类编》:"口咬也。")、"𪘏"(《龙龛手鉴》:"齧也。")、"齫"*khuunʔ(《集韵·混韵》:"齿起貌。一曰齧也,或作齦。")应该都是"齦/豤"的派生词。

狺 *ŋun<*ŋgun,《说文·犬部》:"两犬相齧也。"徐灏注笺:"犬性不喜群,两犬相遇,往往相齧,故从二犬。"

齮 *khɯ,《玉篇·齿部》:"丘之切。齧也。"

齝 *glɯ,《说文·齿部》:"吐而噍也。"《尔雅·释兽》:"牛曰齝。"施向东将汉语"齝"和藏文 ldod, ldad"倒嚼、反刍"比较,并证明了上古汉语之部*-ɯ和藏语-o 存在语音对应②。藏语的-o 部分应从汉藏共同语*-wə(即郑张拟音的*-ɯ<*-ul)变来③。

齟 *sɢruːt,《广雅》:"齧也。"欪*tshrɯʔ<*sqhrɯʔ(《广韵·止韵》:"齧也。")字晚起,但显然也属于这一系列。

齤 *tuɯt<*k·ruɯt,《广雅》:"齧也。"

齕 *guɯt,《说文·齿部》:"齧也。"《礼记·曲礼》:"庶人龁之。"后起字有"齨"*rɯp<*g·rɯp(《广韵》:"齧声。")。

辥 *skhluːt,《广雅》:"齧也。"

藏缅语:木雅 khɯ⁵⁵-、拉祜 gə²¹、南华彝语 khɯ⁵⁵、墨江彝语 tshɯ²¹(<*skhl-)、怒语 dʑɯ⁵⁵-(<*sgl-)"咬"。其中墨江彝语、怒语的早期读音大概

---

① 吴安其:《汉藏语同源研究》,第 311 页。
② 施向东:《汉语和藏语同源体系比较研究》,第 13 页。
③ 龚煌城:"The system of finals in Proto-Sino-Tibetan",第 84-85 页。

和上古汉语"齫、辥"等接近,声母后来也发生塞擦化;此外,藏缅语还有 ŋ 或 ŋk-声母的形式,如:纳西 ŋgɯ³³,喜德彝语 ŋgɯ³³,大方彝语 ŋgɯ³³"咬",纳木义 ŋə³³ŋə⁵⁵"嚼",也可以和汉语"狀"等词对应。

三、"齧"系列字

齧 *ŋeet＜**ŋgeet,《说文·齿部》"噬也。"或作"嚙"(《篇海类编》:"嚙,噬也,与齧同。")。《后汉书·孔融传》:"至于轻弱薄劣,犹昆虫之相嚙,适足还害其身。"研究表明:"玄应《一切经音义·正法华经》'齮,齧,丘奇反,《汉书》韦昭音垦,《仓颉篇》云云齐人谓齧咋为齮,齮则齧也。''齮'疑母字,'垦'溪母字,韦昭、玄应俱读'齮'为溪母字,'齧'疑母字,则齐人读'齧'亦为溪母字。"①

齩 *ŋgreew?,《说文·齿部》:"齧骨也。"《汉书·食货志》:"易子而齩其骨。""齩、咬"为"齩"之或体,后来又写作"咬"。

噍 *dzewk＜*sglewk 或作"嚼",《说文·齿部》:"齧也。嚼,噍或从爵。"

齭 *sgreek,《说文·齿部》"齿相值也。一曰齧也。"

𪗪 *ɢwek,《玉篇·齿部》:"营隻切。齧豕也。"

齭 *greet,《说文·齿部》:"齧骨声。"亦可写作"髒"。齧 *ret＜*g·ret(《广韵·曷韵》:"齧声。")、*sɢrep(《集韵》:"噍声。")后起,也属于此系列。

藏缅语:尔龚 ʐtɕɛ(＜*k-)"咬",珞巴 we³³、土家 tɕhie²¹(＜*kh-)"嚼",景颇-kʒet³¹(＜*kr-)、载瓦 khe²¹"啃",可以和"齧"系列词比较。

四、"齸"系列字

齸 *khloop,《说文·齿部》:"齧也。"从"咸"*ɡruuum 得声(同部位韵尾 -m～-p 的交替)。"嗑"*khop(《集韵》:"齧也。")可能由"齸"派生而来。

嚼 *tsoop＜*skloop,《庄子·天运》:"蚊蝱嚼肤,则通昔不寐矣。"后起字"䜛"*ɡljoom(《集韵》:"犬齧貌。")。

齫 *sɢrook,《说文·齿部》"齬也。"《管子·轻重》"车毂齧"尹知章注:"言

---

① 严学宭、尉迟治平:《汉语"鼻-塞"复辅音声母的模式及其流变》,《音韵学研究》(第二辑),中华书局,1986年,第4页。

车毂相齧也,齧与齦同。"

啄 *rtoog,《楚辞·招魂》:"虎豹九关,啄害下人些。"王逸注:"啄,齧也。"

齼 *koot,《说文·齿部》:"齧声也。"

齸 *thoop＜*kh·loop,《说文·齿部》:"齧声也。"

藏缅语:缅文 kok,彝语_{南涧}kho²¹_{蛇鼠咬},傈僳 kho⁴¹,雅哈哈尼 ko³¹,豪白哈尼 kho³¹"咬";贵琼 ko³³ko⁵⁵,基诺 ko³³,白语 tso⁴²(＜*sk-)、弥勒彝语 go²¹"嚼"。还有如碧卡哈尼 thɔ³¹、南涧彝语 tho³³"(狗)咬"可以和"啄"等词比较。

五、"咥"系列字

咥 *tiik＜*k·liik《易·履》:"履虎尾,不咥人,亨。"马融注:"咥,齕也。"

齘 *tjiks＜*kljiks《说文·齿部》:"齧坚也。"齸*klit《说文·齿部》:"齧坚声。"当与此有关。

白保罗认为:巴兴语 khrit,克钦语 krit,怒语 əgyit,缅语 krit,米基尔语 tɕiŋ krit"磨;咬(牙)"之间有语源关系,原始藏缅语*krit①。藏文 so khrig-khrig byed-pa"磨牙",其词根 khrig 和"咥"系列词明显有关。

其他藏缅语:羌语 dzi(＜*g-)、尔苏 tʂɿ⁵⁵(＜*kr-)、彝语大方 tɕhi¹³(＜*kh-)"咬",傈僳 gi³¹"啃(骨头)";还有*-ti 类词,如僜语 tie⁵⁵(＜*-i),贵琼-di³³"咬",普米-ti⁵³"嚼"。这些词和汉语"咥、齸"可能有过*k·l->t-的共同音变。

六、其他字

上古汉语还有个别"咬"义词语源不甚明确,还有待进一步研究。

齩 *r·naa,《广雅》:"齧也。""齺"*naap(《集韵》:"齧也。")后起,可能与"齩"有关。

齤 *baak,《说文·齿部》:"噍坚也。"同族词有"咟"*paak,《说文·口部》:"噍貌。"《广韵》:"齤同咟。"

---

① 白保罗:《汉藏语言概论》(中译本),第35页。

第四章 译音参证方法

第一节 从域外译音论麻佳同韵的时代性

一、引言

"麻佳同韵"有历时、共时两方面的涵义。一是《切韵》(601)麻、佳韵在各种音韵史文献中所表现出的同韵现象,比如互为反切下字、同字异读等;或者是在域外汉字音材料(如日译吴音)里可以用相同的元音转写。二是麻、佳韵在现代方言(如闽语)里今读音相同。

在以《切韵》为代表的早期中古汉语阶段,麻韵和佳韵具有不同的主元音,麻韵二等、三等的主元音是低元音 *-a,而佳韵是舌位略高且带韵尾的 *-æi。现代北京话麻韵读音有所分化,以开口韵字为例,麻韵二等读-a、-ia;三等因声母条件分成两类,精组、以母读-iɛ(从声韵结合来看,知母字"爹"是个例外字,也在此列),章组、日母读-ɤ。佳韵的非见系字都读-ai,见系字有-ai、-iɛ 两类,代表了汉语语音史上佳韵字-i-介音、-i 韵尾失落的两种可能。对于北京话,可以说麻、佳韵字有部分的合并迹象,因为麻三精组和佳韵见系都有读-iɛ 的字。从汉语史来看,北宋后期麻三的主元音[a]受介音[i]的影响,已开始从[ia]变到[iɛ]了。《番汉合时掌中珠》等材料也已显示宋代西北方言的麻三字主元音有高化迹象。《古今韵会举要》"公"字下注引毛晃《增修互注礼部韵略》中"亦有一韵当析为二韵者,如麻马祃是一韵,奢写䛮当别一韵,以中原雅音求之,夐然不同矣"的话，表明当时麻三读[ɛ]已经形成①。佳韵见系字有保留介音或韵尾的两类读音，也跟明清以来北方官话见开二字的声母腭化密切相关。总之，从时代上说，麻三、佳韵合流为-iɛ是较为晚近的事情。

本节准备讨论汉语史和现代方言中的两类麻佳同韵。（一）《切韵》金陵音系中的麻佳相混，其表现除了可以从《切韵》异读、《经典释文》、《博雅音》等南方色彩较明显的韵书中勾稽外，日译吴音、古汉越语等反映中古南方方音的域外汉字音也是重要的证据，此外在现代吴、闽方言中也有不同程度的体现。（二）广泛分布于北部吴语、江淮官话、新湘语、闽语文读层等方言的麻佳同韵，同时也见于日译汉音和汉越音。就时代而言，此类显然要晚于第一种，下限是晚唐北宋。

二、中古金陵音系所反映的麻佳同韵

《切韵》的性质在音韵学界主要有"单一音系"和"综合音系"两种看法。持单一音系说的学者认为《切韵》代表了洛阳旧音（如陈寅恪先生），或是金陵、洛下的书音系统（如周祖谟先生），也有的先生认为是当时的洛阳方音（如邵荣芬先生）。持综合音系说的学者则一致认为《切韵》音系是杂糅而成的，内部并不同质（如张琨、何九盈等）。本节赞同前一种看法，但即便相信《切韵》是具有实际的语音基础的单一音系，也需要承认它多少带有综合成分。例如周祖谟一方面说《切韵》音系的基础"应当是公元六世纪南北士人通用的雅言"，另一方面也指出，"它的音系不是单纯以某一地行用的方言为准，而是根据南方士大夫如颜（之推）、萧（该）等人所承用的雅言、书音，折衷南北的异同而定的"，"至于北齐邺下或洛阳的读书音与南方相去多少，还无法说明。就颜之推所说而论，除崔子约、李祖仁等少数人以外，语音切正者不多，足见辨音分韵不如南方精切"②。

正是由于《切韵》对南北方音有所取舍，而且各种文献资料也确实透露出它有折衷南北的迹象（比如对"五家韵书"押韵习惯的判断），近来颇有学者主

---

① 李新魁：《中古音》，商务印书馆，1991年，第160页。
② 周祖谟：《切韵的性质和它的音系基础》，《语言学论丛》第五辑，商务印书馆，1963年，第68－70页。

张为《切韵》拟测南北两大音系，同时联系现代方言和域外汉字音，剖析文献和方言的源流关系。如丁邦新提出，现代方言可分作两组，分别从《切韵》金陵、邺下音系演变而来。吴、闽、北赣、老湘方言与金陵音系有关，日译吴音也在其中；官话、南赣、新湘、粤语、客家方言，以及日译汉音、朝鲜译音、汉越音和汉藏对音等都与邺下音系有关。其中闽语有相对独立的白读、文读两个系统，白读音自然是拟测金陵音系的重要材料，至于文读，按照丁先生的看法，"闽语的读书音从北方方言传来，时代大致在唐初以后，……跟白话相对的读书音是科举流行之后才形成的，因此跟邺下切韵应有关系"①。

《切韵·序》说："因论南北是非，古今通塞，欲更捃选精切，除削舒缓。萧外史、颜国子多所决定。"萧、颜二人都是吴人，因此认为《切韵》多少会羼入一些中古金陵音系的成分，应在情理之中。一些同时代吴人所撰的韵书，也确实带有金陵音的痕迹。

陆德明，吴郡（今苏州）吴人，所撰《经典释文》成书比《切韵》约早十几年，主要是为早期儒家经典注音释义，汇集了汉魏六朝两百余家的音注材料。对于该书音切的性质，王力主张"《经典释文》则代表当时中国的普通话，可能就是长安音"②，大多数学者（如林焘、邵荣芬等）则认为是中古南方的标准音即金陵音系，蒋希文认为是南朝经师读经的音③。我们同意邵荣芬"中古金陵音系"的看法④，即《释文》的音系基础应当就是与《切韵》一致的六朝文士的读书音，但由于陆德明是吴人，因此其所编《释文》也不可避免地带有一点吴音的色彩⑤。颜之推(531—595)《颜氏家训·音辞篇》："其谬失轻微者，则南人以钱为

---

① 丁邦新认为"闽语的白话音因为早已在汉代分支南来，其音韵特点超乎中古音以外，应该用来和两组跟《切韵》相关的音系比较，作为拟测上古音的材料"。在笔者看来，闽语白读音固然保留了不少上古音的特征，比如知组读 t-，歌韵读-ai 等，但事实上有些白读音反映的只是《切韵》以后甚至更晚的音韵特征，比如闽话入声字的白读为喉塞尾-ʔ，而文读音反倒完整地保留了中古汉语的-p、-t、-k 韵尾。参丁邦新：《重建汉语中古音系的一些想法》，《中国语文》1995 年第 6 期，第 417 页。
② 王力：《〈经典释文〉反切考》，王力著：《龙虫并雕斋文集》（第三册），中华书局，1982 年，第 135 页。
③ 沈建民：《〈经典释文〉音切研究》，第 11 页。
④ 邵荣芬：《〈经典释文〉音系》，台北学海出版社，1995 年，第 5 页。
⑤ 至于"中古金陵音系"包含了多少金陵土著吴语的口语成分，限于资料，目前还很难作出准确的判断。何大安《六朝吴语的层次》提到六朝吴语的层次，其中包括江东庶民层、江东文读层，分别对应于金陵口语音和读书音。但不论如何，对于当时的河北（邺下）方言来说，至少可以肯定是属于不同的系统。

涎，以石为射，以贱为羡，以是为舐。"意思是南方音（即金陵音）从邪、禅船两组声母读音相混。《释文》也有明显的从邪、禅船混同的迹象①，这两种声母相混的特征至今仍见于现代吴语，这至少说明，陆氏在编纂《释文》时会流露出个人的方音色彩。

与《切韵》时代接近而且反切资料详备的还有梁代顾野王（519—581，吴郡吴人）《玉篇》。该书所收的全部反切被日本空海的《万象名义》所保存，根据周祖谟的详细考察，《切韵》在韵的分类上大都本之于南方系韵书（夏侯该《韵略》）和字书（顾野王《玉篇》），《颜氏家训》所提到的南人脂之不分，也见于《玉篇》，可见《切韵》的分类从北不从南②。至于声母，《切韵》从邪、禅船有别，而南人相混，《玉篇》、《经典释文》都是如此，这一点也是从北不从南的③。

隋代曹宪（扬州江都人）所撰《博雅音》与《切韵》的成书年代相当。丁锋认为该书"不论声韵都具备当时南方方音的特征，接近于《玉篇》、《经典释文》、《文选音》，而与北方方言不同，它反映作者曹宪的方言母语扬州音是可能的"，其音系"与当时流行于金陵一带、江淮地区的士大夫语音（金陵正音）有天然的内在联系"④。《博雅音》的音切有"正音"、"手音"和"口音"的不同，最近吴波对《博雅音》的音注作了详细的分类分析，认为该书代表了公元6至7世纪的金陵书音系统。该书的反切也显示出从邪、禅船相混，完全符合颜之推所说的南方音的特点⑤。

（一）从中古韵书资料看麻佳同韵

下面准备用《广韵》（1008）异读、南方系韵书等材料来说明麻佳同韵可视为中古金陵音系的特征。

（1）《切韵》系韵书的又切。《广韵》是在《切韵》的基础上，历经唐宋各家

---

① 沈建民：《〈经典释文〉音切研究》，第51-62页。
② 周祖谟：《万象名义中之原本玉篇音系》，《问学集》（上册），第369页。
③ 周祖谟：《切韵的性质和它的音系基础》，《语言学论丛》第五辑，第68页。
④ 丁锋：《〈博雅音〉音系研究》，北京大学出版社，1995年，第113页。
⑤ 吴波：《〈博雅音〉及其音系性质问题》，《汉语史学报》第六辑，上海教育出版社，2006年，第166-172页。

刊谬补缺、增字加注形成的。《广韵》收录了不少一字异读的材料，异读形成的原因众多①，而"方俗语音之异"是主要因素之一。林炯阳系联《颜氏家训·音辞》、《切韵》残卷、现代方言等资料，具体讨论了《切韵》系韵书的反切异文所反映的中古方音，如帮並、从邪、禅船、脂之、先仙等声、韵母的分合②。就本节的论题来看，《广韵》也记载了不少麻、佳异读的材料。下面以泽存堂本《宋本广韵》（余迺永2008年校注本）为例（表4-1）：

表4-1　《广韵》具有麻、佳异读的平、上、去声字

	骅	娲	緺	蜗	哇	洼	蛙	叉	差	靫	鎈	剗
麻韵	古华	古华	古华	古华	乌瓜	乌瓜	乌瓜	初牙	初牙	初牙	初牙	初牙
佳韵	古蛙	古蛙	古蛙	古蛙	於佳	於佳	於佳	楚懈	楚佳	楚佳	楚佳	楚佳

	膪	查	杈	灑	𠂇	𩂀	杷	謑	誷	偕	膪
麻韵	初牙	鉏加	初牙	砂下	古瓦	胡瓦	白驾	呼讶	呼霸	陟驾	陟驾
佳韵	楚佳	士佳	楚懈	所蟹	乖买	古卦	傍卦	火懈	呼卦	竹卖	竹卖

需要说明的是，上表中"杈叉𩂀"诸字的麻、佳异读声、韵同而调不同，但并不影响本节的讨论。

(2)《经典释文》的又切。"罢"字《广韵·佳韵》薄蟹切，据邵荣芬的考察，《经典释文》中该字既读扶骂切（麻韵），又读皮买切（佳韵）③。王力举了两例佳韵字的麻韵又读，即"佳"格牙切，"洼"於花切④。水谷真成也指出，《经典释文》里对"麻、佳"两韵是不加区别而使用，只是没有举具体的例子来说明⑤。

(3)《博雅音》的又切。根据丁锋的统计，《博雅音》有较多以麻切佳的例

---

① 葛信益：《广韵丛考》，北京师范大学出版社，1993年，第3—9页。
② 林炯阳：《切韵系韵书反切异文形成的原因及其价值》，《林炯阳教授论学集》，台北文史哲出版社，2000年，第16—21页。
③ 邵荣芬：《经典释文音系》，第171页。
④ 王力：《〈经典释文〉反切考》，《龙虫并雕斋文集》（第三册），第176页。
⑤ 水谷真成：《表示梵语"翘舌"元音的汉字——二等重韵和三四等重纽》，朱庆之编：《中古汉语研究（二）》，商务印书馆，2005年，第142页。

子。其中合口字的异读有：鼃，户娲_麻/佳_切，又古瓜_麻_、获叉_麻/佳_切；蜗，古蛙_麻/佳_切。开口字的异读有：窪，於佳_佳_切，又厄家_麻_切；敠，楚懈_佳_切，又丑加_麻_切；瘥，楚懈_佳_切，又楚嫁_麻_切；卖，莫懈_佳_切，又麦嫁_麻_切①。

需要指出的一个的问题是，《广韵》异读和《经典释文》、《博雅音》等文献中的麻、佳异读现象能否作为中古金陵音系麻佳同韵的证据？比如现代北京话"觉"有 jué、jiào 两读，"择"有 zé、zhái 两读，由此正可以说明-yɛ、-iau 与-ɤ、-ai 属于不同的韵母，而不是相混。因此，如果早期韵书里有佳、麻韵互为反切，同时又不存在异读，才能说明这两个韵类之间在音值上相同或相近，但这些韵书似乎都具备这两个特点。我们认为，北京话的这类异读和本节所论的麻佳异读性质不同，理由如下：

第一，中古宕江曾梗通诸摄的入声字在北京话里经常有两种读音，如"觉"、"择"的白话音分别是-iau、-ai，读书音分别是-yɛ、-ɤ，它们实际上来自辽金元以来北方幽燕系官话与中原系官话的不同音变在共时层面的叠置（layering）。以"觉"字为例，-iau 韵来自幽燕官话，-yɛ 韵来自中原官话。这类异读均见于北京话，但来自不同的系统，属于异源层次②。中古韵书之所以会出现麻佳异读，是因为韵书的编者在记录标准音的同时，受到方音因素的影响，将不同于标准音、反映金陵音的音切也收了进去。比如标准音的某个麻韵字，在金陵音里读同佳韵，对《广韵》的编者来说，这是和麻韵不同的音值，出于求全的考虑，于是将佳韵读法也收了进去。《经典释文》、《博雅音》的编者本来就是南方吴人，因此这些韵书一方面忠实地记录北方标准音，另一方面又不可避免地录入了部分南方音的读法。除了麻佳相混，禅船、从邪相混都属于此类情形，后者周祖谟等已有不少讨论③，无须赘述。总之，麻佳两读中必有一个是异质成分，虽然并存于若干中古韵书，但只有一个属于标准音系统，亦即麻佳异读并不是都见于标准音的。

第二，《广韵》、《经典释文》、《博雅音》的编纂原则是反映北方标准音，所以

---

① 丁锋：《〈博雅音〉音系研究》，第 66 页。
② 王洪君：《文白异读、音韵层次与历史语言学》，《北京大学学报（哲学社会科学版）》2006 年第 2 期，第 25 页。
③ 参周祖谟：《切韵的性质和它的音系基础》，《语言学论丛》第五辑，第 46 页。

从数量对比的角度来看,"麻佳又切"只占各种韵书中所有音切的很小一部分,是较为零星的记载。北京话里入声字的异读则很是普遍,在辖字韵类上分布广泛,辖字数量也相当可观。

第三,韵书的反切作为书面记录,它和实际口语不能划等号。麻佳异读虽然出现在中古的几种韵书之中,但它在北方标准音的口语音里并不存在。北京话的入声字异读则不然,它们都见于北京口语,只是有着风格色彩的差异罢了。

第四,北京话入声字的文白异读,至少可以追溯至辽金元时期,是方言接触(dialect contact)的结果。而中古韵书里的麻佳异读,并不是两种不同的方言系统在共时层面的接触所致,而是金陵音系的若干读音被人为地编入了反映标准音的韵书,因此并非一般意义上的方言接触,至多只能视作"方言渗透"的结果。

上文已经指出,《经典释文》、《博雅音》包含了不少中古金陵音系的成分,既然麻佳异读在这些文献有明确表现,再结合日译吴音、古汉越语和现代吴、闽方言等材料(详见下文),将其视作当时金陵音的反映,应在情理之中。此外还有两种唐代语音资料与之相关,下面简单述之:

1.《切韵》系韵书的韵目次序。《切韵》的韵目排序并非杂乱无章,而是按各韵实际语音的接近程度来排列的,读音相近的就会放在一起①。《广韵》的佳韵和麻韵分别为上平声第十三、下平声第九,而裴务齐正字本《刊谬补缺切韵》按"歌·佳·麻"排列。韵次的改变反映了唐代的实际语音,"佳列于歌麻之间,是佳不与皆音近,而转与麻相近"②。但并无证据表明,这和中古金陵音系有直接的联系。

2. 诗文押韵。押韵材料显示,初唐古体诗麻部与佳韵有四次通押,可见音近③。如李邕(鄂州江夏人)《春赋》"鼍"与"牙沙华瓜"等字相押,宋之问(山西

---

① 参李思敬:《音韵》,商务印书馆,1985年,第54页;黄耀堃:《唐代近体诗首句用邻韵研究——文学批评与语言学的空间》,《黄耀堃语言学论文集》,凤凰出版社,2004年,第252页。

② 周祖谟:《论裴务齐正字本刊谬补缺切韵》,《周祖谟语言文史论集》,学苑出版社,2004年,第288页。

③ 鲍明炜:《唐代诗文韵部研究》,江苏古籍出版社,1990年,第167页。

汾州人)《浣纱篇赠陆上人》"娃"与"花麻霞牙"等字相押,寒山(长安人)《世人》"涯"与"家麻"等字相押。中、晚唐诗韵也有若干表现。看来麻佳混押在南方诗人中并不普遍,因为押韵本身并不一定反映作者的方音,而且诗韵材料本身有其局限性,如韵母的开合往往被忽略,又经常出现音近相押,所以只能作为语音史研究的参考,不太适合作为直接的证据。

中古有哪些字发生了麻佳同韵,也是非常关键的问题。按照上文对《广韵》、《博雅音》、《经典释文》又切的考察,可知出现该现象的字共有三类:知庄系(*ṭ-、*tṣ-)、帮组(*p-)和见系(*k-),未见例外。中古知庄系字均为翘舌音(retroflex),帮组、见系分别为唇音(labial)和软腭音喉音(velar and guttural)。在音系学上,这三组声母都具有"降音性"(flat)特征。在声学—感知(acoustic—perceptual)层面,降音表现为频谱图上一组(甚或全部的)共振峰的下降;调音(articulatory)层面则包括三类音:卷舌音、唇音和软腭音喉音①。由此,中古金陵音系的麻佳同韵可描述如下:麻韵 *-a ＞ æ /ṭ, tṣ, p, k__;佳韵 *-æi ＞ æ /ṭ, tṣ, p, k__。

具体地说,降音性辅音能使后接元音发生后化、央化或圆唇化②,因此麻韵的-a 在具有[＋flat]特征声母的影响下舌位抬升变作-æ;另一方面,佳韵的-æi 在降音性声母的影响下,元音趋于央化,即导致高元音韵尾-i 舌位下降,发生-æi＞-æe＞-æ的音变。从下文所论中古域外汉字音(日译吴音、古汉越语)和现代吴闽语的材料来看,很少出现具有[-flat]的字出现麻佳同韵。当然,由于域外汉字音在某种程度上需要适应外语而做出语音调整,现代方言也有发生类推音变的可能,因此会出现少量例外,这也是为什么此处只根据中古音韵史文献提供的音类资料来观察麻佳同韵的声母环境的原因。

(二) 从中古域外汉字音看麻佳同韵

一般认为,日译吴音来自公元5、6世纪的中国江南,日译汉音则反映

---

① Ohala J. J:"About flat", In Victoria A. Fromkin (ed.) Phonetic Linguistics: Essays in Honor of Peter Ladefoged, 1985, p.223.
② Ohala J. J:"About flat", p.226.

8 世纪的北方方言。丁邦新也指出，前者和现代闽语（即南朝吴语，或称"江东方言"）有关，可以用来拟测《切韵》金陵音系；后者和晚唐北方官话有关，可以用来拟测《切韵》邺下音系①。麻、佳韵在日译吴音中有相同之处：

(a) 都读-e：马 me 家 ke 价 ke 假 ke 牙 ke 雅 ke 化 kʷe（麻韵）；佳 kʷe 解 ke 懈 ke 絓 ke（佳韵）；②

(b) 都读-ei：瑕 kei（麻韵）；晒 sei 佳 kei（佳韵）。

从两韵的辖字数量来看，日译吴音麻韵读-a 的最多，如：芭 ha 把 ha 帊 ha 驾 ka 吒 sa 诈 sa 哑 a 阿 a 暇₂ka 邪 na 耶 ia 耶 sia 野 ia 也 ia 若 nia 暇₁ka 蜗 kʷa 寡 kʷa～gʷa 瓦 kʷa 窊 kʷa 铧 kʷa 踝 kʷa③。此外读-ia 的例字也颇多，如：揸 sia 沙 sia 洒 sia 遮 sia 柘 sia 车 sia 蛇 ia 射 sia 舍 sia 阇 sia 社 sia 斜 sia。可见将《切韵》麻韵拟作主元音*-a 是合理的。佳韵字本来比麻韵少，在吴音中主要读-e 或-ai，例如：买 mai 崖 gai 嘊 gai 跐 sai 隘 ai 邂 kai 稭 hai 卖 mai 絓 kʷai 画 kʷai。麻佳合并后的音值有-e、-ei、-a 三种表现，那么中古金陵音系中麻、佳合并后的音值拟作*-æ 更为合适。日译吴音的佳韵-ai、-ei 可以视作是对《切韵》所代表的基础方言里佳韵*-æi 的不同转写，因为主元音 æ 正好在 a、e 之间；吴音佳韵很少写作-a，最多写作-ai，可见中古金陵音中的佳韵读音在听感上应该和-ai 很近，同时因为麻韵本身又不具有-i 韵尾，所以和麻韵合并的佳韵应该是个*-æ。

由于与汉语的长期接触，越南语中有大量的汉语借词。其中至少包括两个层次：一是晚唐时期进入越南语的汉语借词（学界称之为"汉越语"或"汉越音"），其方言基础可能是当时的长安音，大部分汉语借词都属于该时间层次；

---

① 丁邦新：《重建汉语中古音系的一些想法》，《中国语文》1995 年第 6 期。
② 本节旨在观察日本汉字音如何体现麻、佳两韵之间的音类分合，因此对其实际音值不做深究，语音转写遵从一般的习惯。
③ 日译吴音中佳韵字"喎"读 kʷa，以"呙"为声符的字多有佳韵和麻韵两读，但在吴音中读-a 的例子极少。

二是所谓"古汉越语",这部分是跟南朝相当的时间层次的汉语借词①,因此梅祖麟主张可以用它来拟测中古金陵音系(即南朝江东方言)②。古汉越语的麻、佳韵都读-e,和日译吴音相同,例如③:

麻韵字:茶 che^2 | 杈(芽~)che^4 | 遮(~盖)che^1 | 夏 he^2 | 麻(芝~)me^2 | 砑(~光)$ŋe^2$ | 疤(小~)ve^1 | 车(~辆)xe^1;

佳韵字:摆(~动)be^3 | 箄(筏)be^2 | 派(~系)phe^1 | 卦(八~)que^3 | 画(~盖)ve^4 | 槐(~树)hoe^2。

(三) 从现代吴、闽方言看麻佳同韵

丁邦新认为"南北朝时的吴语就是现在闽语的前身"④,游汝杰也指出"吴语区人民大规模移居闽地应该是汉末晋初的百年之间"⑤。南北朝时期的吴语(江东方言)与中古金陵音系未必完全等同,很可能前者代表的是金陵口语音系,后者更多的是反映金陵读书音,但不管如何,中古金陵音系包含当时的吴语成分是无疑的。另一方面,吴、闽同源已是学界的共识,如果麻佳同韵是中古金陵音的特点之一,就应该会在吴、闽语中留下痕迹。

据本节的观察,麻佳同韵在吴、闽两类方言中性质不同。一、吴语中麻韵字读如佳韵、佳韵字读如麻韵的现象都有,但两类有共同的音变方式,即以词汇为单位的扩散式音变,同时只见于白读层,呈现出零星分布的态势。方言学界习惯上将此类有"特殊"音变的字称作"特字"(special word)。二、闽语中的麻佳同韵也见于白读层,但与吴语不同的是,闽语是以音类为音变单位的连续式音变⑥。

---

① Pulleyblank: *Middle Chinese: A Study in Historical Phonology*, pp.159 - 161.
② 梅祖麟:《现代吴语与"支脂鱼虞,共为不韵"》,《中国语文》2001 年第 1 期,第 13 页。
③ 参看潘悟云:《"囡"所反映的吴语历史层次》,《语言研究》1995 年第 1 期,第 149 页。本节所引古汉越语和汉越音的字音标写参考了越南河内国家大学阮廷贤博士的意见,谨致谢意。
④ 丁邦新:《吴语中的闽语成分》,《历史语言研究所集刊》第五十九本第一分,1988 年,第 15 页。
⑤ 游汝杰:《汉语方言学导论》(修订本),上海教育出版社,2000 年,第 104 页。
⑥ 连续式音变与扩散式音变的性质与区别,参看徐通锵:《历史语言学》,第 297 - 311 页。

麻二庄组字"沙"在南部吴语中与大部分麻二字韵母不同,而与佳韵字同韵,例如①:

表4-2 南部吴语个别麻、佳韵庄组字的今读音

	中古音韵地位	磐安	常山	汤溪	龙游	庆元	江山	兰溪	东阳	义乌
沙	麻韵庄组	sa^1	$sɛ^1$	$sɑ^1$	$sɑ^1$	$sɑ^1$	$sæ^1$	$sɑ^1$	$sɑ^1$	$sɑ^1$
钗	佳韵庄组	$tsha^1$	$tshɛ^1$	$ma^6_{买}$	$tshɑ^1$	$tshɑ^1$	$tshæ^1$	$tshɑ^1$	$tshɑ^1$	$tshɑ^1$
查	麻韵庄组	$dzuə^2$	dza^2	dzo^2	$dzuɑ^2$	tso^1	$dzɒ^2$	$dzyu^2$	$dzuo^2$	$dzua^2$

通过比较可见,"沙"字属于麻韵字读入佳韵是一种以词汇为条件的特殊音变;这种白读音只见于南部吴语,而受官话影响相对较深的北部吴语则无,说明它是一种音韵演变的保守体现。

吴语中佳韵字读入麻韵的"特字"数量较多,且南、北吴语皆见。例字主要是"稗罢钗晒洒奶"几个。出现此类现象的北部吴语包括:丹阳、溧阳、宜兴、靖江、苏州、常熟、昆山、吴江盛泽、上海、嘉定、松江、富阳、德清、平湖、海盐、嘉兴、湖州、长兴、桐乡、绍兴、萧山、余姚、诸暨、桐庐、嵊县崇仁、宁海、镇海、鄞县、天台、临海、黄岩。南部吴语中佳入麻韵的例字更多,各方言中该层次的辖字并不完全一样,可见其也是以词汇为条件的,下面列出一些南部吴语中的佳、麻韵的相关例字,以做比较②(下表中短横表示该方言中的佳韵字读音不入麻韵):

---

① 本小节所引方言语料的来源:磐安、常山、汤溪、龙游、庆元(曹志耘:《南部吴语语音研究》),玉山、开化(曹志耘等:《吴语处衢方言研究》,东京好文出版,2000年),兰溪、东阳(秋谷裕幸等:《吴语兰溪东阳方言调查报告》,神户市神户外国语大学外国语学部,2002年),义乌(方松熹:《义乌方言研究》,浙江省新闻出版局,2000年),江山(秋谷裕幸:《吴语江山广丰方言研究》),常熟(个人调查),海门(鲍明炜、王均主编:《南通地区方言研究》),江阴、金坛、吴江盛泽、无锡(钱乃荣:《当代吴语研究》,上海教育出版社,1992年),泰州(顾黔:《通泰方言音韵研究》,南京大学出版社,2001年),嘉兴(俞光中:《嘉兴方言同音字汇》,《方言》1988年第3期,第195-208页),萧山(大西博子:《萧山方言研究》,东京好文出版,1999年),上海(许宝华、汤珍珠主编:《上海市区方言志》,上海教育出版社,1988年),绍兴(王福堂:《绍兴方言同音字汇》,《方言》2008年第1期),嵊县(钱曾怡:《长乐话音系》,《方言》2003年第4期,第299-313页),平阳(陈承融:《平阳方言记略》,《方言》1979年第1期,第47-74页),厦门、潮州、苏州、扬州、武汉、长沙、梅县、南昌(北京大学中文系语言学教研室:《汉语方音字汇》),泉州(泉州市志编纂委员会:《泉州市志·方言》,中国社会科学出版社,2000年)。
② 参郑伟:《吴方言比较韵母研究》,商务印书馆,2013年,第58页。

表4-3 南部吴语麻、佳韵字的今读音

	稗	买	卖	晒	解	加	茶
江山	bɒ⁶	mɒ⁴	mɒ⁴	sɒ⁵	kɒ³	kɒ¹	dzɒ²
广丰	bɑ⁶	—	—	sɑ⁵		kɑ¹	dzɑ²
常山	bɑ⁻²²	mɑ⁴	mɑ⁴	sɑ⁵	kɑ³	kɑ¹	dzɑ²
玉山	bɑ⁶	mɑ⁴	mɑ⁶	sɑ⁵	kɑ³	kɑ¹	dzɑ²
开化	bɔ⁶	mɔ⁶	mɔ⁶	sɔ⁵	kɔ³	kɔ¹	dzɔ²

佳韵字"奶"在不少吴语往往有两个(如天台、定海)、三个(如海盐、义乌)甚至五个(如玉山)不同的读音,其中有的来自权威官话的文读音,如桐庐 nɛ³~:祖母、定海 nɛ³~:乳汁 等;有的则属于佳入麻韵层,如义乌 nɑ³、nɑ⁴,青田 nɑ³ 等。

闽语中麻佳同韵的白读层主要出现在闽南方言中,举例如下(上行为白读,下行为文读):

表4-4 闽南方言麻、佳韵字的文白异读

	茶	家	哑	马	瓜	花	差(出~)	买	稗	债	解	画
厦门	te²	ke¹	e³	me⁴	kue¹	hue¹	tshe¹	bue³	phue⁶	tse⁵	ke³	—
	ta²	ka¹	a³	ma⁴	kua¹	hua¹	tshai¹	mãĩ³	pai⁶	tsai⁵	kai³	hua⁵
潮州	te²	ke²	e³	be³	kue¹	hue¹	tshe¹	boi³	phõĩ⁶	tse⁵	koi³	ue⁶
	—	—	—	mã³				pai⁶				
泉州	te²	ke¹	e³	be³	kue¹	hue¹	tshe¹	bue³	phue⁶	tse⁵	e³明白	ue⁶
	tsha²	ka¹	a¹	ma³	kua¹	hua¹		bai³			kai³~放	ua⁶

由上表可见,麻佳两韵的牙喉音和舌齿音开口字的白读音在厦门、潮州、泉州都可以读作-e,唇音字为合口性的-ue。学界一般认为汉语史上的唇音字本来就不分开合,又由于唇音本身就有[＋圆唇]的特征,与介音-u-、-y-的[＋圆唇]特征重合,因此通常不与这类介音同现,否则会违背"强制性曲线原则"(Obligatory Contour Principle),但闽方言中[py]、[pue]之类音系结构很常见

(具体的音系学理据容另文详论，此处不赘)。从条件音变和层次分析的角度来看，可以认为同处于白读层的-e、-ue(潮州-oi/-oĩ)是同一层次的条件变体，亦即两者具有音变关系。麻佳两韵的合口字白读音都读-ue，也属于麻佳同韵。

三、晚唐北方官话的麻佳同韵及其现代反映

部分吴语有一类"麻佳同韵"与上文所论不同，表现为麻二、佳韵见系声母字都读-a且声母不腭化。包括：江阴、昆山、常熟、无锡、吴江_{盛泽}、上海、松江、嘉定、余杭、海宁、海盐、嘉兴、嘉善、安吉、长兴、湖州、桐乡、德清、苏州、启东_{四甲}、海门等。举例如下①：

表4-5 北部吴语麻、佳韵字的今读音

	海门	江阴	无锡	盛泽	苏州	常熟	上海	嘉兴
下(～山)	xɤo⁴	ɦɦo⁶	ɦu⁶	ɦo⁴	ɦo⁶	ɦu⁶	ɦo⁶	ɦo⁶
哑	o⁵	o³	u³	o³	o³	u³	o³	o³
家	ka¹	ka¹	ka¹	ka¹	kɒ¹	ka¹	kᴀ¹	kᴀ¹
假(真～)	ka³	ka³	ka³	ka³	kɒ³	ka³	kᴀ³	ka³
牙	ŋa²	ŋa²	ŋa²	ŋa²	ŋɒ²	ŋa²	ŋᴀ²	ŋa²
嫁	ka⁵	ka⁵	ku⁵, ka⁵	ka⁵	kɒ⁵	ka⁵	kᴀ⁵	ka⁵
买	ma⁴	mæ³	ma⁶	ma⁶	mɒ⁶	ma⁴	mᴀ⁶	ma⁴
街	ka¹	ka¹	ka¹	ka¹	kɒ¹	ka¹	kᴀ¹	kᴀ¹
矮	a³	æ³	a³	a³	ɒ³	a³	ᴀ³	a³

从音类分合来看，麻佳两韵都合并读-a，且都为白读音，因此有学者将这类现象与上文所述中古金陵音系的麻佳同韵相联系②。我们认为，北部吴语中此类麻佳同韵的时间层次并不能追溯至南朝，而应该是晚唐以后北方官话影响南方方言的结果。下面具体论之。

---

① 众所周知，包括吴语在内的南方方言中见系开口二等字普遍具有腭化声母的文读音，如苏州"家"tɕia¹、绍兴tɕio¹。下表从简，不再列出此类文读。
② 潘悟云：《吴语中麻韵与鱼韵的历史层次》，丁邦新、张双庆主编：《闽语研究及其与周边方言的关系》，香港中文大学出版社，2002年，第47-64页。

（一）从音变条件来看，上文第二节所论的麻佳同韵（以下称作"类型Ⅰ"），在现代吴语中以词汇条件存在，并非新语法学派所说的"音类"条件；而北部吴语中的这类麻佳同韵（以下称作"类型Ⅱ"）中麻韵的读音具有严格的音类条件，即只见于麻韵二等的见组字（见、溪、群母），不包括影、晓组。

（二）闽南方言的麻二字和佳韵字白读层都是-e，而文读层麻二开口为-a，佳韵开口为-ai（麻、佳两韵的合口都为-ua）。

表4-6　福州、建瓯及厦门（文读）麻、佳韵字的今读音

	茶	家	哑	马	瓜	花	债	买	解	画
福　州	ta²	ka¹	a³	ma³	kua¹	xua¹	tsai⁵	mai³	kai³	ua⁶
建　瓯	ta²	ka¹	a³	ma³	kua¹	xua¹	tsai⁵	mai³	kai³	xua⁶
厦门（文读）	ta²	ka¹	a³	ma⁴	kua¹	hua¹	tsai⁵	mãĩ³	kai³	hua⁵

如果和日译汉音、汉越音比较，可知闽南方言（厦门）的文读音，以及闽东（如福州）、建瓯（闽北）的白读音属于同一时间层次①，都可以追溯至晚唐以后的北方官话，日译汉音中麻韵普遍读-a，佳韵读-ai、-a。例如②：

麻韵：巴 ha｜马 ha｜家 ka｜牙 ka｜霞 ka｜下 ka｜车 sia｜奢 sia｜社 sia｜写 sia｜谢 sia｜野 ia｜华 ka；

佳韵：佳 kai｜买 hai｜卖 hai｜解 kai｜崖 kai｜钗 sa，sia｜娲 ka｜挂 kʷa｜蛙 wa｜画 ka。

比较日译汉音和日译吴音中麻、佳韵的韵母表现，可见其音类分合关系不同（表4-7）。吴音的麻佳同韵层十分明显，汉音的麻佳两韵则读音有别。音值表现上，吴音的麻佳合并层为-e，少数为-ei，除此以外的麻韵字读-a 或-ia；汉音的麻韵二等读-a，三等读-ia，而佳韵开口读-ai，并无同韵的迹象。需要注意

---

① 福州、建瓯等闽语只有一种读音，习惯上可以称其为白读层。但经过层次匹配之后，可知该类读音和厦门的文读层有相同的来源。
② 参沼本克明：《吴音・汉音分韵表》，筑岛裕编：《日本汉字音史论辑》，东京汲古书院，1995年，第206-207、223-224页。

的有两点：1. 佳韵字"钗娲"在《切韵》系韵书本来就有麻韵的异读，故而日译汉音读-a在情理之中。2. 佳韵合口字在日译吴音、汉音中都有合口成分，现代方言与之一脉相承，因此无法比较。

表4-7 日译吴音和日译汉音中麻、佳韵

	麻韵开口	佳韵开口	是否有合并层
日译吴音	-e, -ei, -a, -ia	-e, -ei	是
日译汉音	-a, -ia	-ai	否

汉越音可以代表晚唐以后的北方官话，其麻佳两韵的表现与日译汉音情形一致。例如：

麻韵字：茶 tra² | 夏（～天）ha⁶ | 麻 ma¹ | 犽 nha⁶ | 疤 ba¹ | 车 xa¹；
佳韵字：摆 bai² | 派 phai⁵ | 卦 quai⁵ | 画 hoa⁶。

因此，上海型吴语的麻二见组字读-a可以和日译汉音、汉越音代表的晚唐官话，以及厦门话的文读音相对应。

（三）汉语各大方言之中，其形成明显跟北方官话有关的各大次方言，其麻二见组也都普遍读-a（表4-8），由此可见北部吴语的类型Ⅱ具有官话来源。

表4-8 其他汉语代表方言麻、佳韵字的今读音

	扬州	武汉	长沙	泰州	梅县	金坛	苏州	南昌
家	ka¹	ka¹	ka¹	kɑ¹	ka¹	kɑ¹	kɑ¹	ka
牙	ia²	ia²	ɕia⁵	ɑ²	ŋa¹	ɑ²	ŋɑ²	ŋa
虾	ɕia¹	ɕia¹	xa¹	xɑ¹	ha²	xɑ¹	ho¹	ha¹
下（～山）	xa⁶	xa⁵	ɕia⁵	xɑ¹	ha⁶	xɑ¹	ɦo⁶	ha⁶
哑	ŋo³	ia⁵	ŋa³	ɑ³	a³	ɑ³	o³	ŋa³

（四）从音变方式来看，类型Ⅰ属于扩散式音变，而类型Ⅱ属于连续式音变。更重要的是，类型Ⅱ所辖的麻二字在各自方言中还有其他白读层。我们

曾对现代吴语百余个方言中的麻韵读音做过全面考察，发现麻二字普遍发生了元音后高化：*ɑ>ɔ>o>u，继而还可以低化、裂化为-uo、-uə、-uɑ 等，因此共同吴语(common Wu)的麻二字可以拟作*-o①。上海、苏州等北部吴语的麻二影、晓组仍然是-o 之类的白读，还有一部分吴语的麻二见、影、晓组字的白读音一律为-o，没有上海型吴语的韵母分化现象，如：桐庐、常州、靖江、宁波、绍兴、丹阳、宜兴、萧山、诸暨、鄞县等。

（五）从音变的地理分布来看，类型Ⅱ仅见于受官话影响较重的北部吴语，而属于类型Ⅰ的麻韵入佳只见于音韵面貌相对保守的南部吴语和闽语，佳韵入麻则南、北吴语皆有。鉴于此，我们可以推论，类型Ⅰ在吴语中的时间层次早于类型Ⅱ，前者为南朝层次的老白读，后者为晚唐层次的新白读。无锡方言的"嫁"字有 ku⁵、kɑ⁵两个白读音，属于同一系统内的层次叠置，可见两者来源不同，且不具有音变关系。晚唐层的 kɑ⁵对于南朝层的老白读 ku⁵来说，也可以称作老文读，对于更晚近的腭化形式 tɕiɑ⁵来说，kɑ⁵又可以算作新白读。

综上，北部吴语中麻二见组读-a，同时与佳韵同韵，其性质有别于以词汇条件存在的、南朝层次的"麻佳同韵"，而是具有严格音类条件、只见于北部吴语的连续式音变，其来源是晚唐以后的北方官话，该层次目前仍见于闽南方言的文读层、官话影响较重的闽北和闽东方言，以及西南官话、江淮官话、新湘语、客家话等其他汉语方言，同时可以和文献资料（日译汉音、汉越音）相印证。目前上海型吴语中麻二见组字-o、-a、-ia 的三类读音，便是三个不同时间层次共时叠置的结果。

四、结语

梅祖麟、丁邦新等主张为《切韵》拟测金陵、邺下两个音系②，目的是为了更好地解释《切韵》系韵书以及《经典释文》、《颜氏家训·音辞篇》、《原本玉篇》等

---

① 郑伟：《吴方言比较韵母研究》，第 40-67 页。
② 参梅祖麟(Mei, Tsu-lin): "More on the aspect marker tsɨ in Wu dialects", in Chen, Matthew Y. and Ovid Tzeng eds., In *Honor of William S-Y Wang: Interdisciplinary Studies on Language and Language Change*, Pyramid Press, 1994 年, 第 323-332 页；丁邦新：《重建汉语中古音系的一些想法》，《中国语文》1995 年第 6 期，第 418 页。

同时代的音韵史文献。《切韵》音系虽然以公元 6 世纪的文学语言为基础,但其所划分的声类、韵类或多或少体现了对河北、江东方言的不同取舍。在此种情况下,针对南朝《切韵》所含的标准语和方言成分做"分别黍累、剖析毫厘"的工作,便显得很有意义。

已有的研究表明,着眼于与《切韵》金陵、邺下两大音系之间的对应关系,现代方言也可以分作两系。吴、闽方言与中古金陵音之间关系密切,这是学界的共识。但是,有哪些音韵特征承自南朝江东方言,哪些又是晚唐以后(甚至更晚近的)北方官话影响的结果?解答这些问题,首先需要对现代方言做层次分析的工作,而层次分析的主要对象是共时平面的文白异读;如果缺乏文白对比,则通过方言比较和层次匹配之后,判定单一读音的层次性质。共时分析的结果只有跟历史文献中的相关信息对接,才能获得方言史研究的意义,于是文献考证便有了用武之地。汉语史上不少文献的时代及地域性质相对明确(如日译吴音、汉音以及古汉越语、汉越音等),将它们和本土文献(如《切韵》、韵图等)相结合,就能发挥其为共时特征进行断代的作用。学界对鱼虞有别、先仙有别、寒山分韵等论题的探讨,便有效地利用了这一方法①。

本节对历史文献和现代方言中两类不同性质的"麻佳同韵"的分析,同样也是对上述研究方法的具体实践。稍有不同的是,本节还特别注意到了处于同一时间层次的音韵特征有着怎样的外在表现。不同的方言由于地理分布、内部音系结构等因素的制约,音变方式、音变性质也会有不同。受北方官话影响较小的南方方言(如闽语),大多能以连续式音变的方式、以音类为条件来体现音韵特征;相反地,官话成分较重的方言(如吴语)由于外来层次覆盖的力量强大,只能以"特字"的方式来表现音韵层次。另外,如果某个音韵特征明显与晚唐以后的北方官话对应,也有明确的音变条件,同时仅仅分布于创新型方言(或者是保守型方言的文读层),那么就不宜将其形成年代定得太早(比如南朝层次)。这些想必都是今后开展方言音韵史探讨时值得注意的方面。

---

① 参梅祖麟:《现代吴语与"支脂鱼虞,共为不韵"》,第 3－15 页;吴瑞文:《覃谈有别与现代方言》,《声韵论丛》第十三辑,台北学生书局,2004 年,第 147－186 页;郑伟:《〈切韵〉寒韵字的演变特征与现代吴语》,《中国语文》2011 年第 4 期,第 352－363 页。

第二节　从域外译音论匣入
喻三的地域性

一、引言

"喻三归匣"的名称较早是由曾运乾在《喻母古读考》(1923)一文中提出的。曾文主要利用先秦典籍中的异文材料，提出中古喻三（云母）、匣母字在上古汉语里同属一类，不用区分。后来的学者并不满足于此，希望能够运用现代语言学的理论和方法，主要做音值考订的工作。如李新魁从谐声、假借、通假、异文、又音和现代方言等多种资料出发，指出上古音晓、匣母读 k-、kh-、g-，魏晋以后才由塞音变为擦音的 x-、ɣ-[1]。李方桂主张匣母上古读 g-（中古开口）、gw-（中古合口），同时与云、群母合而为一[2]。李永燧、潘悟云等从民族语汉借词、域外汉字音、亲属语言比较等材料出发，试图证明中古影、晓、匣母的上古音是小舌音，其中匣母为G-[3]。另一派学者，如曾运乾、董同龢、陈新雄等则认为匣母上古读软腭擦音 ɣ-[4]。前苏联汉学家雅洪托夫认为上古匣母字应分作 g、w 两类[5]，邵荣芬也主张分作两类，匣₁跟群母相同读 g-，匣₂跟云母相同读 ɣ-[6]。丁邦新以闽语材料为证，也提出上古匣母字本来就有塞音 g-、喉擦音 ɦ-两类，看法相近[7]。

严格来说，历史上两个以上的不同音类后来出现合并，应分清归并的方

---

[1]　李新魁：《上古音"晓匣"归"见溪群"说》，《李新魁自选集》，河南教育出版社，1993 年，第 1-20 页。
[2]　李方桂：《上古音研究》，第 18 页。
[3]　李永燧：《汉语古有小舌音》，《中国语文》1990 年第 3 期，第 209-214 页；潘悟云：《喉音考》，《民族语文》1997 年第 5 期，第 10-24 页。
[4]　邵荣芬：《匣母字上古一分为二试析》，《语言研究》1991 年第 1 期，第 118 页。
[5]　雅洪托夫：《上古汉语的起首辅音 w》，雅洪托夫著：《汉语史论集》，北京大学出版社，1986 年，第 166-174 页。
[6]　邵荣芬：《匣母字上古一分为二试析》，第 119 页。
[7]　丁邦新：《上古音声母 *g 和 *ɣ 在闽语的演变》，《闽语研究》(美国《中国语言学报》专刊第 14 种)，1999 年，第 247-261 页。

向。因为从逻辑上说,音类 A 和音类 B 合并有三种可能:(1) A>B,即原来的音类 B 音值不变;(2) B>A,即原来的音类 A 音值不变;(3) A>C 且 B>C,即原来的音类 A 和音类 B 都演变为同一个新的音值。因此"喻三归匣"的问题也应该有此种考虑。正如上文所述,上古音中的"喻三归匣"指的是这两类声母是都读作软腭或小舌塞音,还是擦音或零声母 w-,学界还有不同意见,从而音变的方向问题也难以定定,至少是有多种可能。

到了《切韵》时代,喻三、匣母之间的关系仍然很密切。葛毅卿根据(一)云母字"雄"的现代音读同匣母,(二)《切韵指掌图·检例》所说的"匣阙三四喻中觅,喻亏一二匣中穷",以及(三)王国维手写本《唐写本切韵残卷》"云,户分切""越,户伐切",指出《切韵》时代的喻三、匣母的音值相同。葛先生后来又用《原本玉篇残卷》(罗振玉影印本)"云"字胡勋反而通行本《玉篇》为于君切、敦煌本《尚书释文残卷》"滑"字于八反来证明匣云相混①。罗常培补充了《经典释文》、原本《玉篇》里更多匣云互切的例子,但不同意将两类合并,并分别将匣、云母拟作 ɣ-、ɣj-,由此可以解释从中古到现代 ɣ->x-(匣)、ɣj->j-(云)的演变②。

各种证据表明,中古音阶段(不论南方还是北方方言)的喻三不可能还读作塞音,只可能是零声母,而匣母在目前南方仍有读塞音的现象,同时另有零声母的读法。试以"厚後"二字在吴、闽方言的读音为例③:

"厚後"同为匣母侯韵上声字,在吴、闽方言中却有塞音、非塞音的不同读法,又没有音韵分化条件,所以无法将其视作"新语法学派"所谓的"条件音变",而用不同历史阶段的"演变层次"来解释比较合适。从音变方向来看,逻辑上只有"匣入喻三"的可能,即匣母字由早期的塞音弱化后变作零声母(其中

---

① 葛毅卿(Ku, Ye-ching):"On the consonantal value of 喻-class words", *T'ung Pao* 第 29 卷第 1 期,1932 年,第 100-103 页;《喻三入匣再证》,《历史语言研究所集刊》第八本第一分,1939 年,第 91 页。
② 罗常培:《〈经典释文〉和〈原本玉篇〉反切中的匣于两纽》,《历史语言研究所集刊》第八本第一分,1937 年,第 85-90 页。
③ 表 4-9 中所引的方言材料取自李荣:《从现代方言论古群母有一、二、四等》,《中国语文》1965 年第 5 期,第 337-342、355 页;方松熹:《义乌方言研究》;阮咏梅:《温岭方言研究》,中国社会科学出版社,2013 年;郑张尚芳:《温州方言志》;陈承融:《平阳方言记略》;许宝华、汤珍珠主编:《上海市区方言志》;叶祥苓:《苏州方言志》,江苏教育出版社,1988 年。表中同时列出见母"狗"字,以资比较。

还可能会有软腭或喉擦音的中间阶段),比如*ɢ->ɦ->Ø-或*g->ɣ->Ø-。特别强调音变方向及音变的命名的原因,是现代方言还有喻三、喻四(以母)和匣母合并后读擦音 h-的现象,从其音值表现及其所处的汉语音韵史背景来看,这类音变才是真正的"喻三归匣"(容另文详述)。

表4-9　吴闽方言"厚後狗"三字的今读音比较

	福州	泉州	厦门	漳州	潮州	潮阳	揭阳	海口
厚匣母	kau⁶	kau⁴	kau⁶	kau⁶	kau⁴	kau⁴	kau⁴	kau⁶
後匣母	au⁶	au⁴	au⁶	au⁶	au⁴	au⁴	au⁴	au⁶
狗见母	kau³	kau³	kau³	kau³	kau³	kau³	kau³	kau³
	常州	无锡	苏州	上海	义乌	温岭	温州	平阳
厚匣母	gei⁶	gei⁴	ɦɣ⁶	ɦɣ⁶	gəɯ⁴	dziɤ⁴	gau⁴	gau⁴
後匣母	ɦei⁶	ɦei⁴	ɦɣ⁶	ɦɣ⁶	ɦəɯ⁴	iɤ³	ɦau⁴	au⁴
狗见母	kei³	kei³	kɣ³	kɣ³	kəɯ³	tɕiɤ³	kau³	kau³

二、"匣入喻三"与中古金陵音系

我们在上节也曾提及,有学者建议,构拟中古音系时应区分《切韵》的金陵(南方)、邺下(北方)两个音系,其出发点是当时有南北方言的差异,此点可从三个方面证明:(1)《切韵·序》、《经典释文·序录》、《颜氏家训·音辞篇》等文献的相关记载;(2)当时参与长安论韵的那些人的方言背景(见《切韵·序》);(3)编纂《切韵》时所参考的"五家韵书"的押韵习惯。据此,现代方言可以分为两组,作为拟测《切韵》南、北音系的资料:吴、闽、北赣、老湘等方言,及日译吴音(Go-on)从金陵音系演变而来;官话、粤、南赣、新湘、客家等方言以及日译汉音(Gan-on)、高丽译音(Sino-Korean)、汉越音(Sino-Vietnamese)、汉藏对音从邺下音系演变而来①。

目前学界基本上有如下的共识:《切韵》并不是一个杂糅南北古今方音的

---

① 参看丁邦新:《重建汉语中古音系的一些想法》,《中国语文》1995年第6期,第418页;梅祖麟:"More on the aspect marker tsɨ in Wu dialects",第323-332页。

"综合音系",但其中多少还是包含了若干异质成分(最明显的就是金陵音),它的音系是"根据南方士大夫如颜(之推)、萧(该)等人所承用的雅言、书音,折衷南北的异同而定的"①。要特别强调的是,《切韵》"金陵书音"(中古南方雅言)和当时的"金陵口语"(南朝江东方言)两者有所交叉,即都含有吴音成分,但性质并不相同,必须区分:前者是"洛阳旧音"亦即《切韵》的南方变体,而后者是金陵地区的土著方言。按照何大安的说法,此二者分别是士大夫阶级所用的"文化上的优势语言"和庶民阶级所用的"当地的吴语"②。

"匣入喻三"首先在一些中古汉语语音史文献中有所反映,其次从现代方言来看,这种现象也有痕迹可寻,比如吴语的"王黄"不分。但以北京话为代表的北方官话匣母读 h-(洪音)、ɕ-(细音),云母为零声母,两者不混。既然如此,至少有四个问题值得深究:第一,中古汉语"匣入喻三"代表的是邺下音系还是金陵音系?第二,"匣入喻三"说的是两个音类之间的关系,然其实质,是同音合并,还是音近相通?第三,喻三、匣在音类分合上密切相关,其语音性质应如何描述?第四,作为一种历史音韵现象,"匣入喻三"与现代方言之间的源流关系如何?如果该现象在现代方言里有所反映,其音值表现又是如何,与中古汉语如何联系?

本节认为,"匣入喻三"是中古金陵音系的显著特点之一,当时一些以金陵、洛下书音系统为音系基础、又同时带有若干吴音色彩的音韵史材料对此有不同程度的反映。下面先看与《切韵》同时代的几种文献资料中匣、云母的关系。

(一)《经典释文》的反切。据沈建民的统计,陆德明(吴郡吴今苏州人)《经典释文》有五例匣云互切,分别是③:

滑,于八反;猾,于八反;鸹,于娇反;熊,于弓反;尤,下求反④。

---

① 周祖谟:《切韵的性质和它的音系基础》,《语言学论丛》第五辑,第70页。
② 何大安:《六朝吴语的层次》,第857页。
③ 沈建民:《〈经典释文〉音切研究》,第44页。
④ 另有一例"聿":户橘反/于必反/尹必反,因"聿"字在《广韵》、《释文》都为以母,"户"也可能是"尹"字形误,遂不取。参沈建民:《〈经典释文〉音切研究》,第44页。

王力也举了四个例子来说明《释文》时代的"匣云同纽"现象①：

> 镮,户关反,又于眷反;羽,王矩反,又读为扈;滑猾,户八反,又于八反。

周祖谟说："南人以匣于为一类,……是也。南人不分匣于者,如原本《玉篇》'云'作'胡勋反','寓'作'胡甫反',《经典释文·论语为政章》'尤'切为'下求',唐写本《尚书释文》残卷'滑'反为'于八'皆是。"②

(二)《万象名义》的反切。日本沙门空海所撰《篆隶万象名义》(以下简称《名义》)是据梁顾野王(519—581,吴郡吴人)《玉篇》作的。周祖谟曾经指出,《名义》有不少用"胡"类字(匣母)来切《广韵》、今本《玉篇》云母字的例字③。如"尹越为"都用"胡"字作反切上字。其他的例字如下：

	祐	榮	域	喊	位	覣	骹	忧	熊
《名义》	胡就反	胡命反	胡眲反	胡逼反	胡愧反	胡奋反	户俱反	胡救反	胡弓反
今本《玉篇》	于就切	音咏	于洫切	于逼切	于伪切	王问切	羽俱切	于救切	于弓切

	云	运	餫	违	远	趆	晖	飓	沣
《名义》	胡熏反	胡愠反	胡问反	胡归反	胡阮反	胡救反	胡辄反	胡贵反	胡飞反
今本《玉篇》	于君切	于愠切	于问切	于威切	于阮切	于救切	于劫切	于贵切	音韦

据日本学者河野六郎的观察,《名义》中以云切匣的例子还有"核",为革反。以上所举为《名义》中以匣切云的例字,此外该书还有以云切匣的现象,例如④：

---

① 王力:《〈经典释文〉反切考》,《龙虫并雕斋文集》(第三册),第154页。
② 周祖谟:《万象名义中之原本玉篇音系》,第413页。
③ 周祖谟:《万象名义中之原本玉篇音系》,第318-319页。
④ 河野六郎:《玉篇に现れたる反切の音韵の研究》,《河野六郎著作集2·中国音韵学论文集》,东京平凡社,1979年,第28页。

	暖	呪	揰	遏	瘨
《名义》	于但反	又殄反	于盲反	于果反	于郭反
今本《玉篇》	胡管切	乎典切	胡盲切	乎果切	乎郭切

近来郑林啸又补充了《名义》中以匣切云的一些例子①：

越，胡厥反；为，胡妫反；羽，侯诩反；员，胡拳反；学，为角反。

鉴于上述这些匣云相混的明显迹象，周祖谟提出："据以上可知等韵喻母三等字《玉篇》实与匣母为一类。音读当为 x 之浊音 ɣ。等韵喻三与匣分为两类，当为后日之音变。"②

（三）南朝双声诗。南齐王融有双声诗："园蘅眩红蘤，湖荇燡黄华。回鹤横淮翰，远越合云霞。"又北周庾信（513—581）《问疾封中录》："形骸违学宦，狭巷幸为闲。虹回或有雨，云合又含寒。横湖韵鹤下，回溪狭猿还。怀贤为荣卫，和缓惠绮纨。"这两首都只用匣、云两母字入诗③。魏建功读了周祖谟《颜氏家训音辞篇注补》一文后，曾于1945年给周先生去函，针对该文"匣云相混为南音特色"的观点提出不同意见，认为"匣于不分似不限南人，庾子山在周，所为双声诗必为北人所喻，即匣于不分也"④。那么，双声诗所反映的到底是"北音"还是"南音"呢？

我们认为，从史籍记载来看，王融、庾信的双声诗很可能也是金陵口语音系的体现。据《南齐书·王融传》，王融原籍琅邪临沂（今山东），为王导（276—339）七世孙，他"少而神明警慧，……博涉有文才"，年少时便中秀才。南朝刘义庆（403—444）所撰《世说新语·排调》云：

---

① 郑林啸：《〈篆隶万象名义〉声系研究》，河北大学出版社，2007年，第152页。该书还做了统计学分析，发现匣类与三等相拼切的67次用例中，有38次是以匣类字做云类字的反切上字；在以云类字与一、二、四等相拼切的36次用例中，有23次是以云类字做匣类字的反切上字。
② 周祖谟：《颜氏家训音辞篇注补》，《问学集》（上册），第319页。
③ 不过其中也偶有个别其他声母的字，如第一首有以母字"燡"，第二首有溪母字"溪绮"。
④ 魏建功：《与周祖谟论韵书》，《魏建功文集》（第三册），江苏教育出版社，2001年，第425页。

> 刘真长始见王丞相，时盛暑之月，丞相以腹熨弹棋局曰："何乃渹！"刘既出，人问："见王公云何？"刘曰："未见他异，唯闻作吴语耳！"

王丞相即为王导，虽原为北人，却用吴语交谈，原因就在于"东晋之初，基业未固，导欲笼络江东之人心，作吴语者，乃其开济政策之一端也"①。《晋书·王导列传》（卷65）说：

> ［琅邪王叡］及徙镇建康，吴人不附，居月余，士庶莫有至者，导患之。会［王］敦来朝，导谓之曰："琅邪王仁德虽厚，而名论犹轻。兄威风已振，宜有以匡济者。"会三月上巳，帝亲观禊，乘肩舆，具威仪，敦、导及诸名胜皆骑从。吴人纪瞻、顾荣，皆江南之望，窃觇之，见其如此，咸惊惧，乃相率拜于道左。

《世说新语·方正》也有类似的记载：

> 王丞相初在江左，欲结援吴人，请婚陆太尉。对曰："培塿无松柏，薰莸不同器。玩虽不才，义不为乱伦之始。"

这几段话很形象地反映了当时北方大族与南方士庶间的关系，以及各自双方所持的态度和策略。王融生于江东，很早就给景陵王萧子良（460—494，南兰陵人，府治为今江苏常州西北）充当幕僚，在金陵近畿为官，那么将其双声诗所见的匣云相混视作吴音的流露就不足为怪了。又《周书·庾信列传》云：

> 父肩吾，梁散骑常侍、中书令。信幼而俊迈，聪敏绝伦。……时肩吾为梁太子中庶子，……父子在东宫，出入禁闼，恩礼莫与比隆。既有盛才，文并绮艳，故世号为徐、庾体焉。

---

① 陈寅恪：《东晋南朝之吴语》，《历史语言研究所集刊》第七本第一分，1936年，第4页。

庾信出生和早期活动都在江东，后来才入仕北周，在北方虽位望通显，仍常有乡关之思。乃作《哀江南赋》以致其意云。因此，其双声诗并非如魏建功先生所说，可以作为北音也有匣云不分的证据，反而应视为作诗者南音的流露。

（四）《切韵》系韵书的又切。上文已经强调，《切韵》的音系基础是"公元六世纪南北士人通用的雅言"，是"根据南方士大夫如颜、萧等人所承用的雅言、书音，折衷南北的异同而定的"①。声母上，金陵口语音系从邪不分、禅船不分，《玉篇》《经典释文》等都有明确反映，此点虽为萧该、颜之推等熟知，但金陵书音系统中可能仍然有别，所以未被《切韵》的编者采纳。尽管如此，《切韵》又音等材料多少还会透露出一些南方音的信息。比如"莳"字《广韵·志韵》"时吏切"，为禅母；《广韵·之韵》"莳，又音示"，按"示"《广韵》神至切，为船母。"祖"字《广韵·语韵》"慈吕切"，从母；《广韵·麻韵》"祖"字下有"又似与切"，故宫博物院藏宋濂跋本《王仁昫刊谬补缺切韵》（习惯称作"王三"）卅四麻韵下亦同此，即读邪母。至于匣、云二母，《切韵》是明确分作两个不同的声母的，但唐写本《切韵》残卷也有个别以匣切云的例子，如文韵"云"字在笺注本《切韵》一（习惯称作"斯2071"）作户分反，《王三》则作王分反；月韵"越"字"斯2071"作户伐反，《王三》则作王伐反②。可见，虽然匣、云母在《切韵》属于不同的声类，但也偶有交涉，和从邪、禅船类似，将《切韵》所见的匣云互切视为金陵吴语口语音的影响是合理的。

龙宇纯曾经很详细地考察过《切韵》系韵书的又切，也论及喻三和匣母字作为反切上字的交替，如"晔""櫋""嗢""嬬""禍""侑""礥""雄"等被切字③。有些例子上文已经提到，尽管部分匣母作反切上字的读音在北宋韵书《广韵》、《集韵》才出现，这当然不能排除其中有实际语音发展的可能，但无疑也恰恰说明了中古时期匣、云母的密切联系。

（五）日译吴音。学界一般认为，日译吴音来自公元5、6世纪的南方，即金

---

① 周祖谟：《切韵的性质和它的音系基础》，《语言学论丛》第五辑，第68、70页。
② 周祖谟：《唐五代韵书集存》（上册），中华书局，1983年，第16页。
③ 龙宇纯：《例外反切研究》，《历史语言研究所集刊》第三十六本第一分，1965年，第358–359页。该文还列举了《切韵》系各韵书从邪、禅船又切的更多例子，并指出"床禅相混，据颜之推所说也是南方语音系统的不同。床与禅的关系同从与邪，理论上讲，其背景似乎应该是一致的"。

陵吴音。蒲立本指出,吴音的匣母字有两类读音:一类是 g-,一类是 w-。云匣合流是中古南方音的特点①。根据沼本克明提供的日译吴音材料,匣、云声母字的共同之处是两者的合口字都可以读作 w-,例如②:

云母:位 wi｜围 wi｜胃 wi｜卫 we｜圆 wen｜荣 wiaŋ

匣母:瑰 we｜坏 we｜惠 we｜会 we｜横 waŋ｜和 wa｜惑 waku｜画 we

三、中古金陵音系云、匣母的音韵特征

黄笑山曾对文献中匣、云两母的关系做过探讨,提出两者相混是中古时期"南方的或较早的语音现象",并将《切韵》云、以母分别拟作 *w-、*j-③。我们同意黄先生的看法,同时也将指出该文未涉及的问题,包括:(一)在音值层面,"喻三归匣"反映了金陵音的匣母读 Ø(w)-,云母读 w-,与之相关的以母读 j(w)-,即三者都是零声母。声母相同,从而可以互为反切上字。(二)金陵吴语音系的匣母字实际上有 g-、Ø-两类读音,日译吴音和现代诸多南方方言还保留了匣母字的软腭塞音及零声母的读法。

周祖谟指出,《名义》中一些以母字用的反切上字是匣母字,例如④:

	悦	䛡	謍	臁	遺	营	駾
《名义》	胡拙反	胡裔反	胡琼反	胡证反	胡葵反	胡琼反	胡准反
今本《玉篇》	余拙切	以裔切	以琼切	余证切	余佳切	弋琼切	余准切

周先生也谈到,"古人每以匣于二母字切喻母字,或以喻母字切匣于二母字"⑤,即中古云、匣、以三母字的混切。除了上面已经列出的,还有下面一些:

---

① Pulleyblank: *Middle Chinese: A Study in Historical Phonology*, p.164.
② 参沼本克明:《吴音·汉音分韵表》,本小节所引的其他日本汉字音材料也取自该书,不再一一注明。
③ 黄笑山:《于以两母和重纽问题》,第 241-252 页。
④ 《万象名义中之原本玉篇音系》,《问学集》(上册),第 320 页。周先生所举的前两个例子是"噊",《名义》尤出反,今本《玉篇》余出切;"燏",《名义》禹一反,今本《玉篇》余律切。但反切上字"尤"、"禹"均为云母字,与周先生此处所论的现象不同。
⑤ 周祖谟:《陈澧切韵考辨误》,《问学集》(下册),第 531-532 页。

《万象名义》：型，余经反（今本《玉篇》户经切）；跤，胡敛反（余敛切）；靴，胡准反（余准切）；瑈，有葵反（弋隹切）；頧，有准反（余准切）；湼，又并反（涅，弋井切）；燏，禹一反（余律切）。

敦煌本《王韵》：纗，胡卦反，又尤恚反；蠵，胡卦反，又尤介反（卦韵）；纗，以睡反，又胡卦反（寘韵）；蠵，以水反，又尤卦反，《广韵·纸韵》移尔切。

《广韵》营，余倾切（清韵），又户扃切（青韵）；蠵，悦吹切（支韵），又户圭切（齐韵）；囿，余六切（屋韵），又下各切（铎韵）。

周祖谟据此反对高本汉将以母的音值拟作零声母[Ø]，认为拟以母为[j]、匣母为[ɣ]、云母为[ɣj]，就可以解释上述现象："盖[ɣ][ɣj]发音部位相同，[j][ɣ][ɣj]发音方法相同，以[ɣ]切[j]，犹之以[ɣj]切[j]；以[j]切[ɣ]，即犹之以[ɣj]切[ɣ]也。"①

对于周先生的看法，我们有些不同意见。因为声母信息只反映在反切上字，因此以、云、匣母字在《名义》等材料中互为反切上字，证明在作者所据的音系里三者具有相同的声母。以母的中古音，目前学界皆拟作*j-，并无异议。以母只跟三等韵相拼，而三等韵是有-j-介音的，因此可将以母看作零声母*Ø(j)-。据沈建民的考察，《经典释文》也有三例用匣切以的反切，分别是：鸿，《释文》户橘反，《广韵》余律切；酳，《释文》侯吝反，又以刃反；鷸，户橘反，《广韵》余律切。沈先生推测两例中的反切上字"户"可能是"尹"字之误，也有学者提出"侯"是"俟"字之误的可能②。但是目前还缺少可靠的版本学证据，加上《名义》等材料中也有同类的现象，所以不能因为这些所谓异常音切就轻易加以否定。

若按周祖谟先生的看法，将匣、云母拟作[ɣ]、[ɣj]，便无法和以母字[j]相通，因为[ɣ]是软腭擦音，[j]是前腭近音（palatal approximant，传统名称是"半元音"semi-vowel 或"无擦通音"non-fricative continuant），发音部位和发音方

---
① 周祖谟：《万象名义中之原本玉篇音系》，《问学集》（上册），第532页。
② 沈建民：《〈经典释文〉音切研究》，第47页。

法都不一样。就传统音韵学的名目而言，匣为全浊，云、以为次浊，其后的演变也不一致，匣母上声字在北方话中归入去声，而云母仍读上声。因此，在音值层面，中古金陵口语音系的"匣入喻三"只有一种可能，就是以、匣、云母都读零声母，即声母无别。金陵口语音系中云、匣相混的几乎都是合口字，云母字本来也基本上都是合口，应拟作*w-，匣母与之相混，因此也应该是零声母，可拟作*Ø(w)-，亦即匣、云母为*w-，以母为*j-。

中古金陵口语音系里并不是所有的匣母字都读零声母，另外还可以读软腭塞音。首先，从日译吴音来看，中古南方的匣母字大部分读 k- 或 g-，少部分合口字读 w-。例字如下：

果摄：何 ka｜河 ka｜荷 ka

假摄：瑕 ke｜暇 ka～ke｜铧 kʷa｜踝 kʷa｜化 kʷe

遇摄：乎 ko｜狐 kio｜鹕 go｜户 kio｜怙 ko｜护 ko｜互 ko

蟹摄：溃 kʷai｜殨 kʷai｜骇 gai｜械 kai｜騱 kei｜蹊 kei｜害 gai｜画 kʷa～kʷaku｜絓 kai

效摄：豪 gu｜嗥 kaɸu｜皓 kau｜号 kau｜肴 keu

流摄：后 ko｜厚 kau｜睺 ko

咸摄：含 gam｜颔 kam～gam｜憾 kam｜合 kaɸu｜咸 kam｜减 gem｜陷 kam｜洽 kaɸu｜狭 keɸu｜嫌 kem｜狎 koɸu

山摄：闲 ken｜痫 ken｜限 kan｜寒 kan｜蝎 katʃi｜桓 kʷan｜丸 kʷan｜完 kʷan｜缓 kʷan｜还 kʷain｜寰 kʷan｜患 kʷain｜滑 katsu｜贤 kan｜现 ken｜眩 kʷen｜衔 kʷan｜穴 kʷatʃi

臻摄：麧 kitʃi～kotsu

宕摄：涸 kʷaku｜晃 kʷo

江摄：降 gu｜项 koŋ～kioŋ｜巷 koŋ｜学 gaku

曾摄：恒 gau～gou｜弘 guŋ

梗摄：行 kiaŋ｜胻 kiaŋ｜茎 kiaŋ｜幸 kaŋ｜获 kiaku｜划 kʷaku｜迥 kʷiaŋ

通摄：红 gu｜鸿 koŋ｜鹄 koku

可以看出,匣母合口字除了上文提到的读 w-,大部分则读作合口性质的舌根塞音 kʷ-;至于匣母开口字,有 k-、g-清浊两种舌根塞音的读法。当然,这并不表明日译吴音中的匣母字已经发生了浊音清化(devoicing),而是域外汉字译音材料中经常出现的"音值微调"(phonetic fine-tuning)。但日译吴音所反映的中古金陵口语音的匣母字(不论开合)可读作舌根塞音这一点是没有疑问的。下面再看日译吴音中的云母字:

通摄:雄 oŋ
止摄:位 wi|围 wi|苇平去|胃 i～wi|围→平声
遇摄:于 u|羽雨 u
蟹摄:卫 we
臻摄:殒 in
山摄:圆 wen
梗摄:荣 wiaŋ|iau|咏 kʷiaŋ
流摄:有 u|右 u|宥 u|又 u|佑 iu

云母字大多为合口三等韵字,故而具-iw-双重介音。从汉语音韵史和现代方言来看,在异化(dissimilation)作用下,大部分云母字只保留了合口介音-w-而失落了三等介音-i-。通、流、遇摄的云母字虽然没有合口介音,但由于主元音或韵尾是[u]或[o],因此整个音节仍具合口性质。日译吴音的云母字音值转写也符合上述特点,即读音或者是不带-w-介音的零声母 Ø-(如遇、流摄字都读[u],通摄字读[oŋ]),或者是带合口成分零声母 w-,另外还有极个别字读 k-(如"咏"kʷiaŋ)或由合口变开口(如"殒"in)。

综上,中古金陵音系中匣、云母字的音韵特点包括:(1) 匣、云的合口字合并后读零声母 w-;(2) 匣母不论开合,大部分字读舌根塞音 g-。如上所见,韵书(如《经典释文》)、音义书(如《博雅音》)的匣云混切和南朝双声诗里,匣母字都是开、合口两类字都能见到,而日译吴音里基本上只有匣母合口字读同云母,需要作些解释。云母字不论南(江东)、北(河北),都一律读作零声母,同时都具有合口性①，匣母字则开、合兼具，我们知道，开、合关乎介音，虽然介音的信息可以由声母（反切上字）得到反映，但往往在韵母（反切下字）上表现得更明显，因此匣、云母相混自然可以不管开合。日译吴音作为对中古匣、云母音值的转写资料，无疑可以比韵书、音义书更准确地反映"匣入喻三"的实质，即云母声母的音值完全一致的，是匣母合口字，两者都是带-w-介音的零声母字。

四、中古北方方言云、匣母的音韵特征

中古南方的"匣入喻三"在《切韵》音系中并无体现，即匣、云二母分秩划然，不能系联，可见匣、云两类在金陵、邺下的书音系统截然不混。上古匣、云母是否有塞音、零声母两类，还是其他可能，此处暂且不论。根据俞敏的研究，从后汉三国梵汉对音材料来看，匣母开口字有 g- 的对音，如：含 gam｜合 gup｜恒 gaṁ，合口字则跟云母一样对译梵文的 v-，其声母实际音值应为 w-。例如匣母：和 va/vā/vyā/van｜恕 va/vā/var｜桓亘 van｜会 vat/vas｜扈 vat｜还 val；云母：于 va｜越 va/vat｜域 vak｜云 vajñ｜洹 vaṇ｜曰 vaṇ｜卫 vas｜为 vāṁ/vi｜位 vṛ｜韦 ve｜围 ve②。后汉三国的北方汉语一方面匣母仍读塞音，另一方面云、匣合并为 w-。

到了东晋北方话中，匣、云母合口字仍对应于梵文的 v-，开口字对 g- 也能见到，另外就是还对 h-。刘广和认为当时的匣母有 ɦ-、ɣ- 两个声母，其中 ɦ- 代表了匣母开口与晓母同样的对音 h-，ɣ- 则代表了匣母开口 g- 和擦化的 v-，"声母念[ɣ]的，开口字可以对[g]和变擦的音；合口字由于[u]介音造成的撮唇，[ɣw]听觉上接近 v"③。从东晋到南朝的梵汉对音材料都显示出匣母的两个音韵特征：（一）开口字对音为塞音 g-，同时也对擦音 h-；（二）合口字对 v-，和云母相同。

从东汉、魏晋时期的一些音注材料来看，匣、云母各自独立的倾向比较明显。比如东汉刘熙《释名》声训中匣、云互训两例，而匣匣、云云自训的分别是

---

① 大部分云母字都是合口，还有一些属开口，如尤、东三韵字，其主元音或韵尾也是具有合口性的。
② 俞敏：《后汉三国梵汉对音谱》，《俞敏语言学论文集》，商务印书馆，1999年，第11 - 15、52 - 60页。
③ 刘广和：《东晋译经对音的晋语声母系统》，第68页。

30例和13例。魏晋时期吕忱《字音》匣母《释文》类和其他类共31个音注,都与云母不混;《字林》云母《释文》类反切共12个,与匣母相混的只有"䚋貜"两个①。东晋刘昌宗的音切显示,匣母与匣、见两母相切的例子分别是32条和7条,但云母都是本母自切②,可见匣、云也是不混的,同时匣母还跟塞音声母相通。

到了周隋长安音中,匣母开口只是对译梵文擦音 h-,不再跟软腭塞音 g-发生关系,同时匣母合口对译梵文半元音 v-,同时也是云母的对音③。到了梵汉对音所反映的唐初中原方音里,匣母字除了对译擦音 h-,已经不再对译梵文的 v-了(施向东 1983:30),想必这跟初唐以后轻唇音开始从重唇音声母中分化出来有关。另外施向东(1983:27、29)的梵文辅音和玄奘对译用字声母对照表中没有提到喻三字的对音情况,可能是正好缺字,因此当时云母的音值无法从梵汉对音得到信息,但可以肯定的是,云母不再与匣母合口相混,也不再对译梵文的 v-了。

曹宪(隋代江都人)《博雅音》的成书年代与《切韵》相当,对其语音性质学界尚有不同看法。丁锋认为该书"不论声韵都具备当时南方方音的特征,接近于《玉篇》、《经典释文》、《文选音》,而与北方方言不同,它反映作者曹宪的方言母语扬州音是可能的"④,其音系"与当时流行于金陵一带、江淮地区的士大夫语音(金陵正音)有天然的内在联系"。《博雅音》的音切有正音、手音、口音的不同,吴波通过对音注材料的穷尽性分析,认为它代表了公元6至7世纪的金陵书音系统⑤。从该书所反映的从邪、禅船声母相混和麻佳韵母相混等现象来看,它对中古金陵口语音系也有所反映。《博雅音》匣与见、溪、群声母互切有18次,而匣、云不混⑥。匣母与见组在反切行为上发生关系,与其他中古南方韵书资料所反映的匣母读塞音的情形吻合。匣母不读零声母,从而与云母有

---

① 简启贤:《〈字林〉音注研究》,巴蜀书社,2003年,第91页。
② 范新干:《东晋刘昌宗音研究》,崇文书局,2002年,第55—56页。
③ 尉迟治平:《周、隋长安方音初探》,《语言研究》1982年第2期,第23—24页。
④ 丁锋:《〈博雅音〉音系研究》,第113页。
⑤ 吴波:《〈博雅音〉及其音系性质问题》,《汉语史学报》第七辑,第166页。
⑥ 丁锋:《〈博雅音〉音系研究》,第21—22页。

别,这一点和反映南朝金陵书音系统的《切韵》在音类关系上是一致的,这也间接表明,匣云合流在中古南方主要应是金陵口语的特点。口语音系在某种程度上影响到书面语,当然是可以理解的,但韵书中的反切材料有承袭前代的特征,未必能够忠实地反映口语,这也是不争的事实。最近丁邦新也说道:"因为系联(指反切系联——引者按)有不能分的地方,不能分的原因,因为反切不是一个一个重新造的,它有历史渊源。"①

据周法高的考察,唐初玄应《一切经音义》的反切材料中仍有匣云相混的迹象,例如(云母字用下划线标明):茎,胡耕反,又<u>禹</u>耕反;撝,<u>于</u>桂反;痏,<u>于</u>轨反,又胡轨反;佑,<u>于</u>救反,又胡救反;阈,音<u>域</u>,又胡域反;熊,胡弓反。周先生指出,玄应《音义》和《切韵》的音类非常相近,两者都"大体代表当时的实际语音,……二书的作者有一个相同的,活的方言做蓝本而都经过一番严密的观察,所以它们系统之相近便是意中事了"②。既然学界普遍认为玄应音与《切韵》的音系基础相同,为何后者的匣、云两分,而前者则相混呢?岂非有些自相矛盾?正如上文所述,中古的金陵吴语音系里有匣云相混,而金陵书音系统(或曰"中古南方雅言")多少都会受到当时的土著吴语的影响,因此也会带有此种音韵特征。

唐初的另一则重要的反切材料是颜师古(581—645,京兆万年人)的音注,据钟兆华的整理分析,颜师古反切中匣母字"胡户乎湖衡"和云母字"于羽"同属"匣"类③。颜师古生于长安,其反切以长安方言为注音依据,应该是符合情理。上文提到,梵汉对音所反映的隋代长安音仍有匣、云母都对译梵文的 v- 的现象,因此颜师古音注仍有匣云相混也是可以理解的。但另一方面,唐初中原方音匣、云已经截然两分,而且晓、匣相混读擦音 h-,可见现代北方方言匣、云母的读法并非承自初唐长安音,而是中原方音。

---

① 丁邦新:《音韵学讲义》,北京大学出版社,2015 年,第 55 页。
② 周法高:《玄应反切考》,《历史语言研究所集刊》第二十本(上),1948 年,第 376、388 页。
③ 钟兆华:《颜师古反切考略》,中国社会科学院语言研究所古代汉语研究室编:《古汉语研究论文集》,北京出版社,1982 年,第 16-51 页。不过,钟文对颜师古音注的研究,全文都用系联法,其结论是比较可疑的,因为系联法中的递用规则不适于音义材料的系联。此处引用颜师古的音注材料,只是为了间接证明长安方音中匣云相混并非没有可能,舍去这则材料,也不影响结论。

为何唐初长安音能够反映匣云相混,这与玄应音系里匣云相混不能作同一种解释。何大安较早指出,从史实来看,周隋时代的长安与洛邺相比,文化并不发达,通过效仿南方的文学包括雅言,文化才逐渐兴盛起来①。《颜氏家训·音辞》举例说:"岐山当音如奇,江南皆呼神祇之祇。江陵陷没,此音被于关中。"江南的雅言流行于关中地区,必然促使长安方音带上浓厚的南方雅言色彩。长安作为新的文化中心,具有来自邺下(颜之推、卢思道、薛道衡)、建康(江总、虞世基、许善心)和来自本地(牛弘、杨素)的不同"雅言"成分。东汉三国北方方言的匣云相混,可能是中古金陵口语音系匣云相混的来源,但也不排除南方自身演变的可能性。唐初长安音仍有南方雅音的色彩,想必与上述史实不无关系。我们还可以比较一下鱼、虞两韵在中古南北方言的分合情形。罗常培发现,中古时期能够区分鱼、虞的方言只限于太湖流域周围以建康为中心、北起彭城南迄余姚的范围之内,该片区域即为江东方言、今天吴语的分布地区②。但是后来有学者通过对当时南北诗韵做过更细致的考察后发现,洛阳、邺下一带诗人的鱼虞确实是同用的,但由于作为南方雅言的金陵书音的影响波及了北方地区,使得卢思道、薛道衡等人的诗韵也出现了鱼虞分用。另外,杨素、牛弘等长安本地的诗人也是鱼虞分用的,汉藏对音所反映的唐五代西北方音也是如此。唐以后的长安音和中古时期的金陵音(读书音或口语音)都有鱼虞不混,现在看来,南方雅言影响关中方音是很有可能的。

五、结语

本节所论的"喻三归匣"是汉语音韵学史上的一个"旧题",至今已有不少学者做过探讨。为了便于认识语音变化的本质,我们主张将中古音的此类现象称作"匣入喻三"。汉语上古音中喻三与匣之间的音类(sound category)关系及其音值(phonetic value)不是这篇论文所讨论的对象,但是也并非毫无关联。各种证据表明,就音值层面而言,匣母字在上古应有塞音 g-/G- 的读法,否

---

① 何大安:《南北朝韵部演变研究》,台湾大学博士学位论文,1981 年,第 336－338 页。
② 罗常培:《切韵鱼虞之音值及其所据方音考》,《历史语言研究所集刊》第二本第三分,1931 年,第 385 页。

则无法解释中古日本吴音及现代方言中匣母字的塞音读音的来历。另一方面,就音类关系层面而言,上古音中的"喻三归匣"到了中古音时期也并没有无端消失,理由是不少中古文献还透露出两个音类(包括与其他相关的音类)之间的交涉。尽管前辈学者(如葛毅卿、罗常培、周祖谟等先生)已经注意到了"匣入喻三"的地域性,但往往由于考察的文献材料不够丰富而语焉不详,甚至于还可能因为对语料或史料的分析不够仔细,而得出相反的结论(如魏建功等)。

中古汉语有金陵(南)、邺下(北)两大方言的差异,《颜氏家训·音辞篇》、《切韵·序》、《经典释文·序录》等文献有着明确的记载。本节认为"匣入喻三"是南朝江东方言的特征,不仅存在于中古金陵口语,同时也间接影响到了金陵书音系统,但它并没有在编订《切韵》时进入"萧(该)、颜(之推)多所决定"的采纳标准。这也表明,"匣入喻三"仅仅是中古南方方言的音韵特征,既不在"洛阳旧音"之列,也不在"洛阳今音"之列。《原本玉篇》、《经典释文》等南方色彩明显的文献提供了云、匣母不分的诸多反切,南朝双声诗其实也透露了这方面有价值的信息。日译吴音作为标音材料,云、匣母用相同的假名转写,当然表明二者之间无别。随之而来的是中古南北方言中云、匣母字的音值问题,虽然中古南方的反切材料不能直接反映云、匣母的实际读法,但通过观察云、匣母和以母的又切,能够间接推断,既然以母肯定是个零声母 $^*j$-,从反切原则和反切行为来看,前二者也得是个零声母,这样才能互为反切上字。学界对中古云母的拟音,以 $^*w$- 为最妥,更严格的写法是带合口介音的零声母 $^*\emptyset w$-。日译吴音证明这种拟音是合理的,因为匣母合口和云母在吴音中同样都转写为 w-,匣母开口则转写作 k-/g-。只有当中古南方匣、云、以三者的声母都为 $^*\emptyset$- 时,才会出现相混的情形。事实上作为江东方言的后裔,典型的现代吴语(如浙江温岭话)的"匣入喻三"在音值上也是如此①,三者区别在于带有何种介音:以母带-j-介音,匣母合口和绝大多数云母都带-w-介音。这便是中古南方"匣入喻三"的在语音表现上的实质。至于中古北方,需要区分西北方音(如长安)

---

① 参李荣:《"鹹淡"倒过来听还是"鹹淡"》,《方言》1986年第2期,第106页。

与中原方音(如洛阳)的不同,后者云、匣有别,分别读作*w-、*ɣ-。现代北方官话的匣母读擦音、云母读零声母,其来源为唐初中原方音,当时的西北方音则仍保持着云、匣不分的格局。

第三节　从八思巴字汉译音论重纽唇音字

一、引言

"重纽"从字面上看应指重出的声母(double initials)。重纽在声韵分布上有三个特点:(1)重纽三等(或称"重纽B类")、重纽四等(或称"重纽A类")两类字在《切韵》系韵书里列于同一韵目之下,并属两个不同的小韵。(2)既然重三、重四有语音对立,可见其韵基(主元音＋韵尾)相同,介音不同。(3)重纽对立只见于中古支脂祭宵仙真(谆)侵盐八韵,并只在唇牙喉音声母字中出现,因其声母、韵母两方面的特点,学界习惯上称其为"八韵十母"[①]。

中古音应分为早期和晚期两个前后阶段[②],两期的代表性文献分别是《切韵》和晚唐至北宋的韵图。从介音系统的角度来看,中古音从早期到晚期也有所变化,具体如表4-10:

表4-10　中古汉语前后期的介音系统

切韵时代			韵图时代		
一等韵	开口-∅̇-	合口-w-	一等韵	开口-∅̇-	合口-w-
二等韵	开口-r-	合口-rw-	二等韵	开口-r-	合口-rw-

[①] 参沈钟伟(Shen, Zhongwei):"The *Chongniu* 重纽 contrast in the *Menggu Ziyun* 蒙古字韵: patterns and explanation", *Essays in Chinese Historical Linguistics*, 2005年,第164页。为了讨论方便,下文有时将重纽三、四等分别写作Ⅲ、Ⅳ,如"支Ⅲ"、"脂Ⅳ"。

[②] Pulleyblank: *Middle Chinese: A Study in Historical Phonology*,第xvi页;黄笑山:《〈切韵〉和中唐五代音位系统》,第13页。

续 表

	切韵时代		韵图时代		
三等韵 B	开口-ri-	合口-riw-	三等韵	开口-ri-	合口-riw-
三等韵 A	开口-i-	合口-iw-			
四等韵	开口-ǒ-	合口-w-	四等韵	开口-i-	合口-iw-

就开口而言,《切韵》一、四等韵为零介音,其主元音的类型呈互补分布,四等韵为前高元音-e,一等韵为-ɑ/-ə/-u/-o 等央后元音。二等韵带-r-介音,承自上古,同时也是端 t-/知 tr-组、精 ts-/庄 tsr-组声母分化的语音条件。三等韵情形复杂,就重纽的介音对立而言,学界对重纽四等介音的构拟比较一致,均写作-i-,重纽三等的写法则不甚统一,有-ri-/-rj-①、-ri-②、-ï-③、-ɿ-④、-ui-⑤等各种观点。

如果从音系学的"区别性特征"(distinctive feature)角度来看重纽字的语音区别,各家对重纽对立的介音性质的认识可以概括为:

	重纽三等	重纽四等
区别性特征	钝音[+grave]	锐音[+acute]
音位化描写	/-rj-/	/-i-/

音系学上所说的钝音包括后元音、唇辅音和软腭辅音;锐音包括了前元音、齿音、齿龈音、腭音等⑥。比如 ɨ—i、u—y、on—øn、an—en 中的元音以及 fill—sill、pill—till、bill—dill、mill—nil 中的首辅音都是钝、锐之分。麦耘指

---

① 俞敏:《等韵溯源》,《音韵学研究》(第一辑),中华书局,1984 年,第 410-411 页;丁邦新:《重纽的介音差异》,《声韵论丛》第六辑,台北学生书局,1997 年,第 52 页。
② 麦耘:《论重纽及〈切韵〉的介音系统》,《语言研究》1992 年第 2 期,第 121 页。
③ 有坂秀世:《评高本汉之 j 化说》(中译文),潘悟云编:《境外汉语音韵学论文选》,上海教育出版社,2010 年,第 350 页。
④ 陆志韦:《古音说略》,哈佛燕京学社专刊,1947 年,第 27 页。
⑤ 潘悟云:《汉语历史音韵学》,第 45 页。
⑥ 克里斯特尔:《现代语言学词典》(中译本),商务印书馆,2002 年,第 166 页。王力先生的中译文将锐、钝的区别性特征分别翻译为"清越"、"函胡"。参罗曼·雅柯布森、C.G.M.范特、M.哈勒著:《语音分析初探——区别性特征及其相互关系》(王力译),钱军编:《雅柯布森文集》,湖南教育出版社,2001 年,第 225-227 页。

出,-rɿ虽然用了两个符号,但表示的是一个单一的音素,"r 表示翘舌音(舌尖前腭音),ɿ 表示比 i 偏低偏央的舌面前腭音,两者合起来,意思是一种翘舌的舌面前腭音,或者说是舌尖和舌面混合的前腭音"①。

我们认为,中古前期重纽三等的介音可能是个偏央偏松的钝元音[ɪ],重纽四等则是普通的舌面前腭音[i]。当时重纽各韵的拟音如下(宵、侵、盐韵由于具有唇化韵尾-u 或-m,与介音-u-特征冲突,因此没有合口字):

表 4-11 《切韵》时代重纽各韵的拟音

	开 口		合 口	
	重纽三等	重纽四等	重纽三等	重纽四等
支韵	*rɪe	*ie	*rɪwe	*iwe
脂韵	*rɪi	*i	*rɪwi	*iwi
祭韵	*rɪɛ	*iɛ	*rɪwɛ	*iwɛ
宵韵	*rɪɛu	*iɛu	—	—
仙韵	*rɪɛn	*iɛn	*rɪwɛn	*iwɛn
真韵	*rɪin	*in	*rɪwin	*iwin
侵韵	*rɪm	*im	—	—
盐韵	*rɪɛm	*iɛm	—	—

韵图时代的介音系统与《切韵》相比较,并无明显不同,但各类辖字有所变化。比如:(1)四等韵由于前高主元音[e]的影响,由零介音变为-i-介音,是为韵图四等;(2)重纽四等字既然置于四等,则介音未变仍为-i-,同时纯四等韵的介音亦是-i-;(3)韵图三等的介音和《切韵》时代的重纽 B 类介音相同,即音值上为具有钝音性的[-ɪ-/-ɨ-],音位上可写作/-rj-/。

本节准备利用八思巴字汉语译音,联系其他汉语史文献与现代方言,专门考察重纽唇音字在中古以后的演变。

---

① 麦耘:《论重纽及〈切韵〉的介音系统》,《语言研究》1992 年第 2 期,第 121 页。

二、八思巴字汉译音材料中的重纽唇音字

晚唐北宋的北方汉语(韵图时代)的重纽三等和重纽四等还是有所区别的,尽管已有局部的混淆①。总的趋势是重纽三等与普通三等韵合流,重纽四等与纯四等韵合流。作为晚唐时代表音的汉字音材料,汉越音的重纽四等唇音字读 t-/th-/z-,同时也有个别纯四等唇音字变作舌尖音声母,而重纽三等唇音字则仍读 p-/ph-/m-。

八思巴字是由元代八思巴喇嘛仿照藏文字母创制的蒙古字,材料包括译写蒙古语和汉语两大部分。后者主要保存在碑刻、《事林广记》和《蒙古字韵》(下文有时简称《蒙古》)三种文献中。作为表音的汉字音材料,对于探讨近代汉语语音史有重要的参考价值。

八思巴字材料所见的重纽唇音字包括"支脂祭仙宵真"几韵("侵盐"唇音韵尾-m 与合口介音在[＋圆唇]特征上相冲突,故无唇音字)。尽管唇音字的重纽对立八思巴字材料中已经不甚明显,但仍然在支、脂、真韵里有明显的反映,即重三的韵母为-ue、重四的韵母为-i,其中真韵只在入声质韵字中有重纽对立。之前麦耘、沈钟伟等学者对《蒙古字韵》的重纽问题有过论述,但在结论、材料和角度等方面都有进一步深入的余地。例如麦耘指出,《蒙古字韵》"大致而言,唇音已无重纽","止摄 B 类变合口,仍与 A 类对立,但已变为开合的对立,而不是重纽对立"②。但正如下文所看到的,既然止摄(支脂)、臻摄(质)、梗摄(庚三/清)诸韵的唇音字明确反映出了重三、重四的读音区别,说明八思巴字汉语译音仍然能严格地区分两类重纽,因此还是主张《蒙古》唇音字仍有重纽更妥一些。沈钟伟对《蒙古字韵》中重纽各韵在不同音韵环境(phonological condition)下的音值表现(phonetic realization)做了深入分析,但对八思巴字译音材料所反映的重纽相混现象未做具体讨论③。

有个关键性的问题是八思巴字译音与元代汉语实际的语音系统之间如何

---

① 麦耘:《韵图的介音系统及重纽在〈切韵〉前后的演变》,《音韵与方言研究》,第 74 页。
② 麦耘:《韵图的介音系统及重纽在〈切韵〉前后的演变》,《音韵与方言研究》,第 83－84 页。
③ 沈钟伟:"The Chongniu 重纽 contrast in the Menggu Ziyun 蒙古字韵: patterns and explanation",第 163－190 页。

对应。虽然八思巴字属于表音文字,但是其拉丁文转写(transliteration)所反映的汉语音值,不同学者的看法并不完全一致。以《蒙古字韵》"支部"中唇音字重纽对立为例,重四字的韵母各家转写很统一,都写作-i,重三字的韵母则有-ue①、-ui②、-uj③等不同的方案。但不管怎样,重三字的韵母(介音或主元音)具有钝音性的区别特征则是无疑的。若无特别说明,下文的讨论参照罗常培、蔡美彪二位的转写。

八思巴字译音所见唇音字的重纽韵体现为[bue phue pue mue](重纽三等)和[bi phi pi mi](重纽四等)两组音节的区别。下面列出支、脂两韵重纽字的最小比对(minimal pair)(所引八思巴字材料全部来自伦敦钞本《蒙古字韵》,下同):

1. 支韵字

碑(支韵帮母平声重三)bue≠卑(支韵帮母平声重四)bi

彼(支韵帮母上声重三)bue≠俾(支韵帮母上声重四)bi

贲(支韵帮母去声重三)bue≠臂(支韵帮母去声重四)bi

帔(支韵滂母去声重三)phue≠譬(支韵滂母去声重四)phi

皮(支韵並母平声重三)pue≠脾(支韵並母平声重四)pi

被(支韵並母上声重三)pue≠婢(支韵並母上声重四)pi

髲(支韵並母去声重三)pue≠避(支韵並母上声重四)pi

糜(支韵明母平声重三)mue≠弥(支韵明母平声重四)mi

靡(支韵明母上声重三)mue≠弭(支韵明母上声重四)mi

2. 脂韵字

鄙(脂韵帮母上声重三)bue≠比(脂韵帮母去声重四)bi

秘(脂韵帮母去声重三)bue≠庇(脂韵帮母去声重四)bi

---

① 罗常培、蔡美彪:《八思巴字与元代汉语》(增订本),中国社会科学出版社,2004年,第204-220页。

② Hashimoto Mantaro J.(桥本万太郎):*hP'ags-pa Chinese*,"文字和语言研究资料"第1种,1978年,第135-146页。

③ 沈钟伟:"The *Chongniu* 重纽 contrast in the *Menggu Ziyun* 蒙古字韵: patterns and explanation",第163-190页。

秕(脂韵滂母上声重三)phue≠仳(脂韵滂母上声重四)phi
邳(脂韵滂母平声重三)phue≠鈹(脂韵滂母平声重四)phi
备(脂韵並母去声重三)pue≠鼻(脂韵並母去声重四)pi
媚(脂韵明母去声重三)mue≠寐(脂韵明母去声重四)mi

3. 真韵入声(质韵)字

笔(质韵帮母入声重三)bue≠毕(质韵帮母入声重四)bi
弼(质韵並母入声重三)pue≠邲(质韵並母入声重四)pi
密(质韵明母入声重三)mue≠蜜(质韵明母入声重四)mi
宓(质韵明母入声重三)mue≠謐(质韵明母入声重四)mi

从韵类分合的角度来看，八思巴字材料译音中的重三和重四有所差别。即支、脂韵和真、庚₃韵入声的重纽三等均与灰韵合并，举例如下：

备诐皮(支)笔弼(质)＝裴(灰) pue；
彼贲碑(支)丕秘(脂)碧(陌)＝辈(灰) bue；
披(支)丕(脂)＝配(灰) phue；
靡糜(支)麋眉(脂)密宓(质)＝梅(灰) mue。

这三韵的重纽四等字则与四等齐韵合并后读-i 韵，音类间的分合在中古以后其他音韵史资料中也有所体现，不再举例。

4. 庚韵(陌)三等与清韵(昔)入声字

音韵学界对重纽问题的研究表明，除了上文所述的"八韵十母"，中古庚三与清韵、尤韵与幽韵两组的唇牙喉声母字之间的语音对立也可以被看作是重纽三等与重纽四等的区别[①]。汉越音中清韵唇音字发生舌齿化，而庚三唇音字的声元音值不变，此外汉藏、汉泰之间的关系词也都支持庚三、清韵为重纽对

[①] 周法高：《广韵重纽的研究》，《历史语言研究所集刊》第十三本，1948 年，第 54 页；Baxter H. William Ⅲ（白一平）: *Old Chinese origins of the Middle Chinese Chóngniǔ doublets: A study of using multiple character readings*, Unpublished Ph. D. dissertation, Cornell University, 1977 年，第 187 - 213、286 - 307 页；沈钟伟："The *Chongniu* 重纽 contrast in the *Menggu Ziyun* 蒙古字韵: patterns and explanation"，第 171 - 173 页。

立的观点①，八思巴字译音对此恰好也有明确的体现。请看下面一例：

碧（陌韵帮母入声重三）bue≠壁（昔韵帮母入声重四）bi

"碧"字在《广韵》为三等昔韵彼役切，然而更早的《切韵》系韵书却在陌韵，为逋逆反②，按后者的音韵地位，可知"碧"也相当于重纽三等字。

尽管晚期中古汉语的重纽对立依然存在，但已不像《切韵》系韵书那么截然不混。以宵韵为例，重纽四等字"骠"在《切韵指掌图》中被列在三等，重纽四等字"标"在汉越音中按理应该读作唇齿塞音声母 t-，但它仍读唇音 p-，如同重纽三等③。

八思巴字译音中祭、仙、宵三韵的唇音字没有重纽对立的痕迹，重三、重四合并后分别读作-i（蔽$_{祭Ⅳ}$）④、-en（勉$_{仙Ⅲ}$｜缅$_{仙Ⅳ}$）、-ew（庙$_{宵Ⅲ}$｜妙$_{宵Ⅳ}$），同时也都分别跟相应的纯四等韵齐、先、萧韵合并。

八思巴字译音对某个重纽韵字的转写有两种不同的处理，例如脂韵帮母上声重纽四等字"比"⑤：

比　bi（《京兆路重阳万寿宫圣旨碑》）
　　bue（《加封兖国公复圣公制　追封兖国夫人制》）

另外，《广韵》质韵并母也有"比"字，毗必切，"比次，又毗、妣、鼻三音"。大英博

----

① 郑伟：《〈切韵〉重纽字在汉台关系词中的反映》，《民族语文》2013 年第 4 期，第 33－34 页。
② 余廼永《新校互注宋本广韵（定稿本）》（下册，第 967 页）对该字的校语甚详，兹引如下："碧，彼役切。按本韵帮母另有必益切'辟'字小韵，本切用合口役字为切；然唇音开、合不对比，古'碧'非合口字也。《切三》、《唐韵》音分彳反（《切三》缺方字）同，《王二》音陌韵逋逆反，《全王》音麦韵陂隔反，《集韵》音陌韵笔戟切同《王二》，有昔韵兵彳切同《说文》。考'碧'字从白声，白声上古属铎部，其中古三等应入陌韵，《王二》是也。《切三》、《唐韵》、《全王》并误；《全王》见麦韵而上字用三等陂字为切，尤即以上字定等第之例外切语。《集韵》恪守《说文》，遂重出此音，然于昔韵不隶必益切小韵，亦可观其间消息矣。"
③ 郑伟：《〈切韵〉重纽字在汉台关系词中的反映》，《民族语文》2013 年第 4 期，第 32 页。
④ 祭韵重纽三等原本就没有唇音字，只有牙喉音字（如"刿劌"）。
⑤ 桥本万太郎：*hP'ags-pa Chinese*，第 103、104 页；罗常培、蔡美彪：《八思巴字与元代汉语》（增订本），第 36、48 页。

物馆藏《蒙古字韵》伦敦钞本字也收录了"比"的入声读音,分别是 bue(与"笔碧逼"同音)和 pi(与"邲辟"同音)①。因为八思巴字译音将汉语的並母、帮母字分别译作 p-、b-,所以从声母来看,《蒙古》所收"比"的入声读法 pi 是符合演变规律的;韵母方面,同样出现了与上声一样的-i、-ue 两种译音,可见也是将重纽三等和重纽四等混同的表现。重四字使用和重三字相同的八思巴字译音,可以和上文所述《切韵指掌图》中的"骠"、汉越音中的"标"等重四字读如重三的现象相参照。

三、重纽三等唇音字在其他材料中的表现

如果从上古各韵部到中古重纽韵系之间的演变规律这一角度观察,可知中古重纽三等、重纽四等不但来自上古的不同韵部(例如支Ⅲ来自上古歌部,支Ⅳ来自佳部;真Ⅲ来自上古文部,真Ⅳ来自真部),反过来看,重三的/-rj-/和重四/-i-/的介音差异也导致了所在韵母从上古到中古的元音差异。龚煌城指出,上古耕部字到了中古,之所以变作庚韵三等和清韵类似重纽关系的两个韵,是因为上古具有不同介音,变作庚韵三等的字上古带-rj-介音,变作清韵的字上古带-j-介音;同样地,上古阳部字到中古分别变作中古庚韵三等和阳韵,虽然中古这两个韵类不是重纽对立,但其分化的原因也跟其介音是否具有-r-有关②:

上古耕部　鸣 *mrjing ＞ 庚三 mjɐng
　　　　　名 *mjing ＞ 清韵 mjɛng
上古阳部　炳 *prjangx ＞ 庚三 pjɐng
　　　　　纺 *phjangx ＞ 阳韵 phjang

我们自然会问,那么中古以后重纽两类的不同介音对后接元音是否也有所影

---

① 郑光:《蒙古字韵研究——训民正音与八思巴字文字关系探析》(中译本),民族出版社,2013年,第 273、281 页。
② 龚煌城:《从汉藏语的比较看重纽问题——兼论上古 *-rj-介音对中古韵母演变的影响》,《声韵论丛》第六辑,台北学生书局,1997 年,第 201–203 页。

响呢？王静如较早提出，重纽三等字的声母带有唇化(labialized)特征，并可以演化为 kw-、ku-之类的合口成分①。丁邦新曾经指出："重纽三等的介音-rj-在发音上因为-r-有圆唇的成分，容易使得后面的元音圆唇化，或者使整个的韵母在听觉上接近合口音。……因此在高丽译音中重纽三等字就有-ɯ 或-u-的介音或元音，同时在演变上使得这些字容易变为合口音而跟其他的合口音合流……"②比如"饥$_{支Ⅲ}$"浙南泰顺蛮讲读 ky³，"银$_{真Ⅲ}$"厦门 gun、潮州 ŋɯŋ、福州 ŋyŋ。从音系学锐钝对立的角度来看，钝音性的元音相对来说具有更明显的合口或圆唇的性质。这一点可以从现代方言的若干韵类演变(如寒韵字)来加以证明③。

至于中古以后重纽两类不同介音对唇音声母字的韵母演变的影响，音韵学界也有涉及。平山久雄曾介绍过藤堂明保的相关研究④。藤堂先生认为，《中原音韵》(下文有时简称《中原》)的齐微韵中，来自中古止、蟹两摄和臻摄入声的唇音三等字多读/-wəj/韵母，唇音四等字多读/-jəj/韵母，不过也有例外的情形，亦即重纽三等字读/-jəj/(如"秘"/pjəj/)、重纽四等字读/-wəj/(如"卑"/pwəj/)。产生例外的原因，平山先生的文章从多个角度做出了解释，比如避讳改音(如"卑"/pei/)、另有本字(如"秕"/phei/)、口语/文言差异(如"疲惫贲秘"四字读-i 反映了某个止摄唇音重纽三等和四等合流的文言层次)、同字异读(如"寐"字读/mei/可能说明它另有重纽三等的读法)、去声变读(如"婢臂避"同属中古支韵重纽四等字但都读/pei/)。

作为同时期的音韵史资料，《中原音韵》与八思巴字汉语译音里重纽唇音字的语音表现有几点值得注意：

(1) 两者都在中古止摄支脂两韵和臻摄入声质韵保留了重纽对立，可见元代汉语仍然保留重纽对立是不争的事实，反映了汉语语音发展的实际面貌。

(2)《蒙古字韵》的"支韵"下重纽三等字在各家的拟音之中都具有-u 介

---

① 王静如：《论开合口》，《燕京学报》1941 年第 29 期，第 143－192 页。
② 丁邦新：《重纽的介音差异》，第 48 页。
③ 郑伟：《〈切韵〉寒韵字的演变特征与现代吴语》，《中国语文》2011 年第 4 期，第 352－363 页。
④ 平山久雄：《中古唇音重纽在〈中原音韵〉齐微韵里的反映》，《中原音韵新论》，北京大学出版社，1991 年，第 28－34 页。

音,一般认为唇音不分开合,即便当时的实际音值并非是个合口成分,但至少也应该是类似于-ɯ-、-ɿ-的钝音,《中原音韵》"齐微韵"唇音"合口"字(包括重纽三等字)的韵母一般拟作-uei 或-wəj 之类,也具有钝音性,可见就其介音的性质而言,八思巴字译音和《中原音韵》也是相同的。

(3) 少部分字出现重纽三等和重纽四等的混并,但从反映实际口语的程度来看,很明显《中原》更甚于《蒙古》,后者因袭传统韵书的色彩更重一些,《中原》的齐微韵有较丰富的重纽变化的例外,而八思巴字译音则几乎见不到此类情形,这和学界所提出的"《中原音韵》代表说话音、《蒙古字韵》代表读书音"①,或者说"一个是书面语的标准音,如《蒙古字韵》所记录的;一个是口语的标准音,如《中原音韵》所记录的"的看法也相吻合②。八思巴字汉语译音的守旧特征还体现在某些重纽唇音字的语音演变上,比如蟹摄祭韵去声"袂"、止摄脂韵去声"寐"为重纽四等字,在《中原音韵》的读音却跟重纽三等合流读/mei/,现代北京话仍是如此,但八思巴字译音都仍然读重纽四等/mi/,没有发生例外音变。平山久雄注意到汉越音里"寐"读作/mi/,如果按照重纽四等唇音字的演变规律应读/zi/,可见该字可能有重纽三等的又读③。不管事实如何,"寐"的读音确实是《蒙古》和《中原》的区别所在。

上文说过,重纽三等的介音-rj-在汉语史上会导致后接韵母的主元音发生变化,从上古音到中古音,从中古音到现代方言都是如此。关于唇音字的重纽对立在现代方言的反映,至今没有专门的讨论。汉语史上唇音没有开合对立,学界已有定论,大多数现代方言也是这种情形。但有些南方方言会有/pua/、/pue/之类的声韵配列,尤其是闽语,有开合对立的迹象。如泉州方言:币 pe⁵ | 贝 pue⁵;霸 pa⁵ | 簸 pua⁵。如果唇音字的重纽对立能在现代方言有所反映,从音节结构来看有两种可能:(1) 重纽三等字带有合口性质,即介音为-u-、-y-或具有圆唇主元音;(2) 重纽三等字的韵母主元音比重纽四等字稍低,后者几乎普遍为-i,前者则为-e、-ɛ之类。

---

① 罗常培、蔡美彪:《八思巴字与元代汉语》,第 175 页。
② 杨耐思:《元代汉语的标准音》,《薪火编》,第 107 页。
③ 平山久雄:《中古唇音重纽在〈中原音韵〉齐微韵的反映》,《中原音韵新论》,第 31 页。

第四章 译音参证方法

下面参考汉语史和现代方言的几种材料,尝试说明重纽三等唇音字"皮"(亦兼及现代方言中其他相关唇音字)具有与重纽四等唇音字不同的韵母表现。

(一)《事林广记》为南宋陈元靓(福建崇安人)所编的一部类书,流传于日本的《事林广记》版本较多,"音谱类"收录的和汉语史有关的材料包括《正字清浊》、《呼吸字诀》、《呼吸诗诀》、《辨字差殊》、《合口字诀》等。其中斯道文库洪武本、内阁文库弘治本等所录的《辨字差殊》包括了 72 条语音条例,经过音韵史的分析及其与现代方言的比较,其语音性质可能是"浙东闽北地区弦索歌唱者之间通行的某种标准音"①。《辨字差殊》第 12 条为"陪,少似'皮'字呼"。平田昌司指出,熊忠《古今韵会举要》"裴陪"蒲枚切,"皮"蒲縻切,它们在《举要》卷首所附载《七音三十六母通考》②里的音韵地位同为並母妫韵。可见,《韵会》、《蒙古》所代表的方言都有支韵重纽三等唇音字灰韵唇音字同韵的现象。下文将会看到,现代闽语确实有"辨字差殊"所说的"皮陪"同韵的现象,如果这则语音条例确实反映了当时浙东、闽北方言的实际读法,那么闽语"皮"字的读法至晚可以溯至元代。

(二)尽管《蒙古》和《中原》两类韵书反映了些许共时语音差异,但就"皮"字的读音而言,两者是一致的,因为《中原》齐微韵平声阳"皮陪"同音,也是该书保留支韵唇音重纽对立的证据。《中原》书后"正语作词起例"一节的齐微韵部分,跟唇音字有关的最小比对有八组,其中"妣有彼"反映的是唇音重纽三四等之别,而"闭有避"反映的是支韵去声重纽四等字"避"读入重纽三等③。丁邦新观察元代汪元亨(江西饶州人)的散曲押韵,同样发现"皮"也是跟灰韵字相押的,同时与另一组读-i 的支韵字不相押韵④。

---

① 平田昌司:《〈事林广记〉音谱类〈辨字差殊〉条试释》,《汉语史学报》第五辑,第 176 页。
② 杨耐思《元代汉语的标准音》(第 96 页)说:"从元代记录当时实际语音的两系韵书来看,表现出明显的语音系统的共时差异。一系韵书可以拿周德清的《中原音韵》作代表,同系的还有卓从之的《中州乐府音韵类编》、无名氏的《中原雅音》等。另一系韵书可以拿《蒙古字韵》作代表,同系的有黄公绍、熊忠的《古今韵会举要》和《韵会》卷首附载的《七音三十六母通考》等。"
③ 平山久雄:《中古唇音重纽在〈中原音韵〉齐微韵的反映》,《中原音韵新论》,第 33 页。
④ 丁邦新:《与〈中原音韵〉相关的几种方言现象》,《历史语言研究所集刊》第五十二本第四分,1981 年,第 637 页。

（三）再看闽语各次方言中包括"皮"在内的支韵代表字的读音（文白异读分列两行，白读在上，文读在下）①：

表4-12 闽方言止开三支韵字的读音比较

	福州	福清	宁德	福鼎	厦门	泉州	漳州	邵武
皮	phuoi²	phuoi²	phui²	phuei²	phe²	phɤ²	phue²	phei⁷
	phi²	phi²	phei²	phi²	phi²	phi²	phi²	phi²
支	tsie¹	tsie¹	tsi¹	tsie¹	ki¹	ki¹	ki¹	ki¹
					tsi¹	tsi¹	tsi¹	tɕi¹
纸	tsai³	tsai³	tsa³	tsia³	tsua³	tsua³	tsua³	tɕi³
					tsi³		tsi³	
寄	kiɛ⁵	kia⁵	kie⁵	kia⁵	kia⁵	ka⁵, kia⁵	kia⁵	ki⁵
					ki⁵	ki⁵	ki⁵	

	建瓯	建阳	政和	松溪	崇安	永安	沙县	仙游
皮	phye²	hui²	phuɛi²	phyœ²	hy²	phue²	phue²	phuoi²
	phi²	phi²				phi²		phi²
支	tsi¹	tsie¹	tsiɛ¹	tsiei¹	tsi¹	tsɿ¹	tsɿ¹	ki¹
								tsi¹
纸	tsyɛ³	tsye³	tsye³	tsyœ³	tsyai³	tsya³	tsua³	tsya³
寄	kuɛ⁵	ki⁵	kyɛ⁵	kyœ⁵	ki⁵	kya⁵	kya⁵	kya⁵
						ki⁵		ki⁵

从上表所列"皮"字在闽语中的读音形式可见，其白读层都是普遍带有合口介音-u/-y或圆唇主元音的韵母，如果该方言唇音后面不具有合口介音，那么也会读作-e/-ei/-ɤ等舌位低于-i的韵母。也就是说，这些方言里"皮"字的

---

① 表4-12中的材料引自福建省地方志编纂委员会：《福建省志·方言志》，方志出版社，1998年，第468-472、502-506页。其中泰宁、建阳、沙县、仙游等还参考了李如龙：《福建县市方言志12种》。

今读反映了中古汉语重纽三等与重纽四等对立的痕迹。既然是古音遗存,便不可能是系统性的音类变化,因此上表同时列出支韵其他舌齿音及喉牙音声母代表字,以资比较。由此可以发现,虽然闽语中的开合变化有异于《切韵》之处,比如闽北建瓯方言"纸""寄"二字韵母都由开变合,同时"皮_{白读}""纸"同韵,但"皮_{文读}""支"二字还是读-i 的层次。松溪方言的"皮纸寄"都读合口的-yœ,但"支"字仍读开口的-iei。另外必须注意的是,有些闽、赣特点兼具的方言,如泰宁方言"皮"字读 phei²,但其他大多数中古止摄三等和蟹摄三四等开口字也读-ei①,可知"皮"字今读并不存古,而是跟其他同韵摄的字一同发生的裂化音变,是晚起的现象。浙南吴语温州方言也属此类情形,因此必须通过对相同音韵地位的支韵字的比较,才能断定支韵重纽三等唇音字读音的性质。

除了"皮"字,闽语中还有一些支韵重纽三等唇音字的读音值得注意,例如:

南安:皮 phə² | 被_{白读}phə⁶ | 糜_粥bə² ;

晋江:皮 phe² | 被_{白读}phe¹ | 糜_粥be² ;

建阳:疲 hui² ;

崇安:疲 hy² | 被_{棉~}hy⁴ ;②

沙县:被 phe⁵³ | 陂_{白读}phue³³ | 糜_{泥浆、稀饭}bue³¹ | 糜_{~灶}bue²¹² ;

仙游:被_{白读}phuoi⁵ 。

四、《中原音韵》的二等唇音字及其现代反映

早期中古汉语的二等介音与重纽三等介音都表现为钝音性,分别拟作

---

① 李如龙:《福建县市方言志 12 种》,第 369 页。
② 《福建县市方言志 12 种》(第 475 页)将"皮疲被"三字的声母误印作 ɡ,今改。

-rɯ-:-rj-①、-r-:-rj-②或-r-:-i-③等。这些拟音方案都是为了强调-r-音色对后接元音的影响,从而解释各种文献和现实语言材料中这两类韵的演变。因此,将二等韵和重纽三等韵的唇音字从中古到现代的语音演变做一下比较,相信能够更好地认识两者的性质。

《中原音韵》保存了中古支脂等韵唇音字重纽三、四等的对立,这点与元代八思巴字译音材料相同。与后者不同的是,《中原》的萧豪韵喉牙、唇音声母的一、二等韵字有重出现象(泥、娘母字亦如此),见下表④：

表 4-13 《中原音韵》萧豪韵一二等帮组字

声 类	调 类	一等豪韵	二等肴韵
帮母 p-	平声阴	褒	包胞苞
	上声	宝保堡褓葆	饱
	去声	抱晧 报暴 鲍巧 靵巧效	豹爆效 瀑号
滂母 ph-	平声阴		抛胞肨
	平声阳	袍豪 炮跑炰鞄麅咆庖肴	
	上声	剖厚	
	去声		炮泡
明母 m-	上声		卯昴
	去声	貌效 冒帽耄眊 茂候	

至于此类现象的性质,杨耐思认为"可能是反映了某种方言正处在由分变合的过程中的状态,……至于怎样正确处理这种现象,有待进一步的探讨"⑤。《中原音韵》区分豪、肴韵是有实际的语音基础的,因为该书"正语作词起例"里也指出"包有褒、饱有宝、爆有抱",现代南方(吴、粤、闽语)和北方(如晋语)方言仍然保留了这种对立,而且唐宋时期一些音韵史资料(如神珙《四声五音九

---

① 麦耘:《韵图的介音系统及重纽在〈切韵〉前后的演变》,第 41 页。
② 丁邦新:《重纽的介音差异》,第 55 页。
③ 黄笑山:《〈切韵〉和中唐五代音位系统》,第 55 页。
④ 杨耐思:《中原音韵音系》,第 40-41 页。
⑤ 杨耐思:《中原音韵音系》,第 41 页。

弄反纽图》的《五音声论》、《广韵》后附《辩十四声例法》、汉越音等）也明确反映了一、二等韵之别，直到明末的《韵法直图》以及现代北方方言中都有二等介音的存在①。

就唇音字而言，《中原音韵》一方面豪肴唇音字有别，另一方面也有相混的痕迹，例如上表所列肴韵字"鲍鞄"与豪韵同读 p-，豪韵"瀑"与肴韵同读 puɯ。肴韵读如豪韵，或者豪韵读如肴韵都是两类韵混同的表现，这跟重三读如重四或重四读如重三的性质是相同的。有学者指出，《切韵》时代的二等介音-r-（其实际音值可能是卷舌化的近音-ɻ-）到了中唐五代变作-i-②。宋元时期北方汉语的一、二等韵可以视为零介音、-ɯ-介音的对立，例如《中原》的豪、肴、宵（萧）三韵分别读作-au、-ɯau、-iau③。

汉语音韵史上的二等开口牙喉音声母字的"腭化"也是介音-ɯ-的演变所致，即：kr->kɯ->ki->ki->tɕ-。现代南部方言的唇音二等字具有各种形式的介音，尤其是出现在白读层中，可见其渊源有自。带有合口介音的方言如④：

淳安：疤 puɔ｜爬 phuɔ｜麻 muɔ｜蟆 muɔ｜马 muɔ｜怕 phuɔ

武义：麻 ɦmuɑ｜马 ɦmuɑ｜罢 buɑ

东阳：疤 pua｜爬 bua｜麻 mua｜马 mua｜八 pua｜拔 bua

部分浙南吴语、山西等方言的二等唇音字具有-i-介音，相信也跟早期汉语二等韵的-r-介音有历史联系，其音变过程来自 r>ɻ>ɯ>ɨ>i，由［＋钝］向［＋锐］的特征演变，举例如下：

遂昌：烹 phəŋ/phiaŋ｜盲 mɔŋ/miaŋ｜迫 piʔ/phiaʔ

浦江：巴 pia｜爬 bia｜八 pia

---

① 麦耘：《〈韵法直图〉中二等开口字的介音》，《语言研究》1987 年第 2 期，第 78－80 页。
② 黄笑山：《中古二等韵介音和〈切韵〉元音数量》，《浙江大学学报》2002 年第 1 期，第 32 页。
③ 朱晓农：《北宋中原韵辙考》，语文出版社，1989 年，第 77 页。
④ 以下方言材料均引自许宝华、潘悟云：《释二等》，《音韵学研究》（第三辑），中华书局，1994 年，第 127－128 页。

太原：迫 phiəʔ｜白 piəʔ｜伯 piəʔ｜百 pieʔ

大同：白 pia｜拍 phia｜百 pia

五、结语

本节首先介绍了学界对中古汉语重纽性质及其后续演变的研究，并从音系学的区别特征理论的角度，提出中古以后重纽三、四等的介音区别可以拟作钝音性的[-ɨ-/-ɯ-/-ɻ-]（音位化为/-rj-/）和锐音性的/-i-/的对比。

作为标音性的元代音韵史资料，以《蒙古字韵》、碑刻、《百家姓》为代表的八思巴字译音在"支部"[《切韵》的支、脂、质、陌（清）韵]仍然保留了唇音字的重纽对立。其中重纽三等读作钝音性的韵母-ue，重纽四等读作锐音性的韵母-i。

上文还尝试关注宋元以后直到现代方言中重纽三等介音对唇音字韵母演变的影响，发现若干音韵史资料（如《中原音韵》、《辨字差殊》）和现代闽方言与八思巴字译音材料所见的重纽三等唇音字有很一致的音变，即韵母带有合口性介音或圆唇主元音。

《切韵》时代二等和重纽三等介音都具有钝音性，因此会有平行的语音演变，《中原音韵》唇音一、二等字韵母有别，某些现代方言的二等唇音字带-u-/-ɯ-/-i-等形式的介音，都和重纽三等唇音字的演变相类似。

值得进一步思考的问题是，重纽"八韵十母"中，除去祭韵无入声，宵、侵、盐韵无唇音声母字之外，八思巴译音材料里为何阴声韵的支、脂韵和失去入声韵尾的质、陌（清）韵的唇音字会保留重纽对立？亦即只有开音节能保留重纽，而具有-m/-n/-ŋ韵尾的阳声韵却不能呢？另外，中古二等-r-、重纽三等-rj-两类介音虽然具有相同的近音音色和钝音特征，中古以后除了具有使后接元音圆唇化这一共同特征，还有哪些不同的演变？这些问题一时还不容易解决，留待将来再做讨论。

附：大英图书馆藏《蒙古字韵》伦敦钞本中的重纽唇音字[①]

表 4-14　大英博物馆藏《蒙古字韵》中的重纽三等唇音字

		平声	上声	去声	入声
bue	支Ⅲ	陂詖碑羆	彼鞞儸	賁伾詖陂	
	脂Ⅲ	鄙	秘祕閟毖		
	质Ⅲ				泌筆比
	陌Ⅲ				碧
phue	支Ⅲ	披鈹	破披髬	帔	
	脂Ⅲ	邳丕	秠	濞	
pue	支Ⅲ	皮疲罷	被	髲被被	
	脂Ⅲ	邳		備俻僃	
	质Ⅲ				弼
mue	支Ⅲ	糜縻靡蘼	靡敃		
	脂Ⅲ	眉嵋湄楣郿麋	美媺	媚	
	质Ⅲ				密宓

表 4-15　大英博物馆藏《蒙古字韵》中的重纽四等唇音字

		平声	上声	去声	入声
bi	支Ⅳ	卑椑箄裨	俾俾		
	脂Ⅳ		妣秕比	畀庇	
	祭Ⅳ			蔽	
	质Ⅳ				必毕箪韠趩跸潷饆縪饑珌
	昔Ⅳ				辟躃壁鼊繴璧
phi	支Ⅳ		諀庀	臂	
	脂Ⅳ	紕狉	仳		

[①] 郑光：《蒙古字韵研究——训民正音与八思巴字文字关系探析》，第 272-273、281-282 页。

续　表

		平　声	上　声	去　声	入　声
pi	支Ⅳ	陴脾埤椑	婢髀庳	避辟	
	脂Ⅳ	魮毗琵貔膍肶蚍枇		鼻痹比枇	
	祭Ⅳ			獘氅币敝	
	质Ⅳ				邲比苾佖馝馝
mi	支Ⅳ	弥弥弥冞			
	脂Ⅳ			寐	
	祭Ⅳ			袂	
	质Ⅳ				蜜谧醽

第五章　语言地理方法

第一节　边界性方言与地理边界的关系

一、引言

　　大家都知道，第一部用现代语言学的理论与方法来研究汉语方言的著作是赵元任(1892—1982)的《现代吴语的研究》，该书于1928年作为清华学校研究院丛书第四种出版。1926年，赵元任在《清华学报》3卷2期发表《北京、苏州、常州语助词的研究》，可视为第一篇用现代语言学的方法来描写方言语法的科学论文。从语料来看，基本上来自赵先生的"内省式"(introspection)调查，"材料调查的范围也只就作者对于这三处方言的知识(曾在北京两年，苏州一年，常州七年多)，跟随时遇见的三处的人，并没有做极广搜的工作，所以虽然本篇所载，凡是最常见的语助词都有了，难免还是有些遗漏的"①。

　　真正意义上的汉语方言的调查研究，是1927年由赵元任在清华学校研究院任教时开始的。为何选择由吴语的调查开始，是因为"元任虽然生在北方(天津)，说的是国语，但老家是江苏常州，从小受到吴语熏陶[家里大人都说常州话，伯母带着孩子从常熟来探亲，又学会说常熟话，后来又到苏州(吴县)姨妈家住一年学会说苏州话]，常州、常熟和苏州话都属于吴语系统，所以对吴语不但有特殊的感情，也有一定的基础，会说当地方言对方言调查工作是一个非

---

① 赵元任：《北京、苏州、常州语助词的研究》，《清华学报》3卷2期，1926年，第870页。

常有利的条件。基于以上的考虑,确定了吴语作为第一次方言调查对象"①。虽然赵先生的实地调查并没有贯彻到底,比如就地利之便,在上海调查了上海、台州音,在周浦调查了周浦、台州音,在无锡调查了无锡、溧阳音,在镇江记录了镇江、句容、金坛音,在常州调查了常州、宜兴音,在绍兴调查了绍兴、诸暨、温州等音,但总的来说,都是在本地找发音人,在本地进行调查,在本地归纳音系,做材料的整理、记录,用国际音标记音,并进行材料的核对。这一套操作程序,成为后来汉语方言调查研究的工作典范,至今仍是必需。紧接着,赵先生到中研院历史语言研究所主持语言组工作,与杨时逢、丁声树、吴宗济、董同龢等几位助手一起,相继开展了六次大规模的方言田野调查,分别是两广(粤语)(1927、1928年间)、陕南(1933年)、徽州(1934年)、江西(1935年春)、湖南(1935年秋)、湖北(1936年)等地的方言。

这批材料之中,最早整理出版的是《湖北方言调查报告》(以下简称"报告"),该书书稿1938年交上海商务印书馆,由于抗战的原因影响了按时印刷,而后延宕至1948年才正式出版。该书的写作体例、论述规范、内容编排等,成为汉语方言调查报告的标尺。《报告》提出的方言学术语(比如"特字")或调查内容的展示方式(比如方言地图),对后来的汉语方言学的发展影响甚巨。关于方言地图,赵元任先生在该书做了如下说明②:

> 方言跟方言间的分界有颜色跟颜色间的界限那么糊涂,而所含的因素比颜色跟颜色的分别还复杂得多。所以把一省的方言大致分为几区是容易分的,而在区间交界的地方指出某地一定是属哪一区而不属隔壁的一区,有时就做不到。例如湖北东南一隅的几县方言最特别,但这一区究竟包括哪些地方就要看拿什么做标准。比方"他"这个词,用"其、伊"系统见系声母字的有〔黄〕梅、〔广〕济、〔大〕冶、咸〔宁〕、阳〔新〕、通山、崇〔阳〕、通城八处。这区里"的"这个词,差不多都用"个"字,但是"他"系对"其"系跟"的"系对"个"

---

① 赵新那、黄培云编:《赵元任年谱》,商务印书馆,1998年,第146-147页。
② 赵元任:《湖北方言调查报告》,商务印书馆,1948年,第1567页。

系,二者的范围不完全一致,上述的八个地方黄梅跟广济两处用"的"不用"个",而外加了嘉鱼、蒲圻两处用"个"不用"的"(看第五十五、五十六地图)。又如湖北东部西部一个最重要的分别是入声的有无,跟阳去的有无。这二者几乎完全并行,但是惟有汉川、沔阳、天门、松滋四处有入声而无阳去,竹山一处有阳去而无入声(看第三十八地图)。所以好些界限都是很参差的。

之所以要这么详尽地引述赵元任的上面这段话,是因为它最早以具体的实例,准确地说明了边界地区的方言在分区、分类上的模糊性。这段话很重要,既有总述,又有实例,我们尝试做如下阐释:

(1) 地理上毗邻的甲方言与乙方言之间,并没有截然分别的界限,两者之间总有相同与不同两个方面,就像不同颜色间的区分一样,本来就是个连续统(continuum)。

(2) 核心地区的不同的方言,要做绝对的区分尚且不易,如果是边界地区的那些方言,要想分得很清楚,更是不可能的事。

(3)《报告》图五十五列出了第三人称代词单数在湖北方言的形式,其中大多数方言都用官话型的"他",只有西北角与陕西相邻的郧西县以及东南角与江西相邻的咸宁、黄梅等县不用"他"。很明显,东南角的方言所用的是赣语型(或者说"非官话型")的"渠、伊"。

(4)《报告》图五十六列出了领属标记的形式,与第(3)条特征在地理分布的分别相类似,东南角的湖北方言用非官话型的"个",其他则用"的"。再换个角度,不从地域而从时代来看,北方官话与南方非官话方言在中晚唐以后发生分歧,前者更具创新特色,后来以文读音的姿态继续影响南方方言,后者在语音、词汇、语法层面则更具保守面貌,不少特征是南北朝时期汉语的孑遗。人称代词"他—渠(伊)"、领属标记"的—个"之别便是官话与非官话之分。作为近代汉语研究的开拓者,吕叔湘早在20世纪40年代就撰文发表了类似的看法[①],后来又

[①] 吕叔湘《说汉语第三身代词》(以英文"The third person pronouns and related matters in classical and modern Chinese"为题发表于《华西协和大学中国文化研究所集刊》第1卷第2期,1940年),收入吕叔湘:《汉语语法论文集》(增订本),商务印书馆,1984年,第38-58页。

经罗杰瑞、梅祖麟等先生加以推阐①,已为汉语史与方言学界所普遍认同。

二、边界方言与方言分类

从李方桂发表"Languages and Dialects"、赵元任发表"Language and Dialects in China"②开始,汉语方言的分区、分类一直是汉语方言学乃至汉语语言学最重要的议题之一。对汉语方言做出各个层级的分类,本身不是目的,而是为了说明方言之间的共时差异,以及由此反映出的历史源流问题。在这项工作进行的过程中,势必会碰到典型性方言与非典型性方言的不同。

典型与非典型之分的提出,更多是基于方言学上的所谓"特征"(feature)的具备与否,同时也兼顾地理分布上的"中心"(central)与"边缘"(marginal)之分。换句话说,典型性方言应具有唯一的(如果典型特征只有一种)或数量更多的特征[如果典型特征有两种以上,即形成所谓"特征束"(feature bundle)];非典型方言则不具有唯一的、或数量上较少的特征。从地理分布上来说,典型性方言往往也是中心地带或者说是核心区域的方言,非典型性方言则是边界地带的方言。如晋语的中心地区,范围大致包括以山西省中部汾河两岸为核心的并州片和吕梁片大部分的方言,在语音特点上,中心区的晋语入声分阴阳,有比较复杂的文白异读;古全浊声母今平声读不送气塞音、塞擦音的,只见于并州片太原小片的部分点(不包括太原);"支微入虞"现象除了见于并州小片部分店,还见于吕梁片汾州小片的部分点③。

边界地带的方言在语言特征上往往表现出边缘性或跨界性,所以在分区、定性上会体现出模糊性和不确定性。举例来说,什么是吴语的典型特征,或者是哪些方言属于典型吴语?赵元任在《现代吴语的研究》(1928)一书中最早提出把塞音、塞擦音是否三分(如"帮滂並""端透定""庄初崇"等)看作是吴语的

---

① 罗杰瑞(Norman Jerry):"Some thoughts on the early development of Mandarin",余霭芹、远藤光晓编:《桥本万太郎纪念中国语学论集》,东京内山书店,1997年,第21-28页。
② 李方桂(Li, Fang-kuei):"Languages and dialects",*The Chinese Year Book*,1936—1937年,第121-128页;赵元任(Chao, Yuen-ren):"Language and dialects in China",*The Geographical Journal*,第102卷第2期,1943年,第63-66页。
③ 温端政:《论晋语研究中的几个问题》,单周尧、陆镜光主编:《语言文字学研究》,中国社会科学出版社,2005年,第288页。

典型特征。所谓"三分",是指历史音类在共时表现上"三分",具体怎么"三分",倒在其次。比如绝大多数方言(如苏州)是"帮[p]、滂[ph]、並[b]"的三分格局(並母更准确的音值描述可以是"清音浊流"[pɦ]),上海南汇是"帮[ɓ]、滂[ph]、並[b]",浙江庆元为"帮[ɓ]、滂[ph]、並[p]";浙江浦城为"端[l]、透[th]、定[t]"①,安徽当涂则为"端[t]、透[th]、定[ɾ]"。既然是用作分类的"特征"(独特的表征),则应该满足"对内一致、对外排他"的基本标准。但是,运用该标准时还需考虑到地理上是否邻近,所以虽然塞音、塞擦音三分"除了见于今吴语外,还较集中地见于湘西南和粤北的湘语娄邵片和湘西北的湘语吉叙片,并且零星地散布于赣北鄱阳湖北部沿岸的湖口、星子、都昌和武宁,湖北东南角的蒲圻、崇阳、通城,湖南东北角的临湘和岳阳"②,这些方言所处的地区与吴语在地理上不邻接,因此即使符合"三分"的标准,也不算吴语。又如方言学意义上的"晋语",指的是"山西省及其毗连地区有入声的方言",既有语言学本身的特征,也要看地理上是否连续,所以陕北、豫北、冀西南、内蒙古黄河以东中西部地区,与山西省在行政边界上是紧挨着的,同时也有入声,可以归入晋语。所以,"对内一致、对外排他"需要"非毗邻方言可有例外"作为补充。

　　大多数情况下,仅凭一条特征,无法准确地将方言进行分区、分类,所以需要提出多条典型性特征,加以综合运用,根据特征共享数量的多寡来定。张琨也表达过类似的看法:"汉语方言的分区是以地域为基础的,吴语区在江苏南部和浙江省,闽语区在福建,粤语区在两广,赣方言在江西,湘语在湖南。用音韵特征来划分方言区不能只靠一个音韵特征。即如用切韵全浊声母处理的办法来划分汉语方言也有很多困难。"③因此,从音韵特征角度判定是否为吴语,

---

　　① 庆元、浦城方言的材料参游汝杰:《论吴语的音韵特征》,《游汝杰自选集》,广西师范大学出版社,1997年,第53页。最近郑张尚芳《浙江南部西部边境方言全浊声母的清化现象》(《方言》2012年第4期,第290页)根据20世纪80年代的调查资料指出:"庆元方言阳调各声字已全部清化,不读浊音……古清浊母今读只以声调阴阳来区别。"因此表面上"帮、並"合并,实际上两者在声调上有阴、阳之别,因此仍为三分格局。
　　② 游汝杰:《论吴语的音韵特征》,《游汝杰自选集》,第66页。
　　③ 张琨:《汉语方言的分类》,《中国境内语言暨语言学》(第一辑·汉语方言),台北"中研院"历史语言研究所,第9页。

除了(1)塞音、塞擦音三分,还可以包括:(2)"打"字读德冷切[1]、(3)麻韵二等后高化、(4)咍泰有别同时佳泰同韵[2],两条都符合。丹阳方言位于吴语与江淮官话的边界地带,根据吕叔湘的调查,第一,其声母系统没有浊塞音、塞擦音,但仍有浊擦音[v z]。毗邻的镇江方言是典型的江淮官话,其音系并没有[f v][3],可见浊擦音跟邻近的官话型方言无关,而是早期浊辅音系统的残留。第二,"打"字读 tɑ³,与德冷切的读音不符,为官话特征。第三,麻韵二等的白读为-o、文读为-ɑ,白读是本地的,为吴语特征。第四,咍韵读-æ,泰韵白读为-ɑ、文读为-æ,佳韵读-ɑ,为吴语特征[4]。综合来看,丹阳方言的方言属性没有争议,但作为边界性的方言,吴语型的特征有的已被官话覆盖(如浊塞音、塞擦音声母消失),或者是官话成分以文读音的姿态与本地白读并存。再说杭州方言,其音系中有塞音、塞擦音三分,但麻韵二等和"打"字都读-ɑ,佳、咍、泰三韵都读-ɛ,上述四条特征,只有三条符合,可见杭州话也是边界性方言,如按特征(1),便是吴语,如按特征(2)-(4),便不是吴语。联系历史背景,可知杭州话受北宋末年南迁至临安的汴洛官话所影响,其本地的音韵特征被大量的官话成分所替代。如此,可将其视作"方言岛",但并非与周边吴语格格不入,仍有不少重要的共享特征,加上与吴语地理邻接,因此既承认其边界性,也将其视作吴语,划为太湖片的杭州小片,是很合理的。

三、方言边界与行政边界

在讨论边界方言时,要将方言边界与行政边界两个概念区分开来。方言分类所用的名目与行政名目关系密切,方言区划往往会用历史或现实中的行政概念,当然两者的内涵、指称一般都不一样。比如"北方方言,即北方话,按照广义的说法,就是所谓'官话'"[5],但也属于南方方言的官话,可见"北方方言"不就是"北方的方言"。同样地,闽、赣、湘、粤等,既是大方言区的名称,又

---

[1] 该条标准由游汝杰在《论吴语的音韵特征》(第 64 页)一文中提出。
[2] 第(2)、(3)条标准由郑伟《吴方言比较韵母研究》(第 47 页)提出。
[3] 张洪年:《镇江方言的连读变调》,《方言》1985 年第 3 期,第 191 页。
[4] 吕叔湘:《丹阳方言语音编》,语文出版社,1993 年,第 15-35 页。
[5] 袁家骅等:《汉语方言概要》(第二版),语文出版社,2001 年,第 23 页。

分别是福建、江西、湖南、广东等省份的简称。在大方言区的下位分类时,也不排斥使用行政建制作为分类的名目,比如赣方言包括昌靖(南昌、靖安)片、宜浏(宜春、浏阳)片、吉茶(吉安、茶陵)片、抚广(抚州、广昌)片、鹰弋(鹰潭、弋阳)片、大通(大冶、通城)片、耒资(耒阳、资兴)片、洞绥(洞口、绥宁)片、怀岳(怀宁、岳西)片等①,也常常沿用旧的建制名来给方言片或方言小片命名,比如吴方言包括台州、婺州、处衢(处州、衢州)等片,太湖片下面有毗陵(常州府旧名)、苕溪、临绍等小片。

  边界方言与行政边界的关系无非就是两种:一种是基本重合,一种是基本不重合。后者占大多数。就行政边界而言,有村(行政村、自然村)、乡、镇、县(区)、市、省等各个层级;就方言边界而言,也有单点方言、小片方言、片方言、区方言等不同层级。相对来说,行政边界要比方言边界分得更细,方言学上的分界,不会考虑到将村与村之间方言分开,除非确实分歧大到属性不同。所以,我们所说的方言边界与行政边界,在地域范围上基本上是县级以上的,乡、村级的方言边界一般不予考虑。

  当然,不排除少数的极端情形,"十里不同音",说的就是有的地方同一个乡的不同村之间的方言也可能不一样。比如广西桂林市灵川县大圩镇茯荔村委下的杨家自然村,一百多年前从广东郁南县迁来,由于受周边桂北平话的影响,自称所用的语言为"土白话",外人称其为"广东话",该村的方言成了粤语、平话特征兼具的土话。据调查者的介绍,"入声大体按古声母的清浊分类(桂北平话一般不分),其中部分清音字今读去声[33]调,有时读得短促,类似粤语的下阴入。山摄开口洪音见系与拼其他声母的读音不同,来自古入声的臻开三质韵读[a ai],也都显示出粤语的痕迹。入声丢失塞音尾,咸深山臻四摄没有前鼻音,只有鼻化音和后鼻音,韵母多向分派和重新组合,都跟桂北平话一致"②。这种亦"粤"亦"平"的性质,导致灵川杨家话成为边界性方言。再如广西贺州市八步镇有个鸬鹚屋,该村的先民宋末从广东迁至广西桂林府灵川县

---

① 侯精一主编:《现代汉语方言概论》,上海教育出版社,2002年,第141页。
② 陈然然:《灵川杨家话语音研究》,郑作广主编:《广西汉语珍稀方言语音研究》,广西民族出版社,2009年,第343页。

大圩镇毛村,乾隆年间毛村人的一部分来到贺县,差不多150年前到了八步镇厦良村,他们所说的方言叫"鸹鹩话",从性质上看是桂北平话的一种,但也兼具其他的方言属性,其中"古全浊声母字今读塞音和塞擦音的多数不送气"、"知组少数字(鸹鹩话集中在澄母)混入端母"、"部分晓组字与非组相混"、"塞音韵尾全部消失,有入声调类"等特点与桂北平话一致,另外"在古全浊声母今读塞音、塞擦音基本不送气的同时,送气音都集中在平声",该特点与毛村话相同,辖字的比例也非常接近①。

　　一县之内分两种(或以上的)方言,虽然不是很普遍,但也不罕见。据郑张尚芳20世纪80年代的调查,位于福建、浙江边界地区的浦城,其方言有南、北之分,"东侧为江山、遂昌、龙泉,西侧为广丰、上饶,都是说吴语的;南部受本省闽北方言包围,松溪、建阳、崇安都说闽北话。因此,浦城县境内方言虽然复杂,大致也可分南北两大类:县城南浦镇以及北部十二个公社说的是吴语的浦城方言,南部的石陂、水北、濠村、山下、临江五公社说的是闽北话的石陂水北方言",其中"临江话是个南北过渡性质的方言,夹有好些接近浦城方言的成分,但基本特征跟石陂水北方言相同,所以仍应归入闽北方言一类"②。临江话的边界性质,即亦"吴"亦"闽"可以从全浊声母的音值来看,上文已经说过,吴语的典型特征是保留全浊音,与全清、次清三分。临江话的阳平字保留了吴语的特点,可读浊音,但游移于清、浊之间,如:爬 ba²/pa² | 除 ty²/dy² | 曹 tsao²/dzao² | 潮 tɕiao²/dʑiao² | 穷 kioŋ²/gioŋ²。词汇层面,临江话"冷、分给、飞、猪"的说法分别是 lēi⁴、huī¹、fi¹、ty¹,有别于闽语型的"寒、乞、越、豨"③。这说明吴、闽方言在浦城县正好分界,但在边界地带的临江方言,其语言特征也具有模糊性,有的方面像吴语,有的方面则像闽语。

　　就吴语而言,江苏丹阳、金坛、溧阳、高淳等县也是在其境内出现了方言分界,主要是分区吴语与江淮官话。以丹阳为例,按照20世纪80年代的调查,

---

① 钟梓强:《贺州鸹鹩话语音研究》,郑作广主编:《广西汉语珍稀方言语音研究》,第259页。
② 郑张尚芳:《浦城方言的南北区分》,《方言》1985年第1期,第39页。
③ 郑张尚芳:《浦城方言的南北区分》,《方言》1985年第1期,第41页。

"丹阳县'四城十八腔',方言复杂,简单地说,东部吕城一带和武进话相近,都有浊音,两个入声;中部丹阳城镇一带单字古浊塞音、浊塞擦音读不送气清音,但连读时仍有浊音,入声分阴阳两类;西部河阳一带浊音基本消失,入声只有一类"①。从语音上看,入声两类、保留浊音的无疑是吴语,入声一类、浊音消失的是江淮官话。上文所引的吕叔湘对丹阳方言语音的调查材料显示,城关话的白读更接近典型的吴语,文读更接近典型的江淮官话。后来的方言学者将丹阳话分作四片:第一片,以市区云阳话为代表;第二片,以吕城话为代表;第三片,以河阳话为代表;第四片,以埤城话为代表。这四片在虚词的使用上,也有内部差异,比如人称代词复数后缀,第一片、第三片(多数乡镇)用"己"[tɕi^{55}](少数地方说[tsʅ^{55}]);第二片多数地方用"家"[ko^1],界碑、新桥等少数乡镇用"们"[men^2];第三片多数地方和第一片相同,河阳、司徒两镇则用[nen^2]②。[nen^2]的本字我们认为是"侬"。总之,从词汇、语音角度划分出的方言边界可能不会完全重叠,但丹阳方言内部大的分类是明确的,即只有吴语与江淮官话的分别。

四、结语

总之,"方言分区不可能做到尽善尽美的地步,方言的区划不是绝对的,方言区与方言区之间的界限不是不能超越的,各个方言区之间的交往从来没有间断过,人口经常往来迁动,方言区的边缘上总有模棱两可的方言,所以常常有方言归属的争辩"③。

最后想说一点,调查边界方言时,就语音调查来说,从方言本身的过渡性、边缘性考虑,应注意调查的方法,单字调查和词汇调查最好都要使用,因为单字音往往会更表现出边界性,词汇音则通常更"本土";文读音会更容易表现出外来的影响,白读音则通常更"本土"。

---

① 颜逸明:《江苏境内吴语的北部边界》,《方言》1984年第1期,第1页。
② 蔡国璐:《丹阳方言词典》,江苏教育出版社,1995年,"引论"部分第4、6页。
③ 张琨:《汉语方言的分类》,《中国境内语言暨语言学》(第一辑·汉语方言),第1页。

第二节 通泰方言及邻近吴语的边界性

一、引言

近年来,汉语方言地理学领域有不少重要的研究成果问世,比如国内有曹志耘主编《汉语方言地图集》三大卷(语音卷、词汇卷、语法卷),日本有岩田礼编《汉语方言解释地图》及《汉语方言解释地图(续集)》。《地图集》提供了若干语音、词汇、语法项目的地理分布,《解释地图》及其续集主要关注的是"词地理学"(Word Geography)研究。

2005—2006年间有两本该领域的专著也很值得注意,一本是项梦冰、曹晖编著的《汉语方言地理学——入门与实践》(本节简称《入门与实践》),另一本则是史皓元、石汝杰、顾黔的《江淮官话与吴语边界的方言地理学研究》(本节简称为《研究》)。从这两部书的书名便不难看出,《入门与实践》既包括方言地理学一般知识的介绍(例如方言学及方言地理学简史、方言地图、同言线理论等),也有诸多精深的专题(如汉语方言的宏观、微观分区);与之不同的是,《研究》的论题更加集中,只讨论江苏省南部的吴语、中部的江淮官话之交界地带的方言共时特征及历时演变等问题。关于《入门与实践》一书,先后已有郭必之、岩田礼两位的评论和项梦冰的回应[①]。作为汉语方言地理学方面的重要著作,《研究》自然也有加以评介的必要[②]。

《研究》包括三个部分,共10章,338+XIV页。第一部分(引言+1-5章)为"方言分类学理论探讨:如何划分官话与吴语",具体包括:南部江淮官话通语

[①] 郭必之:《方言地理学和方言分区可以结合吗?——读项梦冰、曹晖编著〈汉语方言地理学——入门与实践〉》,《北京大学学报(哲学社会科学版)》2006年第5期,第154-157页;岩田礼:《书评:〈汉语方言地理学——入门与实践〉》,《语言学论丛》第四十三辑,商务印书馆,2011年,第352-371页;项梦冰:《方言地理、方言分区和谱系分类》,《龙岩学院学报》2012年第4期,第21-30页。

[②] 对于该书的简短评论,可参看陈潇:《剑磨八年、璧合中西——评方言地理学的最新成果江淮官话与吴语边界的方言地理学研究》,《语言文字周报》2007年8月22日第4版。

音系构拟(第1章)、北部吴语通语音系构拟(第2章)、官话与吴语的区分及代表点的分类检测(第3、4章)、语言成分的竞争和叠置(第5章)。

第二部分为"方言地图分析"(引言+6-12章),论题集中在吴语与江淮官话交界地带各个方言的若干语言特征的地理分布分析,例如丹阳、丹徒方言口语词、声调的同言线(第6、8、9章),金坛、溧水、通州等方言的方言性质及元音演化(第10-12章)。尤其值得称道的是,第二部分还附了17幅彩图,记录了田野调查的过程,还提供了不少反映当地民俗文化、建筑风格的图片。

第三部分(13-14章)为"综论"。该部分对三个非典型的吴语或官话方言(即丹徒县的高资水台、泰兴县的曲霞应达、靖江县的团结乐稼)做了详细的描写(第13章),记录了约2 000个词汇材料,并加注了严式的国际音标。第14章为结语,再次强调了该书作者提出的"南部江淮官话通语、北部吴语通语分类学检测标准",并简单总结了该书所论的几个边界方言(如通州、靖江、丹阳、丹徒、金坛、溧水)的主要特征。

另外,《研究》还绘制了81幅方言地图[1],并在"附录"部分提供了"江淮官话与吴语边界地区方言调查点总目",详细罗列了方言点(到自然村一级)、发音人(性别、年龄)、记音人和调查日期等信息。

本节拟从四个方面对《研究》的内容进行评介:(1)北部吴语通语音系的构拟;(2)官话、吴语方言属性的检测标准;(3)从演化与接触角度看北部吴语与江淮官话的比较音韵;(4)是否可以用《切韵》研究方言。

二、北部吴语通语音系的构拟

史皓元提出了"北部吴语通语"(Common Northern Wu)的音系构拟[2]。实际上,为吴语构拟共同音系的想法早在赵元任《现代吴语的研究》(1928)就已经有了。以声母为例,赵先生为共同吴音构拟了26个声类,具体如下[3]:

---

[1] 据本书作者在"后记"中的描述,该书中方言地图的绘制使用了日本学者福岛秩子、福岛佑介设计的 SEAL 6.2E(System of Exhibition and Analysis of Linguistic Data)。
[2] 史皓元(Simmons V.):《汉语方言分区的理论与实践——以江淮官话与吴语的分区为例》(中译本),中华书局,2011年,第50-68页。
[3] 赵元任:《现代吴语的研究》,第14页。

表 5-1 赵元任《现代吴语的研究》所拟吴音的声母系统

'b'系	b[p]	p[ph]	bh[pɦ]	m[m]		f[f]	v[v]	□[ɸ̸]
'd'系	d[t]	t[th]	dh[tɦ]	n[n]			l[l]	
'g'系	g[k]	k[kh]	gh[kɦ]	ng[ŋ]				
'h'系			h[h]	hh[ɦ]				
'j'系	j[tɕ/tʂ]	ch[tɕh/tʂh]	(dj)[tɕɦ/tʂɦ]			sh[ɕ/ʂ]	zh[z/ʐ]	
'tz'系	tz[ts]	ts[tsh]	(dz)[tsɦ]			s[s]	z[z]	

赵氏的吴音系统所用的音标是其创制的"吴音音韵罗马字",亦即"是一套纯粹标类性的符号",而非国际音标。这样做的好处是可以只注意音类之间的分合,忽略各地方言在实际音值上的差异。为了便于理解,上表给各个声母加注了国际音标。针对吴语的实际情形,有必要做些说明:

(1) 传统音韵学所谓的全浊声母(中古"并定群"等),大部分吴语单念时不带声(voiced),而是气嗓音(breathy voice),在两字组中处于后字位置时会变带声;温州等浙南吴语单念时也是真的"浊音"。

(2) 全清声母(中古"帮端见"等)在大部分吴语中的实际音值是较"硬"的[p](有的论著记作带前喉塞音的[ʔp]),而北京话则是较"软"的[b̥];少部分吴语(如上海浦东、松江、浙江永康等)则是浊的内爆音[ɓ ɗ ɠ]①。

(3) 从实验语音学来看,'h'系的清喉擦音[h](中古晓母)与浊喉擦音[ɦ](中古匣母)都可以看作后接元音的伴随特征,亦即元音的不同发声类型。[ɦ](方言学界习惯称之为"弯头 h")在部分吴语(如温岭话)中并没有清喉擦音段[h]。按照目前语音学界的标音方法,可以在韵母元音下加附加符号"..."。正因为此,温岭方言的"咸淡"[ɛ dɛ]倒过来听还是[ɛ dɛ]②。它和带喉塞成分的零声母(中古影母)[ʔ]构成对立,区别在于发声类型(phonation type)和声调两者。另外有些吴语(如常州话)的匣母字有清喉擦音段[h],同时为气嗓音

---

① 赵元任:《中国方言当中爆发音的种类》,《历史语言研究所集刊》第五本第四分,1935 年,第 518-519 页。

② 李荣:《"鹹淡"倒过来听还是"鹹淡"》,第 106 页。

的发声类型,与[h]构成对立,但前者擦音段时长比后者短了将近一半;还有些吴语(如崇明)的匣母字清喉擦音段[h]的时长和该方言晓母字[h]的时长接近。

（4）按赵元任的看法,吴语通语的'j'系应有舌面前—腭前[tɕ]组、舌尖后[tʂ]组两类地域变体。事实上,在整个吴语区,[tʂ]组音只见于苏州、无锡的老派和常熟方言这一狭小的区域,包括保守的浙南吴语在内的大部分方言都没有;而且从调音语音学(articulatory phonetics)的角度来看,上述地区的所谓翘舌音也跟北京话的[tʂ]不一样,而是跟英语的舌叶—龈后音[tʃ]组更近。

1940年赵元任于美国耶鲁大学任教期间,已经开始了通字方案(general Chinese)的研究①,此后在哈佛大学(1941—1946)、伯克莱加州大学(1947—1963)任教时也未曾中断这方面的探索,1966、1968年赵先生又相继获得了美国哲学学会和Guggenheim Fellowship Award(谷根函基金)的支持,得以继续通字的研究。《通字方案》是赵先生的遗稿,该书明确指出"为了研究跟写作的方便,取中国语言当中的一部分作全部的代表,中文名称叫'通字',就是某字与某字在字源上相通的意思",同时也交代了"通字"的方言基础,即"声母大概包括吴语(例如上海宁波),韵母近于官话,韵尾大致跟着粤语。可是读起来可以读任何方音";又说"官话,粤语,吴语,以及闽语的某些特征,是我们用来做基础的主要方言"②。还是以声母系统为例,《方案》所提出的声母表如下:

表 5-2 赵元任《通字方案》提出的通字声母系统

帮 b	滂 p	并 bh	明 m	非敷 f	奉 fv	微 v
端 d	透 t	定 dh	泥娘 n		来 l	
见 c	溪 k	群 g	疑 q	晓 x		影 ∅
知 dy	彻 ty	澄 dhy	匣 h			

---

① 当时的中文翻译是"普通国文",后来才改作"通字",参赵新那、黄培云编：《赵元任年谱》,第257页。

② 赵元任：《通字方案》,商务印书馆,1983年,第3、13页。

续 表

精 z	清 ts	从 dz		心 s	邪 sz	
照庄 dr	穿初 tr	床崇 jr		审生 sr	禅士 zr	喻云 y~w+h
照章 j	穿昌 ch	床船 dj	日 r	审书 sh	禅时 zh	喻以 y~w

与赵元任的"吴音"相比,《方案》的做法有两点值得注意:

第一,《方案》的声母系统是建立在《切韵》的声类之上的,因此被冠之以中古汉语的字母名称,而代表吴语通字的"吴音"则只用纯粹的罗马字标音。赵先生认为,作为对吴语或汉语方言的一种最小公倍数的概括,汉语方言的通字必须以中古音为参照系[①],因为学界的共识是各大方言都由《切韵》音系演变而来;吴语的共同音系则无须追溯至《切韵》,以及后者的不少音类到了吴语里已经合并,因此汉语方言通字的声母有 40 个,而"吴音"声母只有 28 个。反过来,《切韵》不分的声类,不可能在"吴音"里出现分化。职是之故,"吴音"可以舍弃中古音字母的名目。

第二,"吴音"用罗马字标音,各地吴语的实际音值差别不大,所以无须费词多做解释;《方案》也是用罗马字标音,但由于针对全国的汉语方言,情形更加复杂,所以赵元任花了较多的篇幅讨论通字的读法[②]。马希文(1985)对《方案》也有中肯的评价,可参看。

作为赵元任的授业弟子,美国汉学家罗杰瑞教授也在相关论著里提到过"共同汉语音系"(Common Dialectal Chinese)的说法(Norman 2003,2006),《研究》的作者之一史皓元又师从罗先生,并以北部吴语和江淮官话的分界问题为主要研究对象,可以说是一门三代都致力于汉语方言共同音系的拟测[③]。下面的表 5-3 和表 5-4 分别是《研究》第 2 章(48-49 页)列出的北部吴语通语音系的声母和韵母系统:

---

① 这里之所以不强调《切韵》音系,乃是因为从《方案》所论的汉语方言通字声母系统来看,与《切韵》声母并不完全相同。按照学界的一般看法,《切韵》(早期中古汉语)声母是 37 个,可参麦耘:《音韵学概论》,第 59 页。《方案》与之相比,增加了非敷 f、奉 fv、微 v 三个声母。

② 赵元任:《通字方案》,第 78-87 页。

③ 也可参看俞志强(Yu, Zhiqiang):*Optimization of Wu Dialect Classification*,复旦大学出版社,2000 年。该书也是根据相同的思路,对吴语提出了分类学上的一些见解。

表 5-3 史皓元等拟测的北部吴语通语声母系统

p	ph	pɦ	m		f	v	
t	th	tɦ	n			l	
k	kh	kɦ	ng[ŋ]		h	ɦ	Ø
tɕ	tɕh	tɕɦ	(gn[n̠/ɲ])			(ɕɦ)	
ts	tsh	(tsɦ)		s		z[sɦ]	

表 5-4 史皓元等拟测的北部吴语通语韵母系统

ɥ/y	a	o	ɛ	au	ou
i	ia		ie(n)	iau	iou
u/ū	ua	uo	uɛ		
iu					
		iang		ing	iong
uɛn	uon	uang		ueng	
	yon			ying	
aq/āq	oq/ōq	eq/ēq			
iaq	ioq	ieq/iēq			
uaq	uoq	ueq			
		yeq			
m	n	ng			

(1) 表 5-3 是史皓元提出的北部吴语通语音系的 28 个声母，标音的方式是国际音标。史先生强调"我们构拟的吴语通语音系，是从音系学的角度出发的，力求突出有区别性的、音位的对立"(第 48 页)，亦即忽略少数吴语在实际音值上可能出现的变异(如[p]在上海郊区方言读[6])。也就是说，北部吴语通语音系有 28 个声母音位和 44 个韵母音位。表 5-4 和表 5-3 不同，前者采用的标音法还是沿用赵元任的罗马字音标。为了统一和方便比较，上面的韵

母表已经将部分罗马字音标转写成了国际音标。

（2）韵母表有几处用斜线隔开两个相同的音标，包括：ɥ/y、u/ū、aq/āq、oq/ōq、eq/ēq 等。这种标音法也是源于赵元任对"吴音单字表"编制时所做的考虑。如北部吴语内部有些方言有［on］（"岸"等字）和［ōn］（"暗"等字）的对立。有些韵母后的 q 是入声韵尾的标写法。

下面针对北吴通语音系的构拟，提出笔者的几点看法。

方言通语音系的拟测其实就是历史语言学通过比较方法构拟原始共同语的方法。通过归纳现代方言中所有的音类区别，然后将其推溯至共同语音系。共同语音系各个音位的确立，应该建立在可靠的历史比较基础之上，如果没有坚实的证据，某些音位对立可以放弃，而最好不要采用模糊的表述。《研究》在设立北吴通语声母时，将/gn/、/tsɦ/、/ɕɦ/三个音位放在圆括号内，表示存疑①。这种做法是对赵元任《现代吴语的研究》的沿袭②。将/tsɦ/列为可选对象，大概是因为北部吴语［tsɦ］（中古从母）、［sɦ］（中古邪母）有相混的迹象；/gn/（中古日、娘母）也是可选，可能是因为它跟/n/（中古泥母）可以看作是同一音位/n/的环境变体（/gn/只在细音韵之前出现）；至于/ɕɦ/，想必是《研究》作者考虑到中古禅、船在有些吴语中不分。因此，这三个音位可以不必在通语音系里列出，也可以另外做些说明。

反过来，如果说某项对立在现代方言中存在，那么就应该考虑它来自共同语还是晚起的创新，按照赵元任《现代吴语的研究》和《研究》对 un/ūn、aq/āq 等音类的处理办法，我们无法了解北吴通语音系是否有这样的对立。《研究》一书对此缺乏必要的解释，对于不熟悉吴语及其历史的读者来说，似乎不容易明白。

作为北吴共同语音系，当然要涵盖现代北部吴语所有能够溯至共同语的

---

① 史皓元等构拟的北部吴语通语音系的声母系统有些不同，参史皓元：《汉语方言分区的理论与实践——以江淮官话与吴语的分区为例》（中译本），第 50 页。由于《研究》比此书晚出，因此下文的讨论以《研究》为准。

② 赵元任《现代吴语的研究》（第 14 页）说："'j'系里所以不一定加'dj'，是因为古音的床禅跟今音的'dj'、'zh'都是一笔糊涂账，能分辨的如常熟，常州，宁波等地，它们辨类的法子，又是一处一个样子，所以只并为一个'zh'类。同样，从邪母也一律并'z'代表，不另加'dz'。"

音韵区别。但是,哪些音韵现象可以作为共同语的音系特征,哪些不能,是不是现代北部吴语所有的音韵对立都需要在共同语音系里反映出来呢?这些问题在《研究》中并没有明确的交代。我们认为,作为北吴共同音系构拟基础的音韵对立特征的选取标准至少有以下几条(下表中"+"表示有,"−"表示无):

表 5-5　笔者提出的拟测北部吴语共同音系时音韵特征的选取标准

		北吴共同音系	历史文献		现代方言		
			切韵音系	中古相关文献	白读层	文读层	分布是否普遍
音韵对立特征	1	+	+	+	+		−
	2	+	+				
	3	+	+		+	+	−
	4	+	+	+	+		
	5	+	+				
	6	−				+	

第 1 种情形可以鱼虞有别为例,该项特征既见于《切韵》、《颜氏家训·音辞篇》等文献,在北部吴语的白读层又很普遍,因此是共同北吴音系的特征之一。当然,鱼虞有别层的鱼韵读音在北部吴语并不完全一致,有[ɛ ei ɐi ɿ]等不同音值(其中还涉及声母条件等因素)。赵元任将该类字列入[ɛ]韵①。第 2 种情形指的是北部吴语在音韵上的共享创新,比如入声韵韵尾由中古的[p t k]合并为喉塞尾[ʔ]、麻韵二等由中古的[a]后高化为[o]、自成音节的[m̩ ŋ̍]的产生等,都是中古以后的音变现象,目前仍见于吴语的白读层,同时地理分布也十分普遍。第 3 种情形可以禅船、从邪为例,虽然《切韵》将其分作四个不同的声母,但从原本《玉篇》和《经典释文》的反切系联,以及《颜氏家训·音辞篇》所说的"南人以钱为涎,以石为射,以贱为羡,以是为舐"来看,禅船相混、从邪相混是可以追溯至共同吴语的。第 4 种情形属于在现代方言的白读层分布不

---

① 赵元任:《现代吴语的研究》,第 164 页。

广、但却可以跟历史文献相联系的音韵特征,可以重纽三等字的现代表现为例。北部吴语如苏州、嘉善、宁波的重纽三等字"椅~子"读合口的[y³],虽然只见于几个方言,但浙南吴语里这类现象较为普遍。《切韵》前后的语音史资料里有重纽三、四等的对立,其中重三字在中古域外汉字音(如朝鲜译音)和现代南方方言(如福州等)还保留了合口介音或圆唇主元音的读法,因此"椅"读[y]韵也是对重纽三等字音韵特征的反映[1],理应在共同吴语音系中有所体现。第5种情形可以吴语[ʌŋ]、[ɑŋ]的音位对立为例(亦即通常所说的前[a]、后[ɑ]对立)。根据赵元任提供的调查材料[2],大部分吴语都有此种对立,目前这两个音位正以词汇扩散的方式发生合并[3]。这种音位对立并没有严格的历史音类条件,因此无法用《切韵》来解释,也是后起的创新变化,但既然普遍见于现代吴语,理应溯至共同音系。第6种情形属于局部的音韵创新,虽然也属于白读层,但明显不具有普遍性,例如崇明、启东方言有自成音节的[ŋʷ]和[ŋ]的对立。

三、官话和吴语方言属性的检测标准

《研究》第3章介绍了史皓元提出的划分官话与吴语的标准(51-59页),第4章是方言属性的具体检测,对通州金沙、丹徒高姿水台村、泰兴曲霞应达村、靖江团结乐稼村三个方言进行了详细考察(60-68页)。

《研究》首先设计了六条标准用来检测某方言是否属于官话,如果显示出显著的官话特征,那么可以划为官话;否则就用接下来的十条标准来判定是否为吴语。该书主要是研究北部吴语和南部江淮官话(学界亦称之为"通泰方言")。这些标准史皓元于1999年已经提出[4],其中前六条的标准如下:

---

[1] 梅祖麟:《重纽在汉语方言的反映——兼论颜氏家训所论"奇""祇"之别》,《方言》2012年第2期,第100页。
[2] 赵元任:《现代吴语的研究》,第14页。
[3] 沈钟伟(Shen, Zhongwei):"Lexical diffusion: a population perspective and numerical model", *Journal of Chinese Linguistics*,第18卷第1期,1990年,第159-200页。
[4] 史皓元:*Chinese Dialect Classification*, John Benjamins,1999年。

表 5-6 史皓元等提出的官话检测标准

	官话属性检测标准	北部吴语通语	南部江淮官话通语
1	日母是否读鼻音	＋	－
2	微母是否读鼻音	＋	－
3	次浊上声是否归阴上	－	＋
4	k-组在前高元音前是否腭化	－	－
5	否定词"不"是否读唇齿音	＋	－
6	领属助词是否读舌根音	＋	－

从分类的角度来看,方言属性的判定标准对于待分类的方言来说应该是非 A 即 B 的,亦即符合某项特征,便属 A 类方言;不符合该项特征,便属 B 类方言。上述六条标准中,除了第 4 条,其他五条用来判定是否为官话都是有效的,即官话应为日、微母不读鼻音,否定词"不"读 p-,领属助词读 t-的方言;反过来,吴语属于日母读 n̠-、微母读 m-、否定词读 v-/f-("勿/弗")、领属助词读 k-("个")的方言。第 3 条是声调分合标准,需要做些说明。目前大部分北部吴语是七个声调,阳上已经和阳去合并,保留中古四声八调格局的有宜兴、溧阳、无锡、常熟、昆山、浦东、嘉兴、绍兴、诸暨等①,这些吴语才能代表共同语的声调类型。此外,有些方言的次浊上有特别的变化,如根据笔者的调查,常州话的"绅谈"(gentle talk)往往读成阳平("冷糖"同调),而次浊平读成阴平("人丁"同调)。这些晚起的变化也是值得注意的。第 4 条标准用来区分吴语和通泰方言以外的官话是可以的,但它不能用来区分南部江淮官话和北部吴语,二者的见系开口二等"吓家间咸教敲"都不腭化。这是因为我们不能不考虑江淮官话通泰片的形成历史,丁邦新较早指出,古吴语本应北抵淮河,南朝以后开始逐渐退守至长江以南②。通泰方言具有吴语成分已经得到了方言学界的普遍认同,目前看到的吴语、通泰方言的见开二字不腭化,是和《切韵》保持一致的表现。严格来说,这是通泰方言未从吴语中分化出来的早期特征;从这个意

---

① 赵元任:《现代吴语的研究》,第 78 页。
② 丁邦新:《吴语中的闽语成分》,第 15 页。

义上说,也是吴语通语音系的特征之一。因此,该项标准也就不适合作为针对这两类方言属性的检测标准。

《研究》还提出十条标准用来进一步判定是否为吴语:

表 5-7 史皓元等提出的官话检测标准(续)

	官话属性检测标准	北吴通语	南部江淮官话通语
7	一个鼻音韵尾	+	+
8	"肝间根"韵母三分	+	+
9	"官关滚"韵母三分	+	+
10	"等冷"韵母对立	+	−
11	"醉嘴粗"韵母三分且"嘴猪"同韵	+	−
12	"马买来"韵母三分	+	−
13	"蔡菜"韵母两分	+	−
14	"春村"韵母对立	+	−
15	"五鱼"声母为 ŋ	+	−
16	8 个声调类别清晰	+	−

这十条标准之中,最后两条分别跟声母、声调有关,其他全部关乎韵母。第 7 条讲的是"合",即中古的 -m、-n、-ŋ 韵尾合并为一个(-n/-ŋ/-ɲ),第 8 至 14 条都是韵母的"分",符合这些标准的为北部吴语,否则为通泰方言。《研究》提出的大多数条目都是区分北吴、通泰的有效标准,比如"肝间根、官关滚"说的是中古寒、山、痕三韵开合口的分立,"等冷"说的是曾梗二摄分立,"蔡菜"说的是哈泰分立,"马买来"说的是麻佳哈分立。这些例字的韵母分别实际上也就是代表了《切韵》的分类格局。第 15 条"五鱼"读 ŋ 与前述各条标准性质不同,后者均为存古特征,前者则为中古以后的条件音变,即鼻音声母[m n ŋ]在[i ɯ u]等前高元音自成音节,韵母失落①,第 7、15 两条标准都

---

① 沈钟伟(Shen, Zhongwei):"Syllabic nasals in Chinese dialects",《中国语言学集刊》创刊号, 2006 年,第 81-108 页。

是创新特征。

第 11、14 两条需要做些讨论。《研究》提出的所谓"醉嘴粗"韵母三分同时"嘴猪"同韵这项标准,实际涉及三类韵:"醉嘴"类、"粗"类、"猪"类。这三类分别对应于中古止合三(支脂微)、遇合一(模)、遇合三(鱼),同时声母条件为舌齿音。《研究》(第 55 页)列出了三组例字及其在通语音系中的构拟:

表 5-8 《研究》提出的"醉嘴粗"三分的例字及其拟音

	北吴通语	通泰方言通语		北吴通语	通泰方言通语		北吴通语	通泰方言通语
醉	tsuɛ⁵	tsuei⁵	水	sɿ³	suei³	数	su³	su³
脆	tshuɛ⁵	tshuei⁵	嘴	tsɿ³	tsuei³	租	tsu¹	tsu¹
岁	suɛ⁵	suei⁵	尿	sɿ¹	suei¹	锄	tsɦu²	tsɦu²
碎	suɛ⁵	suei⁵	书	sɿ¹	su¹	粗	tshu¹	tshu¹

《研究》为通泰方言通语"水嘴尿"构拟的-uei 韵,与该方言的演变事实似乎有些出入。顾黔曾对通泰方言的此种现象做过详细的介绍,顾先生指出,通泰区方言(如南通、如东、如皋、海安、东台、大丰、兴化、姜堰、泰州)普遍具有"支微入虞"的音变,而且见于白读层①。按照我们在表 5-4 所提出的选取共时音韵特征作为通语音系构拟的第 2 条标准,应该纳入通泰方言的通语音系。通泰方言"追醉脆岁碎"、"水吹嘴尿"的现代读音都是-y,和"居拘"诸字同韵,因此《研究》将其通语读音拟作*-uei 欠妥。

至于将北部吴语的这两类字分别拟作-uɛ、-ɿ,也可以做些商榷。从现代方言来看,"追醉岁碎"的读音有-ɛ(如宜兴)、-ei(如常州)、-ɐ(如常熟、苏州、绍兴)、-ɐ/-ø(如上海);"吹嘴水尿"的读音有-y(如宜兴)、-ɿ(如常州)、-ɿ/-ɐ(如常熟)、-ɿ/-ɐ(如苏州)、-ɿ/-ø(如上海)、-ɿ/-ɐ(如绍兴),其中有两种读音的斜线之前为白读,之后为文读。举例如下(某方言的白读、文读分别列于上栏和下栏,短横表示无相应的读音层):

---

① 顾黔:《通泰方言音韵研究》,第 177-180 页。

表 5-9　部分北部吴语"追醉岁碎"、"吹嘴水尿"的读音

	追	醉	岁	碎	吹	嘴	水	尿
宜兴	tsɛ¹	tsɛ⁵	sɛ⁵	sɛ⁵	tɕhy¹	tɕy³	ɕy³	ɕy¹
常州	—	—	—	—	tʂhɿ¹	tʂɿ³	ʂɿ³	ʂɿ¹
	tsɐi¹	tsɐi⁵	sɐi⁵	sɐi⁵	tshɐi¹	tsuɐi³	suɐi³	—
常熟	—	—	—	—	tʂhɿ¹	tʂɿ³	ʂɿ³	ʂɿ³
	tsE¹	tsE⁵	sE⁵	sE⁵	tshE¹	—	sE³	—
苏州	—	—	—	—	tʂhɿ¹	tʂɿ³	ʂɿ³	ʂɿ¹
	tsE¹	tsE⁵	sE⁵	sE⁵	tshE¹	—	sE³	—
上海	—	—	sE⁵	—	tshɿ¹	tsɿ³	sɿ³	sɿ¹
	tsø¹	tsø⁵	sø⁵	—	tshø¹	tsø³	sø³	—
绍兴	—	—	—	—	tshɿ¹	tsɿ³	sɿ³	ɕi¹
	tsE¹	tsE⁵	sE⁵	sE⁵	tshE¹	tsE³	sE³	—

常熟、苏州、绍兴的"追醉岁碎"只有一类读音，通过与上海话的文白层次之比较（表 5-10），可知其应视作白读层。这两组字属于中古蟹、止摄的合口字，一、三等韵字都有，《中原音韵》将这些字都归入"齐微韵"。北方官话里这些字虽然声母有 tʂ、ts 的不同，但韵母已经合并。

表 5-10　上海话"追醉岁碎"、"吹嘴水尿"的文白层次

	白读层	文读层
追醉岁碎	-E、-ɛ、-ɐi	-ø
吹嘴水尿	-y、-ɿ、-ɿ、-ɿ	-E、-ø

从这两组字的层次对比来看，各个吴语的 [E、ɛ、ɐi] 之间和 [y、ɿ、ɿ、ɿ] 之间是具有先后演变关系的同一层次，两组读音的演变规律可重建如下（其中 Ts-代表 [ts tsh dz s z]，Tʂ-代表 [tʂ tʂh dʐ ʂ ʐ]）：

(1) *TsE＞Tsɛ＞Tsɐi；

(2) a. *Tsy＞Tsɿ＞Tsɿ；b. *Tʂy＞Tʂɿ。

音变(1)的 *TsE 更早应来自合口的 *Tsuei＞Tsue＞Tse＞TsE(-u-介音脱落)。音变(2)与音变(1)不同,前者来自早期吴语的[*iu]。根据声母条件的不同,[ts]组后的[y]变作舌尖前的圆唇元音[ɥ](如上海老派)或[ʅ](如上海新派):*Tsiu＞Tsy＞Tsɥ＞Tsʅ;[tʂ]组后的[y]变作舌尖前的圆唇元音[ʮ]:*Tʂiu＞Tʂy＞Tʂʮ(如常熟、苏州老派)。[y]阶段也就是支微入虞层的体现,只是由于现代北部吴语中这批字已不再读[y],和虞韵字韵母已有不同,所以不被视为支微入虞层。

从"吹嘴水尿"在常熟、苏州、绍兴等吴语中的文白异读来看,显然[*iu](白读层)、[*uei](文读层)是来源不同的两个层次,前者是自身演变的层次,后者是来自官话的影响层。从构拟早期吴语的角度而言,"追醉岁碎"的读音是来自官话层的[*e],亦即可以考虑将《研究》所构拟[*uɛ]的[u]介音取消,因为从共时来看,此类字并无合口读法。至于"吹嘴水尿"类字,《研究》拟作[*ɥ],不妨也调整为[*y],一来确实有些北部吴语(如常州)读作[y],二来其他吴语的[ɥ、ʮ、ʅ]韵都可以追溯到早期的[*y]。

四、通泰方言与邻近吴语的比较音韵

《研究》第 4 章用该书作者提出的用来检测方言属性的 15 条标准(不包括上文第 3 节表 6 所列的第 16 条声调标准)对通州金沙、丹徒水台、泰兴应达、靖江乐稼四个方言的特征做了介绍分析。除了第 5、6 条是语法标准,其他均为语音标准,而第 3、4 条虽为语音标准,但作者没有采用。由此判定这些方言中前三个属于南部江淮官话,后一个属于吴语。

《研究》所用的 11 条标准之中,有 8 条在两类方言之中有共同的表现,即:1 个鼻音韵尾(♯7)[①]、"肝、间、根"韵母三分(♯8)、"官、关、滚"韵母三分(♯9)、"等、冷"韵母对立(♯10)、"醉、嘴、粗"韵母三分(♯11)、"马、买、来"韵母三分(♯12)、"菜、蔡"韵母两分(♯13)、"五、鱼"声母均为*ŋ(♯15)。有 3 条可以区分吴语与非吴语,即:日母读法(♯1)、微母读法(♯2)、"春、村"韵母对

---

① "♯7"表示此条标准在《研究》中原来的序号,其余各条情形同此。

立(♯14)。实际上,《研究》未加讨论的第 16 条标准("8 个声调类别清晰")也能起到划分方言属性的效果。

既然超过三分之二的标准没办法有效地区分南部江淮官话和吴语,那么其余的几条标准是否够用呢?该书第 61 页说:"表 9、表 10 列出的调查材料具体显示,我们为什么把金沙、水台、应达三个方言点的属性定为官话,而将乐稼定为吴语。"由于该书 61 – 68 页也只是列举了具体的方言材料,而缺少作者对现象的理论阐述,因此读者仍然无法理解个中道理。我们尝试对此做如下解释:

(1) 共享特征要分成不同的两类,一类是都具备的(均为＋号),如♯7、♯8、♯9;还有一类是都不具备的(均为－号),如♯10、♯11、♯12、♯13、♯15。按照《研究》的观点,符合♯10、♯11、♯12、♯13、♯14、♯15 这六条标准的方言为吴语,否则,为南部江淮官话。乐稼只符合标准♯14。但实际上该条标准在该方言并不能完全适用,"孙"("村"类韵)sən^{21} 和"春"tɕhyn^{44}("春"类韵)、"顺"ʑyən^{21}("春"类韵)三个字韵母各不相同,按照作者的标准,后两字应同韵,同时有别于前一字,这样才算吴语。看来,共享特征无法作为有效的判定方言属性的标准。由于《研究》的作者强调要撇开《切韵》来探讨方言的演化及接触(实际上该书作者未能真正地摆脱《切韵》的框架,详下文),因此我们很难用历史语言学的"共同保留"(the shared retention)、"共同创新"(the shared innovation)来给这些标准分类。

(2)《研究》真正用来区分吴语和南部江淮官话的标准实际上只是♯1、♯2 两条,即中古日、微母的读法。汉语音韵史的研究表明,日、微母读鼻音是《切韵》音系的特征,中古以后北方话这两类声母开始向近音、擦音、零声母等演化,而包括吴语在内的南方方言依然保留着鼻音的存古特征。乐稼属于这一类方言,因此是吴语,而金沙、水台等读零声母或擦音声母,可见属于官话。

《研究》第 5 章一开始就提出汉语方言存在"多种来源或多种层次在同一地区共存,形成竞争和叠置局面"(第 69 页)。按照学界对层次的一般性定义,具有不同时代或地域来源的读音在某个共时平面并存,便可以称作不同的"层次",因此《研究》作者所说的"多种来源"或"多种层次"可以理解为一个意思。

该章从"蚕"、"扇"、"染"、"茧"、"江"五个字的不同读音比较来说明作者的层次观。以"蚕"、"扇"为例:

表 5-11 南部江淮官话"蚕"、"扇"类字在三个方言里的读音

通泰方言通语韵类	词例	金沙	水台	应达
"蚕"*iuon	穿~衣服	tʃhyō^{24}	tʃhyō^{31}	tʂhũ^{31}
	船~条~	ʃʱyō^{213}	ɕyō^{35}	tʂhõ^{45}
"扇"*ien	毽~子	tɕĩ^{31} tsʅ^1	tɕyō^{44} tsʅ^1;tɕiũ^{33} tsʅ^1	tɕĩ^{44} tsʵʅ^3
	扇~扇子	ʃĩ^{24} ʃĩ^{52} tsʅ^1	sũ^{35} sũ^{31} tsʅ^1	ɕĩ^{21} ɕĩ^{44} tʂʵʅ^4

"扇"类字在金沙、应达的读法与南部江淮官话通语韵母*ien 对应,而水台的读法则与北部吴语通语韵母*sun^1 对应(如苏州、上海、绍兴)。至于"蚕"的语音形式,金沙、应达跟南部江淮官话*ɕʱiuon^2 对应,水台跟*tsʱɛn^2 对应,其中水台的读音是官话型层次,而金沙、应达的读音与吴语的*tsʱun^2 是同一个来源。可见,作为交界地带的这三个方言,即便从方言属性上说是南部江淮官话,也还是包含了吴语成分。第 7 章的内容也与之相关,该章除了以地图的方式更直观地展示了第 4、5 章对相关方言的音韵比较,同时也报导了某一词项在不同方言中的说法及其地理分布(如"菜刀"、"擦")。

历史语言学的谱系树理论和波浪说分别指出了语言在发展过程中所出现的两种不同类型的创新。一是由纵向传递导致的创新,这是语言系统内部演化的结果;另一个是由横向传递导致的创新,这是语言接触过程中优势语言或邻近语言从外部渗透的结果[①]。对于南部江淮官话(通泰方言)中与吴语相一致的音韵特征,也需要考虑其来自纵向传递还是横向传递。如果是源自纵向传递,说明该特征是吴语与通泰方言尚未分化时的共享创新;如果是源自横向传递,说明该特征是吴语与通泰方言在分化以后由于地缘因素造成的方言接触而产生的。《研究》所举的上述四个方言,地理上处于方言交界地带,因此横向传递带来方言间的共同特征是可以理解的。

---

① 王士元 & James W. Minett:《语言演变中的横向传递和纵向传递》,王士元著:《演化语言学论集》,商务印书馆,2013 年,第 184-209 页。

如何有效地区分内部演化和外部接触两种不同性质的音韵层次，是个非常值得探讨的课题。在此无法做很详细的讨论，比较重要的一点是，在现代方言之间进行比较研究，音类分合的比较往往比表面音值的比较更有必要，因为相比之下，只有前者才能正确地揭示方言间的历史关系。下面就以北吴、通泰的交界方言咍、泰、佳韵字的读音为例（其中"台"字下南通、泰州、如皋、海安的读音改用"代"字）：

表5－12　毗陵小片吴语与通泰方言咍、泰、佳韵字的读音

	童家桥	江阴	金坛	常州	南通	泰州	如皋	海安
摆佳	paɪ³	pæ³	pɛe³	pa³	pa³	pɛ³	pɛ³	pɛ³
奶佳	naɪ³	næ³	lɛe³	na⁴	na³	nɛ³	nɛ³	nɛ³
债佳	tsaɪ⁵	tsæ⁵	tsɛe⁵	tsa⁵	tsa⁵	tsɛ⁵	tsɛ⁵	tsɛ⁵
街佳	kaɪ¹	kɑ¹	kɛe¹	ka¹	ka¹	kɛ¹	kɛ¹	kɛ¹
矮佳	ŋaɪ³	æ³	ɛe³	a³	ŋa³	ŋɛ³	ŋɛ³	ɛ³
台咍	daɪ²	dæ²	thɛe²	dɐi²	tha⁶	the¹	the¹	the¹
菜咍	tshaɪ⁵	tshæ⁵	tshɛe⁵	tshɐi⁵	tsha⁵	tshe⁵	tshe⁵	tshe⁵
蔡泰	tshaɪ⁵	tshæ⁵	tshɛe⁵	tsha⁵	tsha⁵	tshe⁵	tshe⁵	tshe⁵

佳泰合流同时咍泰有别是吴语的典型特征之一，在音值表现上，该层次的佳、泰韵字绝大多数吴语都是失落了[i]韵尾；官话型方言也表现为佳泰合流，但同时咍泰也不分。于是我们可以用这个标准来鉴别上表所列方言的属性。其中童家桥、金坛、南通、泰州、如皋、海安属于官话型，佳泰咍三韵完全合并；常州属于吴语型，佳泰合流且有别于咍韵，江阴位于边界地带，已经出现三韵合流的官话特征，但并未完全失去吴语特征，比如"街"字的音值表现和音类地位还属于吴语型方言。丹阳（童家桥）方言处于"吴头楚尾"的位置，就表5－11来看，其特征属官话型，但是其他一些特征仍属吴语，比如麻二、麻三的读法[①]，所以赵元任、钱乃荣等都把它当作吴语的一种来讨论[②]。童家桥、江阴常州、南

[①] 郑伟，《吴方言韵母比较研究》，第39－47页。
[②] 赵元任《现代吴语的研究》(1928)、钱乃荣《当代吴语研究》(1992)都有杭州话的材料。

通的佳韵字都读[a]，若只考虑表面音值，不和其他韵类进行比较，便可能误把这三者当作同类。加上与哈泰两韵的比较，就能知道其性质不同。

《研究》第 12 章集中讨论的是元音推移的现象，即通州、南通方言的元音发生的系统的推拉式连锁转移。通州区方言有四组元音推移：(1) a→o，包括"茶、虾、车、他"等字；(2) ɛ→a，包括"菜、戴、蔡、带"等字；(3) ɔ→ʌ，包括"跑"字；(4) o→ɯ，包括"锅"字。如右图所示（该图见于《研究》第 83、202 页）。

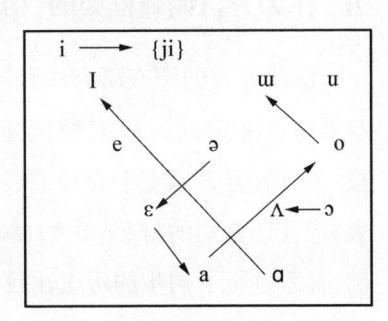

图 5-1　通州方言的元音移变

确立元音移变的依据是方言的共时变异，也就是空间的语音差异反映了时间的先后演变序列。如果缺乏文献材料的参考信息，那么音变方向的提出要符合类型学的一般规律。比如 a→o 是元音高化、ɛ→a 是前元音低化、ɔ→ʌ 是后元音前化，都是元音移变的通则[①]。

但是，确立元音移变有个重要的前提，即各个方言之间的不同读音形式是纵向传递的结果。如果存在横向传递的可能，那么就不能将其按照谱系树模式来建立先后演变关系。通州地区的方言正处于吴语与江淮官话的接触和竞争的状态之下，因此是否存在元音变移需要考虑某个方言韵类的读音是其早期形式的演化，还是从邻近方言的借用。《研究》谈及的第(1)类元音变化就可能面临此种情形。"茶虾"等麻韵字在北部、南部吴语普遍有元音高化为[o u]的现象[②]，因此在吴语范围内可以建立 a→o 的元音高化（《切韵》时代麻韵的主元音是[*a]）。部分北部吴语的歌韵字"他"和麻三字"车"也与"茶"字同韵，比如无锡方言"他"dɤɯ²⁴、"茶"zɤɯ²⁴和宜兴方言"他"thoʔ⁴⁴。这么一来，通州地区内部各方言的这类字如果读[o]，未必是来自官话型读法[a]的高化，而有可能是吴语成分的反映。如果《研究》的作者能对此做一简单分析，可以更便于读

[①] Labov, William（拉波夫）: *Principles of linguistic change*, Volume 1: *internal factors*, Blackwell Ltd. Publishing, 1994 年，第 31 页。

[②] 郑伟：《吴方言比较韵母研究》，第 41-45 页。

者了解。

五、作为方言调查框架的《切韵》音系

汉语方言的调查研究一直以来都依赖于《切韵》,这是由汉语及其方言本身的特点决定的。我们赞同王福堂的看法:"方言调查中用《字表》(引者按——即《方言调查字表》)记音,主要是由于汉语的特点决定的。当然,用《字表》记音还有别的好处,比如便于归纳方言的语音系统,记音的同时也和《切韵》音系进行了初步的历史比较,记音后所得同音字表还是音系的重要组成部分。因此,废止使用《字表》的说法,显然是不能考虑的。"①《方言调查字表》原名《方言调查表格》,由赵元任先生设计。赵元任《现代吴语的研究》所附的"吴音单字表",就可以看作《字表》的雏形。

有些国外学者主张废弃《字表》,也提出要摆脱《切韵》来研究汉语方言。早年有贺登崧神父从方言地理学角度的尝试,后来又有罗杰瑞、柯蔚南(South Coblin),以及《研究》的作者之一史皓元提出类似的看法,最近秋谷裕幸、韩哲夫的基本观点也近于此②。罗、史两位先生都主张参照通语音系来划分方言的类别。史皓元等谈到依赖《切韵》音系进行方言研究的缺陷时指出:(1)方言通语系统的韵类和韵书(或韵图)所分的韵类往往是一对多的关系;(2)韵书系统的有些韵类在方言中实际并不存在;(3)单凭韵书很难观察到语音变化的脉络;(4)现代方言的词汇系统中有不少词项无法在韵书中体现。《研究》贯彻了这一思想,除了开辟专章讨论通语音系的问题(第1、2章),还将其用于方言属性鉴别的具体实践(第3、4、7章)③。

不可否认,将《切韵》作为方言调查和研究时的参照系,有时确实会遇到一些不容易解决的麻烦。比如现代方言中丰富的语音变异、音变的阶段性(经常

---

① 王福堂:《汉语方言调查与方言语音》,《语言学论丛》第三十七辑,商务印书馆,2007年,第60页。
② 秋谷裕幸、韩哲夫:《历史比较法与历史层次法》,《语言学论丛》第四十五辑,商务印书馆,2012年,第277-335页。
③ 史皓元:《汉语方言分区的理论与实践——以江淮官话与吴语的分区为例》(中译本),第38-39页。

通过词汇扩散的方式显示出来)、不同来源的层次的共时叠置等等,无法直接从《切韵》里找到答案。《切韵》也不能直接用于现代方言的词汇调查。但这并不代表方言语音的共时调查和历史研究不需要参考《切韵》。具体的理由王福堂已经做了详细的讨论①,此处不赘。在笔者看来,《研究》的作者虽然主观上想撇开《切韵》,用构拟的通语音系作为方言比较音韵的框架,但实际上仍然不自觉地使用了《切韵》的分类框架。第 49 页提到,"史皓元(Simmons 1999)参考赵元任的元音拼写法,构拟出北部吴语通语音系的韵母系统……"。赵元任《现代吴语的研究》虽然提出了"吴音",但从他对吴语从邪、禅船的分合所作的说明就可以知道,赵先生也没有刻意摆脱《切韵》②。在辨别方言属性时,《研究》也不得不使用承自《切韵》、韵图的音韵学术语,比如第 4 章(第 52 页)用"日母"、"微母"指称声母,"次浊上"、"阴上"、"入声"也都是中古调类的名称。正如本节第三部分提到的,即使在字面上刻意不用音韵学术语,实际上也还是按照《切韵》的框架下来分类,如《研究》提到的"肝、间、根"韵母三分等于中古寒、山、痕三韵的对立,"官、关、滚"三分等于桓、删合口、魂三韵的对立,"蔡、菜"两分是咍、泰韵的对立。

可见,即使《研究》力求另辟方言研究的新途径,却总还是无法彻底放弃《切韵》这个早期汉语的音类分合框架来观察方言的语音演变。

六、结语

《研究》一书的作者都是在吴语、江淮方言的田野调查和历史研究方面卓有成绩的学者,该书自然也是汉语方言学、汉语历史语言学、语言地理学、社会语言学、文化语言学等众多学科领域的重要参考资料,相信该书也将和近年来其他的一些相关成果一样,将方言学、语言地理学的研究推向一个新的高度。

如果《研究》今后有修订的计划,不妨利用相关的文献资料,增加一些对方言历史音韵的叙述,以便读者更全面、深入地了解吴语与江淮官话交界地带的

---

① 王福堂:《汉语方言调查与方言语音》,第 57-65 页。
② 赵元任设计的《方言调查表格》,"收入的字按《切韵》音系的声韵调排列,实际上是一个简编的《切韵》同音字表。调查者用它记录方言字音时,字音和《切韵》的声韵调相对应,归纳方言的声韵调一般就不会有缺漏"。参王福堂:《汉语方言调查与方言语音》,第 59 页。

方言。此外，该书第13章提供了很有参考价值的方言词汇材料，只是在编写体例上容或有改进的余地。最重要的是，应该写明某个词项在当地的说法所对应的汉字语素，如果方言中的说法所对应的语素就是词项本身，当然可以不必写出，比如第308页"撞"在三个方言的说法都是"撞"。但是，同页的"追"在水台、应达、乐稼的说法分别是 ʃuɛ̃^{31}、ɕyɛ̃^{21}、ɕya^{21}，其对应的本字显然不是"追"字，如果作者一时来不及做考本字的工作，最好也特别注明（学界习惯上以方框"□"来代替那些有音无字的语素）。那些容易写出汉字，同时又跟词项本身不同源的说法，更需要注明，如同页的"桌子"水台 tʃyəʔ^{55} tsɿ^{35}、应达 thi^{45} tʂɿ^{4}、乐稼 dɛ^{22} tsɿ^{4}，显然只有水台对应于"桌子"，应达、乐稼对应的是"柸子"；第224页"比~长短"水台 ĩ^{55}、应达 iĩ^{44}，本字是"䁥"；第226页"菜畦"三个方言的说法分别是 tshe^{45} lən^{13}、liəŋ^{45}、lin^{13}，读 l-声母的语素本字是"畽"；第237页"蹲"乐稼 bu^{31}，本字是"匍"。这些非官话的语素也都见于吴语。

第三节　苏皖边界吴语方言的元音高化

一、引言

当涂县位于安徽省东部偏南，境内的主要方言可以分为江淮官话和吴语两种。按照《中国语言地图集》（1987年版）的调查，当涂县城及周边各乡镇在地理上偏西，其方言属江淮官话洪巢片，包括大陇乡在内的中间地带属吴语宣州片铜泾小片，博望、湖阳等几个乡镇地理位置上偏东，和江苏高淳区、溧水县相邻，方言上归为吴语宣州片太高小片（博望镇现在已不归当涂县管辖，而升格为马鞍山市所辖的博望区。为了便于讨论，本节沿用旧制）。近年来我们在苏皖边界地区进行田野调查，着重考察地理上毗邻的江苏高淳、溧水县（现均已列为南京市辖区）和安徽当涂县的方言，一方面希望通过对该区域方言的深入调查，从历史语言学、社会语言学、地理语言学等不同角度分析语言变化（包括语音演变、词汇更替、句法标记的竞争等）的各种细节，另一方面则是想要观察在江淮官话的强势影响下,皖东南吴语所经历的语言演变。

下面首先以《切韵》音系作为参考对象,介绍当涂县博望、新博、吴家和湖阳_{大邢村}四个邻近方言的韵母系统。在具体讨论之前,先说明几点:

(一) 入声字的今读在皖东南吴语并不复杂,而且演变特征基本一致。为简明起见,下表不再列出。

(二) 按照《切韵》与该片方言的音韵对应,下表将中古音系的相关韵类合并,以摄为纲,由此可见其韵类分合特点。此表作"从合不从分"的概括,若某个韵类在共时层面因声母条件或文白异读等原因造成读音分化,表中则用竖线"|"隔开,同时表明此今读音的中古音类条件,如"来"表示来母字、"精"表示精组字、"虞非"表示见虞韵非组字、"灰帮端"表示灰韵帮、端组字,"见白"表示见组白读,依此类推。

(三) 考虑到分类的方便和各地方言的实际演变情形,同类韵母的读音再按古音或今音的语音条件(如等、开合、洪细、文白等)的不同而分列。

表 5‑13　皖东南四个吴语韵母系统的音值比较

韵摄	韵母条件	博望	新博	吴家	湖阳
果	一	u	u	u	ʊ
假	开二	a	a	a	a
	合二	ua	ua	ua	ua
	三	ia	ia, i精|ei章	ia, i精|e章	ia, i精|e章
遇	一	u	u	u	u
	三	y|u虞非	y|u虞非|鱼庄	y|u虞非|鱼庄	y|u虞非|鱼庄
蟹一二	开	e	e	e	ɐi哈|佳皆白|a泰白|ie佳皆文
	合	uɜ灰见|ɜ灰帮端 ua白|uei	uɜ灰见|ɜ灰帮端 ua白|uei	uei灰见|ɐi灰帮端 ua白|uei	uei灰见|ɣi灰帮端 uei
蟹三四止三	开	1|ʅ齐、脂定	1|ʅ齐、脂定	1|ʅ齐、脂定	i|1
	合	uɜ	uɜ	uei	ɣi|uei

续　表

韵摄	韵母条件	博　望	新　博	吴　家	湖　阳
效	洪	o	ɷ	ɷ	ɔ
	细	io	iɷ|ʏ	iɷ|ʏ	ɔi
流	一	ɜ	ɜ	ɐi|ʏ来	ʏi|ʏ端
	三	ʏ	ʏ	ʏ	ʏ
咸一山一	白	ʊ寒见|覃|桓帮|ʏ桓端	ʊ寒见|覃|桓	ʊ寒见|覃|桓	ʊ覃|桓|ʏi寒见|谈见
	文	ɛ|uɛ桓见	ɛ|uɛ桓见	ɛ|uɛ桓见	ie谈寒|寒端
咸二山二	开	ɛ	ɛ	ɛ	ie
	合	uɛ	uɛ	uɛ	ye
咸山三四	开	i	i	i	iɪ
	合	ʏ|ui仙精	ʏ|iui仙精	ʏ|i仙精	ʏ
臻曾梗	开	əŋ	əŋ	əŋ	əŋ|ʏŋ见白
	合	uəŋ	uəŋ	uəŋ	uəŋ
	齐	iŋ	iŋ	iŋ	iŋ
	撮	yŋ	yŋ	yəŋ	yŋ
宕江	开	ɒ	ɔ	ɒ	ɑ
	合	uɒ	uɔ	uɒ	uɑ
	细	iɒ	iɔ	iɒ	iɑ
通	洪	oŋ	oŋ	oŋ	əŋ
	细	ioŋ	ioŋ	ioŋ	ioŋ

上文对当涂吴语四个方言的韵母系统及其演变方向做了描写，从中可以看出，与《切韵》音系相比，有不少韵摄经历了元音高化的历程，同时这些演变类型与北方方言迥异，例如（这四个方言分别用简称"博、新、吴、湖"）：

(1) 果摄一等歌韵：*ɑ＞ɔ＞ʊ(湖)＞u(新、博、吴)。

(2) 假摄三等麻韵：*ia＞iɛ＞ie＞i(湖、新精组)＞e(湖章组)＞ei(新章组)。

（3）蟹摄一等哈韵：*ɑi＞ɐi＞ɜ＞e（博、新）；灰韵见组：*uɔi＞uɜ（博、新）；灰韵帮端组：*uɔi＞ɔi＞ɤi（湖）。

（4）止摄三等、蟹摄三四等开口：*i＞ɿ；*i＞ʅ（博、新、吴齐、脂韵定母）。

（5）效摄洪音：*ɑu＞ɔ（湖）＞o（博）＞ɤ（新、吴）；效细音：*iɑu＞iɔ（湖）＞io（博）＞iɤ（新、吴）＞y（新、吴）。

（6）咸、山摄一等白读：*ɑn＞ɔn＞ɔ̃＞ʊ̃（博、新、吴、湖）。

（7）咸、山摄二等开口：*an＞ɛn＞ɛ̃＞e（博、新、吴）＞ie（湖）。

（8）咸、山摄三四等开口：*ien＞iẽ＞iĩ＞iɿ（湖）＞i（博、新、吴）；咸、山三四合口：*yen＞yẽ＞yĩ＞yʅ＞y（博、新、吴、湖）。

以上将第（4）和（6）、（7）、（8）四项演变的起点拟为中古以后的某个阶段，其他几项都是以中古音系为演变起点。除了元音高化，还有少部分韵摄的韵母元音出现低化，如宕、江摄的主元音由*-ɔ变-ɑ，类似于北方官话。通摄*-oŋ在湖阳方言低化为-ɐŋ，则显得比较特别，与部分吴语（如江苏丹阳）一致。

从方言接触的角度来看，皖东南吴语的某些音韵特征显然是受到江淮官话影响的结果。如麻韵二等字读-a，麻韵三等元音发生前高化读作-e、-i。麻韵二等的主元音后高化为-o/-u（因此大部分方言与模韵合流）是宋元以后吴语的典型特征之一，麻韵三等在北部吴语则有高化为-o/-u或仍读低元音-a两种类型，在南部吴语中也都是由*-ia演变而来[①]。

二、前高元音 i、y 的后续演变

（一）舌尖化 i＞ɿ 及其阶段性

前元音[i]进一步高化后最常见的变化是舌尖化为[ɿ]，其中间阶段可能有擦化的[i_z][②]。在描写元音[i]具有较强的摩擦成分时，不同的学者有着不同的

---

① 郑伟：《吴方言比较韵母研究》，第 41-45 页。
② 朱晓农：《汉语元音的高顶出位》，《中国语文》2004 年第 5 期，第 442 页。

习惯,写作$[i_z]$、$[\textrm{ʅ}]$、$[i_\textrm{ʅ}]$、$[i_z]$的都有。有些方言调查报告出于音位化的考虑和记音的方便,干脆就直接写作$[i]$,然后在"音系说明"部分备注一下。从语音学的角度来看,$[i]$的摩擦化在吴、徽、客家、晋、官话等方言均能见到,安徽境内的江淮官话以及受其影响的皖东南吴语中也都有所体现,与此相关的则有 tɕ->ts-的声母舌尖化演变(详见下文)。$[i]$的舌尖化不但在元音音值层面表现出阶段,在声母类别层面也是如此。下表是中古止、蟹摄开口三四等字在该片方言的 $i>i_z>$ʅ 音变所辖的各组例字,并列出其他邻近的当涂_{城关}(江淮官话)、溧水_{前西瑶}(与湖阳乡邻近的宣州片吴语)、常州(吴语太湖片毗陵小片的代表点)三个方言①作为比较:

表 5-14 当涂县吴语与周边吴语的元音[i]的舌尖化

	紫	刺	衣	移	寄	气	泥	米	低	梯
博望	tsʅ³	tshʅ⁵	ʅ¹	ʅ²	tsʅ⁵	tshʅ⁵	nʅ²	mʅ³	tsʅ¹	tshʅ¹
新博	tsʅ³	tshʅ⁵	ʅ¹	ʅ²	tsʅ⁵	tshʅ⁵	n²	mʅ³	tsʅ¹	tshʅ¹
吴家	tsʅ³	tshʅ⁵	ʅ¹	ʅ²	tsʅ⁵	tshʅ⁵	nʅ²	mʅ³	tsʅ¹	tshʅ¹
高淳_{前西瑶}	tsʅ³	tshʅ⁵	jzʅ¹	—	tsʅ⁵	tshʅ⁵	nzʅ²	m_白³	tzʅ¹	tshʅ¹
当涂_{城关}	tsʅ³	tshʅ⁵	ɿ¹	ɿ²	tʃʅ⁵	tʃhʅ⁵	nʅ²	mʅ¹	tʅ¹	thzʅ¹
湖阳_{大邢村}	tsʅ³	tshʅ⁵	i_z¹	ji_z²	tɕi_z⁵	tɕhi_z⁵	ni_z²_文	mi_z³_文	ti_z¹	tɕhi_z¹
常州	tsʅ³	tshʅ⁵	i_z¹	ji_z²	tɕi_z⁵	tɕhi_z⁵	ni_z²	mi_z³	ti_z¹	thi_z¹

从 i 舌尖化为 ʅ 的音变过程来看,博望、新博、吴家三个方言的舌尖化程度最高,理由是它们的 ʅ 已在所有的声母条件后出现,同时不但有 tɕ->ts-(见晓细音),而且还有 t->ts-(端系)的声母演变。按照朱晓农对汉语方言的综合考察,可以看出 i>ʅ 按声母的不同有先后次序,即按照齿擦音/塞擦音声母(精系)、龈腭音声母(见晓细音)和零声母(影喻)、齿塞音声母(端系)、唇音声母(帮系)的顺序渐次推进②。当涂_{城关}的舌尖化程度则加深一步,因为该方言的 ʅ

---

① 当涂_{城关}、高淳_{前西瑶}、湖阳_{大邢村}的材料来源如下:当涂县志编委会:《当涂县志·方言》,中华书局,1995年;史皓元:"A Gauchwen village dialect: Chyanshyao tsuen",*Yuen Ren Society of Chinese Dialect Data*,第3卷,2002年,第207-306页。常州、当涂湖阳的材料则为作者实地调查所得。

② 朱晓农:《汉语元音的高顶出位》,第433页。

已经涵盖所有声母,但是并未出现 tɕ->ts-、t->ts-的塞擦化演变①。溧水前西瑶的 i>ɿ 已包括见晓组细音字,即"寄气"等字已读 ts-/tsh-。博望、新博、吴家的 i>ɿ 不但已经波及所有声母,而且见晓细音、端系都已塞擦化为 ts-。湖阳、常州是 i 舌尖化程度最低的方言,只有精组和个别影母字变作 ɿ,其余声母后全部仍读 i,虽然 i 具有较强的摩擦成分,但尚未舌尖化为 ɿ。如果要综合考虑声、韵两个方面,从舌尖化程度将上述方言作个排序,可以列为"博望/新博/吴家>溧水前西瑶>当涂城关>常州/湖阳大邢村",越靠左的方言舌尖化程度越高。

(二) 舌尖化 tɕ->ts-及其形成条件

与舌尖化音变 i>ɿ 相伴随的一般是 tɕ->ts-之类的声母音变,但该片方言另有一类并不以 i>ɿ 为前提的 tɕ->ts-,会形成 tsi-/tshi-/si-之类的所谓"尖音"(i 为介音或主元音)。从共时层面来看,精、见组细音字本来都已经腭化为 tɕ-或 tʃ-组,音系中并无 tsi-组。目前读此类尖音的,都是晚近的创新变化。如博望方言的咸山开二见系字:减 tsi³|奸 tsi¹|钳 zi²|限 si⁵|;咸见开三四等精、见组字:兼尖 tsi¹|剪 tsi³|箭见建 tsi⁵|千牵 tshi¹|前 tshi²|浅 tshi³|欠 tshi⁵|癣 si³|线献件 si⁵|弦 zi²,个别中古合口字也读此类音,如:县 fizi⁶。新博方言的例字包括:煎尖奸 tsi¹|剪 tsi³|箭建 tsi⁵|牵铅千 tshi¹|前钳 tshi²|欠 tshi⁵|浅 tshi³|先掀 si¹|癣 si³|线县限 si⁵|弦 zi²。同属当涂境内吴语的湖阳方言,该类字的韵母-i 前的 tɕ-尚未舌尖化,仍读作[tɕiz tɕhiz ɕiz ziz]。

见合三从、邪母字"泉旋"的读音分别为:博望 zui²、吴家 zi²、新博 ɕiui²。新博方言代表的应是早期形式,即声母为龈腭辅音,同时韵母带有三等合口性质(合口由主元音 u 来体现),博望方言代表了声母舌尖化后的形式,即 ɕi 变作 s,i 介音被吞没,同时主元音和韵尾不变,吴家方言的读法则是由合变开的形式,类似的音变在其他例字也有出现(如山合四"县"字)。其音变过程为 ɕiui > zui > zi,而湖阳方言失去 i 韵尾,继而发生了韵母元音的中和音变:ɕiui > ɕiu

---

① 《当涂县志·方言》(第 613 页)将这类字的韵母记作 i,同时说明 i 的实际音值是[j],想必也是想指出它具有强摩擦成分。

ɕy。零星的声母舌尖化的例子还有新博方言"戒"读 tse⁵（来自 tɕie⁵）。

据胡明扬的调查研究，北京话的"女国音"作为只出现于北京女青年的"性别变体"，体现为舌面音 tɕ 组发音部位的前移，从实际音值来看，可以是舌尖齿龈音 tsi、tsʰi、si，也可以是发音部位很靠前的舌面音 tɕi、tɕhi、ɕi①。"女国音"的产生原因既不是"尖"、"团"音之别，跟"老国音"或京剧的影响也无关，而是北京青年女性用"尖细的声音表示撒娇"这一社会行为的语言学表征②。本节讨论的新博、博望、吴家三个方言，并不是像"女国音"这种社会变体，只能看作是元音高化在声母辅音层面的一种表现：由于受到元音 i 高化在音系结构方面的压力，同时又需要和本音系中由 i>ɿ 所形成的 tsɿ 组字③相区别，所以 tɕi、tɕhi、ɕi 只好变作 tsi、tshi、si。当然，就音变的方向而言，tɕi>tsi 的下一步很可能是 tsi>tsɿ。

(三) i>ɿ 及其声韵条件

郑张尚芳较早指出，皖南吴语的全浊塞音、塞擦音声母处在消变的过程之中，宣州片吴语的"古浊塞音声母基本上还保持或部分保持浊塞音的读法，……高淳、溧水、当涂等地已出现[b d]向[bɦ dɦ]或[hβ hɾ]转化的趋势"④。根据我们近年的调查，浊声母的弱化过程中有各种语音变体，比如定母字在湖阳_{大邢村}可以读成闪音[ɾ]、送气清音[th]、颤音[r]等。其中有些变体与其出现的位置有关（比如舌尖颤音的读法多见于后字），但大部分则作为自由变体出现。如果从归纳音系角度出发，采用简单的音位化处理，许多复杂的语音变异便会被忽略。

我们发现，博望、吴家、新博三个邻近的方言，其定母齐、脂韵字的读法存在不同程度的语音变异。下表按照我们实际采录的单字音来记录其音值，同时列出"低_端梯_透"作为比较：

---

① 胡明扬：《北京话"女国音"调查》，《语文建设》1988 年第 1 期，第 26-35 页。
② 朱晓农：《亲密与高调》，《当代语言学》2004 年第 3 期，第 213 页。
③ 如表 5-14 所列的"紫刺、寄气、低梯"在三个方言都读作 tsɿ、tshɿ。
④ 郑张尚芳：《皖南吴语的分区（稿）》，《方言》1986 年第 1 期，第 16-17 页。

表 5–15　博望、吴家、新博方言定母齐、脂韵字的今读音

	博望	吴家	新博		博望	吴家	新博
啼	tshɿ²	thiᶻ²	ʃʅ²	递	tshɿ⁵	thɿ⁵	ʃʅ⁵
弟	tshɿ⁵	tʃhʅ⁵	ʃʅ⁵	地天~	ʃʅ⁵	thiᶻ⁵	ʃʅ⁵
低	tsɿ¹	tsɿ¹	tsɿ¹	梯	tshɿ¹	tshɿ¹	tshɿ¹

上述三个方言的齐、脂等韵端、透母字的元音都已舌尖化为[ɿ]，声母也随之舌尖化为 ts-/tsh-。但定母字"啼弟递地"①的读音从声、韵母来看都颇不稳定，博望方言基本上是平仄皆送气的江淮官话型读音[tshɿ]；但作为吴语，其定母字的弱化读法舌叶音 ʃ 仍在"地"字出现，其韵母元音则是[ʅ]。问题元音[ʅ]是否必须一定要和舌叶音 tʃ-组同现呢？吴家方言齐、脂韵端、透母字的读音与博望相同，但定母字不读 tsh-，而是清送气塞音 th-或送气舌叶塞擦音 tʃh-，韵母元音也不止一种表现，除了多与翘舌或舌叶相配的[ʅ]，它还能与 th-相拼，这点很值得注意。此外还有尚未舌尖化、带有强摩擦的-iᶻ 与 th-相拼。

一般来说，[ʅ]可在翘舌音声母 tʂ-组（如北京话）或舌叶音声母 tʃ-组后出现。鉴于[ʅ]在音值上的特殊性，曾有学者建议将有些方言的[ʅ]视作"舌叶元音"。如钱曾怡等认为，平度方言的"[ʅ]在[tʃ tʃh ʃ]后面时，发音部位同[tʃ tʃh ʃ]，实际上是舌叶元音。……[u]在[tʃ tʃh ʃ]后面时，实际上是圆唇的舌叶元音"②，李维琦也曾指出祁阳湘语的舌叶音声母[tʃ tʃh dʒh ʃ ʒ]后面跟的是"舌叶元音"③。因此，博望、新博、吴家三个方言的 ʅ 实际上也应该视作舌叶元音。

（四）li>l、ni>n 声化韵的形成

汉语方言中声化韵主要有[m/n/ŋ]三个鼻音④，其形成条件是后接[i/u/ɯ]等高元音。边音[l]在高元音前面形成声化韵[l]的方言则相对少见，沈钟

---

① "地"字本为脂韵，但端组字只出现在一、四等，所以"地"字声母读音本身是个例外，它在博望等方言也是相当于齐韵定母字。
② 钱曾怡等：《平度方言内部的语音差别》，《方言》1985 年第 3 期，第 214 页。
③ 李维琦：《祁阳方言研究》，湖南教育出版社，1998 年，第 13–16 页。
④ 为方便计，作为自成音节的辅音下面的小竖杠，本节也将其省去。

伟讨论汉语方言里的成音节鼻音,未涉及边音的问题①。湖阳_{大邢村}方言读[l]的例字有:[13]犁梨(～子)儿(幼～班)黎离篱璃狸(～猫)厘;[33]礼理鲤里李(行～);[35]例丽隶厉励利痢莉泪(眼～)吏。这类现象同时见于当涂新博和邻县高淳。如高淳_{前西瑶}方言读[l]的例字有:[44]鲤里李(姓);[13]犁梨厘;[35]离②。

湖阳方言读[n]的鼻音声母字除了来自中古泥母、疑母,如:[13]儿_白宜(～兴:江苏地名)泥尼(～龙)鱼渔蜈(～蚣);[33]耳_白尾拇(大～指头骨:大拇指);[35]二_白腻。还有一些来自明母,如:[13]眉_白(～毛);[33]米_白尾拇(大～指头骨:大拇指)。泥母 ni>n 并不奇怪,疑母 ŋi>ɲi>ni>n 是因为软腭声母受其后的前高元音 i 影响而部分前移。明母读 n 倒是比较少见的,但 mi>ni 在南方方言多见,如"尾～巴"在不少吴语都由早期的双唇白读 m-变作龈腭音 n-,"咪_猫～"也有不少方言读作 n-。接下来由 ni 变作声化韵便顺理成章了。

(五) 前高元音 y 的后续演变

遇摄诸韵的元音本来就高,模韵读-u、鱼虞合并后读-y 并不奇怪③。歌模合流出现在博望、新博和吴家,湖阳的歌韵元音仍较模韵稍低。

遇摄字在该片方言有几类特殊演变:(1)"吕读如雨",如湖阳:[y³]吕雨旅_{～～兵}|[y⁵]虑滤_{笊～:笊篱}。这种音变还见于江苏、安徽、湖北、山西、陕西等省份的方言④。(2)"驴_{毛～}庐_{茅～}"都是鱼韵来母平声字,它们在湖阳方言里也不读[ly²],而是读作[ɥ²]。综合第(1)、(2)两条音变,可以看出湖阳方言没有音节 ly,最常见的变化是声母零化,郑伟曾用腭化来解释其演变机制,认为 ly>y 是 li>i 的平行变化⑤。如果从元音舌尖化的角度来考虑,[ɥ]作为卷舌性的舌尖元音,y>ɥ 和 i>ɿ 两者大致平行。至于为何[y]未变作[ɥ],以及为何在[y]舌

---

① 沈钟伟:"Syllabic nasals in Chinese dialects",第 81-108 页。
② 史皓元:"A Gauchwen village dialect: Chyanshiyao tsuen",第 303-305 页。
③ 同样也是因江淮官话的覆盖,鱼韵读开口的鱼虞有别层在皖南吴语已经消失了。
④ 郑伟:《自然音变与音变类型:边近音 l 的演化方式》,《中国语言学集刊》第六卷第二期,2012 年,第 134 页。
⑤ 郑伟:《自然音变与音变类型:边近音 l 的演化方式》,《中国语言学集刊》第六卷第二期,第 134 页。

尖化之后会引起 l-的脱落,还需要进一步研究。

三、元音高化过程中的条件音变

(一) 声母锐钝引起的分韵

现代音系学的"锐音"(acute)、"钝音"(grave)作为区别性特征之一,在辅音、元音上都可以表现出来,同时也可以和汉语传统音韵学的概念相结合。舌齿音声母(端系)在现代方言中多为锐音,唇牙喉声母(帮见系)多为钝音,但古音演变到现代方言会有各种复杂的情况。比如知章庄声母读翘舌 tʂ 组钝音性明显,读 ts 或 tɕ 组则多呈现锐音性。汉语方言(尤其是南方方言)经常出现锐钝分韵,比如山开一入声曷韵在北京话中见系字读-ɤ,如:割 kɤ¹ 葛 kɤ³ | 渴 khɤ³ | 喝 xɤ¹;端系字读-a,如:獭㈱~ tha³ | 达 ta² | 捺 na⁵ | 辣 la⁵ | 擦 tsha¹ | 萨 sa⁵。寒韵字在上海话见系字读-ø,如:干肝 kø¹ | 寒韩 ɦø² | 安 ø¹;端系字读-ᴇ,如:丹单 tᴇ¹ | 摊滩 thᴇ¹ | 餐㈲ tshᴇ¹。

山合一桓韵舒声字在新博、吴家、湖阳方言中不论声母条件都读-ʊ,博望方言则按照锐钝分韵,见系字都读-ʊ,端系字则读-ɤ(表 5-16):

表 5-16 博望、吴家、新博、湖阳吴语桓韵字的今读音

	博望	吴家	新博	湖阳		博望	吴家	新博	湖阳
半	pʊ⁵	pʊ⁵	pʊ⁵	pʊ⁵	端	tɤ¹	tʊ¹	tʊ¹	tʊ¹
拌	pʊ⁵	pʊ⁵	pʊ⁵	pʊ⁵	短	tɤ³	tʊ³	tʊ³	tʊ³
满	mʊ³	mʊ³	mʊ³	mʊ³	暖	nɤ³	nʊ³	nʊ³	nʊ³
管	kʊ³	kʊ³	kʊ³	kʊ³	乱	lɤ⁵	lʊ⁵	lʊ⁵	lʊ⁵
宽	khʊ¹	khʊ¹	khʊ¹	khʊ¹	钻	tsɤ¹	tsʊ¹	tsʊ¹	tsʊ¹
欢	hʊ¹	hʊ¹	hʊ¹	hʊ¹	酸	sɤ¹	sʊ¹	sʊ¹	sʊ¹

受江淮官话的影响,桓韵字在该片方言同时还有-uᴇ 的异源层次。同样由于方言接触,寒韵舒声字在该片方言原来的锐钝分韵,已经被官话型的读音所覆盖,只能留下一些残迹(表 5-17):

表 5-17 博望、吴家、新博、湖阳吴语寒韵字的今读音

	博望	吴家	新博	湖阳		博望	吴家	新博	湖阳
单	tɛ¹	tɛ¹	tɛ¹	tie¹	干~净	kɛ¹	kɛ¹	kʊ¹	kɣi¹
难	nɛ²	nɛ²	nɛ²	nie²	岸	ŋɛ⁵	ɛ⁵	ʊ⁵	ŋɣi⁵
拦	lɛ²	lɛ²	lɛ²	lie²	安~徽	ʊ¹	ʊ¹白/ɛ¹文	ʊ¹	ɣɣi⁵寨
伞	sɛ³	sɛ³	sɛ³	ɕie³	寒	hɛ²	hʊ²白,伤~/hɛ²文	hɛ²	fiɣi²

(二) 介音洪细引起的分韵

目前音韵学界普遍承认中古四等的分立主要基于介音的不同,兼及主要元音的舌位性质。从古音构拟的角度来看,三等与非三等的区分除了[i]介音的有无,还需要考虑主元音的性质。从现代方言来看,[i]介音影响主元音的现象也很明显。北京话"安"的-a 就比"烟"的-a 舌位要低,因为介音-i-促使"烟"的主元音[a]升高至[ɛ]。虽然由于介音[i]的同化作用导致三等与非三等的韵母普遍存在差别,但如果音质差异不太大,仍可将其处理为一个音位。

当涂县部分吴语的效摄字由于介音洪细的不同,所造成的韵母区别已经不是音值的细微差异了,而是分别跟不同韵类的发生了分合变化。下表为部分例字:

表 5-18 博望、吴家、新博、湖阳吴语效摄字的今读音

	博望	吴家	新博	湖阳		博望	吴家	新博	湖阳
包	pɔ¹	pɒ¹	pɒ¹	pɔ¹	表	piɔ³	pʏ³	pʏ³	piɔ³
刀	tɔ¹	tɒ¹	tɒ¹	tɔ¹	嫖	phɔ²	phʏ²	phiɒ²,phʏ²	phiɔ²
草	tshɔ³	tshɒ³	tshɒ³	tshɔ³	消	ɕiɔ¹	ɕʏ¹	ɕʏ¹	ɕiɔ¹
高	kɔ¹	kɒ¹	kɒ¹	kɔ¹	超	tshɔ¹	tshɒ¹	tshɒ¹	tshɔ¹
饱	pɔ³	pɒ³	pɒ³	pɔ³	条	thiɔ²	thʏ²	thʏ²	ɕiɔ²
交	tɕiɔ¹	tɕiɒ¹	tɕiɒ¹	kɔ¹/tɕiɔ¹	照	tsɔ⁵	tsɒ⁵	tsɒ⁵	tsɔ⁵
孝	ɕiɔ⁵	ɕʏ⁵	ɕiɒ⁵	ɕiɔ⁵	叫	tɕiɔ⁵	tɕiɒ⁵	tɕiɒ⁵	tɕiɔ⁵

从上表可以看出,先不考虑介音,博望、湖阳的效摄字内部没有分韵,但吴家、新博方言的效摄细音字已经不同于洪音字,洪音字的主元音较高读-ɔ,由于效摄见开二已经在大部分方言中发生腭化,只有零星字还保留 k-的读法(如吴家"敲"khɔ¹),所以这部分也会跟着三四等韵见系字一起变化,于是可以发现,吴家、新博方言的效摄细音字出现了新的韵母元音-ʏ,它同时也是咸山合口三四等韵见系、知章组字的读音。另外,-ʏ 韵读音是按词汇条件所进行的扩散式音变,同个字在吴家方言读-ʏ,但在新博仍读作-iɔ,如"孝"字。此外,"嫖"字在新博两个读音并存。从旧形式(未变)往新形式(已变)的演变过程中,往往会有新旧并存的变异阶段,这是词汇扩散的典型表现。也正由于此,可见吴家、新博效摄字的两个读音层之间是具有音变关系的先后演变阶段,是方言内部演化的产物,音变过程为 iɔ>ʏ。

另一个洪细分韵的例子是山合三仙元韵舒声字在该片方言的演变(表 5-19):

表 5-19 当涂四个方言仙、元韵字的今读音

	博望	吴家	新博	湖阳		博望	吴家	新博	湖阳
转	tɕʏ³	tsu³	tɕʏ³	tsu³	卷	tɕʏ³	tɕʏ³	tɕʏ³	tɕʏ³
砖	tɕʏ¹	tsu¹	tɕʏ¹	tsu¹	劝	tɕhʏ⁵	tɕhʏ⁵	tɕhʏ⁵	tɕhʏ⁵
穿	tɕhʏ¹	tɕhʏ¹	tɕhʏ¹	tshu¹	犬	tɕhʏ³	tɕhʏ³	tɕhʏ³	tɕhʏ³
船	ʑʏ²	ʑʏ²	ɕʏ²	zu²	园	jʏ²	jʏ²	jʏ²	jʏ²
软	nʑʏ³	nʑʏ³	nʑʏ³	nʑʏ³	远	ʏ³	ʏ³	ʏ³	ʏ³

湖阳方言有比较明显的洪细分韵,由于知三章组字在该方言没有[i]介音,声母为 ts-组,相应地韵母也为洪音韵-u,而博望、新博方言的知三章组字在[i]介音失落之前就已经腭化,这就促使后接元音也往细音的方向发展而变作-ʏ。从吴家方言还能看出这一变化的渐进性,该方言"转砖"的读法为-u,而同为知三章组的"穿船"已经腭化读-ʏ了。从中也可以得知,-u、-ʏ 之间也是具有先后演变关系的,洪细分韵来自音系内部结构的调整。

四、结语

汉语方言中,高元音[i u y]受到音系内部结构压力或强势方言的影响,会继续发生高化。前人的研究指出,其结果有舌尖化(如 i＞ʅ、y＞ʮ)、擦化(如 i＞i_z)、裂化(如 i＞ij＞ej＞aj、u＞uw＞əw)、边擦化(tɕi＞tsʅ＞tɬʅ)、鼻音化(ji＞n̩i)、央化(i＞ɨ)等六种方式①。从本节对苏、皖边界吴语的田野调查和语料分析来看,元音的后续高化还有其他一些值得注意的表现。

本节所讨论的皖东南吴语,不但在行政区划上位于苏皖交界地带,同时在方言属性上也是兼有皖南吴语、江淮官话的双重特点。在较小范围的方言区域内,选取更小的代表点(如乡、村)做密集调查,从而观察其语音变异,对于全面、深刻地了解某些语音演变的细节,无疑具有较大的促进作用。最后总结一下皖东南吴语中元音高化的具体表现:

1. 元音 i 或辅音 tɕ 组的舌尖化,即 i＞i_z＞ʅ、tɕ(i)＞ts(i)。

2. 元音 i 在定母后的舌叶化,即 i＞ɻ。

3. 元音 y 的近音化,即 y＞ʮ。

4. 鼻音 n、边音 l 在 i 前的自成音节化,即 ni＞n̩、li＞l̩。

5. 由元音高化引起的条件音变。包括:(1) 因声母条件而引起的不同演变,如桓韵字中古舌齿音声母(锐音)读-ɤ,牙喉音声母(钝音)读-ʊ;寒韵字的本地白读层锐音读-ɛ/-ie,钝音读-ʊ/-ɤi。(2) 因介音条件而引起的不同演变,如效摄洪音字读-o/-ɒ,细音字读-ɤ;仙、元韵字洪音读-ʊ,细音字读-ɤ。

---

① 朱晓农:《汉语元音的高顶出位》,第 440 页。

第六章 实验/田野语音学方法

第一节 威坪徽语的清声化浊及其实验分析

一、引言

本节是对浙江淳安威坪方言声调系统的专项考察。淳安县为浙江省杭州所辖,北接临安,东邻桐庐、建德,南连常山、衢县,东南与开化接壤,西与安徽休宁、歙县毗连。威坪镇位于淳安西北部,属低山、丘陵地貌,与安徽歙县的街口镇紧邻,直线距离仅三十余公里。虽然陆路交通不太便利,但水路畅通。《中国语言地图集》(1987年版)图B10"安徽南部汉语方言"将威坪(虹桥头)、唐村、街口等镇区的方言划归徽语。曹志耘、淳安县志编委会的调查结果也显示该地区是接近于歙县话的方言,而与以原县城淳城镇的方言为代表的淳安话有所不同[①]。2010年5月至2012年4月,笔者在威坪镇汪川村进行了数次田野调查。调查方式包括传统的方言学调查和语音学调查两种,采集的语言材料有音系、词汇、语法例句等,也有单字和两字组的语音实验数据。本节共采录了八位发音人的录音材料,发音人的情况介绍如下:

XYQ(M1),男,淳安威坪汪川村人,1942年生,小学文化,务农;
XHS(M2),男,淳安威坪汪川村人,1950年生,初中文化,务农;

---

① 曹志耘:《严州方言研究》,第15-16页;淳安县志编纂委员会:《淳安县志·方言》(傅国通执笔),汉语大词典出版社,1990年。

XZC(M3),男,淳安威坪汪川村人,1959年生,初中文化,务农;
XWJ(M4),男,淳安威坪汪川村人,1954年生,初中文化,务农;
XYF(M5),男,淳安威坪汪川村人,1950年生,初中文化,务农;
FHL(W1),女,淳安威坪茂川村人,1967年生,初中文化,务农;
XWH(W2),女,淳安威坪田坞村人,1965年生,小学文化,务农;
XXY(W3),女,淳安威坪汪川村人,1986年生,研究生文化,学生。

为了方便讨论,本节以M1、M2、W1、W3的语音为主要分析对象,这四位发音人分别属于中老派和新派口音,年龄和性别两方面都具有代表性,而且他们的发音地道,录音过程中声音也比较稳定。下表是淳安威坪方言的声调系统:

表6-1 威坪镇(汪川村)方言的声调系统

调 类	调 值	例 字
1 阴平	121	开都疤超安东分丁
2 阳平	22	扶爬题麻同阳陈寒
3 阴上	212	好比古等短粉 十读白木药舌
4 阳上	13	马五舅动坐厚杜稻
5 去声	354	盖帝变唱大病饭帽用漏洞
6 阴入	24	黑铁福尺竹百急笃

下图为威坪镇汪川村方言的声调格局图:

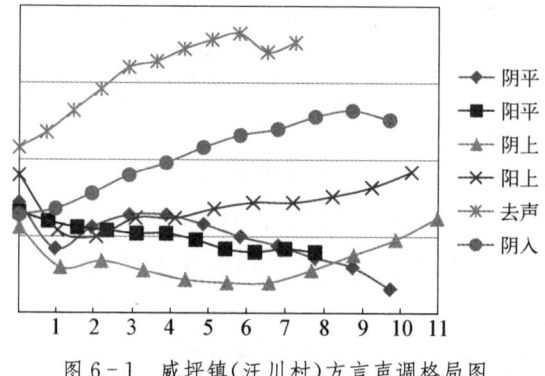

图6-1 威坪镇(汪川村)方言声调格局图

以下是对声调系统的几点说明:

1. 来自古清声类的阴平字是个超低调,调型(contour)是凸调。

2. 阳平调是个低平调,阴平、阳平字的起调调高接近。

3. 去声调相对其他声调来说是个高调,同时阴去、阳去合并为一个调类,调尾有微降的趋势。

4. 入声单字已舒化,听感上并无明显的喉塞尾成分,但在两字组前字(如"铁钉")位置时,阴入字还可以带喉塞尾-ʔ。其中阳入与阴上字合并读低凹调,阴入调仍然独立,调型与阳上调相同,都是上升调,但阳上调是一个低升调,而阴入调为中升调。

总体来看,威坪方言的声调系统中,低调域的声调比较多。较为特别的是阴平字,全清和次清不分调,都读作超低调121。全清阴平字听感上和上海、苏州等吴语的古全浊声母字相同。根据前人的实验研究,上海、苏州等吴语的古全浊声母字为气嗓音(breathy voice)。从语图上来看,威坪方言的全清阴平字气化也比较明显,如图6-2:

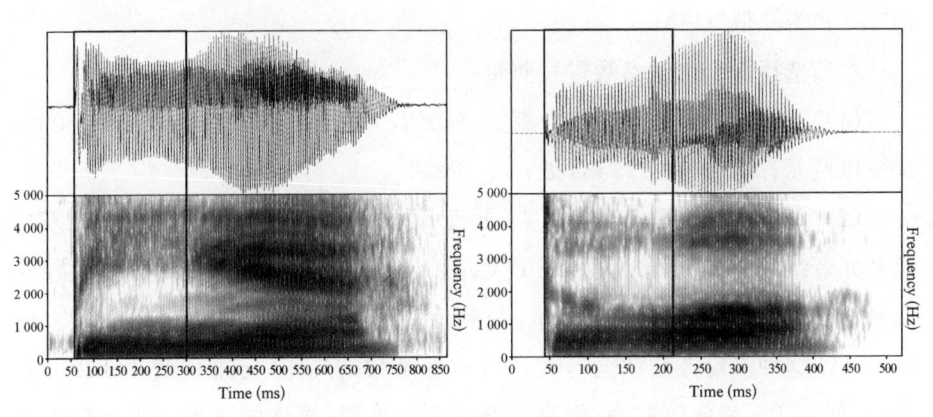

图6-2 发音人FHL〈左〉"边"[biē¹²¹]、发音人XXY〈右〉"刀"[dɐə¹²¹]

上图所示为发音人FHL(左)和发音人XXY(右)的全清阴平字"边"和"刀"频谱图和语图,从图中可见,元音起始部分(黑色框体部分)高频区共振峰模糊,是气化的表现。为了更准确地判定威坪方言古全清阴平字的发声类型,本节将通过H1—H2值和CPP值两个参数来考察。

二、实验设计及其结果分析

笔者所进行的几次田野调查,使用的录音器材包括联想 Thinkpad R61i 系列笔记本计算机及内置声卡、Sony 手持式话筒,录音软件为 Praat 5.1.15。录音时将各个单字做成幻灯片方式播放,让发音人用方言念出单字,每字的时间间隔控制在 1-2 秒。

(一) 对全清阴平字单字的实验分析及其结果

我们分别考察了全清阴平字作为单字和两字组后字时的两类情形。分析单字时,选取了五组例字做"最小比对"(minimal pair),即全清阴平字和全清去声字的比较。之所以选择阴去字,而不是将其他阴调类字跟阴平字比较,是因为去声字在该方言是个高调,从调域(register)的角度来说,可以看作是纯高调;而阴平调又是超低调,两者的区别度较显著。这五组比字分别是(括号内为两字的韵母音值):"冻—东"([ə]);"凳—灯"([a]);"到—刀"([ɐʊ]);"霸—疤"[o];"帝—低"([i])。

本节选择两个声学参数进行测量:

(1) H1—H2 值。选取 5 个测量点,元音开始后的 25 ms 处、25%、50%、75%以及元音结束前的 25 ms 处;

(2) CPP 值。选取 5 个测量点,元音开始后的 25 ms 处、25%、50%、75%以及元音结束前的 25 ms 处。CPP(Cepstral Peak Prominence)是一种比较新的测量方法,其特点是比较可靠,受到元音音质和基频的影响比较小。而H1—H2 这种测量方法就会有元音音质和基频的局限,比如说使用 H1—H2 测量,低元音 a 就比较准确,而高元音就不太准确;男性的测量结果要较女性的更准确,因为男性的基频低,这样就能使男性的 H1 和共振峰的差距较大,不容易受到共振峰的影响。气化发声类型的 CPP 值的显著度要高于常态发声类型的 CPP 值[①]。

[①] Berkson K. H.:"*Phonation Types in Marathi: An Acoustic Investigation*", Unpublished Ph. D. Dissertation, Kansas University, 2013 年,第 52-58 页。

下图 6-3 显示,威坪方言全清阴平字和全清阴去字的 CPP 值差异在元音起始处十分显著($t=4.277$,$p=.000<.0001$),随着时间的推移差异越来越不明显,在元音中点处基本上趋于一致;威坪方言全清阴平字和全清阴去字的 H1—H2 值在元音起始处虽然也显示出了差异,但 T-test 结果显示差异不显著($t=-1.822$,$p=.076>.05$),这可能也跟 H1—H2 这种测量方法对选字的要求比较高(低元音较准确),测量结果不太准确有关。

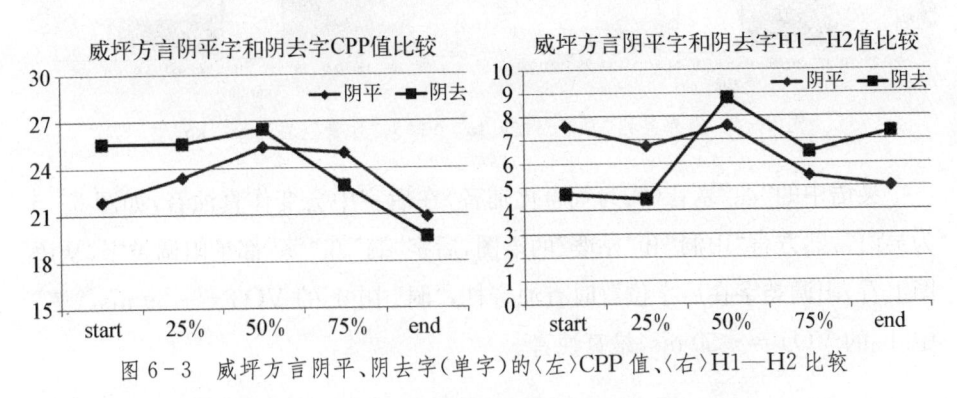

图 6-3 威坪方言阴平、阴去字(单字)的〈左〉CPP 值、〈右〉H1—H2 比较

实验结果表明:威坪方言全清阴平单字的 CPP 值要显著小于全清阴去单字的 CPP 值,因此威坪方言的全清阴平字为发声类型为"气嗓音",上海、苏州等吴语的古全浊声母字的发声类型相同[1],因此威坪方言的全清阴平单字已经发生了"全清化浊"的演变。

(二) 全清阴平字位于两字组后字时的语音学观察

汉语方言中的全清阴平字在后字通常也是个清音,如图 6-4 为吴语常熟方言"刀疤"和"牙膏"的语图,后字"疤"和"膏"都为全清阴平字。从语图上看,后字都有很明显的持阻段(大概为 100 ms 左右),这就说明全清阴平字在后字位置也是个清音[2]。

---

[1] Cao Jianfen(曹剑芬) & Maddieson Ian:"An Exploration of phonation types in Wu dialects of Chinese",*Journal of Phonetics*,1992 年第 20 卷,第 77—92 页。

[2] 以下所举常熟、淳安方言的两字组例字,标的都是连字调的调值,不再一一说明。

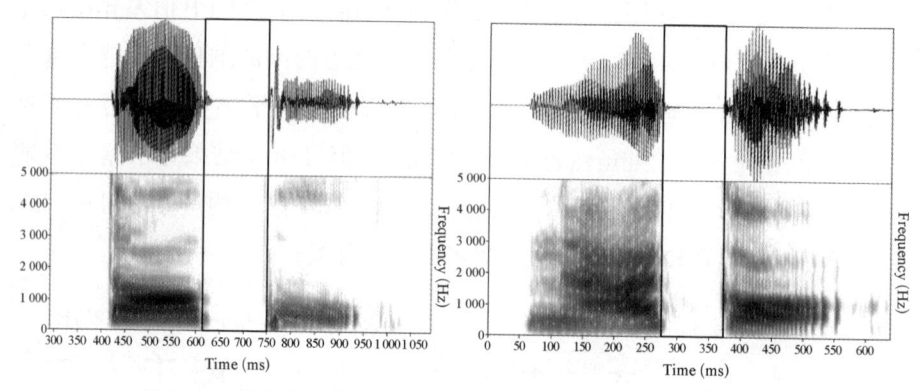

图 6-4　常熟吴语"刀疤"〈左〉[tɔ⁵⁵ pu⁵²]、"牙膏"〈右〉[ŋa²³ kɔ³¹]

吴语中的"浊"塞音(实为气声化辅音)在后字中会变作真浊音,如图 6-5 为吴语常熟方言"山洞"和"姑婆"的语图,后字"洞"和"婆"都是阳调类字,从语图上看,阳调类字在后字位置时有浊音杠,"洞"中[d]的 VOT＝－59 ms,"婆"中[b]的 VOT＝－50 ms,是真浊音。

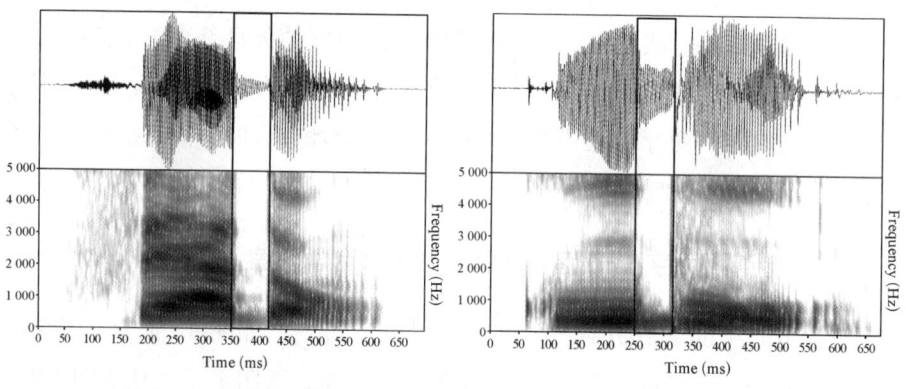

图 6-5　常熟吴语"山洞"〈左〉[sɛ⁵⁵ doŋ³¹]、"姑婆"〈右〉[ku⁵⁵ bu⁵²]

威坪方言的全清阴平字位于两字组后字时其语音性质与吴语的阳调字一致,而并非与吴语的阴调类字一致,说明威坪方言的全清阴平字在后字位置时也已经"浊"化了。如图 6-6 发音人 XHS"右边"和 XYQ"薄刀"的语图和吴语"浊"塞音做后字时的语图一致,而并非和吴语清塞音做后字时的语图一致。从语图上看,"边"中[b]的 VOT＝－46 ms,"刀"中[d]的 VOT＝－89 ms,是真浊音。

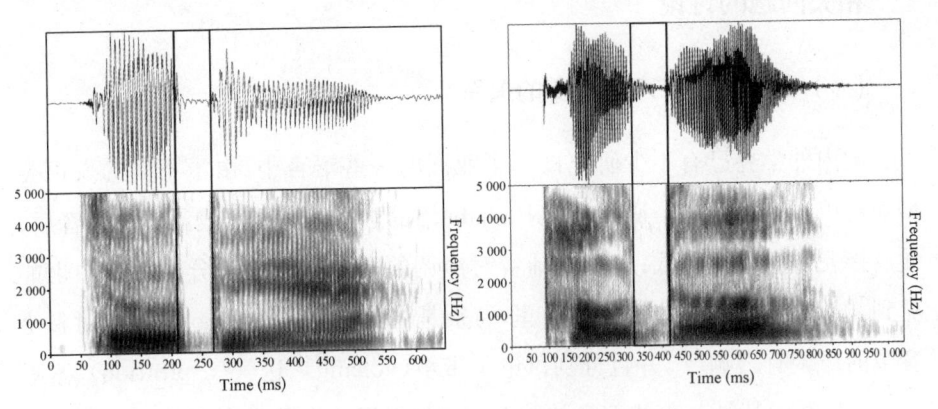

图 6-6 发音人 XHS〈左〉"右边"[ji³³ biɛ̆²¹]、
发音人 XYQ〈右〉"薄刀菜刀"[phɐɜ²¹ dɐɜ²¹]

但是我们也发现,威坪方言全清阴平字还只是处于"浊"化的过程中,因为我们在有些发音人的某些词中也可见并未发生"浊"化的全清阴平字。图 6-7 为发音人 XYQ"书包"、"扁担"的语图,从图中可以看出这两个词的前字和后字之间有很明显的持阻段,时长分别为 119 ms、116 ms。

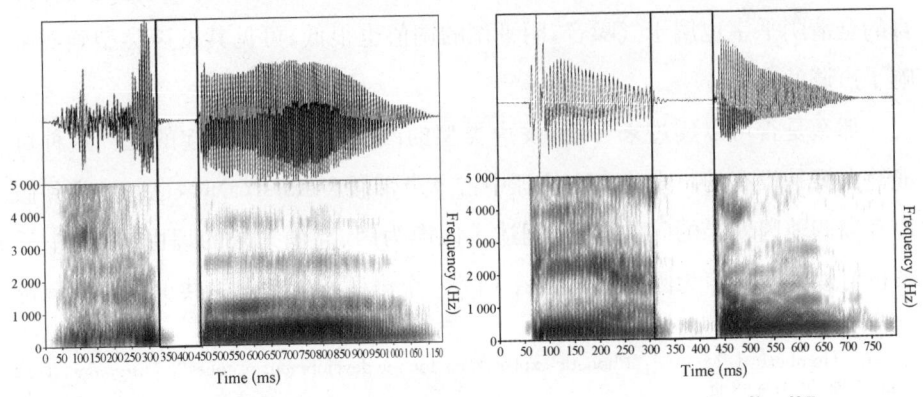

图 6-7 发音人 XYQ〈左〉"书包"[zʮ²¹ pɐɜ²¹]、〈右〉"扁担"[pie²¹ tɑ̃³³]

因此,威坪方言的全清阴平字在后字位置时正处于浊化的过程之中,绝大多数字已经变成了浊音,还有小部分字保留清音。

三、相关问题的讨论

(一) 发声类型与声调演变的关系

国内外学界已有不少研究谈到了亚洲的一些语言中,由于不同的发声类型而对声调产生影响。比如印度 Punjabi 语的送气浊辅音变成清不送气音后,使后接元音的声调降低;送气浊辅音对声调的类似影响在部分藏缅语中也能见到①。李方桂强调"在声调语言里,特别是在亚洲的语言里,起首辅音对整个音节的声调有影响"②,并且分别讨论了带声(voicing)、送气(aspiration)、紧喉(glottal stop)特征与声调演变的关系。比如汉语史上曾经出现响音声母与清声母声调一致,而与浊的塞音、塞擦音和擦音声母字不同,浊塞音在台语的部分方言变作清不送气音,部分变作清送气音等。

不同发声类型的嗓音之所以声调表现不同,很大程度上与辅音的"内在音高"(intrinsic pitch)有关③,比如气泡音(fry)、气嗓音(breathy)和紧喉音(creaky)都是低调嗓音,假声则是声调最高的嗓音④。目前大部分吴语中来自古浊声母的辅音为气嗓音,因此其调值总是低于清声母字。本节发现威坪方言的全清阴平字也属于气嗓音,阴平调的调值也很低,可见其发声类型确实影响了声调的高低。

那么是否可以反过来考虑,发声类型的改变是由低调引起的呢?这种可能性大概是没有的。朱晓农在论证中古上声带假声(falstto)时,也曾注意到假声和高调孰因孰果的问题,并且阐述了假声为因、高调为果的理由⑤。其中三条也可以说明气声为因、低调为果:(1) 一个声调发生学上的共识是,"声调都

---

① Hombert, J. M. et al:"Phonetic explanations for the development of tones",*Language*,1979 年第 55 期,第 37-58 页。
② 李方桂(Li, Fang-kuei):"Laryngeal Features and tone development",《历史语言研究所集刊》第五十一本第一分,1980 年,第 1-13 页。
③ 孔江平:《现代语音学研究与历史语言学》,《北京大学(哲学社会科学版)》2006 年第 2 期,第 34 页。
④ 孔江平:《论语言发声》,中央民族大学出版社,2001 年,第 188、221 页。
⑤ 朱晓农:《证早期上声带假声》,《中国语文》2007 年第 2 期,第 167 页。

具有一个非声调的来源"。(2)凡是气嗓音,必然引起低调,但低调未必一定产生气嗓音。(3)有低调的比有气嗓音的语言或方言更常见。按照学界对汉语史的一般认识,来自古阴平字的不送气声母辅音应该是不带声的正常嗓音(modal voice),但是在现代方言中也可能出现发声类型或喉部机制(glottal mechanism)的改变。比如赵元任很早就注意到古帮、端母在松江吴语、文昌闽语等中会变作内爆音(implosive),即所谓的"真浊音"①。陈其光也讨论过南方语言/方言里的清声化浊②。现在看来,其中有些写作 b-、d-之类的声母实际上是内爆音 ɓ-、ɗ-(如版纳傣语),到了浙江金华、湖南江永(白水)又变作鼻音 m-、n-或边音 l-。这类清声化浊符合清爆发音的自然音变规律:p > ɓ > m;t > ɗ > n > l。此外广西容县话的古帮、端母字读[b d],如:碑 bi⁵⁴|补 bu³³|臂 bi⁵³|担 dam⁵⁴|堵 du³³|对 dui⁵³。该方言的浊声母性质还有待进一步的语音学考察。

(二) 次清化浊与送气分调

据我们所知,汉语方言中很少有关于"全清化浊"的报导,对于其语音性质的实验分析则更是未见;但是,具有"次清化浊"的方言倒有不少,比如赣语大通片、昌靖片和广府片方言及邵阳湘语等。何大安曾经指出,送气分调是次清化浊的前提,因为只有当送气成分使得全清、次清两类字出现声调分化,才能保证化浊的清声母字之中只有次清类。何先生认为,从实验语音学来看,气流分调的形成,与送气成分会使喉头下降。在其他发音条件都相同的情况下,送气成分后的元音在声调振动时,要比不送气声母之后的元音频率低③。这就是送气引起低调的原因。需要注意的是,气流分调不一定导致次清化浊,次清化浊的结果也未必造成全清、次清字的声调分化。

当然,喉头升降并不是调节肺部气压的唯一方式,正如我们所看到的,汉语方言中并不是所有的次清字都有不同于全清字的声调。李方桂已经指出,

---

① 赵元任:《中国方言当中爆发音的种类》,第518-519页。
② 陈其光:《华南一些语言的清浊对转》,《民族语文》1991年第6期,第1-11页。
③ 何大安:《送气分调及相关问题》,《历史语言研究所集刊》第六十本第四分,1990年,第771页。

送气特征在汉语方言（如南昌）会引起低调，但在泰国南部方言却跟高调相配①。Ohala 从语音实验的角度也证明了这一点②。王莉宁最近提供的材料表明，送气纵然可以导致分调，但未必一定导致低调，比如湖北崇阳_{白霓}古上、入二声的次清字化浊后读 bh-声母，调值分别是［53］、［45］，湖北赤壁_{陆水湖}古平、入声的次清字化浊后读 b-声母，调值分别是［44］、［5］，都是明显的高调③。

至于次清化浊的起因，有种看法是，"受强气流的影响，原送气清音声母发生浊化、演变为送气浊音声母，进而送气浊音声母的气流弱化、消失，最终演变成不送气声母"④。以双唇塞音为例，可以归纳为：ph ＞ bh ＞ b。这一看法强调了强送气是清声化浊的起因，但辅音声母的气流强弱能否造成其发声类型的改变，还有待于用实验语音学的可靠数据加以证明。第二步从浊送气变作浊不送气，从类型学来看是很合理的，因为［bh］是有标记类，而［b］是无标记类，bh ＞ b 属于自然音变。只是赣、湘语等的次清化浊的"浊"哪些是真的带声，哪些是类似于吴语的气嗓音，也还需要做详细的语音分析。

总之，新生的所谓"浊音"声母并不以声调基频的高低为前提。正如上文所述，发声类型的改变可以先于声调的演变，至于发声类型为何改变，目前还没有可信的解释。但是，汉语史和现代方言的各种材料表明，发声类型的不同性质很容易会影响汉语声调的演变⑤。

四、结语

本节报导了汉语方言中一种罕见的语音现象，从实验语音学的角度来说，应视为发声类型的演变，即来自古阴平调的清不送气塞、塞擦、擦音声母由常态嗓音变作气嗓音；从音韵学、方言学的角度看，可称其为"全清化浊"。如果

---

① 李方桂："Laryngeal Features and tone development"，《历史语言研究所集刊》第五十一本第一分，第 7 页。
② Ohala J. J.："A model of speech aerodynamics", *Report for the Philology Laboratory*，1976 年第 1 期，第 403－432 页。
③ 王莉宁：《赣语中的次清浊化与气流分调》，《语言研究》2010 年第 3 期，第 56－61 页。
④ 王莉宁：《赣语中的次清浊化与气流分调》，《语言研究》2010 年第 3 期，第 57 页。
⑤ 淳安威坪方言中来自古次浊明母、来母的去声字会读作内爆音［ɓ］、［ɗ］，该类字的调值为［354］，是个纯高调，可参看本章第二节的讨论。

把该方言读作气嗓音的全清阴平字声母直接写作[b d g],那么威坪方言的全清阴平字有以下音变:p->b-,如"疤"[bo¹²¹];t->d- 如"刀"[dɐə¹²¹];k->g-,如"观"[guã¹²¹];ts->dz-,如"猪"[dzʯ¹²¹];ɕ->ʑ-,如"乡"[ʑiõ¹²¹];s->z-,如"桑"[zõ¹²¹];ʔ->ɦ-,如"安"[ɦa¹²¹]。实际上,"清—浊"并非语音学特征的描写,它们只是为了方便作跨语言的比较而采取的一对音系特征[①]。因此在分析汉语方言中的清声化浊时,除了要考察历史音类的现实对比,还要使用语音实验的方法,对其作定量、定性的分析。

第二节 威坪徽语的内爆音及其实验分析

一、引言

赵元任在描述吴语的声母时说:"法语的爆发音 p t k 是硬音,和北京话清的 b d g 不同。但上海周浦、松江和浙江永康的 p t 分别读作浊的 b d,而 k 还是 k,因为发 k 时声门和软腭成阻后的空间很小,较难发出浊的爆发音来。"接着又提到,"松江、周浦有真的浊音 b 和 d,但 k 还是 k"[②]。赵先生所指出的上海郊县的真浊音,实际就是内爆音(implosive)。后来赵先生又总结了汉语方言中的十类爆发音,其中第九类是稍弱的内爆音,"一个浊音 b 同时声门有一点紧缩作用",如浦东、松江"饱"[ˈbɔ]。第十类则为较强的内爆音,"喉部更紧一点,口部的成音也强一点",如海南文昌方言"冰"[ʔbeŋ][③]。此后在苏沪浙方言中如上海川沙、金山、南汇、奉贤、嘉定、闵行老派以及浙江庆元、文成、仙居、缙云、永康等都发现有内爆音[④]。

徽语主要分布于安徽境内,其形成、发展与吴语关系密切,但迄今尚未有

---

① Keating, Patricia A:"Phonetic and phonological representation of stop consonant voicing", *Language*,1984 年第 60 期,第 286-319 页。
② 赵元任:《现代吴语的研究》,第vii、viii页。
③ 赵元任:《中国方言当中爆发音的种类》,第 518 页。
④ 郑张尚芳:《浙西南方言的 tɕ 声母脱落现象》,《吴语和闽语的比较研究》,上海教育出版社,1995 年,第 67 页。

关于内爆音的田野语音学报导。2010年5月笔者赴浙江杭州所辖淳安县的威坪镇汪川村进行调查,发现该方言有将鼻音、边音声母读作内爆音的现象,并于2015年7月再次赴汪川村作调查数据的核实工作。威坪镇属低山、丘陵地貌,与安徽歙县的街口镇紧邻,直线距离仅三十余公里。虽然陆路交通不太便利,但水路畅通。我们所调查的威坪话音系与歙县徽语接近,且有别于毗邻的严州片方言。《中国语言地图集》(1987年版)图B10"安徽南部汉语方言"也将威坪(虹桥头)、唐村、街口等镇区的方言划归徽语。

此次在威坪镇汪川村调查,共采录了八位发音合作人的录音材料,本节以M4(XWJ)、W1(FHL)的语音为主要分析对象,这两位发音人属于老、中派口音,发音地道、稳定,而且来自不同的村,因此较有代表性。此次调查所用录音器材包括联想Thinkpad R61i系列笔记本计算机及内置声卡、Sony手持式话筒,录音软件为Praat 5.1.15。录音时将各个单字做成幻灯片方式播放,让发音人用方言念出单字,每字的时间间隔控制在1-2秒。

由于威坪(汪川)话中内爆音的产生跟该方言的调域特征密切相关(详下文),下面先对声调系统作简单介绍。同时列出曹志耘所记淳安方言(原县城淳城镇,属严州片)的声调[1],以资比较。

表6-2 威坪镇(汪川)与原淳城镇方言声调系统的比较表

威坪镇(汪川)方言			原淳城镇方言		
调类	调值	例 字	调类	调值	例 字
1 阴平	121	开都疤超安东分丁	1 阴平	224	衣天东山四变盖宋
2 阳平	22	扶爬题麻同阳陈寒	2 阳平	445	皮田亭麻南来
3 阴上	212	好古等粉十读白木	3 上声	55	死早改粉是稻马有
4 阳上	13	马五舅动黑铁福尺	4 阳去	535	大地洞命乱岸
5 去声	354	盖帝变唱帽用漏洞	5 阴入	5	北桌铁国雪法
6 阴入	24	黑铁福尺竹百急笃	6 阳入	13	夺局贼麦六月

---

[1] 曹志耘:《严州方言研究》,第18页。

以下是几点说明：

1. 来自古清声类的阴平字是个低降调，并伴有气声化（breathy voice）色彩，听感上和上海、苏州等吴语的全浊声母字相同，同时全清、次清字不分调。用音韵学的术语来描述，就是所谓的"全清化浊"，这在汉语方言中很少见（可参看本章上一节）。

2. 阳平调是个低平调，阴平、阳平字的起调调高接近，如发音人 M1 均在 200 赫兹左右。但因为调形不同，所以听感上平声字是"阴低阳高"，相信与气声化密切相关。

3. 阳上、阴入合并，是个微升调，调头稍低于平声调。

4. 威坪汪川村方言的去声调是个高凸调，不分阴阳。调头稍高于调尾，但有的发音人（如M1）调形较平，接近于 55。根据曹志耘的报导，原淳城镇方言的"清平与清去合，都读［224］。例如：西＝细 ɕi²²⁴｜私＝四 sɿa²²⁴｜编＝变 piã²²⁴｜装＝壮 tsã²²⁴"①。

5. 入声字已舒化，无独立调类。其中阳入与阴上字合并后读低凹调，而且时常伴随嘎裂声（creaky voice）。

本节的分析表明，威坪镇汪川村方言中来自中古次浊声母，即明、来、泥母的去声字都变作了内爆音声母［ɓ ɗ］，也就是说，以双唇部位的声母为例，m＞ɓ 只出现在去声字中。观察该方言的声调系统，可知去声调是该方言唯一的高调域的声调。上海郊区方言的内爆音是从常态的清爆发音演变而来的，如 p＞ɓ。包括上海话在内的绝大多数吴语，都有"阴高阳低"的语音特点，即清爆音［p t k］起首的音节带高调（high pitch），浊爆音［b d g］起首的音节带低调。从语音学来看，内爆音与高调的联系密切，高调产生内爆音是可能的。如朱晓农曾经论及，高频起音是辨识内爆音的充分条件②。发内爆音时要降低喉头，会拉紧声带，提高基频。因此尽管内爆音是浊音，但它可以和高调并存，而普通浊爆发音则不可以。

---

① 曹志耘：《严州方言研究》，第 20 页。
② 朱晓农：《内爆音》，《方言》2016 年第 1 期，第 19 页。

二、内爆音的声学分析

内爆音有别于一般以肺部呼气为动力的"喉部吸气辅音",它和喷音(ejective)同属喉部气流机制,另一种咂音(click)则属于软腭部位的气流机制。国内语言学界以前用"阴调真浊音"、"先/前喉塞音"、"吸气音"、"缩气音"等来命名内爆音。从内爆音的发音原理来看,传统叫法都存在一些问题。如果不了解实际的语音,还可能会引起误解。比如 Ladefoged & Maddieson 列举了有嘎裂声(creaky voice)的语言,其中包括了亚洲东南部的拉珈语、水词、龙州壮语等侗台语言,并指出"此类辅音在有些已出版的语音描写中被称作先喉塞音"[①],但实际上这类"先喉塞音"是内爆音而非嘎裂声。

早期对内爆音这类音的发音机制只简单地说是由声带紧缩而产生的音,随着田野调查和研究的深入,逐渐了解到内爆音的喉部机制是可变的,可以是常态浊声、声带更紧的浊声或是完全的喉塞音。内爆音除了有强弱之分,还可以有清浊之别(以浊音为常,清的罕见);就部位而言,成阻较前的双唇[ɓ]、齿龈[ɗ]最常见,软腭[ɠ]、小舌[ʛ]较少见。硬腭部位的[ʄ]也是比较少见的,Sindhi 语、上海郊区方言中有此类内爆音。比如上海南汇、奉贤等郊区方言有三个内爆音,即双唇内爆音[ɓ]、齿龈内爆音[ɗ]、硬腭内爆音[ʄ]。

此外,内爆音还可以和其他的发声或调音类型共存,如嘎裂化内爆音、软腭化内爆音等。

发浊内爆音时会使喉头下降,促使发音时声带振动,这样会导致上声道容积扩大、口腔内空气变稀而产生负气压,于是口外气流便进入口腔。同时,气流通过声门使声带振动,这又能有效地阻止口腔内气压变负值,结果除阻时就没有气流吸入。所以说,浊爆音和内爆音之间是个渐变的过程,容易发生转化。是否为内爆音,可以从空气动力学和声学参数两方面去观察。下面以 Ladefoged & Maddieson 对尼日利亚 Degema 语和印度 Sindhi 语的分析为例[②]:

[①] Ladefoged, Peter & Maddieson Ian: *The Sounds of the World's Languages*,第53页。
[②] Ladefoged, Peter & Maddieson Ian: *The Sounds of the World's Languages*,第83-84页。

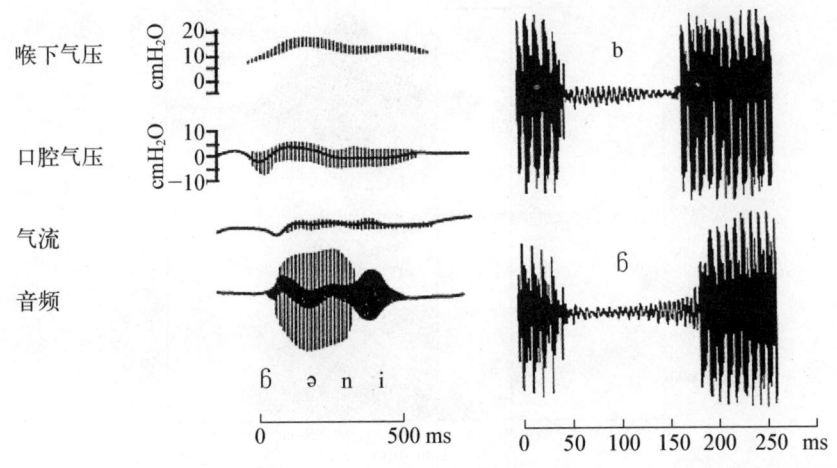

图 6-8 〈左〉Sindhi 语带[ɓ]词的空气动力学数据、〈右〉Degema 语[b]、[ɓ]波形图

从上图可以看到,Sindhi 语的浊内爆音 ɓ 在发音起始阶段,因双唇闭塞而使口内气压(oral pressure)略有升高,而后因声带振动再下降。双唇破阻后又引起气流倒灌进入口腔,并由此产生负气压,喉头下降则使喉下压力(subglottal pressure)上升。声学表现上内爆音与常态浊音还有明显的区别,上图显示 Degema 语发 ɓ 时振幅随着口腔保持阻碍的过程而增大,这是降低喉头造成口腔容积扩大的结果;发 b 时振幅则由大变小。朱晓农认为从语图上辨别内爆音、浊爆音除了(1)看波形的变化,还可以观察:(2)起始基频,浊爆音引起低调头,而内爆音可高可低;(3)辅音时长,浊爆音成阻时间较短,否则容易清化,内爆音成阻期可以较长。第(1)项为绝对指标,后两项则是相对于浊爆音的充分条件[①]。

下面我们主要从声学性质的角度来观察威坪话的内爆音。先看 W1 阳去字"妹"的语图:

从图 6-9 中两条深色竖线间的区域可见明显的浊声杠,说明是个浊辅音,时长约 108 毫秒;声波图中两条竖线间的区域内的波形由小渐次变大,说明是个内爆音。为何波形的渐次增大就能表明其为内爆音呢?这是因为发内爆音时需要降低喉头,压低舌位,这就使得喉下气压增大,同时由于喉头下降

---

① 朱晓农:《内爆音》,《方言》2006 年第 1 期,第 19 页。

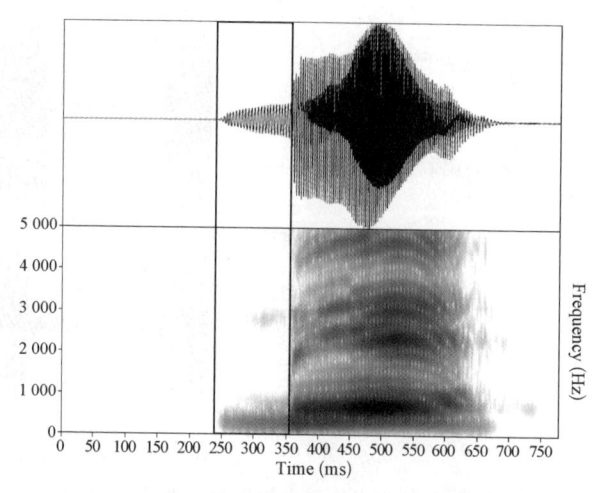

图 6-9　W1(FHL)"妹"[ɓe³⁵⁴]声波图、宽带语图

导致口腔容积变大,口内气压随之变小,由于声门上下气压差变大,导致声波振幅增大,这便是内爆音产生的直接原因。

从调域来看,阳去字在该方言声调最高,"妹"字起始基频 215 赫兹,最高达到 333 赫兹。虽然女性发音时普遍会较高,但阳去调在威坪话作为高调,各个发音人读得都很高。

再看下图 M1 读复元音的阳去字"磨"的声学表现,从波形看明显也是个浊内爆音:

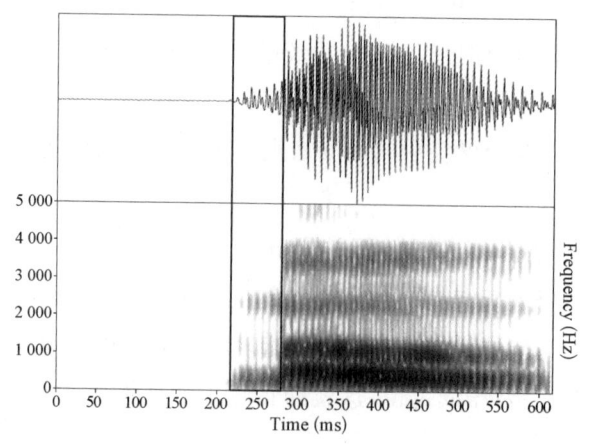

图 6-10　M1"磨"[ɓəu³⁵⁴]声波、宽带语图

第六章 实验/田野语音学方法

从语音性质上说,威坪话中来自中古汉语明母阳去调字已从双唇浊鼻音[m]变作双唇内爆音[ɓ],那么其他调类的明母字是否也有如此的性质呢？下面看发音人 M1 明母字"貌"的声学表现：

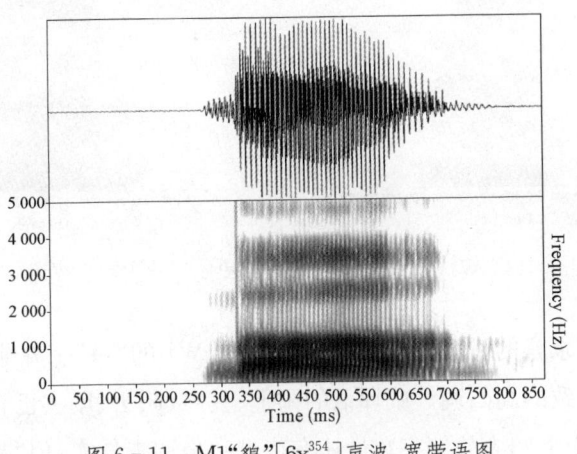

图 6-11　M1"貌"[ɓɤ³⁵⁴]声波、宽带语图

上图左"貌"字的声母部分有浊声杠,喉头下降使口腔容积增大,从而造成波形从小到大的变化,是个内爆音。再比较阳声韵"命"、"柄"二字（鼻音韵尾已弱化为元音的鼻化色彩）。前字为弱的浊内爆音,振幅逐渐增大,后字为常态清爆音（图 6-12）：

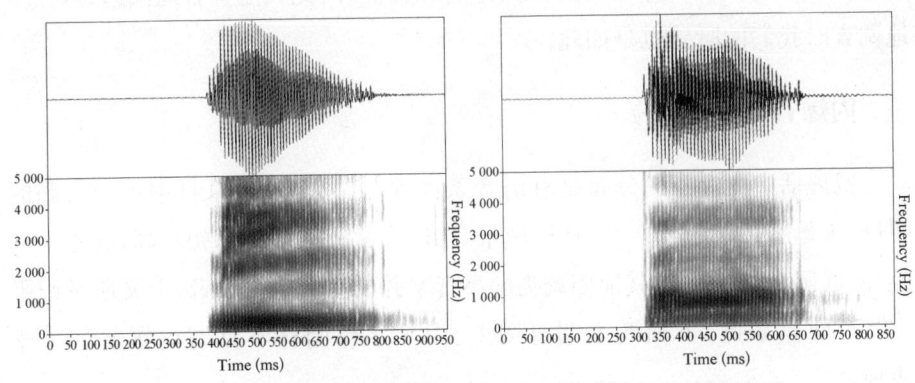

图 6-12　M1〈左〉"命"[ɓĩ³⁵⁴]、〈右〉"柄"[pã³⁵⁴]声波、宽带语图

以上所举为读[ɓ]明母字,下面再看威坪话中来自中古来母[l]读齿龈内爆音[ɗ]的语图（图 6-13）：

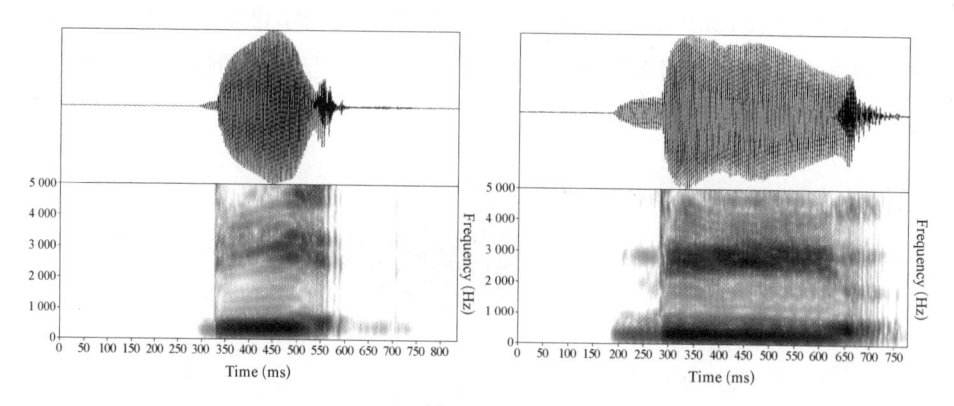

图 6-13　W1〈左〉"吕"[ɗi³⁵⁴]、〈右〉"流"[li²²]声波、宽带语图

从我们对调查录音的听辨和上面的语图来看，W1 的"吕"字并非阳上调 13，而是和阳去调一致的高凸调。威坪话的阳上、去声（阴去、阳去已合并）基本上是独立的调类，阳上归去的例字数量还有待进一步调查核实；但"吕"字确实和明母阳去字一样读成了相应的浊内爆音。声母阶段有很清晰的浊音杠，波形由小逐渐增大。W1 该字的内浊爆音声母约有 3.4 毫秒，只相当于她所读"妹"字的三分之一时长。将"吕"和尤韵的阳平字"流"进行比字后会发现，后者波形图的红色区域中辅音起始后略有增大，但到了四分之三处后已无明显的波形变化，和图 6-8 中 Degema 语浊爆音 [b] 相类似，因此只能算普通浊边音，在实地调查时我们的听感也是如此。

三、内爆音与高调

威坪话中内爆音的分布是有语音条件的，它只出现于来自中古阳去调的明母、来母字：m>ɓ、l>ɗ。从调域来看，该方言阳去字的基频最高，属于少见的"阴低阳高"现象①。其他阳调类的鼻音字并没有变成内爆音，上文所举阳平字"流"便是如此，下面两个明母阳上、阳平字也同样不具有内爆音的声学表现：

---

① 阴平字读作最低的 [121]，并且声母带气声化，也是此类情形，可参看本章上一小节的讨论。

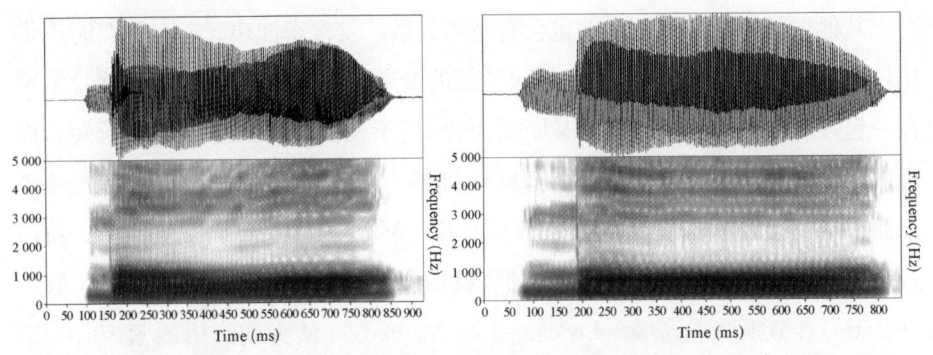

图 6-14　发音人 W1〈左〉"马"[mo^{13}]、〈右〉"麻"[mo^{22}]声波、宽带语图

所以说,读高调的阳去明母、来母字才有可能会变成同部位的内爆音。另外,从我们调查和分析结果来看,[ɓ]在威坪话里比[ɗ]的出现频率更高,这和普遍的语音类型相一致[①]。

高调与内爆音的关系,已有不少学者提及。赵元任很早就说过:"爆发的时候,声门那里因为紧缩的缘故,出来的气太少,不够充满因开大而增加的口腔的容量,结果气反而望里吸进来一下,就发生了一种高音的音彩。"[②]汉语方言、民族语的内爆音总在调值较高的阴调类字中出现。Painter 提到,内爆音的紧喉作用会增加闭相(closed phase)及闭相时的喉下气压,从而使其振幅增大、基频升高。另外,他通过测量发现,[ɓ]的内在基频 F0 要高于[b]、[b̥]、[bʱ]、[ph]等同部位塞音[③]。Hombert et al.指出,发内爆音时喉头的快速下降可以产生高速气流,使 F0 高于正常值;另一方面,喉头下降会使声带(vocal cord)紧张度降低,从而降低 F0[④]。Richard & Aaron 对 SiSwati 语的研究表明,可能需要根据声带振动、喉头下降的不同程度来决定内爆音对 F0 的作用是升高抑或降低[⑤]。就本节的观察而言,汉语方言、民族语中的内爆音总是和高调相联系,迄今尚未发现反例。

[①]　Ladefoged & Maddieson: *The Sounds of the World's Languages*,第 82 页。
[②]　赵元任:《中国方言当中爆发音的种类》,第 518 页。
[③]　Painter, Colin: "Implosives, inherent pitch, tonogenesis and laryngeal mechanisms", *Journal of Phonetics*,1978 年第 6 期,第 254-258 页。
[④]　Hombert, J. M. et al: "Phonetic explanations for the development of tones",第 48 页。
[⑤]　Richard, Wright & Aaron Shryock: "The effects of implosives on pitch in SiSwati", *Journal of the International Association*,第 23 卷第 1 期,1993 年,第 16-23 页。

其他喉部特征和声调之间也会有制约关系。发常态浊声、气声、弛声时声带比较松弛,此类发声态多出现于基频较低的音节中。发嘎裂声时勺状软骨紧贴在一起,声带向中心收紧,变得又厚又短(相当于发浊声时的三分之二长短),而且声带的中间、后部都是不振动的,只有前部一小部分流出一条缝隙,让气流溢出而振动。嘎裂声的基频极低,一般只有几十赫兹,甚至会低得测量不到。将声音压到最低后,再挤压喉头使其更低,就成了嘎裂声。紧声(stiff voice)、假声(falsetto)音节则属于高域。Ladefoged & Maddieson 认为朝鲜语的紧声[p*]后元音的浊音起始段的基频要高于非紧声[p]、[ph];吴语中的阴调字带前喉塞音[ʔp],也是紧声的一种形式①。朱晓农的分类更为细致,他提出将吴语的[ʔp]和朝鲜语的[p*]同归"张声"(fortis voice)类,并把泰语的紧声定义为"僵声"(stiff voice)②。假声的基频极高,在西方通常被作为病理语音学的研究对象,或只是歌唱时所用的特殊发声方式,但在汉语方言中(如湖南益阳话),假声可以是具有语言学意义的一种发声态,它表现为超高调,可以达到四百多赫兹。

在我们调查的威坪方言中,除了内爆音出现于读高调的去声字,喉部状态和调域的关系还体现为阴上字的嘎裂化、阴平字的气声化,后者也由发声态因素导致的"阴低阳高"。下图分别是气声化的阴平字"灯"和阴去字"凳",除了

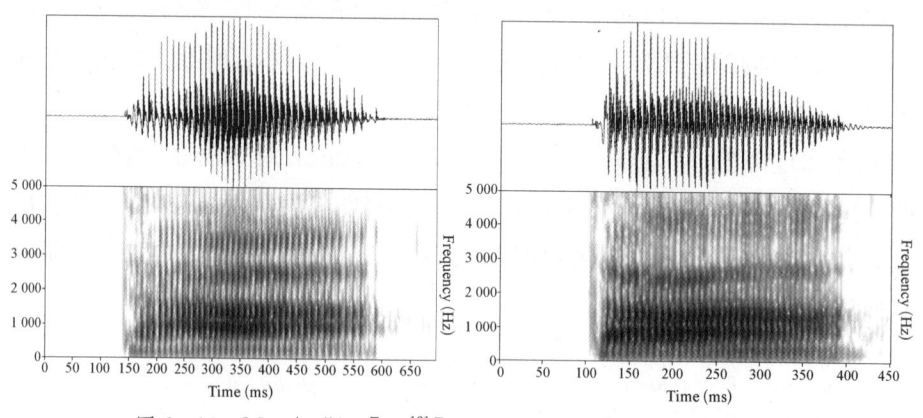

图 6-15　M1⟨左⟩"灯"[təŋ¹²¹]、⟨右⟩"凳"[təŋ³⁵⁴]声波、宽带语图

---

① Ladefoged & Maddieson: *The Sounds of the World's Languages*,第 56 页。
② 朱晓农:《重塑语音学》,《中国语言学集刊》第 4 卷第 1 期,2010 年,第 5 页。

基频差异,从语图来看,"灯"字辅音后元音起始段的高频区域的共振峰很模糊,颜色很淡,说明能量较弱,有气声化现象,而"到"字的共振峰结构则清楚得多,是个常态清爆音。

至于是声调影响发声态(基频降低促使声门开闭状态、声带紧张程度改变),还是发声态影响声调(弛声的声门状态使基频下降),似乎不容易说定。从古音来源来看,一般认为阴调类字带高调,声母为清声,现代汉语方言在调类上颇相一致,调值却不尽然,大致上都是阴高阳低。从这个意义上说,可以假定是由于调值(或调域)的改变引起了发声态的变化。

四、结语

以前都把南方汉语、民族语的内爆音视作百越民族的语言底层,从历史、文化因素来看,这种看法有一定的合理性,但似乎不容易落实。相反,以双唇部位为例,由浊爆音[b]、清爆音[p]、浊鼻音[m]等自然演化而来的新生内爆音,却可以用实验语音学的方法来分析和证明。正如上文所说,[b]和[ɓ]本来就是很容易相互演化的连续统,越南语的内爆音只是浊爆音的语音变体。p>ɓ的例子也非常多,最近寸熙指出潮州闽语里[p]正转变为[ɓ],这种属喉部气流机制的变体多在持阻时间很长或口内气压很高的变体中出现①。朱晓农等除了发现北部赣语有类似于越南语的[b]~[ɓ]变异,还报导了潮汕莲华闽语m>ɓ、ŋ>ɠ的语例,汕尾捷胜、陆丰甲子两处闽语也有从鼻音变来的弱内爆音(威坪话来自中古疑母的字已不读[ŋ],因此已没有变[ɠ]的可能),并用m>ᵐb>bb>ɓ来解释了[ɓ]的来源②。

曹志耘在描写浙江境内的遂安方言(严州片)音系时指出,"来自古明微母的[m]母,逢非鼻尾韵、非鼻化韵时,遂安读带同部位浊塞音的[mb]","但有的人塞音成分不太明显"③,曹文的描写也符合《浙江方音集》(1959年油印本)对

---

① 寸熙(Cun,Xi):"The phonetic cause of sound change from voiceless stops to implosives",《中国语言学集刊》第四卷第一期,2010年,第33-65页。
② 朱晓农等:《自发新生的内爆音——来自赣语、闽语、哈尼语、吴语的第一手资料》,《方言》2009年第1期,第13页。
③ 曹志耘:《严州方言研究》,第12、37页。

遂安话双唇鼻音声母字的语音记录。遂安的[mb]会不会跟威坪话一样也是内爆音[ɓ]？因为未做过实地调查和实验分析，目前我们还无法判定。内爆音[ɓ]和鼻冠爆音[mb]、鼻音[m]在听感上本来就很接近，这是由穿透软腭造成的鼻腔辐射引起的。听感实验表明，[ɓ]、[m]的误听率约为50%（若提高[ɓ]成阻和爆发部分的音强，比例还会增加），[ɗ]、[l]的混淆率也超过30%[①]；再加上[ɓ]可能是[mb]的演化结果，那么遂安的[mb]已经或正在变成[ɓ]看来并非不可能。

　　苏浙皖境内的吴、徽、江淮方言还有不少特殊语音现象值得关注，有些论题需要借助田野/实验语音学的方法开展研究。本节首次报导了浙皖交界处徽语中自然新生的内爆音，并联系本方言和其他方言中的相关情形，说明内爆音和声调之间的关系。希望今后能有更多该区域的语音专项调查报告，以丰富我们对汉语方言学、普通语音学、语言类型学的认识。

[①] 朱晓农：《内爆音》，《方言》2006年第1期，第18页。

第七章　语言类型学方法

第一节　语音演化与演化类型：
以边近音[l]为例

一、引言

从类型上说,边音一般包括边近音、闪/拍音、擦音、塞擦音,其中最常见的是边近音。Maddieson 对 333 种语言的统计结果显示,74.7%的语言有普通的浊边近音[l],同部位的清边近音[l̥]只在 11 种语言(2.6%)里出现,喉音化的浊边近音更少(1.9%),气化的浊边近音最少(0.2%)[①]。虽然[l]在世界语言里是最常见的辅音之一,但其语音学定义并不完全统一。自从 Ladefoged 使用"近音"(approximant)这一术语后[②],西方语音学家多将其归为近音类。如 Catford 定义为"浊舌尖-龈近音"(a voiced apico-alvelolar approximant),并提出英语中[l]有湍流(turbulence),而[l]则无,由此说明[l]是个近音[③]。国内的传统做法是把[l]视作舌尖前的浊边音,往往不用近音概念。朱晓农的响音分类表将[l]归入流音性的口边音,同时承认"近音一般是浊的,清化的主要是边近音……如英语 play[pleɪ]"[④]。

---

① Maddieson, Ian: *Patterns of Sounds*, Cambridge University Press, 1984 年,第 75 页。
② Ladefoged, Peter: *A Phonetic study of West African Languages*,第 25 页。
③ Catford, John: *Fundamental Problems in Phonetics*, Edinburgh University Press, 1977 年,第 132 页。
④ 朱晓农:《语音学》,商务印书馆,2010 年,第 134,150 页。

本节在演化音系学的框架下，讨论辅音[l]在汉语及周边语言里所表现出的语音类型，及其反映出的历时音变。包括：(1) 音段[l]在各种语言（特别是东亚语言）里的语音表现；(2) 汉语以母字从上古（Old Chinese, OC）到现代的演变途径[①]；(3) 汉语来母字从中古到现代的演变途径。汉语音韵学界对来母字的中古音值没有异议，都将其拟作*l-，来自上古的*r-。至于以母字的上古音值，则有诸多讨论，目前大多数学者都相信上古以母应读作*l-，如Pulleyblank、龚煌城、潘悟云、郑张尚芳、孙景涛等[②]，其证据除了来自古汉越语、侗台语早期汉借词、域外对音、汉藏同源词、古汉语重叠词等，还包括音变的自然性。本节除了考察传世、出土文献中的相关语音现象，探讨现代方言、民族语中辅音[l]的共时变异及其类型学意义，还将注重对田野调查材料的语音学分析。此外，亚洲东南部语言的特点多为单音节、有声调，因此音节内部各个要素的相互影响不容忽视，辅音[l]处于音节中的不同位置，也可能会有不同的演化行为[③]。

二、腭化：演化类型之一

腭化（palatalization）从发音部位来说，实际应包括硬腭化和软腭化两种。硬腭化（即为前腭化）是世界语言最常见的音变之一[④]，通常说的腭化只是 l>j 式的前腭化。软腭化是指 l 变为软腭部位的辅音，如 l>ɣ，此种变化在印欧语言中并不常见，但在东亚语言中不乏其例。[ɣ]是后区的呼擦音，与近音没有

[①] 以母字自先秦以来在各种语言材料中的演变，可参郑伟：《探索不同材料所反映的汉语以母字的音变》，《语言研究》2011年第4期，第73-79页。为免重复，本节除了补充相关语料和增加新的论述角度，于此不再详述。

[②] 参 Pulleyblank：《上古汉语的辅音系统》（中译本），第75-77页；龚煌城：《从汉藏语的比较看上古汉语若干声母的拟测》，龚煌城著：《汉藏语研究论文集》，北京大学出版社，2004年，第33-36页；潘悟云：《汉语历史音韵学》，第267-271页；郑张尚芳：《上古音系》（第二版），第43-44页；孙景涛：《古汉语重叠构词法研究》，上海教育出版社，2008年，第209页。

[③] 最近张光宇《汉语方言边音的音韵行为》（《汉藏语学报》第3期，商务印书馆，2009年，第138-153页）一文讨论了汉语方言里l的变化，包括"吕读如雨"、"吕读如垒"、"吕读如女"及泥来分混、来母擦化和来母塞化几个问题。该文的论述（包括语音解释）值得参考，唯本节的侧重点不仅在于来母，且语料不限于现代方言，对l的演化类型的分析也全面、广泛得多。

[④] Bateman, Nicoleta: *A Crosslinguistic Investigation of Palatalization*, Unpublished Ph. D. dissertation, University California, San Diego, 2007.

截然分界[1]，我们在[l]的擦音化部分再做讨论。下文讨论[l]的腭化，将从音节学的角度，分别观察[l]处于音节中不同位置时的变化[2]，同时考虑腭化可能存在的语音条件（条件音变或非条件音变）。

(一) 节首[l]的腭化

音节首位置的[l]变作[j]之类腭前音是世界语言中辅音[l]最普遍的腭化类型之一，其中又以[i]、[y]、[e]等高元音前的[l]发生腭化为常。如：早期斯拉夫语 *leubyō＞*lyubʸo＞宗教斯拉夫语 lʲublǫ"爱"[3]；芬兰语东部方言 tuli＞tulʲi"火"[4]。此类腭化有两个特点：(a) 属于特定语音环境下的条件音变；(b) 音变的输出形式是带有腭化色彩的[lʲ]，[l]本身还在。有些 CV 音节首位置的[l]发生腭化音变没有语音条件，比如倍音（germinate）ll 在很多语言里会变成 j。拉丁美洲西班牙语的许多方言中的[ll]已变作 lʲ[j]，不论[j]的出现环境为何：calle＞caye[/kalʲe/＞/kaje/][5]。又美国某地名 La Jolla 来自西班牙语，意为珠宝，如今读成[la hoja]。

中古汉语的以母*j-也来自上古时期音长较长的倍音 ll-，并且兼具(a)、(b)两项特征。蒲立本较早发现，从谐声行为来看，"俞余台易"等声符构成的谐声字中有以、定、透母字，而无端、知母字，此类谐声系列的中古一四等定母应来自上古以母 l-的塞音化，即 *l-＞MC. d-（详下文）[6]。关于上古汉语一二四等与三等的语音区别，学界尚无定论。如果假设上古三等带短元音，那么与以母*l-与短元音相配的音节在后世演变中会出现声母的补偿性延长，随后 ll-到中古发生腭化，即：*l-＞*ll-＞j-。蒲氏还根据域外译音（如"阿育"Aśoka、"拘翼"

---

① 朱晓农：《语音学》，第 153 页。
② 这里不打算专门探讨音节的定义，若以 C、V 分别代表辅音、元音，我们所说的一个音节单位是指以 CV 或 CVC（包括 CCVC，即附缀音节或复声元音节）为形式的音素序列。
③ Hock, Henrich H: *Principles of Historical Linguistics*，Mouton de Gruyter，1986 年，第 133 页。
④ Campbell, Lyle: *Historical Linguistics: An Introduction*（2nd Edition），Cambridge University Press，2004 年，第 42 页。
⑤ Campbell：*Historical Linguistics: An Introduction* (2nd Edition)，第 18 页。
⑥ Pulleyblank：《上古汉语的辅音系统》（中译本），第 74-75 页。

Kauśika),主张以母字在汉代至唐代的音值是 ʑ-(<j-<*l-),辛嶋静志看到《长阿含经》中有原语的 j 用禅母、y 用以母的明确区别,提出了不同意见,指出在 5 世纪初长安音的以母应为类似于印度语言中的半元音 y [j]①。

辅音[l]作为声母,在民族语中也不乏腭化的迹象,而且从语音环境看,似乎与前高元音没有必然联系。如藏缅语②:"手,手臂",藏文 lag pa,嘉绒 tɐ jak,迪马萨 yau<*yak,塔布伦 yak ~ ya,莫尚 yok ~ ya;"绵羊",藏文 lug,纳木义 jo⁵、白语 tsi³⁵ jou²¹、尔苏 jo⁵⁵、哈尼 a³¹ jo⁵⁵。另有侗台语"风"(大概是中古以前汉借词),泰语 lom²,拉珈 jom²。苗瑶语"梨"(中古汉借词),东山 lai²,文界 ji²。

(二) 节尾[l]的腭化

在多以印欧语等西方语言为语料的历史语言学文献里,鲜有提及 CVC 音节中节尾[l]的前腭化,倒是在东亚语言中多有反映。如共同藏缅语(TB)带-l 韵尾(及-r 尾)在现代部分方言中变成-i。如:"银",嘉绒 paŋei,缅文 ŋwe,藏文 dŋul<TB *(d-)ŋul;"蛇",嘉绒 khorei,缅文 mrwe,藏文 sbrul<TB *b-ru·l;"冻结",缅文 khaì,卢舍依 khal,铁丁 xɑl。其中缅文的韵母-we<*-ui<*-ul,从方言比较来看,缅文某些-i 韵母的词丢失了韵尾-l,很可能是由于同样的腭化音变-l>-i 导致的,如:"肥",缅文 ă tshi、藏文 tshil;"蚯蚓",缅文 ti、塔多 til③。

上古汉语的乙类韵部,即传统音韵学所说的歌、脂、微部,其阳、入声韵的韵尾没有问题,但阴声韵尾却值得探讨,王力分别拟作[a]、[ei]、[əi]④,无法解释早期文献中叶韵、谐声、异文、读若等材料;李方桂将歌部几乎都改作-r 尾⑤,

---

① 辛嶋静志:《汉译佛典的语言研究》(中译本),朱庆之编:《佛教汉语研究》,商务印书馆,2009年,第 46-47 页。
② 若非注明,本小节所引民族语的材料来源如下:藏缅语引自藏缅语语音和词汇编写组《藏缅语语音和词汇》(1991),侗台语引自梁敏、张均如《侗台语族概论》(1996),苗瑶语引自王辅世、毛宗武《苗瑶语古音构拟》(1995)。
③ Benedict:*Sino-Tibetan: A Conspectus*,第 15-16 页。
④ 王力:《汉语史稿》,中华书局,1980 年,第 81-83 页。
⑤ 李方桂《上古音研究》(第 35 页)说:"我想歌部似乎有个舌尖音韵尾,把他拟作 *-r 倒是可采取的办法。想分歌部为两类,不太容易。……事实上歌部字里也有收-i(-ï)的,……这类的韵尾-i(-ï),也都有从辅音变来的可能。"

脂部则无一收-r,微部则收-d,少数收-r[①],也未能解决全部问题。龚煌城着眼于汉藏比较,认为这三个阴声韵部收-r 或-l 尾,后来在不同的方言大概经历不同的音变,比如-r、-l 消失或变成-i[②]。从泰文的早期汉借词来看,龚先生所说的-l/-r＞-j 明显存在,例如:"左"zaaj^{C2},"佐"chuai^{B2},"惰"daai^{A1},"馁"nɯai^{B1},"丝"saai^{A1},"梯"dai^{A1},"犁"thai^{A1}。

(三) 节中[l]的腭化

在早期汉语和现代民族语中都能看到 Cl-型复声母中 l-(学界将这种复声母中的[l]称为垫音或后置辅音)腭化的例子。据龚煌城的研究,与见系、帮系谐声的照三(章)系字从上古到中古实质上经历了以下演变:*plj-, klj-＞*tś-;*phlj-, *khlj-＞*tśh-; *blj-, glj-＞*dź-, *ž-; *nglj-＞ńź j-; *hlj-＞*ś-。例字如(照抄龚先生的拟音):勺 *pljakw ＞ tśjak^8;支 *kljig ＞ tśjě^1;臭 *khljəgw＞*tśhjəu^5;视 *gljid＞źi^4;食 *N-ljək＞*djək＞dźjək^8;肉 *ngljəkw＞ńźjuk^8;始 *hljəg＞śi^3。这便是学界所说的"第一次腭化"[③]。虽然目前从事上古音研究的学者多数承认此类照三系字有 Clj-型复声母的来源,由于对上古一二四等与三等之区别存在分歧,其实各家在具体认识上有所不同。认为此类章组字有[l]成分,是因为与以母谐声,这是共识;至于 lj-,郑张尚芳从一二四等带长元音、三等带短元音的主张出发,认为章系有 Cj-、Clj-两类主要来源,其中 j 属原生性的垫音成分[④],而龚煌城(2001)相信上古三等具有 j 介音,于是认为章系字只有 Clj-一种来源。不管如何,不同研究者都承认 OC. Clj-＞Cj-＞MC. Tś-的变化。其中[l]受[j]的影响腭化为[j]是重要的阶段。原始罗曼语到现代意大利语的变化,和中古以后见、精组字的"第二次腭化"的音变起点 Cj-相类似: *'plenu＞'pjeːno 'full'; *tɛmplu＞'tɛmpjo 'temple'; *"

[①] 李方桂:《上古音研究》,第 45-48、63-66 页。
[②] 龚煌城:《从汉、藏语的比较看汉语上古音流音韵尾的拟测》,龚煌城著:《汉藏语研究论文集》,北京大学出版社,2004 年,第 61 页。
[③] 龚煌城(Gong, Hwang-cherng):"The first palatalization of velars in late Old Chinese",《汉藏语研究论文集》,第 72-73 页。
[④] 郑张尚芳:《上古音系》(第二版),第 124 页。

blangku>'bjangko'white'; *'klaru>'kja:ro 'clear'①。

民族语也普遍有 Cl->Cj-的演变。如苗瑶语"四"：长坪 plei¹，览金、江底 pjei¹，罗香 pje¹。侗台语"沸水～"：邕宁 plaau⁶，莫语 pjaau⁶，毛南 phjaau⁶。据 Benedict 提供的材料②，共同藏缅语 *Cl-的 l-在缅文、克钦语往往变作-y，例如：列普查 klo<kla，克钦 khrat"落"，缅文 kyá"落"～ khyá"使落"(TB *kla)；缅文 kyak"被煮"～ khyak"煮"，拉祜 cá"煮沸"，克钦 khya"准备粘米"，米基尔 arklak ～ arklok"(水)开而溢出"(TB *klak)；巴兴 khli，迪加罗 klai<kli，克钦 khyi，缅文 khyè"大便"，列普查 təkli"内肠脏，内脏的粘液"，藏文 ltɕi"粪便"(TB *kliy)；藏文 kluŋ"江"，缅文 khyuíŋ"凹，凹地，河谷"(TB *klu・ŋ)；卡瑙里 myũ"吞"，克钦 məyuʔ"喉咙，吞"，缅文 myui"吞"③(TB *mlyuw)。共同藏缅语的"四" *b-liy 的附缀式音节在现代众多方言中都成了 Pl-型音节、双音节或简单声母形式，如米基尔 phli，图隆 bli，马加里 buli，米里 pi。还有部分方言 l-腭化作 y [j]，如马鲁 byit，怒语 əbyi。藏文的 ky-、py-等辅音，可能来自更早期的 *kl-、*pl-。如藏文 khyem ～ khem"铲子，锹"，仓洛门巴 lem，达旺门巴 khlem，藏文 khyem bu ～ khem bu"小勺，调羹"，拉萨 khem pu，错那门巴 khi pu。藏文 l-在现代藏语方言也会变作-y，如藏文 glag"雕"，得荣 hiaʔ；藏文 sla nga"平锅"，德钦 hia ŋa；藏文 sle"编织"，德钦 hia，得荣 hio；藏文 slong"乞讨"，中甸 hiaŋ；藏文 slob"教，学"，德钦 hiou④。

(四) 辅音[l]的软腭化

上文说过，l>j 的硬腭化是辅音[l]腭化音变的常态，而 l 由齿龈向软腭部位的变化在印欧语中也颇常见。如 Hock 曾指出，拉丁语 l 有"明"(clear)、

① 参看龚煌城：《上古汉语与原始汉藏语带 r 与 l 复声母的构拟》，《汉藏语研究论文集》，第 195 页。

② Benedict：*Sino-Tibetan: A Conspectus*，第 39－44、94 页。

③ 该词缅文古碑文写作 mlyui，另有缅文 myaù，古碑文写作 mlyau。这种文字的差异还有 klauk～kyauk"石头"，klwat～kywat"释放"，khlya～kyà"老虎"，khlyá～khyá"使落"，klyak～kyak"被煮"。*ly>y 的变化清晰可见。参 Benedict：*Sino-Tibetan: A Conspectus*，第 41、42 页。

④ 张济川：《藏语词族研究——古代藏族如何丰富发展他们的词汇》，第 320－321 页。

"暗"(dark)两类,倍音[ll]里的[l]属于前者,到了西班牙语读[ʎ],如 ella [eʎa]①。像 alter"其他"等词中的[l]就是个部位后缩的、软腭化的、暗的[ɫ],于是就有 alter＞*autro＞西班牙语 otro。Hock 还提到,边音[l]处于音节末(syllable coda)的这种软腭化,从英式英语中 lick [lik]、ilk [iɫk]之间的区别也可以观察到②。早期法语只在辅音前有 al＞au 的音变,如 altre＞autre"其他",[au]后来又单元音化为[o],cheval [ʃəval]"马"则仍保留[al],加了复数标记-s 后又有了变化:chevals＞ chevaux [ʃəvó](als＞aus＞os＞o)③。英语中音节末位置的[l]也有越来越明显的软腭化倾向,威尔士、爱尔兰、加勒比等地的英语 ball、feel、field、milk 中的[l]都软腭化了,苏格兰低地、北美等英语更是如此,它听起来更像个滑音[w],近来这种 l＞w 的趋势在英格兰东南部愈加明显。标准波兰语写作[ɫ]的较暗的[l],现在被发成[w],如 długo [dwugo]"长时间",某地名 Łódź 听起来则有点像英语的 woods④。

　　Essen 用语音实验的方法,分别比较了 ɫ-u、l-i 的声学性质(如振幅分布及其数值),发现它们之间有非常接近的声学关系⑤。从发音部位来看,发[l]时,只要通过向上齿或齿龈桥后部的方向抬升舌尖,就能形成暗的边音[ɫ]。此时的舌体形状、位置已和发[u]时的情形十分相似,一旦舌尖不再接触上齿或齿龈桥,发出的音就是[u]了。同样,发 l 时如果向硬腭的方向抬升舌前,那么此时的舌位便是发[i]的状态。Pickett 也曾从声学分析的角度说明边近音[l]和近音[j]、[w]的共振峰较相似,具有滑音的性质⑥。

　　[l]的变化兼有硬腭化、软腭化的可能,[l]构成的复声母 Cl-也同样如此,除了已经讨论的 Cl-＞Cj-(有的调查报告习惯标作 Ci-),南方民族语也不乏 Cl-＞Cu-(有的写作 Cw-)的例子。仡佬语的方言变异显示,Cl-在不同的方言有 C-、l-、Ci-、Cu-等变化形式,其中晴隆 Ci-、普定 Cu-代表了硬腭、软腭两种演

---

① Hock:*Principles of Historical Linguistics*,第 76-77 页。
② Hock:*Principles of Historical Linguistics*,第 129 页。
③ Campbell:*Historical Linguistics: An Introduction* (2nd Edition),第 43 页。
④ Trask, R. L:*Historical Linguistics*,Edward Arnold,1996 年,第 61 页。
⑤ Essen, O. von:"An Acoustic Explanation of the Sound Shift [ɫ]＞[u] and [l]＞[i]", *In Honor of Daniel Jones*,1964 年,第 53-58 页。
⑥ Pickett, J. M:*The Sounds of Speech Communication*,Allyn & Bacon,1977 年,第 115 页。

变路径:"流",安顺 klɛ³³,晴隆 kie⁵⁵,平坝 lɛ³³,普定 kue⁵⁵;"懒",安顺 kle³⁵,晴隆 kei⁵⁵,平坝 lɒ¹³,普定 kui⁵⁵;"低",安顺 klɑ¹³,晴隆 kiɑu⁵³,平坝 lɑ¹³,普定 quɑ³³;"指甲",安顺 klɛ¹³,晴隆 kie⁵³,平坝 lɛ³³,普定 kui³³①。再看侗台语,如"远",泰文 klai¹,龙州 kwai¹;"卷",邕宁 kliin³,龙州 kwiin³。

三、擦化: 演化类型之二

辅音[l]的擦音化在东亚语言中较为普遍,除了能从[l]本身的演化行为体现出来,还可以从中古来母字在汉语方言及民族语借词系统中的声母变化、中古邪母的产生得到反映。从发音部位来看,[l]总体上有向前[v、z、s、ʑ、ɕ、ʂ]和向后[ʐ、h、ɦ、ɣ]两种类型的擦化(l>v 的唇齿化下文将专门讨论)。下面还是依[l]在音节中的不同位置来讨论。

(一) 节首[l]的擦化

邪母、以母中古皆属三等韵,两者的关系也较为密切,李方桂将其分别拟作*rj-、*r-。龚煌城除了将以母改拟作*l->ji-,又根据汉藏语比较的知识(如"习",藏文 slob),将邪母字拟作*(s)lj->zj-,大概是一种权宜之计②。后来龚先生重新提出,*l-是以母的唯一来源,也是三等介音的来源之一,*l-在三等介音前发展为中古邪母 zj-而非以母③,也就是说邪母来自上古*lj-,其中介音[j]为三等韵之标记,以母则虽为三等,并不具介音。郑张尚芳因为与李、龚等先生主张不同,没有以介音,而是以短元音作为三等韵之特征,不过在邪母拟音上却有一致的看法,也拟作 lj-,此处的[j]和上文所论章系声母一样,是个原生性的垫音④。邪母 *lj->zj 的擦音化可以成立,考虑到音变条件,可将其规则化为: l->z-/_j,也就是在前腭音[j]的影响下,舌前与齿龈的接触部位也发生前移。

---

① 张济民:《仡佬语研究》,贵州民族出版社,1993年,第63页。
② 龚煌城:《从汉藏语的比较看上古汉语若干声母的拟测》,《汉藏语研究论文集》,第43-44页。
③ 龚煌城:《从汉藏语的比较看上古汉语的词头问题》,《语言暨语言学》第1卷第2期,2000年,第41页。
④ 郑张尚芳:《上古音系》(第二版),第129页。

古藏文的某些 l-声母的词在其他藏缅语方言中的对应颇为复杂,其中包括擦化音变。"手,手臂"的共同藏缅语为 *lak,读擦音的方言如:卢舍依 zak[①],尔龚 ʑa,普米 ʒɛ^{13},木雅 ʝi^{13}。"绵羊",藏文 lug,澄语 lɯuk^{55},不少方言的声母变为擦音,读 z-的有拉祜 zo^{31},土家 zo^{35};读 ʑ-的有喜德彝语 ʑo^{33},南华彝语 ʑA^{33},纳西 ʑu^{31};读 ʐ̩-的有弥勒彝语 ʐ̩u^{33} mɛ^{21},普米(桃巴)ʐ̩ā^{55};读 ʒ-的有普米(菁花)ʒãu^{55},哈尼 tʃh1^{31} ʒ v^{55},傈僳 ɑ^{44} ʒo^{33};读 ɣ-的有尔龚 ɣi,读 s-的有载瓦 sau^{21} mji^{55},读 h-的有大方彝语 ho^{21}。特别是通过比较某个藏缅语方言的内部地理变体(如两个普米语、四个彝语方言),可以发现不同的擦化读法之间是存在语音对应的。古藏文前缀 l-在现代方言擦化为 s-或 z-,如 lkugs pa"哑巴",列城 skuk pə;lbu ba"气泡",普日格 zbwa(所以个别辞书写作 sbu ba)。同属流音的 r-前缀也经历了同样的变化,如藏文 rku"偷",普日格 sku;藏文 rkyal pa"皮口袋",star pa;"混浊",藏文 rnyog,道孚 sn̥ʐu[②]。

侗台语里中古以前的以母汉借词,泰文还保留了 l-的读法,有些方言中则出现擦化。如"养",泰文 liaŋ^4,武鸣 ɕiəŋ^4,水语 haaŋ^4,毛南 zaaŋ^4,标语 søøŋ^4。"余$_{剩下}$",泰文 lɯa^1,柳江 lɯ^1,黎语 za^1。其中"晾$_{晒干}$",临高 liaŋ^3,琼山 ziaŋ^3,想必是个晚近的汉借词,[i]前的 l>z 正如中古邪母字的变化。另有些词虽然并非来自汉语,但可以看出 l-的声母平行变化,如"舐",泰文 liə^2,德宏 le^2,布依 zie^2,拉珈 ɦie^2;"笼$_{鸟窝}$",琼山 loŋ^2,邕宁 hlooŋ^2,布依 zoŋ^2,武鸣 ɣooŋ^2;"花纹",泰文 laai^2,布依 zaai^2;"挂",毛南 lɔi^3,老挝 hɔi^3,德宏 hui^3,柳江 hooi^3;"抚摸",泰文 lup^{10},柳江 hjup^8,布依 zop^8。

苗瑶语里中古以后的来母汉借词,众多方言有 z-、ɣ-、ð-、ʐ̩-等擦音化形式。如:"梨",东山 lai^2,石门 zɦa^2,先进 ʑua^2,高坡 ʑu^2,吉卫 ʐ̩a^2,长坪 ðei^2,枫香、养蒿 ɣa^2,瑶里 ɣɤu^2。"龙",大坪 luŋ^2,三江 ljuŋ^2("龙"为三等韵字,中古汉语应有 j 介音),养蒿 ɣoŋ^2,高坡 ʑɑŋ^2。"镰$_{~刀}$",江底 lim^2,长坪 ðim^4。"廪$_{粮仓}$",江底 lam^4,石门 zu^4,枫香 ɣaŋ^4,七百弄 ɣuŋ^4,高坡 ʑəŋ^4,宗地 ʑoŋ^4,先进 ʑo^4。

---

① Benedict: *Sino-Tibetan: A Conspectus*,第 34 页。
② 张济川:《藏语词族研究——古代藏族如何丰富发展他们的词汇》,第 263 页。

"利",湘江 lai⁶,枫香 ɣa⁶,养蒿 ɣə⁶,吉卫 zʮɑ⁶,先进 zʮua⁶,长坪 ðaai⁶,大坪 hɛi⁶。固有词的平行变化,如:"菜",江底 lai¹,长垌 ji¹,瑶里 ɣa¹,多祝 zi¹,石门 zʮou¹,吉卫 zʮei¹;"石头",江底 lai²,长垌 jo¹,瑶里 ɣei¹,石门 və¹,吉卫 zʮɯ¹;"好",东山 lɔŋ⁵,文界 ɣoŋ⁵,石门 zau⁵,枫香 ɣoŋ⁵,高坡 zʮoŋ⁵。

汉语闽西北方言的口语层有来母字读 s-的现象。以永安、泰宁、建瓯、松溪四个方言为例①(表 7-1):

表 7-1　闽西北方言来母读 s-的例字

	箩米~	螺	李~子	力勤劳	芦~苇	留	篮	卵蛋	鳞	聋	笠
永安	suŋ²	sue²	ʃia²	ʃia²	sɔu²	sø²	sō²	sum⁴	ʃi²	saŋ²	ʃye²
泰宁	sai²	suai²	—	soi⁷	su²	—	saŋ²	suan⁶	suan⁵	suŋ⁵	soi⁵
建瓯	suɛ⁵	so⁵	sɛ⁵	sɛ⁵	su⁵	se⁵	saŋ⁵	sɔŋ⁶	sain⁵	sɔŋ⁵	sɛ⁵
松溪	sua²	sue²	syø⁶	syø⁶	sɒu²	—	saŋ²	suein⁶	saŋ²	son²	syø²

关于来母 s-化的原因(s->ʃ-/_细音;s->s-/_洪音②),已有多位学者提出解释。如梅祖麟、罗杰瑞认为这种 s-化来母字来自 Cl-复声母,其音变程序为:Cl->lh->s-(建瓯、永安、建阳、邵武等闽语);Cl->lh->l-(其他闽语);Cl->l-(其他方言)③。李如龙认为这是汉语和台语、苗语在远古时代的一种同源现象(因为台、苗语也有 l-声字读 s-等擦音的例子)④。杨剑桥和梅、罗两位先生的看法类似,主张 Cl->s-的演变不仅见于闽方言,其他汉语方言及藏语、侗台语、越南语也有⑤。除了越南语字喃,杨文并未举出其他语言里的明显例子,倒是李如龙列举了侗台、苗瑶语的不少材料,有些明显借自汉语的来母字。如:"漏",羊场、贵筑 zo⁶,武鸣 ɣo⁶。"利",武鸣 ɣai⁶,横县 ðai⁶。"亮",扶绥、横县 loŋ⁶,武

---

① 李如龙:《闽西北方言"来"母字读 s-的研究》,李如龙著:《方言与音韵论集》,香港中文大学中国文化研究所吴多泰中国语文研究中心,1996 年,第 111-112 页。
② 张光宇:《汉语方言边音的音韵行为》,第 147 页。
③ 梅祖麟、罗杰瑞:《试论几个闽北方言中的来母 s-声字》,《清华学报》新第 9 卷第 1 期,1971 年,第 96-105 页。
④ 李如龙:《闽西北方言"来"母字读 s-的研究》,李如龙著:《方言与音韵论集》,第 118 页。
⑤ 杨剑桥:《闽方言来母 S 声字补论》,《李新魁教授纪念文集》,中华书局,1998 年,第 117 页。

鸣 ɣooŋ⁶、贵筑、羊场 zuaŋ⁶①。将闽语、侗台、苗瑶语的这种现象看作它们发生学关系的证据,似乎无法证明,更何况台、苗语中的读 s-的 l-声母字有不少是晚近的汉借词。来母字读 s-在闽方言和少数民族语中均为零星现象,既然并非系统对应,很难用来证明同源。至于是否来自早期汉语的复声母,大概也仅限于猜测,毕竟有些字不管从何种角度,都无法跟复声母相联系。

我们认为,从上文所举藏缅语 l-声词的复杂变化,以及中古邪母 z-的 l-声来源来看,完全能够建立 l>z>s 的音变规则,而且还可能有 l>j>z 的中间阶段。前面说过,Essen 已证明 l-i、l-u 的声学性质接近,西方语言也不乏 l>i、l>u 的语例②。郑伟则讨论了中古以母 j-和[j]辅音本身擦化为 z-的各种语料③。综合这些证据,闽方言的来母读 s-的问题并不在于时代之早晚,而是具有语音学基础的自然音变。

(二) 节中[l]的擦化

Cl-型复声母中的垫音 l>j 是一般情形,南方民族语也有一些另外的表现。共同苗瑶语的 *pl-到部分方言会变为 pʐ-、pz-、pʑ-等。例如:"四",三江 pli¹、东山 pləi¹、览金 pjei¹、文界 pi¹、吉卫 pʐei¹;"鼻子",东山 bli⁶、三江 pli⁸、多祝 pju⁶、高坡 mpluɯ⁶、宗地 mpʐu⁶、吉卫 mʐe⁶;"蚂蚁",青岩 mplou⁸、复员 mpjuᴰ、宗地 mpʐɔ⁸;"肺",高坡 mpluɯ⁵、青岩 mpjou⁵、宗地 mpʐou⁵、先进 mʐə⁵;"簸",高坡 ploŋ³、复员 pjoŋ³ᴮ、七百弄 pjaŋ³、吉卫 pʐu³、宗地 pʐaŋ³ᴮ;"吹~火",高坡 phlu¹、七百弄 phju¹、宗地 pʐa¹、吉卫 phʐo¹。Benedict 构拟的共同藏缅语"四"*b-liy 带前缀 b-、词根声母为 l-,众多方言为 bl-型复声母或相关的双音节形式,如图隆 bli,马加里 buli,迪加罗 kəprei,米里 pi,怒语 əbyi,克钦 məli(<*b-li)、米基尔 phli,藏缅语与苗瑶语的"四"是同源的④。藏文为 bʑi,其中[b]为前加字,[ʑ]为基字。

---

① 李如龙:《闽西北方言"来"母字读 s-的研究》,《方言与音韵论集》,第 120 页。
② Essen:"An Acoustic Explanation of the Sound Shift [ɨ]>[u] and [l]>[i]",第 53-58 页。
③ 郑伟:《探索不同材料所反映的汉语以母字的音变》,《语言研究》2011 年第 4 期,第 73-79 页。
④ Benedict: *Sino-Tibetan: A Conspectus*,第 94 页。

共同侗台语的复声母 *Cl-在现代各方言有多种演变结果,以 kl-为例,包括 k-、l-、kj-、tɕ-、t-、c 等塞音、流音或塞擦音等形式,仫佬语则为 kɣ-,其中垫音[l]软腭化为擦音[ɣ]。例如:"稻秧",泰文 kla³,武鸣 kja³,临高 la³,仫佬 kɣa³;"卷",邕宁 kliin³,武鸣 kiən³,侗北 ljun⁴,仫佬 kɣoon³;"锹",拉珈 cu³(<*klu),毛南 cu³,锦语 ljo³,仫佬 kɣø³;"盐",泰文 klɯa²,老挝 kɯa²,武鸣 kju¹,锦语 lu¹,仫佬 kɣwa¹;"硬",毛南 ca³(<*kla),侗南 kwa³,锦语 la³,仫佬 kɣa³;"头",邕宁 hlau⁵,柳江 kjau³,布依 tɕau³,侗北 kau³,仫佬 kɣo³;"梯子",毛南 ce¹(<*kle),侗南 kwe³,锦语 le³,仫佬 kɣœ³;"涮",邕宁 klooŋ⁴,泰文 laaŋ⁴,仫佬 kɣaaŋ⁴。

四、塞化:演化类型之三

具体说来,流音[l]的塞化有两种情形:一是闭塞音(或称爆发音)化,如 l>d、l>g 之类;另一种是塞擦音化,如 l>dz 之类。塞擦音的发音特点是先塞后擦,因此,后一种也属于流音塞化。张光宇只谈了汉语方言中 l>d/_i 这条音变规则,未提及[l]的后一种变化①。下文所指各种材料中的塞音化包括这两种类型。从发音强度来看,各种语言一般都表现为"元音-半元音(或叫近音)-流音-鼻音-擦音-塞音"的递增序列,从左至右的演变是强化演变,如 Campbell 所举 Q'eqchi'语中 w>kw(winq>kwiːnq 'person')、y>ty(iyax>ityax 'seed')②。Hock 指出了 l>d/_l 的音变,即 l 受其后 l 之的异化而成为相同部位的塞音,例如:古冰岛语 all>[adl]"所有的"③。

Pulleyblank 发现同一谐声系列中的字有"端、透、定、章、昌、禅"一类、"定、以、透、书"一类的基本分野④。后来多位学者证明了第二类中的以母应为 *l-,定母[d]从[l]变来。潘云用长短元音区别一二四等和三等,以母出现于三等韵,其变化为:OC. *l-> *ll->MC. j-([l]在短元音前补偿性延长);中古

---

① 张光宇:《汉语方言边音的音韵行为》,《汉藏语学报》第 3 期,第 149-150 页。
② Campbell: *Historical Linguistics: An Introduction* (2ⁿᵈ Edition),第 44 页。
③ Hock: *Principles of Historical Linguistics*,第 114 页。
④ Pulleyblank:《上古汉语辅音系统》(中译本),第 73-77 页。

定母出现于一四等韵,其变化为:OC. *l->*r->MC. d-([l]在长元音前补偿性缩短)①。李方桂看到以母常与舌尖塞音谐声,认为上古以母的读音大概是近似于英文 ladder 或者 latter 中间的舌尖闪音②。近来孙景涛专门探讨古汉语重叠词,得出相同的结论。他发现,顺向、裂变重叠词的第二音节出现流音声母字有其必然性,由此中古部分定母字应源自上古流音*l-。部分定母来自上古的流音*l-,如"窈窕、号咷、嗳嘕、泔淡、蝹蝶、活苋、答沓"等的后字③。

汉语方言中与此有关的是来母字在前高元音前出现 l>d, t, th/_i 的变化,江西都昌、湖北崇阳、湖南平江、福建长汀等均见分布,以都昌话为例:流 diəu²|雷 di²|李 di³|林 din²|岭 diaŋ³|两 dioŋ³|烈 diet⁸|掠 diok⁸|力 dik⁸|六绿 diuk⁸。张光宇讨论来母塞化时仅指此类例子④。我们知道,不少方言调查报告习惯使用音位记音法,有些细微的语音差别未必能够反映出来。浙江淳安威坪徽语声母 l-的在阳去调字中往往读作内爆音 ɗ-。

简单来说,内爆音在喉部机制上有别于常态爆发音。发内爆音时,部位成阻以后会使口内气压略有升高,而后因声带振动再下降。破阻后又会引起气流倒灌进入口腔(国内语言学家以前习惯称其为"吸气音"),并由此产生负气压,喉头下降则使喉下压力上升。从声学表现上能够更直观地判定,从本书第六章第二节所列浙江淳安威坪徽语中"妹"、"命"、"吕"等字的语图中可以看到,其声母部分有浊声杠,由于喉头下降使口腔容积增大,从而造成波形从小到大的渐次变化,因此是个内爆音。威坪方言的次浊明母字读阳去调时,有 m>ɓ 的共时变异,语音条件与阳去调的高调域有密切的关系⑤。

上文曾举过侗台语中以母的早期汉借词泰文仍读 l-,如"养",泰文 liaŋ⁴,临高、琼山 tiaŋ⁴,仫佬 taaŋ⁴。泰文 liaŋ⁴ 和临高等方言的读音韵母、声调均同,差异仅在声母,说明 t<d<l 的清化。再如"余"泰文 lɯa¹,而侗南 ka¹,水语 dja¹,侗北、佯僙 ta¹。借自中古以后汉语的来母字在苗瑶语各方言的演化同样

---

① 潘悟云:《汉语历史音韵学》,第 273 页。
② 李方桂:《上古音研究》,第 14 页。
③ 孙景涛:《古汉语重叠构词法研究》,第 209-210 页。
④ 张光宇:《汉语方言边音的音韵行为》,《汉藏语学报》第 3 期,第 149-150 页。
⑤ 具体可参看本书第六章第二小节的内容。

有丰富的爆发音、塞擦音形式。例如："梨"，江底、东山 lai²、罗香、梁子、览金 gei²、大坪 dzai²；"立竖~"，江底 ljop⁸、罗香 gjep⁸、览金 gjap⁸、梁子 ɖap⁸；"廪粮仓"，江底 lam⁴、罗香 gam⁴、梁子、览金 gjam⁴、大坪 dzum⁴。"淋浇"，三江 ljen²、罗香 gjem²、梁子 gjam²、大坪 dzum²；"笠斗~"，江底 lap⁸、罗香 gap⁸、览金、梁子 gjap⁸；"流"，江底 ljou⁶、罗香 gjeu⁶、梁子、览金 gjou⁶。以上汉借词皆为三等韵字，带[j]介音，正是由于介音的影响，侗台、苗瑶语部分方言会出现 ȶ-、ɖ-等前腭部位的塞音。苗瑶语部分固有词跟上举来母汉借词的声母同样为 l-，在各方言的音韵演变也相平行：除了腭化、擦化和下文将谈及的鼻音化、唇齿化，还包括 l>g(如罗香、梁子、览金)、l>dz(如大坪)的塞音化演变，如"窝"，江底 lau⁴、罗香 gau⁴、览金 gjau⁴；"好"，东山 lɔŋ⁵、梁子 gɔŋ⁵、大坪 dzɔŋ⁵；"衣服"，湘江 lui¹、东山 lwəi¹、览金 gui¹；"嫩"，三江 ljun⁵、梁子 gun⁵。

共同藏缅语的*l-在普沃、斯戈、克伦等方言都是 l-，但克伦尼却塞化为 t-，可比较马诺语 ta(＜*la)"月亮"，ta(＜*la)"叶子"，ti(＜*li＜*b-liy)"四"，舌头 pti(＜*ple)①。藏缅语中另一个值得注意的现象是，共同藏缅语带前缀 b-、s-的词根*l-在藏文中会腭化，进而塞擦化，如藏文 ldʑi-ba ∼ 'dʑi-ba"蚤"，来自*(ă-)li，藏缅语(TB)*s-liy；藏文 ltɕe"舌头"，来自*hlye＜*s-le＜TB *s-lay；藏文"四"bʑi 则来自共同藏缅语的*b-liy ∼ *b-ləy；"手臂，手"，共同藏缅语*g-lak，加罗 dʑak ∼ dʑa，南桑 dak ∼ da，都是塞化形式。

五、唇齿化：演化类型之四

唇齿化指的是齿龈边近音[l]部位前移并且上齿和下唇形成阻碍，形成浊唇齿擦音 v-。就辅音[l]、[v]本身来说，虽同属前区音，但一为唇音，一为口内辅音，差别明显，西方历史语言学论著也绝少提到两类音之间的转化。倒是在汉语方言和南方民族语中能见到这种音变，而且一般都有明确的语音条件可循。

---

① Benedict：*Sino-Tibetan: A Conspectus*，第 33－34、137 页。

(一) 节首辅音 l 的唇齿化

先看侗台语。"挂",毛南 lɔɕi³,其他方言读擦化的 hui³(傣拉)、hɔi³(老挝、版纳),布依语则是唇齿化的 voi³;"游",老挝、版纳 lɘi²,傣拉、水语 lui²,临高 lǝi²,锦语、莫语塞音化为 ɗui²,毛南 vai¹,琼山 vɔi²,出现唇齿化。从语音对应来看,南亚语的"游水"一词明显与侗台语同源:马散 lui,艾帅 loi,硝厂沟 lɔi,茶叶菁、胖品 lɔi⁵¹,南谦也出现唇齿化读作 vɤi。再如南亚语"黑",艾帅 luŋ,孟汞 loŋ,曼俄 lɘŋ³³,马散 lauŋ,硝厂沟 vɔŋ,南虎 vǎŋ,茶叶菁 vǎŋ⁵¹。

再看苗瑶语。"好",江底、东山 lɔŋ,枫香 ɣoŋ,瑶里 ɣɤŋ,青岩 veŋ;"石头",三江 lɔu¹,湘江 lau¹,养蒿 ɣi¹,复员 ʔwji^A,石门 və¹,青岩 væ¹;"菜",江底 lai¹,枫香 ɣu¹,养蒿 ɣu¹,复员 ʔwju^A,青岩 vu¹。这些反映了 l-声母字的方言变异,苗瑶语里中古来母汉借词也有相似的变化,例如:"廪粮仓",江底 lam⁴,复员 wjaŋ^B,石门 voŋ⁴;"梨",东山 lai²,复员 wja^A,青岩 vo²;"龙",大坪 luŋ²,复员 wjoŋ²,青岩 vaŋ²。"村寨",东山 laŋ⁴,复员 wjoŋ^B,青岩 vɔŋ⁴。"窝鸟窝",长坪 lau⁴,复员 wji^B,青岩 və⁴;"力气",复员 wju⁶,青岩 vau⁶。其中三等字"梨"借进苗瑶语时韵母为*-i,后来发生元音裂化并后高化(文界 i>长坪 ei>ai>宗地 ɑ>吉卫 ɑ>青岩 o>高坡 u)。"廪、龙"也属中古三等字,进入苗瑶语时应带 j 介音(如三江 ljuŋ²龙、览金 gjam⁴廪)①。苗瑶语的共时变异显示了[l]软腭化、唇齿化的历史音变:龙 *ljuŋ>复员 wjoŋ>青岩 vɔŋ;梨*lji>复员 wji>青岩 və。l>w 是种自然音变,w>v 也极其普遍②,那么 l>w>v 看来也不奇怪了;从有些语例看,能够变为 v-的 l-不少都带有-u、-o 等后高元音韵母(江底"菜"读 lai,是个低元音,但从其他方言的-u 韵母来看,-ai 应是从-u 的低化结果;江底"廪"读 lam⁴,也是低元音,但从石门 voŋ⁴ 来看,也有后高元音的音变阶段)。我们知道,发[u]时需双唇撮圆,[u]或近音[w]很容易变成唇齿的 v-,如此[u]为[l]的唇齿化提供了更有利的条件。

---

① "村寨、窝、力气"虽非借自汉语,但从其方言读音来看,早期也应带有 j 介音,而且这些词在不少方言中均有合口韵母的读音。参看王辅世、毛宗武:《苗瑶语古音构拟》,第 318-319、322-323 页。
② Maddieson:*Patterns of Sounds*,第 48-49 页。

(二) 节中辅音 l 的唇齿化

共同侗台语复声母 *kl-、*gl- 中的垫音 l 在有些方言中擦化为 v-。例如："卷"，邕宁 kliin³，武鸣 kiən³，柳江 kviin³；"句"，邕宁 tson²，武鸣 ɕoŋ²，柳江 kvan³；"盐"，泰文 kluɯə²，龙州 kə¹，柳江 kvə¹。

六、辅音 l 的其他演化类型

(一) 鼻音化

所谓鼻音化，指的是 l＞n、l＞ŋ 之类的变化，而非元音鼻化（nasalization）。汉语方言中西南官话、江淮官话、湘语等都普遍有"泥来分混"的现象。张光宇还具体讨论了泥、来母洪混细分的两个常见模式[①]。藏缅语的"绵羊"有边音 l-（藏文 lug）、腭前音 j-（尔苏 jo⁵⁵）、擦音 ʑ-（彝语 ʑo³³）等形式，羌语则读鼻音 ȵu，其音变过程想必应是 l＞j＞ʑ＞ȵ，其中腭化音变并无前高元音的环境。"獐子"一词藏文为 gla ba，大多数藏缅语方言为 la 的近似读音，如傈僳 lɑ⁴⁴，拉祜 lʌ³³，彝语 lo³³，个别保留了复声母形式，如门巴 klʌu¹³，缅文则为 ŋaj²，仰光缅语 ŋe²²。

苗瑶语里的中古来母借词，如："龙"，大坪 luŋ²，文界 jɦõ²，多祝 ŋun²；"利"，三江 lai⁶，江底 ŋa⁶；"梨"，江底 lai²，多祝 nji²；"两"，湘江 luŋ³；多祝 njaŋ⁴；"里"，大坪 li⁴，湘江 lei⁴，多祝 nji⁴；"量"，青岩 loŋ²，瑶里 ljo²；多祝 njuŋ²。有些固有词的音变类似，如："铁"，宗地 lu⁵ᵇ，七百弄 ɬu⁵，多祝 no⁵；"田"，湘江 liŋ²，枫香 len²，多祝 nin²；"好"，三江 loŋ⁵，文界 ɣoŋ⁵，多祝 ŋoŋ⁵；"窝ₙ~"，东山，江底，多祝；"穿山甲"，湘江 lai⁶，七百弄 ɣou⁶，多祝 ŋu⁶。共同苗瑶语的 *l- 在多祝方言中变作齿龈鼻音 n 或软腭鼻音 ŋ 两类，分布大致为：l＞n/_细音；l＞ŋ/_洪音。

(二) 元音 y 前 l 的腭化

音变 l＞lʲ＞j/_i，j 的含义是 l 在 i、j 等前高元音的环境下会颚化为 [i]、

[①] 张光宇：《汉语方言边音的音韵行为》，《汉藏语学报》第 3 期，第 146-147 页。

[j]。[y]属圆唇的前高元音,但似乎西方语言中很少有 l>lʸ>y。据 Maddieson 提供的涵盖 317 种语言的 UPSID 数据库,只有 21 种语言有 y,其中还包括三种汉语方言(常州、福州、赣语)和普通话,可见[y]在世界语言中的分布并不普遍①。从类型学来看,人类语言的前元音倾向于不圆唇,后元音倾向于圆唇②。与之不同的是,汉语方言中[y]却是个常见的音位,时秀娟统计了《现代汉语方言音库》(上海教育出版社 1994 - 1999 版)中的四十个代表方言,提出了元音出现频率的等级,一等为/i u a/,二等为/ɿ y o ɔ/,三等为/ʅ e ɛ/。西方学者对 UPSID 中的世界语言进行元音出现频率的统计结果显示,一等也是/i u a/,二等则是/e ɛ o ɔ/③,既然绝大多数语言都没有[y],自然就观察不到 l>y 的腭化;但汉语方言大多都有[y],因此这种音变也不罕见。张光宇将其称作"吕读如雨",并指出,除了江苏高淳,该音变还见于安徽、湖北、陕西、山西等省份的方言④。据笔者 2010 年 8 月在安徽当涂的实地调查,该方言(属宣州片吴语,同时具有太湖片吴语毗陵小片的若干特征)同样有 ly>y 的音变。

张光宇主张用"气流争夺"来解释该音变:发撮口呼时气流从舌央凹槽集中逸出,这种发音机制正好与边音相反,因此 ly>y 是央音(central)而非边音(lateral)胜出的结果⑤。张先生从发音生理的角度说明[l]、[y]之间的不同,当然不无道理,但我们还应看到,ly>y 之所以发生,关键不仅在于央音和边音的特征冲突,而是[y]给[l]的音变提供了重要的语音环境。[li]变作[i]很容易,是因为前高音素环境是腭化音变的有利条件,同样地,作为平行演变,[ly]变作[y]也离不开[y]本身提供的音变条件。山西万荣、永济方言不但当[y]作为主要元音时会发生该音变,它作为介音时也会发生,如:伦轮 yei² | 论 yei⁵ | 乱 yai⁵。另外,我们不主张把这种音变的性质看作"撮口成分导致边音失落"⑥,而是从音变的系统性、条件性的角度出发,认为这是与 li>i 相类的一种腭化音变。

---

① Maddieson: *Patterns of Sounds*,第 248 页。
② Hock: *Principles of Historical Linguistics*,第 21 页。
③ 时秀娟:《汉语方言元音格局的类型分析》,《南开语言学刊》第 1 期,商务印书馆,2007 年,第 73 页。
④ 张光宇:《汉语方言边音的音韵行为》,《汉藏语学报》第 3 期,第 141、142 页。
⑤ 张光宇:《汉语方言边音的音韵行为》,《汉藏语学报》第 3 期,第 141 页。
⑥ 张光宇:《汉语方言边音的音韵行为》,《汉藏语学报》第 3 期,第 143 页。

（三）元音 i 前 l 的音节化

沈钟伟详细讨论过汉语方言中的响音类辅音，包括鼻音[m、n、ŋ]和边音[l]自成音节的情形①，其研究表明，在[i、u、ɯ]等高元音之前的鼻音、边音声母才会发生音节化（有些学者或将其称作声化韵），比如很多吴语都有"亩" m̩＜*mu、"尔"n̩＜*ni、"鱼"ŋ̍＜*ŋi 之类的字音变化。与此相关的是，元音[i]本身就有发生边音化的可能。朱晓农曾指出，元音[i]除了有擦化、舌尖化、鼻音化、央化、裂化等演变方式，还包括边音化②。[i]如果先舌尖化为[ɿ]，就可能进一步边音化。就发音姿态来说，发[ɿ]时舌尖顶在齿龈处，并维持元音的高位，气流由中间稍稍让出两厢，就可以发出边擦音[ɬ]以及同部位弱擦的、成音节的近音[l̩]。因此，从声韵搭配、元音性质两方面都可以说明 li＞l̩ 是一种基于某种语音环境的自然音变。张光宇提到江苏高淳方言"泪"字读[l̩⁶]③。我们不久前在安徽当涂（高淳邻县）的田野调查中也发现了此种音变。

七、结语

演化音系学理论至少强调两点：（1）区别音型（sound pattern）和音变（sound change）两个概念。音型着眼于共时平面，如北京话有/ts tsʰ/、/tʂ tʂʰ/、/tɕ tɕʰ/三套齿龈塞擦音，有/i a u/等基本元音。共时的含义不仅在于现时，某一个历史时期的语言面貌也属于共时特征，如李方桂认为上古汉语有/i u a ə/四个基本元音，有/p pʰ b m/四个双唇部位的简单辅音④。音变强调历时变化，音型是音变的结果，如北京话的声母/tɕ tɕʰ/是软腭音声母/k kʰ/、齿龈音声母/ts tsʰ/在/i y/前高元音的影响下发生腭化的结果；唇齿声母/f/来自中古后期非 pf、敷 pfʰ、奉 bv、微 ɱ 的合并演变。音型和音变虽是不同层面的概念，但两者密不可分，因为共时音型都是历时音变的结果。

---

① 沈钟伟："Syllabic nasals in Chinese dialects"，第 81-108 页。
② 朱晓农：《汉语元音的高顶出位》，第 444 页。
③ 张光宇：《汉语方言边音的音韵行为》，《汉藏语学报》第 3 期，第 140 页。
④ 李方桂：《上古音研究》，第 21、31 页。

第七章 语言类型学方法

(2) 区别常见音型和罕见音型两个概念。常见音型主要是指各种语言中反复出现的并且具有普遍的语音学动因(感知/生理等因素)的音变,亦即自然音变,如 θ>f、词末阻音清化、元音之间清辅音浊化、腭化等等;非常见音型指的是较为少见的语音类型或音变形式,如咔音(click)、咽化音(pharyngeal)只在世界少部分地区的语言里才能见到,也是元音的清浊对立、元音时长的三分对立、元音鼻化程度的三分对立都是罕见的音位对比类型。

本节讨论了边近音[l]的各种历时演变和共时变异的现象,也可以用"常见-非常见音型"的观念视之。对于印欧语来说,l>i(硬腭化)、l>w(软腭化)是常见音型。音系学家试图从 l 本身的特征矛盾性来解释其变化,如 Mielke 最近从"特征浮现理论"(Emergent Feature Theory)出发,运用统计方法,观察[l]在 66 种语言里的表现,发现其表现为"通音"(contiuant,或译为"连续音")和"非通音"特征的几率分别为 54.5% 和 45.5%[①]。l>d 之类的塞音化偶尔能够见到,只能看成是非常见音型。至于擦音化、鼻音化、唇齿化等则连罕见都算不上,简直可以说未有提及。但如果从汉语方言、侗台、苗瑶、藏缅等东亚语言的材料出发,就会看到以上这些变化在共时平面都是可观察的。l>n, ŋ 和 l>v 的出现频率虽不算高,但也能在不同类型的材料中反映出来。另外,不同的音节要素(声母、垫音、韵尾)、特定的语音环境(如[l]多在后高元音前唇齿化)、自身音系结构(如 ly>y 发生的

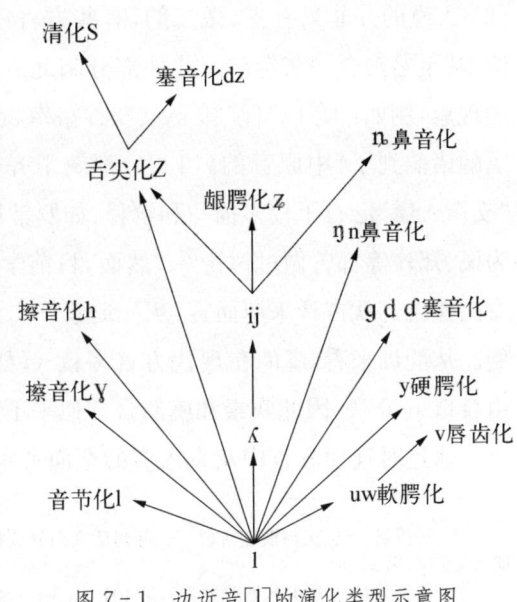

图 7-1 边近音[l]的演化类型示意图

---

① Mielke, Jeff: *The Emergence of Distinctive Features*, Oxford University Press, 2008 年,第 66 页。

前提是音系中有 y 元音)都是需要考虑的因素,这点也反映出不同语言类型对音变方向的影响。下面将 l 的各种演变方式图示化,作为本小节的结束。

第二节　地理类型与音变过程:
　　　　以灰泰入虞为例

一、引言

"支微入虞"是汉语方言学和音韵学界关注较多的论题,指的是中古止摄合口三等支微韵和遇摄合口三等鱼虞韵合并的现象。综观整个汉语方言,实际情形更加复杂:(1) 一般的叫法是"支微入鱼",不少南方方言虽然有该音变,但鱼韵字仍有不少字读作开口,也就是严格的说法并非入鱼,而是入虞[①]。(2) 入虞的并非只有支、微二韵,有些方言还包括止合三脂、祭韵和止合四齐韵,甚至是蟹合一灰泰韵。此外部分闽北方言(如石陂)还有一些废韵字入虞的现象,例如:吠 by^6|废肺 xy^5(秋谷裕幸 2008:99-100)。从韵类关系看,入虞的诸韵到了《中原音韵》(1324)都属于齐微韵合口。汉语史和方言学界对"支微入虞"已有了较多描写和解释,如罗常培、张琨、张光宇、顾黔、王洪君、王为民、郑伟等都曾做过讨论[②]。然而,目前学界迄今尚未有针对"灰泰入虞"的专门探讨。就古音来源而言,灰*-oi、泰*-ɑi 为一等韵,而鱼*-ɪə、虞*-io 为三等韵。从韵母来看,虞韵在现代方言多读-y,如果灰泰入虞,必须通过某种增生由合口-u-介音,因此灰泰和虞韵合并似乎不符合情理。

通过对现代方言中灰泰入虞的全面考察,我们发现,该音变在地理上的分

[①] 王洪君:《层次与演变阶段——苏州话文白异读析层拟测三例》,《语言暨语言学》第 7 卷第 1 期,2006 年,第 82 页。

[②] 参罗常培:《唐五代西北方音》,第 104-105 页;张琨:《汉语方言中的几种音韵现象》,《中国语文》1992 年第 4 期,第 253-260 页;张光宇:《吴闽方言关系试论》,《中国语文》1993 年第 3 期,第 161-170 页;顾黔:《通泰方言音韵研究》,第 177-180 页;王洪君:《层次与演变阶段——苏州话文白异读析层拟测三例》,第 63-86 页;王洪君:《演变的阶与叠置的层——再论单系统纵向演变与异系统横向接触的本质区别与彼此交叉》,"中国语言学会第十五届学术年会"论文,内蒙古大学,2010 年;王为民:《"支微入鱼"的演变模式及其在晋方言中的表现》,《语言科学》2011 年第 6 期,第 640-650 页;郑伟:《"支微入虞"与现代方言》,《语言暨语言学》第 13 卷第 5 期,第 887-928 页。

布比较普遍,见于晋、通泰、徽、赣、闽北等方言及粤北、湘南土话。从文白异读来看,各方言中与虞韵同韵的灰、泰韵字的层次来源各有不同,说明既可能来自本地方言的自身演变,也有可能来自其他方言的横向渗透。从音变过程来看,蟹合一灰泰韵和止蟹合三四支脂微祭齐韵在上述方言中都有和鱼虞韵合并的现象,但是由于一、三等古音来源不同,可见两者的音变过程也有所差异。

二、灰泰入虞的地理分布类型

根据已有的研究,"支微入虞"见于吴、老湘、徽、客、赣、闽等南方方言,以及部分官话方言,如江淮(通泰)、西南、中原官话及晋方言①,此外还包括一些方言归属未定的土话,如粤北、湘南土话等。相比而言,"灰泰入虞"的分布范围稍小,但值得注意的是,凡是出现灰泰入虞的方言,必定出现支微入虞。因此可以推测,从音变发生的先后来看,止合三字应先行入虞,然后才可能有蟹合一字入虞。唐五代西北方音是最早记录支微入虞的文献资料,其中《千字文》将支脂微韵字(如"吹累为髓水轨归违畏谓")和鱼虞韵字(如"诸渠举虑驱具寓")都用元音 u 来转写,《开蒙要训》也有虞支互注(如"盂为"、"髓须"、"伪遇")、以虞注脂(如"柜具"、"蕤须")和以微注虞(如"甂鬼")的现象②,但是很明显,灰、泰韵合口字都不入虞,可见灰泰入虞应比支微入虞更加晚起。

(一) 晋方言

晋方言具有灰泰入虞的方言很少,如清徐、古交方言。清徐方言的灰泰韵读-y 的例字有(白读和文读用斜线隔开,下文同此):罪 tɕy^5/tsuai^5 | 盔 k^{h}y^1、瑰 ky^5 | 刽 ky^{5}③。古交方言的"最"读 tsʮ^5,部分鱼韵字也读-ʮ,如:距 tsʮ^5 | 许 sʮ^3 | 余 ʮ^{1}④。-ʮ 是-y 舌尖化的结果,相应地声母也发生了 tɕ->ts-的变化。但有些鱼虞韵字仍然读 tɕy,如"蛆"tɕy^1、"娶文读"tɕhy^3,有的经历了 tɕy>tsʮ>tsu 的变化,如:树 su^5 | 锄 su^2/tshu^2。可见该音变是以词汇扩散的方式进

---

① 郑伟:《吴方言比较韵母研究》,第 144 页。
② 罗常培:《唐五代西北方音》,第 44、104 - 105 页。
③ 潘耀武:《清徐方言志》,山西高校联合出版社,1990 年。
④ 王临惠:《汾河流域方言的语音特点及其流变》,第 178 - 184 页。

行的。

(二) 通泰方言

按照方言学界一般的看法,江淮方言包括泰如片、洪巢片和黄孝片。其中泰如片主要分布于长江以北的江苏中部地区,也称作通泰方言。支微入虞见于通泰、黄孝片方言;就音值表现而言,前者合流于-y,后者合流于-ʮ。灰泰入虞则只见于后者,根据顾黔的调查,通泰方言中如东、如皋、海安、东台、大丰、姜堰、泰州等都有此现象,读-y 的灰、泰韵字有"堆对推腿退队兑内雷最崔罪岁"等,亦即来自中古端、精系的字①。例如:

表 7-2 通泰方言灰、泰韵合口字的今读音

	如皋	海安	东台	大丰	泰州	姜堰
堆	ty¹/tuei¹	tɕy¹	ty¹/tuei¹	tei¹	ty¹/tuəi¹	ty¹/tuəi¹
推	tɕhy¹/thuei¹	tɕhy¹	tɕhy¹/thuei¹	tɕhy¹/thuei¹	tɕhy¹/thuəi¹	tɕhy¹/thuəi¹
雷	ly²/luei²	ny²/nuei²	ny²	ny²	ny²/nuei²	ny²
内	ny¹/nuei¹	nuei³	ny¹	nuei¹	nuəi⁵	ny⁵/nuəi⁵
崔	tɕhy¹	tɕhy¹	tɕhy¹/tɕhyei¹	tshuei¹	tɕhy¹/tshuəi¹	tɕhy¹/tshuəi¹
兑	ty⁵/tuei⁵	tɕy⁵	thy¹/tɕy⁵	tei⁵	ty⁵/tuəi⁵	ty⁵/tuəi⁵
最	tsuei⁵	tsuei¹	tɕy⁵/tɕyei⁵	tɕy⁵/tɕyei⁵	tsuəi⁵	tɕy⁵/tɕyəi⁵

从上表可见,通泰方言灰泰入虞的特点包括:(1) 从辖字的声类来看,中古舌齿音声母字(端、泥、精组)入虞,而喉牙音声母字(帮、见系)不入虞。(2) 从文白差异来看,入虞的灰泰韵合口字都只出现在白读层,大多数方言的文读层是跟北方官话一致的读法,即-uei、-uəi 类韵母,东台、大丰、姜堰的文读层-yei、-yəi 是在前者基础上的进一步发展,涉及介音 u>y 的变化,而并非对权威方言的直接移借。东台"兑"的白读、文读韵母均为-y,属于少数的例外。通过观察可以发现,该方言 tɕy⁵、thy¹ 作为文读和白读对立,实际上是由于声调层面的原

---

① 顾黔:《通泰方言音韵研究》,第 206-209 页。

因,通泰方言阳去字归阴平调是其典型特征之一,所以 thy¹ 为白读,文读则为去声读法,而且该层次的声母 tɕ-是在 th-在后接韵母-y 的影响下腭化的结果。

(三) 徽语

学界一般认为,吴、徽语在历史上有同源关系,赣、徽语在地理上有接触关系,因此徽语兼具吴语和赣语的一些音韵特征[①]。徽语中的灰泰入虞只有零星的表现,黟县方言的个别灰韵字和蟹止摄合口的三等韵字一同与鱼虞韵字合并读-yɛi,如"瑰"和鱼韵字"锯"、虞韵字"句"都读 tɕyɛi⁵[②]。

(四) 闽北方言

支微入虞在闽方言中也有所反映,只是各个次方言在辖字数量和所涉中古韵类两个方面都有不同。厦门、泉州、潮州、晋江等闽南方言中,只有止合三脂韵"龟"字入虞,如厦门"龟居拘"都读 ku¹。张光宇认为"龟"的音变过程为:*kuei>kui>ky>ku,它和吴语"龟"读 tɕy¹(< *ky)有共同的来源[③]。闽中方言的支微入虞也是非常零星的,如沙县"葵"ky²[④]。该音变在闽东方言中的例字稍多一些,但也不具有普遍性,如福州的支脂韵字"喙嘴"tsy⁵/tshuei⁵、"烁水"tsy³/tsuei³,鱼虞韵字"煮"tsy³、"主文读"tsy³。寿宁斜滩"吹炊"tʃhy¹、"烁水"tʃy³;柘荣富溪"穗"θy⁵[⑤]。引人注目的是闽北方言的支微入虞,该音变在浦城、顺昌、建阳、建瓯、政和、松溪等都普遍存在,所辖的韵类都包括了止合三支、脂、微韵和蟹合三四祭、齐韵,有的方言(如石陂)还包括蟹合三废韵。

和支微入虞不同的是,灰泰入虞只见于闽北的石陂、松溪,以及兼具闽、客赣方言特点的将乐方言。如石陂方言:背刀~ py³³;松溪:背 py⁶[⑥]。将乐方言的例字有:堆 ty⁵⁵/tui⁵⁵|雷文读擂推也 ly²²|内 ly²³¹|崔 tsʰy⁵⁵/tsʰui⁵⁵[⑦]。李如龙指

[①] 游汝杰:《汉语方言学导论》(修订本),第 102-111 页。
[②] 平田昌司主编:《徽州方言研究》,第 114 页。
[③] 张光宇:《吴闽方言关系试论》,第 166 页。
[④] 李如龙:《福建县市方言志 12 种》,第 282 页。
[⑤] 秋谷裕幸:《闽东区福宁片四县市方言音韵研究》,第 111、150 页。
[⑥] 秋谷裕幸:《闽北松溪方言同音字汇》;《闽北区三县市方言研究》,第 99 页。
[⑦] 李如龙:《福建县市方言志 12 种》,第 326 页。

出:"将乐县历来也有不少江西人移居,也受到客赣系方言的严重影响。古将乐县的范围,包括今将乐(全部)、顺昌(西部)和明溪(部分),便形成了一个闽方言(具体地说建瓯话为代表的闽北方言和以永安话为代表的闽中方言)和客赣方言的过渡地带。这个方言'走廊'兼有闽方言和客赣系方言两方面的特点,很难归入哪一个方言区。同一走廊的各地方言大体可以通话,与外地方言则不能相通。"①

(五) 粤北土话

粤北土话可以分为雄州、连州、韶州三个次方言,根据庄初升的考察,粤北梅村、长来、黄圃、皈塘、星子五个方言的灰、泰韵合口有读入虞韵的白读音②。例如下表③:

表 7-3 粤北土话灰、泰韵合口字的今读音

	长来	黄圃	皈塘	星子		长来	黄圃	皈塘	星子
堆	ty³¹	ty²⁴	tu²¹	ty³³	队	ty³³	ty²¹	tu²¹	ty²¹
对	ty³³	ty²¹	tu²¹	ty⁵³	雷	ly⁵¹	ly⁵⁵	ly⁵⁵	ly²⁴
推	thy³¹	thy²⁴	thu¹³	thy³³	内	ly³³	nɔi²¹	ny²¹	ny²¹
腿	thy²⁴	thy⁴²	thu³³	thy⁵⁵	累劳~	ly²⁴	ly²¹	lu²¹	ly²¹
退	thy³³	thy²¹	thu²¹	thy⁵³	催	tʃhy³¹	tshy²⁴	tʃhy¹³	tshy³³

邻近的湘南宜章土话也有"罪"tɕhy²¹_得~_/tsuei²¹_有~_④,但灰泰入虞的辖字仅此一例。

(六) 赣方言

客、赣方言之间有诸多共同特征,支微入虞也属于其中之一,但灰泰入虞

---

① 李如龙:《福建县市方言志 12 种》,第 323 页。
② 庄初升:《粤北土话音韵研究》,中国社会科学出版社,2004 年,第 89 页。
③ 表 7-3 的语料参张双庆主编:《乐昌土话研究》,厦门大学出版社,2000 年;张双庆:《连州土话研究》,厦门大学出版社,2000 年;余伟文等:《粤北乐昌土话》,广东高等教育出版社,2001 年。
④ 沈若云:《宜章土话研究》,湖南教育出版社,1999 年,第 66、70 页。

则只见于部分赣方言。赣方言入虞后的灰泰韵读-y,如黎川、南城①:

黎川:雷 lɛu²(响~公:打雷)/ly²(~锋)|累 loi⁶/ty⁶(~积)|擂(~钵、~茶)ly²|推 hoi¹/tʰy¹|堆 ty¹|内 noi⁶/ny⁶(灰韵);兑(汇~)tʰy⁴|罪 tʰy⁴|最 tɕy⁵(泰韵);

南城:罪 tɕy⁵|队对 ty⁵(灰韵);最 tɕy⁵(泰韵)。

据颜森对黎川方言文白异读的分析,"蟹摄合口一等及止摄、遇摄合口三等少数字文读韵母[y]或[i],白读韵母[oi]","极少数字只有文读音,多用在书面词语中。如'兑汇~,'tʰy⁴","有的文读音可能还相当地'文绉绉',给当地的人以'打官腔'的感觉,如'推~卸责任,'tʰy¹"。②

与此相关的声母层面的音变有:(1) l > t/_i,y,如"厘犁梨黎篱李里礼鲤利厉";[i]作介音时也有此音变,如"寮潦料"读[tiau]、"留流硫柳"读[tiəu]、"两良量凉"读[tiɔŋ],与[y]有关的例字如"驴旅滤(~湿:去湿,中医术语)"。"累"出现在较书面化的词(如"累积")中,从风格色彩来看,"累"字的读音为文读在情理之中,可见灰泰入虞(*-uei>-y)是黎川方言流音塞化(l->t-)的前提,又因为流音塞化显然是本方言系统内部发生的音变,所以灰泰韵合口的某个外来的早期形式是作为文读层进入本地方言之后才演变为-y 的。(2) th > h,该音变是包括黎川在内的部分赣方言里的典型现象。上举"兑推"等中古透、定字在黎川方言的文读音声母仍为 th-,没有变作 h-,但仍参与灰泰入虞音变,说明*-uei>-y 音变晚于 th- > h-。(3) tɕh > th/_i,y([i y]为介音或主元音),如"妻凄"读[thi]、"趋娶取翠聚罪"读[thy]、"秋鳅就袖"读[thiəu]、"签潜渐"读[thiam]等,亦即中古次清类清母、全浊类从邪母在黎川方言合并为 tɕh-后声母再塞化为 t-,请注意全清类精母字 tɕ-并不参与塞音演变。根据该音变的条件为 i 或 y,说明灰泰入虞或支微入虞在先,tɕh- > th-在后。将这三项演

---

① 颜森:《黎川方言研究》,社会科学文献出版社,1993 年,第 40 页;邱尚仁:《南城方言字音研究》,21 世纪中国国际网络出版有限公司,2001 年,第 347-348 页。
② 颜森:《黎川方言研究》,第 6-8 页。

变的先后次序形式化如下：音变 th- ＞ h-→音变 *-uei ＞ -y→音变 l- ＞ t-、tɕh -＞ th-。

赣方言中还有一类灰泰入虞值得注意，包括新余、宜丰、修水、安义、都昌等。

新余：杯 pi^{1A}｜背$_{~脊}$pi^{25}｜配倍 phi^6｜赔 phi^{25}｜梅 mi^{25}（灰韵）；取 tɕhi^3｜须 ɕi^1｜雨 i^3｜芋 i^6（虞韵）

宜丰：杯 pi^1｜配倍 phi^6｜梅 mi^{25}｜堆 ti^1｜对 ti^{25}｜推 thi^1｜退 thi^{25}｜催 tɕhi^1｜罪 tɕhi^6｜悔 fi^3｜回 fi^{25}｜汇 fi^6（灰韵）；会$_{开~}$fi^6（泰韵）；句 ki^{25}｜区 khi^1｜具 khi^6｜雨 vi^3｜芋 vi^6（虞韵）

修水：杯 pi^1｜背$_{~脊}$pi^{5A}｜配 phi^{5B}｜赔 phi^2｜倍 phi^6｜梅 mi^2｜妹 mi^6｜堆 ti^1｜对 ti^{5A}｜推 dhi^1｜腿 dhi^3｜退 dhi^{5B}｜队 ti^{5A}｜雷 dhi^2｜催 dʑhi^1｜罪 dʑhi^6｜碎 ɕi^5｜灰 fi^1｜悔 fi^3｜回 fi^2/vi^2｜汇 fi^6（灰韵）；最 tɕi^{5A}｜会$_{开~}$fi^6｜会$_{~不~}$vi^6（泰韵）；虚 ɕi^1｜许 fi^3｜余 vi^2（鱼韵）；娶 dʑhi^3｜须 ɕi^1｜句 kvi^{5A}｜区 ghvi^1｜具 ghvi^6｜雨 vi^3｜芋 vi^6（虞韵）

安义：杯 pi^1｜背$_{~脊}$pi^5｜配 phi^3｜赔 phi^2｜梅 mi^{25}｜妹 mi^6｜堆 ti^1｜对 ti^5｜推 thi^1｜腿 thi^3｜退 thi^3｜队 ti^5｜催 tɕhi^1｜雷 li^2｜罪 tɕhi^6｜碎 ɕi^5｜悔 fi^5｜回 fi^2｜汇 fi^6（灰韵）；最 tɕi^5｜会$_{开~}$fi^6（泰韵）；语 ȵi^3｜虚 ɕi^1｜许$_{文读}$ɕi^3（鱼韵）；娶 dʑhi^3｜须 ɕi^1｜区 tɕhi^1｜具 tɕhi^6（虞韵）

都昌：杯 pi^1｜背$_{~脊}$pi^5｜配 phi^3｜赔 phi^2｜梅 mi^{25}｜妹 mi^6｜堆 ti^1｜对 ti^5｜推 thi^1｜腿 thi^3｜退 thi^3｜队 ti^5｜催 tɕhi^1｜雷 li^2｜罪 tɕhi^6｜碎 ɕi^5｜悔 fi^5｜回 fi^2｜汇 fi^6（灰韵）；最 tɕi^{5}会$_{开~}$fi^6（泰韵）；车$_{~马炮}$tɕi^1｜去 i^5｜鱼 ȵi^{2A}｜语 ȵi^3｜虚 ɕi^1｜许 ɕi^3｜余 i^{2A}（鱼韵）；娶 dzi^3｜须 si^1｜句 tɕi^5｜区 i^1｜具 i^6｜雨 i^3｜芋 i^6（虞韵）

余干：配 phi^5｜梅 mi^2｜对 ti^5｜退 thi^5｜队 ti^5｜催 tshi^1｜罪 tshi^6｜悔 fi^5｜回 fi^2｜汇 fi^6（灰韵）；最 tsi^5｜会$_{开~}$fi^6（泰韵）；车$_{~马炮}$tɕi^1｜锯$_{文读}$tɕi^5｜语 ȵi^3｜虚 ɕi^1｜许 ɕi^3｜余 i^2（鱼韵）；娶 tshi^3｜须 si^1｜句 ki^5｜区 tɕhi^1｜具 tɕhi^6｜雨 i^3｜芋 i^6（虞韵）

不难发现，以上所举赣方言的灰泰韵合口与鱼虞韵字都读-i 韵，从韵类分合上说，这显然也是灰泰入虞，但跟黎川方言的灰泰入虞是不是同一性质呢？通过观察，我们认为两种灰泰入虞的性质不同。第一，从音变的辖字声母来看,本节讨论的灰泰入虞几乎只包括舌齿音字,少数涉及唇音字,很少有牙喉音字(黟县徽语属于例外,但该方言只有"瑰"一字入虞,作为孤例,无法讨论),但上举新余型方言则否,唇牙喉舌齿诸声母都参与音变。第二,从合并后的音值来看,黎川型方言是-y,新余型方言是-i。音变结果不同,便可能有不同的音变过程。

三、灰泰入虞的音变过程

从历史音韵的角度看,支微入虞和灰泰入虞都是《切韵》(601)以后的音变现象,不见于中古以前的文献,两者都是晚起的音韵创新,同时在共时分布上也都是跨方言的。要更好地理解灰泰入虞的音变性质,需要先对支微入虞有所认识。罗常培利用汉藏译音材料,指出唐五代西北方音已有支微入虞的现象,但是对其音变过程,罗先生未作讨论①。后来有不少学者对支微入虞的形成做过解释,各家对止合三字的音变所提出的不同假设包括:(1)张琨的"换位说"②:*wi→*ju。(2)张光宇、丁邦新和王洪君等先生主张止合三字的 i 介音先行脱落,即 *uei→ui→y③。(3)王洪君近来的看法稍有变化,提出将支微入虞的音变起点设为同时带有-i 介音和-i 韵尾的韵母,即 *iuei→ui→y④。(4)王为民从音系学的角度,将音变过程拟作 *jwɨj→jwɨ→jw⑤。(5)郑张尚芳认为吴语支微合口入虞有 yi>y 单化而来,即 *iuei→iui→yi→y⑥。

从中古前后的域外汉字音(日译吴音、藏汉译音、日译汉音、朝鲜译音、汉越音等)和现代方言来看,虞韵字(以及与之合并的鱼韵字)的音值都不可能是 *-ui,因此止合三(其实还可以包括蟹合三四的祭齐韵)和虞韵的合并只可能

---

① 罗常培:《唐五代西北方音》,第 44 页。
② 张琨:《汉语方言中的几种音韵现象》,《中国语文》1992 年第 4 期,第 257 页。
③ 张光宇:《吴闽方言关系试论》,第 166 页;丁邦新:《一百年前的苏州话》,上海教育出版社,2003 年,第 26 页;王洪君:《层次与演变阶段——苏州话文白异读析层拟测三例》,《语言暨语言学》第 7 卷第 1 期,第 80 页。
④ 王洪君:《演变的阶与叠置的层——再论单系统纵向演变与异系统横向接触的本质区别与彼此交叉》。
⑤ 王为民:《"支微入鱼"的演变模式及其在晋方言中的表现》,《语言科学》2011 年第 6 期,第 643-645 页。
⑥ 郑张尚芳:《吴语语音的分层及其历史记录》,《吴语研究——第七届国际吴方言学术研讨会论文集》,第 3 页。

是-iu(-jw)或-y这两个阶段。即：

(a) 止蟹合口三四等字：(a1)*iuei→iui→iu→y；(a2)*iuei→iui→yi→y
(b) 鱼虞韵字：*iu→y

需要说明的是，从汉语音韵史的角度来说，我们可以提出蟹止合口三四等字在-iu、-y两个阶段入虞的可能性，但面对现代方言，便难以判断-y的前身是-iu（失落韵尾[i]）还是-yi(保留韵尾[i])，所以尽管-yi本身不是支微入虞，但可以经历i韵尾失落后再入虞。所以本节认为第(4)、(5)种假设都是合理的。

根据学界对汉语音韵史的研究，中古汉语的一等韵字以-ɑ/-o/-u为主元音，不带-i-介音①。故而灰泰韵和支脂微韵两者入虞的音变起点实际上是不同的，虽然最后可能都变作-y了。张光宇、丁邦新、王洪君等都认为止合三的*-uei/*-iuei后来都变作*-ui，进而变作-y，于是和虞韵合并。其中王为民提出四条理由，否定了*uei>ui>y的演变模式，其中第四条即晋、通泰方言的蟹合一灰泰韵也入虞，而这一音变只见于存在于一等腭化的方言，可见入虞前的音变条件必须是带腭化介音-i-的韵母形式*-iuei而非*-uei②。现在的问题是，灰泰韵是如何从早期的*-uei/*-ui变作后来的-y呢？

我们认为灰泰入虞与腭化音变之间并没有必然联系，因为T>Tɕ/_y、Ts>Tɕ/_y(T代表端组、泥组，Ts代表知照精组)这两类腭化音变并非一定出现，比如闽北、粤北、赣方言的灰泰入虞后声母仍然保留齿龈音t-、tɕ-等读法。如果将灰泰入虞和支微入虞的音变起点都拟作*-iuei，固然便于解释两者的一致性，但问题是合口一等韵之前的-i是如何产生的？这点迄今尚未有合理的解释。*uei>iuei既缺乏发音生理学的支持，更加没有音变类型学的证据加以证明。本节主张将入虞的灰泰韵合口字的音变过程描写如下：*uei>u^{i}ei>ʉei>yei>yi>y。

---

① Baxter, William H(白一平)：*A Handbook of Old Chinese Phonology*, Mouton de Gruyter, 1992年，第65页。
② 王为民：《"支微入鱼"的演变模式及其在晋方言中的表现》，《语言科学》2011年第6期，第646页。

该音变的关键之处在于主元音[e]具有[＋前]、[＋高]特征,元音[e]之前很容易滋生个滑音(glide),元音 ɛ 之前容易滋生滑音[e]。e＞ⁱe 之类的音变在汉语方言、民族语汉借词等材料中不胜枚举,下面以郑张尚芳列举的东南方言为例①(声调从略):

    a. 绍兴话哈韵读-e,郊县诸暨话逢见组读-ie,赵元任《现代吴语研究》(第 41 页,以下简称"研究")记作-ⁱe。

    b. 温州话"打"19 世纪的英国传教士记作[tæ],赵元任《研究》(第 44 页)记作[tɛ],目前市区老派念[tʰɛ]、[tˈɛ]。

    c. 建德话"抬[dɛ]"、"来[lɛ]"在原寿昌先并入的部分地区读作[diɛ]、[liɛ]。

    d. 台州黄岩话的"渠"赵元任《研究》(第 96 页)记作[ge],现在念作[ʝiɛ]、[giɛ],天台"干"读[kɛ],黄岩、温岭读腭化的[tɕie]。

    e. 合肥"篮男"读[læ],扬州读[liæ]。

    f. 苍南蛮话"蚕"读[ze],泰顺蛮话读作[tɕʰie]。

由于受到滑音[i]的[＋前]特征影响,[u]开始前化,可能在变[y]之前会有[ʉ]或[ɨ]的过渡阶段。由于方言调查者习惯上多用宽式记音,所以很少使用[ʉ]或[ɨ]来描写元音音值,但灰泰合口韵字读[yei]、[yəi]还是能够看到。

表 7-4　汉语代表方言灰、泰韵合口字的今读音

	清徐	闻喜	南通	东 台	姜 堰	黎川
堆	tɕy¹	tyei¹	te¹	tɕy¹/tuei¹	ty¹/tuəi¹	ty¹
灰	xuai¹	xyei¹	xue¹	xuei¹	xuəi¹	foi¹
雷	luai²	lyei²	le²	ny²	ny²	lɛu²/ly²
最	tɕy⁵	tsuei⁵	tɕye⁵	tɕy⁵/tɕyei⁵	tɕy⁵/tɕyəi⁵	tɕy⁵

---

① 郑张尚芳:《方言介音异常的成因及 e＞ia、o＞ua 音变》,《语言学论丛》第二十五辑,商务印书馆,2002 年,第 92 页。

如果将上表所见的代表性方言中灰泰韵合口字的文白异读分开来看,同时做一些层次匹配的工作,可以分类如下:

表7-5 汉语代表方言灰、泰韵合口字韵母今读的文白层次比较表

	清徐	闻喜	南通	东 台	姜 堰	黎川
白读层	-y	-yei	-ye	-y	-y	-ɛu, -oi
文读层	-uai	-uei	-ue, -e	-uei, -yei	-uei, -yəi	-y

按照比较法和层次分析法的基本原则,处于同一层次的读音形式之间才能建立音变关系。先看白读层,江西黎川的-oi 固然仍是开口度较大的洪音,但部分字的-ɛu 说明灰泰韵合口字已经由洪变细,山西闻喜-yei、江苏南通-ye 更加体现出灰泰韵合口的白读音将于虞韵-y 合并的必然性,因此 ɛu>yei>ye>yi>y 的语音演变便很符合现代方言的事实。再看文读层,观察上表所列各个方言的形式后可以发现,其音变方向与白读层很相似,包括 uei>uəi>uai、uei>ue>yei>yəi>y 两种基本方式。

如果光从共时音类合并角度来看,粤语广州话也有止合三、蟹合一舌齿音与遇三的合流现象,都读-øy,因此也可以看成灰泰入虞。不过遇三是早期韵母-y 的裂化所致,而止、蟹摄字是来自-i 尾的圆唇化,是两个不同的历史音类朝着同个方向变化,此所谓"殊途同归",并不是本节所讨论的灰泰韵合口单方向的"入虞"。但这也说明一点:广州蟹合一与止合三是合流了,其前身可能是-yei。蟹合一与止合三的合流,是汉语发展常见的趋势,但到底是止合三失去-i-(介音后化),还是蟹合一(主要是舌齿音)介音前化,各方言有不同的选择。大多数官话选择后化,而有一些方言则是选择前化,再进一步就可能是与止合三同"入虞"。[②]

四、结语

本节对汉语方言中不太引人注目的"灰泰入虞"音变做了分析,通过观察其地理分布,可以发现该音变在绝大部分方言中并非权威方言向各地方言扩散所致,而是各自系统内的演变。但也有个别方言有值得注意的不同之处,比

如江西黎川的灰泰入虞层-y 明显是某个外来读音层进入本地方言之后继续演变，从而才出现灰泰和虞同韵。

　　语音演变是否可观察，是新语法学派和词汇扩散理论争论的焦点。本节主张通过比较相邻方言之间的读音差异来勾勒音变过程，但前提必须是在同一层次下进行，即在文读与文读之间、白读与白读之间比较。目前看来，灰泰入虞的音变描写为 *uei ＞ uⁱei ＞ yei ＞ yi ＞ y 是比较合理的设想，而且通过对相关方言之间文读层和白读层的分别比较，都支持这种由洪变细的语音演变。可见，具有发音生理基础和类型学意义，是探讨方言语音演变不可不考虑的因素。

第八章 研究方法的综合

第一节 历史音变与方言地理

一、引言

新语法学派作为 19 世纪以后兴起的历史比较语言学的代表,主张音变是有规则的,提倡通过比较方法,建立语音的系统对应,发现音变规则,从而重建原始形式。比如现代英语的 stone"石头"、oak"橡树"、loaf"游荡"三个词在古英语(Old English,OE)的拼写法分别是 stān、āc、hlāf(ā 代表/aː/),古代高地德语(Old High German,OHG)则分别是 stein、eih、leib。于是假设英语和德语的共同祖语(the common ancestor)为 */ai/[①]:

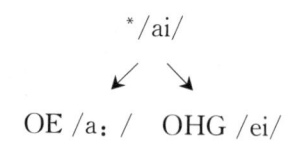

$$*/ai/$$
$$\swarrow \quad \searrow$$
$$\text{OE /aː/} \quad \text{OHG /ei/}$$

梅耶看到了文献资料本身的局限性:"历代的文献虽然能提供语言在前后各个时代的状况,可是我们在文献上却找不到语言的连续性。"过分忽略文献考证的语文学方法当然是有失偏颇的,特别是研究像汉语这样具有连续式文献的语言。另一方面,对于缺乏文献资料的语言来说,"比较研究是语言学家用来

[①] Bynon, T. *Historical Linguistics*, Cambridge University Press, 1977 年,第 47 页。

建立语言史唯一有效的工具"①的看法还是有一定道理的。

语言地理学通过对多个地点的实地调查和记音,绘制语言地图,然后对地图所述的语言事实做出解释。柴田武说:"方言地理学是一种语言研究的方法,先把词、语法和发音的地域差异画在地图上,并分析其分布,构拟出一个区域的语言变化过程。"②贺登崧指出语言地理学研究的主要特点:(1)选择语音、词汇及语言片段,作实地调查并记音;(2)将调查项目的实际形式绘制成地图;(3)将词及其所指对象联系起来;(4)对地图进行解释。"对于语言学者来说,这是最重要的工作,这是要以上述三项工作为前提的。语言地图的作用是为语言(方言)间作比较、为语言演变的历史提供可靠的材料"③。

从研究目标来看,历史语言学和语言地理学都很关注语言的演变。具体地说,通过比较多个相关的语言(方言)点所体现的共时差异,两者都希望在此基础上对此作出解释。大西拓一郎更是明确地提出了语言地理学的研究目的:"只研究方言的地理分布并不等于语言地理学,依据方言分布来研究语言历史,这才是语言地理学。"④

另一方面,和历史比较法相比,语言地理学有自身的特点。第一,语言地理学本身缺乏特定的理论和方法。第二,它跟历史比较法的志趣不同,历史比较法的志趣是通过比较亲属语言来重建早期或原始语言,所以在比较前要剔除语言接触形式。语言地理分布只是为了呈现语言形式在地理上的分布,这些分布也包括语言接触的形式。第三,语言地理分布的解释也得借用历史比较法,来看分布上的前后演变关系。

地理分布类型是指方言在具体的地理空间上呈现出来的,与山川等具体的地理因素相联系的分布特点和形状。近年来已有学者从不同的角度提出汉语方言的地理分布类型的问题。如罗杰瑞将汉语方言分为北部方言(北方方

---

① 梅耶:《历史语言学的中的比较方法》(中译文),岑麒祥编:《国外语言学论文选译》,语文出版社,1992年,第10、11页。
② 柴田武:《愿方言地理学在中国开花结果》,贺登崧著,石汝杰、岩田礼译:《汉语方言地理学·序》,上海教育出版社,2003年,第1页。
③ 贺登崧:《汉语方言地理学》(中译本),第1页。
④ 大西拓一郎:《语言地理学的研究目标是什么?》,《语言教学与研究》2011年第5期,第3页。

言)、中部方言(吴、赣、湘)、南部方言(客家、粤、闽)三个大类①。张光宇以长江为参考点,将南方方言分作近江方言(吴、徽、湘、赣)和远江方言(闽、粤、客、平)两类,和罗杰瑞一样,也注意到了有些大方言不但地理分布上邻近,而且具有共同的语言特征②。岩田礼《汉语方言解释地图》③是继曹志耘主编《汉语方言地图集》④之后汉语方言地理学研究领域的又一部重要的著作,前者提出了汉语方言中的一些"分界线"和"分布类型",比如形成南北对立的淮河线与长江线、古老"长江"型和"楚地"型等。曹志耘则以多条特征为例,提出汉语方言在地理分布类型上有对立型(包括秦淮线型和长江线型的南北对立和阿那线型的东西对立)和一致型(如长江流域型、江南漏斗型、东南沿海型)两大类⑤。

二、连续型分布

本节认为,从语言地理学的角度来看,音变特征的分布类型至少可以从连续型、离散型、递推型和辐射型四个方面来理解。

连续型是方言语音特征在地理上分布的最常见类型,亦即面状的分布特征,需要指出两点:(一)汉语方言的语音特征通常都是以《切韵》或《广韵》的音类分合为参考对象提出的,因此所谓的语音特征也是从古到今的音变特征。汉语方言的分区、分类、分群等工作其实都是以某个或某些共同的语音特征为划分标准的。比如以是否保留入声,可将汉语方言大致分为官话与非官话两类。以"打"字是否读德冷切,可将吴语与非吴语区分开来⑥。(二)严格地说,音变特征包括存古和创新两类。历史语言学在判定语言或方言间的亲缘关系时,都强调共同创新(the shared innovation)的作用,而避免使用共同存古(the shared retention)作为标准。上面所举入声读法与"打"字读音两条就是存古性的,是对中古语音的保留。地理分布类型的考察只强调语言特征的共时分

---

① Jerry, Norman: *Chinese*, Cambridge University Press, 1988年,第183页。
② 张光宇:《东南方言关系综论》,《中国语文》1999年第1期,第34页。
③ 该书2009年由日本好文出版印行,岩田礼主编《汉语方言解释地图(续集)》又于2012年在好文出版印行。
④ 该书2008年由商务印书馆出版,共包括语音、词汇、语法三册。
⑤ 曹志耘:《汉语方言的地理分布类型》,《语言教学与研究》2011年第5期,第11页。
⑥ 游汝杰:《论吴语的音韵特征》,《游汝杰自选集》,广西师范大学出版社,1997年,第63页。

布,而方言分区则偏重于通过分类来认识历史源流,因此两者是有区别的。

连续型的分布特征指的是某项音变特征在多个邻近方言点的连续式分布。该类型的音变特征可见于方言小片、方言区、方言群或整个汉语方言。仅见于方言小片的分布类型可以中古麻韵三等字*-ia在南部吴语中的读音为例(参看表8-1、图8-1)。根据我们的观察,麻三字在瓯江片的早期形式是*-i。

表8-1 南部吴语麻三字的今读音

	乐清	瑞安	永嘉	平阳	文成	温州
借	tɕi⁵	tɕhi³₃且	tsei⁵	tɕi⁵	tɕi⁵	tsei⁵
写	si³	sei⁵₃写	sei³	si³	sei⁵	sei³
斜	zi²	zei²邪	zei²	zi²邪	zei²	zei²
遮	tɕi¹	—	tsei¹	tɕi¹	tɕi¹	tsei¹
射	zi⁶	zei⁶	zei⁶	zi⁶	zei⁶	zei⁶
蛇	zi²	zei²	zei²	zi²	zei²	zei²
爷	i²	i⁶₃夜	ɦi²	i⁶₃夜	ɦi²	ji²

据上表,温州、文成的麻三字有的读-i,有的读-ei。从传教士Montgomery的《温州方言导论》(1893,英文版)所记材料来看,温州话百年来经历了 i＞ei 的音变,所涉及的韵类包括假开三和止开三,例如(声调略去):借枝 tsi | 车 tshi | 且 tshi | 舍使 si。南部吴语其他小片的麻三字都不读-i型韵母,大致上可另划为*-ia和*-iɑ两个类型:(一)金华型,即麻三字读主元音为[ia]或[ie]类前元音的韵母,如义乌[iɛ],金华、磐安、浦江、兰溪、武义、缙云[ia]、永康[iʌ];开化、玉山、广丰、常山[ie]。这种类型的麻三字是*ia＞iɛ＞ie主元音前高化的结果。(二)云和型,即麻三字读主元音为[ɑ]或[o]类的后圆唇韵母,如衢州、东阳、龙游、遂昌、庆元[ɑ],云和、松阳、丽水[o]、泰顺、龙泉[ɑ]。这种类型的麻三字是*ia＞iɑ＞iɔ＞io主元音后高化的结果。瓯江片的麻三-i在整个吴语区都是独树一帜的,但在该片内部的表现则高度一致,在地理分布上也是连续的。

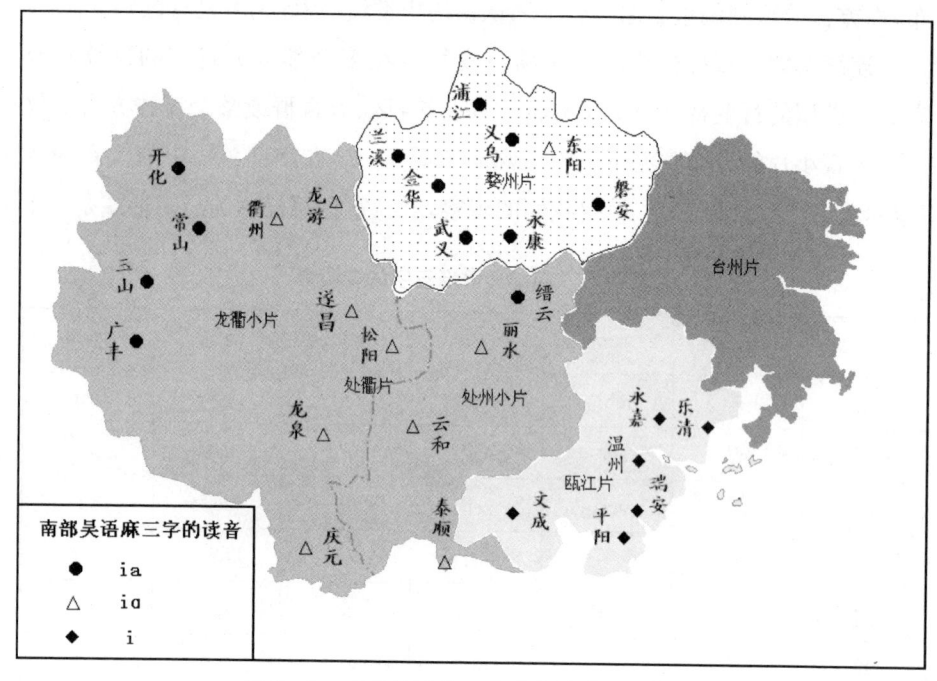

图 8-1 南部吴语麻三字读音的地理分布图

通常情况下,连续型的分布特征是某一区域方言共同经历的连续式音变的结果。以音位为单位,在相同的语音条件下,含有该音位的语素的语音在同一个人的发音中会以同样的方式和速度发生变化。也就是说,连续式音变具有明确的音变条件,而且它是某个音类中绝大多数例字都发生的音变,所以连续式音变也可以称为主体音变;从层次理论的角度来看,由连续式音变形成的读音层也叫主体层。比如中古端母在现代北京话里都读 t-声母,中古模韵在现代北京话里都读-u 韵母,仅有个别例外(如"错"字读-uo),这些都是连续式音变的结果。上文所举吴语瓯江小片的麻三高化为-i 韵也是相同的情形。下面再以吴语的地理分布类型为例作些具体的说明。这些特征虽然在吴语中的分布呈现南北或东西方向的地理差异,但其分布方式是连续的。

（一）吴语的南北差异

方言学界传统的分类是将吴语划为北部吴语和南部吴语两大片,前者指

第八章 研究方法的综合

宣州片、太湖片和台州片,后者指处衢片、婺州片和瓯江片。

1. 知庄章组字读音的南北对立(图8-2)。中古知*ţ-、庄*tʂ-、章*tɕ-组字在北部吴语的绝大多数方言中已经合流,同时合并后读舌尖前音[ts tsh dz s z](有些方言[dz]、[z]已经实现音位合并,通常并作[z]),例外是无锡、苏州的老派音和常熟的知三、章组字读翘舌音[tʂ tʂh dʐ ʂ ʐ]或舌叶音[tʃ tʃh dʒ ʃ ʒ],同时知二、庄组字读[ts tsh dz s z],与前者有别。南部吴语的知庄章组字为二分型,即读作[ts]、[tɕ/tʃ]①,读[ts]组的方言很少(如龙游)。颜逸明提到20世纪80年代初复旦大学的吴语研讨会上多位学者主张可以有两条标准,语音("张"字的不同读音)、词汇("筷子"的不同叫法)各一条,作为区分北、南吴语的标准,界线划在钱塘江南岸的桐庐、诸暨、嵊县、新昌一带②。我们认为以章组字的读音来给吴语作南北分界的标准是有一定的合理性的。

2. 见组细音字发音部位的南北对立(图8-3)。蔡勇飞提出,见组(见溪群三母)洪音字南北均读[k kh g],细音字北部吴语绝大多数读作[tɕ tɕh ɕ](上海郊区如松江、闵行、川沙、南汇、奉贤读[c ch ʝ]),南部吴语的细音字的读音差异较大③。

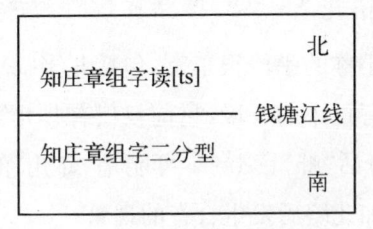

```
┌─────────────────────────┐          ┌─────────────────────────┐
│                    北   │          │                    北   │
│ 知庄章组字读[ts]         │          │ 见组细音字表现一致        │
│ ─────────── 钱塘江线     │          │ ─────────── 钱塘江线     │
│ 知庄章组字二分型         │          │ 见组细音字表现多样        │
│                    南   │          │                    南   │
└─────────────────────────┘          └─────────────────────────┘
    图8-2 吴语知庄章组字的读音              图8-3 吴语见组细音字的读音
```

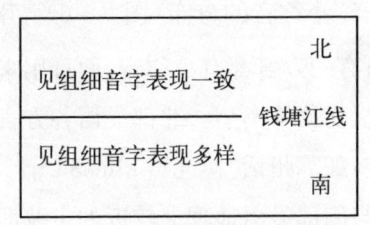

3. 麻三字按声母条件的读音分化与否(图8-4)。中古麻韵三等字主要出现在精组、章组、日母、以母几组声母后。综观整个吴语后可以发现,北部吴语宣州片、太湖片、台州片的麻三字内部出现了条件音变:精组和以母为一组,保留三等[i]介音,一般读作[ia];章组和日母为一组,三等介音已失去,有的读

---

① 曹志耘:《南部吴语语音研究》,第162页。
② 颜逸明:《江苏境内吴语的北部边界》,《方言》1984年第1期,第80页。
③ 蔡勇飞:《吴语的边界和南北分区》,《方言》1984年第1期,第13页。

后高元音[o],有的读低元音[a](宣州片如太平的麻三章组字读[ei])。至于南部吴语,上文已经提到,瓯江片的麻三字早期读音是*-i,目前多数读[i],或者是其裂化形式[ei];其他的南部吴语有[ia]、[iɑ]两种基本类型。南部吴语麻三字读音的共同点是不出现以声母类型为条件的读音分化。

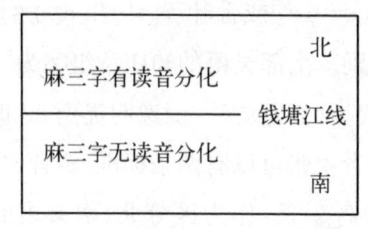

```
                              北
    麻三字有读音分化
                           钱塘江线
    麻三字无读音分化
                              南
```
图8-4 吴语麻三字的读音分布

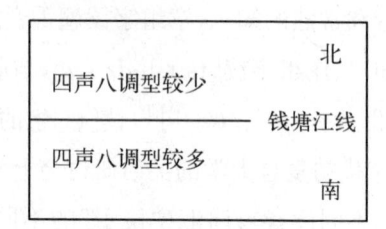

```
                              北
    四声八调型较少
                           钱塘江线
    四声八调型较多
                              南
```
图8-5 吴语四声八调型方言的分布

4. 四声八调型方言的分布(图8-5)。南部吴语很好地保留了中古汉语"四声八调"的格局,据曹志耘的统计,有70%的南部吴语还有八个调类①。北部吴语只有很少几个方言如此,大多为七个声调,阳上和阳去合并。

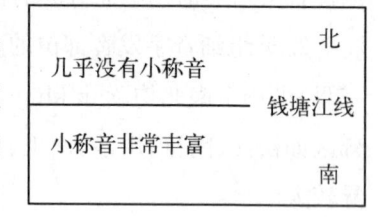

```
                              北
    几乎没有小称音
                           钱塘江线
    小称音非常丰富
                              南
```
图8-6 吴语小称音的分布

5. 小称音的分布(图8-6)。南部吴语几乎所有的方言都有小称音,而且用来表示小称的手段很丰富,包括儿缀、鼻尾、鼻化、变调等类型。北部吴语各方言很少有指小的手段,目前仅仅有些儿缀的残迹,如苏州话"筷儿"[khua33 ŋ55],上海话"虾"读 hø51 可能是"虾儿"的合音,与南部吴语地理上较近的宁波话也有加儿缀后发生合音的现象。

(二) 吴语的东西差异

吴语在南北方向上的地理差异是学界所熟知的,就共时平面的语音特征来看,北部吴语往往更接近于北方官话,南部吴语则相对保守,诸多特征和闽语一致。宣州片吴语位于安徽南部,学界称其为皖南吴语,又因为它位于吴语区的西面,因此又被称为"西部吴语"。宣州片和其他五片的吴语仍具有一些

---

① 曹志耘:《南部吴语语音研究》,第164页。

重要的共同点，比如塞音塞擦音的三分格局、鱼虞有别等。但是，宣州片吴语与其他吴语在地理分布类型上的差异，也是比较明显的。吴语东西方向上的地理差异目前尚未引起学界的足够关注，而吴语的东西分界线主要是在江苏南京的高淳、溧水县境内。二县南北相邻，西面与安徽当涂、宣城接壤，这四县（市）的中间是石臼湖。据笔者调查，当涂县城说的是江淮官话，但滨湖圩区几个乡镇（如博望、湖阳）等说宣州片吴语，宣城话也属此类。据许宝华等和郭骏的报导，除去北片、中片的江淮官话区域，溧水县东面与溧阳（为常州所辖）紧邻的晶桥、东庐、白马、共和几个乡镇属吴语太湖片毗陵小片，高淳南面的其他乡镇则为吴语宣州片太高小片[①]。据1987年版《中国语言地图集》，高淳的情形与溧水类似，其东半部与溧阳话同为太湖片毗陵小片，其西半部与溧水、宣城等同属宣州片太高小片。

下面尝试提出几条特征来作些讨论，这些特征在除宣州片之外的其他五片吴语中内部很一致，同时和宣州片吴语的表现不同。作为方言分界的溧水、高淳线简称"溧高线"。

1. 全浊声母的消变（图8-7）。赵元任先生早在20世纪二三十年代便已提出，中古并、定、群等全浊声母在吴语中并非真浊音，而是带浊流的清声母 [$p^ɦ\ t^ɦ\ k^ɦ$]。后来又有一些学者通过语音实验分析，认为从发声类型上说应为气嗓音（breathy voice）。南部吴语的情形比北部吴语复杂，除了清音浊流，可能还有浊音和清音两种类型，曹志耘有较为详细的分析[②]。宣州片吴语的特点在于其全浊声母处于消变的过程之中，并母在该片吴语多变为[ɦv ɦβ]之类带浊流的擦音，定母多变为闪音或滚音[ɾ]，群母则多变为送气的塞音[kh]或擦音[h/x]。

2. 影母洪音字的声母（图8-8）。中古时期的影母带喉塞音声母 *ʔ-，现代吴语大多数方言也是如此；但宣州吴语的影母和洪音韵配合时声母普遍为软腭鼻音 ŋ-。

[①] 参许宝华等：《吴语在溧水县境内的分布》，《方言》1985年第1期，第64-65页；郭骏：《溧水方言探索集》，科学技术文献出版社，2004年，第2页。

[②] 曹志耘：《南部吴语语音研究》，第22-27页。

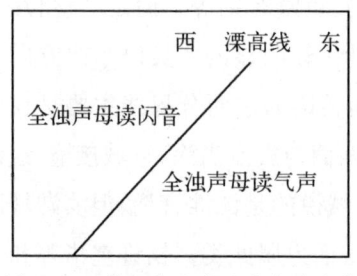

图 8-7　吴语全浊声母读音的分布 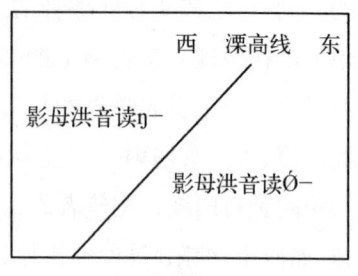　　　　图 8-8　吴语影母字读音的分布

3. 歌韵是否有低元音白读(图 8-9)。歌韵字在北部和南部吴语中都有读低元音的情形。北部吴语"多拖"经常有[a]或[ɑ]的白读,是隐藏较深的"词音"而非"字音",南部吴语歌韵字读低元音的例字更加丰富,包括"多拖箩个我饿簸动词破瘌"等,除了读单元音[a]或[ɑ],还有读[ai]的。这种现象在宣州片吴语已经见不到踪迹了。

4. 哈韵和泰韵的分合(图 8-10)。《切韵》时代哈泰韵的读音不同,现代吴语各方言普遍保留着两韵的差别,哈韵往往读[ei e ai],泰韵字往往读[a]。但宣州片吴语的"菜"(哈韵)、"蔡"(泰韵)都已同音,例外是泾县茂林"菜"tshɛ⁵ ≠ "蔡"tsha⁵[①],是早期吴语哈泰有别的残迹。

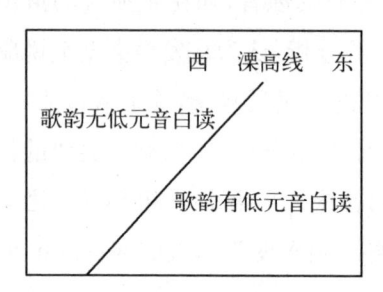

图 8-9　吴语歌韵字读音的分布 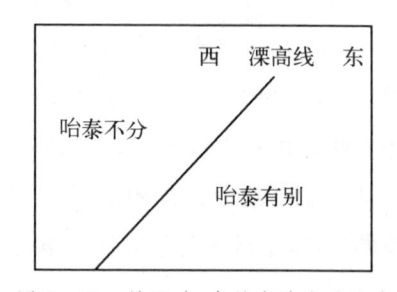　　　　图 8-10　吴语哈、泰韵字读音的分布

5. 是否有"支微入虞"现象(图 8-11)。止摄合口三等见系"贵柜鬼围"等在北部、南部吴语都有和鱼虞韵字同韵读[y]类韵的现象,而且属于白读层,文读则是与北京话相当的[uei]类韵。但这种"支微入虞"的白读音在宣州片吴语里没有明显的反映。

---

① 蒋冰冰:《吴语宣州片方言音韵研究》,华东师范大学出版社,2003 年,第 96、97 页。

6. "打"字的读音(图 8-12)。上文提到,吴语的一个典型音韵特征是"打"字读德冷切,单凭这条可以将吴语与非吴语区别开来。但宣州片吴语的"打"字已经不读阳声韵,"打"字一律读 ta^3,与"冷"字的韵母不同①。

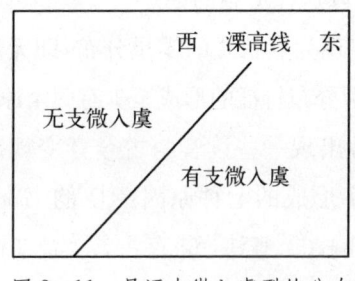

图 8-11 吴语支微入虞型的分布　　图 8-12 吴语"打"字读音的分布

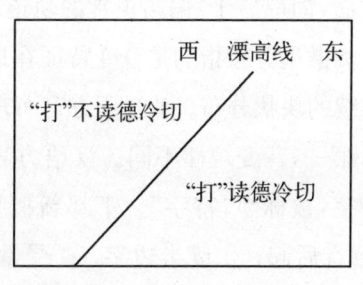

上面所举的 6 条特征可以分为两组,1、2 为一组,这类特征不见于宣州片以外的吴语,其他几条特征为另一组,这些特征在宣州片以外的吴语属于较典型的特征,其中 3、4、6 几条是承继自《切韵》的存古特征,第 5 条虽然并非吴语的独特创新,但在吴语内部一致性非常高,只是不见于宣州片。从语言接触的角度来看,上述 6 条特征存在或消失,与江淮官话对宣州吴语的影响有很大关系,比如浊音声母的消变正是受到了江淮官话缺少浊音一类同时不论平仄皆读送气声母的影响(江苏境内与江淮官话毗邻的靖江、丹阳等吴语也有类似的变化),影母洪音读[ŋ]也见于江淮官话,其他几种特征同样与安徽境内的江淮官话相合。

三、离散型分布

新语法学派强调音变规律无例外,前后相继的"格林定律"、"格拉斯曼定律"、"维尔纳定律"便是对这一口号的有力支持。不过,语言地理学的研究表明,音变规则的一致性原则在有些情况下并不适用。有名的例子就是德国语言学家温克在莱茵河地区所作的方言调查。高地德语的辅音变化并没有发生在同一条件下的所有词身上(比如[k]变成[ch],比较 ik-ich"我"、maken-

---

① 蒋冰冰:《吴语宣州片方言音韵研究》,第 143 页。

machen"做"),温克根据调查结果所绘制出的方言地图表明,"每个词都有它自己固有的界线,同时有它自己的语音史";同时,"语言地图还告诉我们,为什么下述情况是客观存在的,即在毗邻地区或过度地区,无论是在语音方面还是意义方面,词都易于'偏离正常的轨道(如果可以这样形容的话)'"①。

离散型分布指的是音变特征在地理上表现为点状式的零星分布,即无法形成连续的块状分布。就汉语方言而言,离散型分布特征的形成至少有两个原因:

第一,音变规律不同。汉语方言中经常出现一些读音与古今音变规律不合的字,被称为"特字"。丁邦新概括了特字形成的七种原因:① 韵书漏收、② 读音后起、③ 读半边字、④ 受常用字影响、⑤ 避讳、⑥ 存古、⑦ 音变的遗留。不管是哪一种原因,其实都是两条或两条以上的音变规律作用的产物,在共时平面上,让人觉得其中的一种(或以上)读音是不符合音变规律的②。

特字读音在地理上的分布类型不外乎两种可能,一种是作为特字的不同读音呈区域式的分布,读音 A 只见于甲方言区,读音 B 只见于乙方言区。比如"借"字读去声是大部分汉语方言的音变规律,但唯有闽方言读入声。"挑"字在大多数方言读送气声母 th-,但在湘语读同端母。"剥"字除了粤语读 m-,其他方言都读 p-③。可见,特字读音在地理上属连续型分布并非不可能。《汉语方言地图集·语音卷》(2008)共列有 32 个特字读音的分布类型地图,声母 19 个、韵母 3 个、声调 10 个。其中可以视作连续型分布的特字如:

① "桶"字读[th]声母在北方方言的分布(图 099);
② "箍"字读[kh]声母在吴、江淮(安徽境内)、徽、粤、闽方言的分布(图 107);
③ "去"字读[kh]声母在闽、粤方言的分布(图 112);
④ "梗"字读[ã/ɑ̃]韵母在吴方言的分布(图 202);
⑤ "听"字读去声在吴、江淮、湘、粤方言的分布(图 029)。

---

① 马尔姆贝格:《方言学与语言地理学》(中译文),《语言学译丛》第一辑,中国社会科学出版社,1979 年,第 156、167 页。
② 丁邦新:《汉语方言中的"特字"》,《中国语言学报》(美国)第 30 卷第 1 期,2002 年,第 1-15 页。
③ 丁邦新:《汉语方言中的"特字"》,第 5-6 页。

第八章 研究方法的综合

有些特字的读音跟该字的其他读音相比属于少数派,其地理分布上也没有连续性可言,而只是以散点式分布的方式见于汉语方言。下面仍以《地图集》的材料举例说明:

① "桶"字读[x d l ɣ]等声母(图 099);
② "踏"字读[l x]等声母(图 100);
③ "弄"字读[nd ld l~n]等声母(图 101);
④ "还"字读[uā uan]等韵母(图 200);
⑤ "拉"字读阳平调(图 038)。

第二,音变竞争的结果。竞争性音变是指两种不同的音变规律在某方言中形成互相竞争,具体表现往往是权威方言对本地方言的渗透和取代,也会使方言中某个音类的成员一字多音的现象,也就是文白异读。一般来说,本地的白读比较保守,反映了汉语语音史的早期阶段;外来的文读比较创新,反映了汉语语音史的晚期阶段。但是相反的情形也有,比如闽南话入声字的白读音是喉塞尾-ʔ,反而文读音倒是有-p、-t、-k 韵尾。这种情形并不违背常理:外来的读书音通过口口相传,相对比较稳定,不容易改变;本地的口语音因为在日常生活中一直被使用,不受约束,因此就按照自身的规律不断地演变。

举个例子,现代吴语的寒韵字有个自身的演变规律(图 8-13),即保持了《切韵》时代锐钝声母不分韵的特点,舌齿音声母和喉牙音声母字都读圆唇韵母("单干"同韵)。从北宋《集韵》、邵雍《声音唱和图》等文献资料来看,晚唐北宋以后的北方官话开始有了新的变化,曾经有个阶段是寒韵锐音声母字读不圆唇韵母*-an,钝音声母字仍读圆唇韵母*-on;到了元代以后,钝音声母字也开始读成不圆唇韵母,就像现在的北京话"单干"都读作了[an]。不过北京话寒韵的入声韵曷韵还保留着早期的音变规律,即舌齿音声母字读[a]、喉牙音声母字读[ɣ](如"达割"不同韵)。作为权威方言的北方官话,它的音变规律自然要影响包括吴语在内的南方方言。因此,目前吴语的大部分方言已经见不到寒韵的锐钝声母不分韵同时又读圆唇韵母的现象了,除了东北角长江口的"崇启海"(崇明、启东、海门)方言以及西南角的江山、常山、开化、玉山四个处衢片方言。例如海门：单 tø¹｜摊 thø¹｜难 nø²｜拦 lø²｜伞 sø³｜干 kø¹｜看 khø⁵｜安 ø¹｜寒 ɦø²；常山：单~数 tō¹｜炭 thō⁵｜难 nō²｜拦 lō²｜伞雨~ sō³｜干 kō¹｜看 khō⁵｜安 ō¹｜寒 gō²。这种音变竞争的结果就是层次覆盖，使得吴语中大多数方言失去了原来的本地读法，而变得和晚唐北宋的官话一致了①。

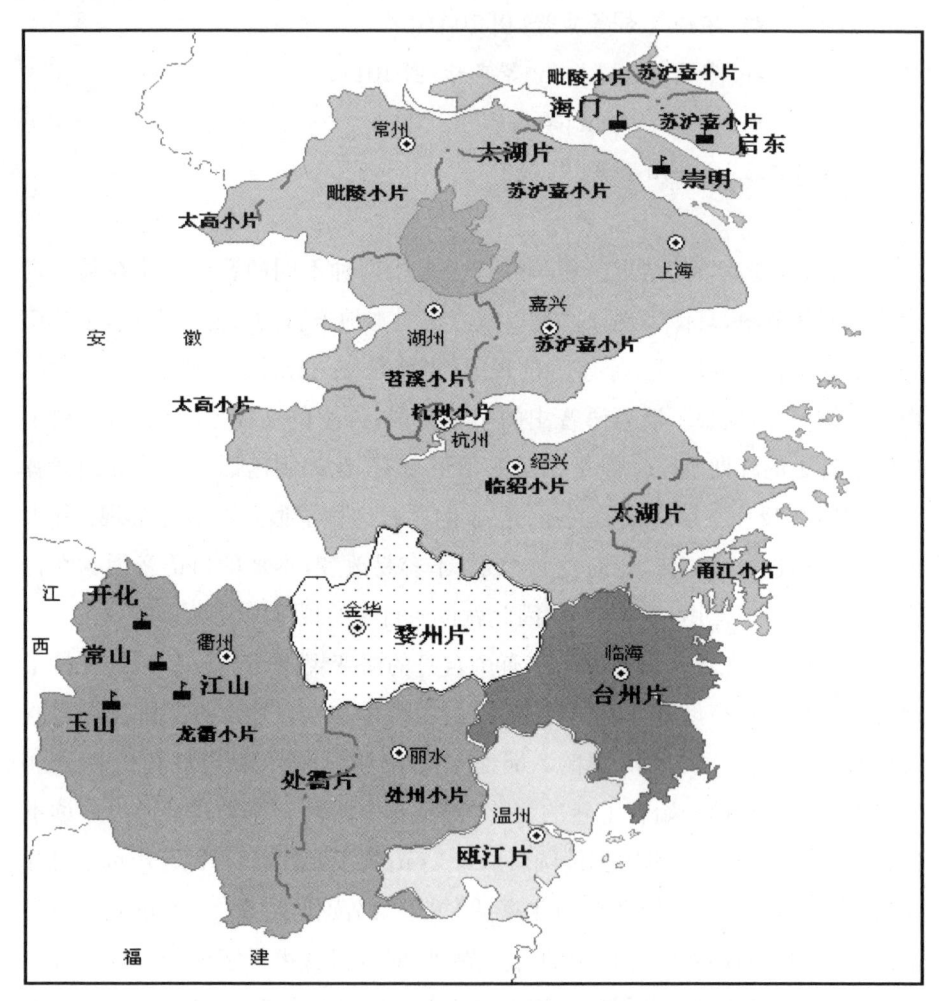

图 8-13 吴语寒韵字锐钝不分韵且读圆唇韵母的地理分布

---

① 郑伟：《〈切韵〉寒韵字的演变特征与现代吴语》，《中国语文》2011 年第 4 期，第 352-363 页。

四、递推型分布

历史比较法往往只强调寻求音变音律,而忽略了对音变细节的研究,比如某一音变是如何在共时平面中实现的,是"语音渐变、词汇突变",还是"词汇渐变、语音突变"。如果是前者,那就是连续式音变;如果是后者,则是离散式音变。传统的印欧历史比较语言学并未提出这样的问题,就更谈不上作进一步的探索了。反而是方言地理学的研究方法帮助我们解决了这一问题,即通过细致的实地调查,不但能够获得不同方言中各项音变规律的细节,还能通过描绘方言地图,勾勒出语音演变在词汇上的具体表现形式,比如说某项音变在不同方言中呈现出来的递推性。从北部的低地德语到南部的高地德语中的辅音演变,就呈现出很引人注目的递推性[①]。

'I'(我)	'make'(做)	'village'(村庄)	'that'(那)	'apple'(苹果)	'pound'(敲打)	
ik	maken	dorp	dat	appel	pund	低地德语
ich	maken	dorp	dat	appel	pund	
ich	machen	dorp	dat	appel	pund	
ich	machen	dorf	dat	appel	pund	中部德语
ich	machen	dorf	das	appel	pund	
ich	machen	dorf	das	apfel	pund	
ich	machen	dorf	das	apfel	pfound	高地德语

上表所示德语方言 k>ch、p>f、t>s 几条辅音演变规律在地理分布呈现出递推性,即音变是由北向南渐次推进的。这种递推性是以词汇为条件的,在方言地图上难以直观地表现出来。不过可以换一个角度,将这种词汇上的音变递推性归纳为音变势力的强弱等级。如 p>f 的音变是由北向南增强的,因为高地德语从 p 变来的 f 词最多;k>ch 的音变是由北向南逐渐增强的,因为低地德语保留 k 的词最多。

汉语方言的语音演变在地理分布上也能体现出递推性。丁邦新认为:"可

---

① Bynon:*Historical Linguistics*,第 177 页。

能南北朝时的吴语就是现在闽语的前身,而当时的北语则是现在吴语的祖先。"① 这一看法后来得到了更多证据(语音、词汇)的支持。因此,从地理分布来看,越北的吴语受北方官话的影响越重,其保留的早期吴语的特征相应地也会由北向南递增,亦即属吴语本身的音变规律越往南越强烈。事实确实如此,与闽语地理相近的浙南吴语经常呈现出与前者类似的保守面貌。从表现形式上说,某一音变规律在词汇上呈现递推性,音变势力从北往南,由弱变强。下面几项特征在吴语中的分布就属于这类情形②:

(一)见开二读软腭音。北部吴语见开二读舌面音的例字比南部吴语多,读舌根音的字比南部吴语少。

(二)匣母字读软腭塞音。匣母字在北部吴语读[g]只集中在"环厚绘~画"等少数字,南部吴语则有一大批匣母字,如"糊怀厚含寒汗滑衔峡蛤~蟆行溃绘喉猾"等③。

(三)非组字读双唇音。北部吴语只有一些微母和奉母字(如"肥缝问味"等)还有双唇音的读法,南部吴语不但例字更多,而且还有一些非敷母字读[p]的。

(四)知组字读舌尖音。北部吴语几乎只有"摘"字明确读作[t]的例子,南部吴语尤其是处衢片吴语(如广丰、玉山、常山、庆元等)的例字丰富得多,如庆元"猪昼转~身镇张帐着~衣桩桌摘竹长~短肠宅虫"等。

(五)梗摄各等的低元音白读。北部吴语的梗二舒声和入声字的白读都很丰富,梗三字白读只有入声字较明显,阳声韵只有零星几个字读低元音,梗四字几乎找不到白读音,唯

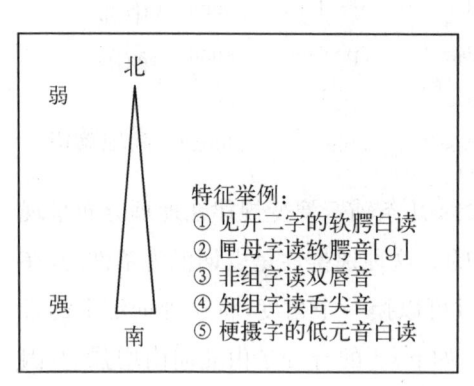

图8-14 几种音变势力在吴语中的强弱推移

特征举例:
① 见开二字的软腭白读
② 匣母字读软腭音[g]
③ 非组字读双唇音
④ 知组字读舌尖音
⑤ 梗摄字的低元音白读

---

① 丁邦新:《吴语中的闽语成分》,《历史语言研究所集刊》第五十九本第一分,第15页。
② 南部吴语的各项特征请参看曹志耘《南部吴语语音研究》有关章节的论述。
③ 曹志耘:《南部吴语语音研究》,第163页。

独桐庐方言还有个别入声字还读低元音。南部吴语的梗摄各等字全面保留了低元音的白读音。

五、辐射型分布

音变特征的辐射型分布与语言接触不无关系,也可以和"波浪学说"(wave theory)相比较。该理论由 Schmidt 于 1872 年提出,用来说明语言距离与地理距离之间的密切联系。某个政治中心或文化中心的方言,会以高层方言的姿态影响与之地理邻近的其他方言,不论这些高层方言与这些方言之间是否具有谱系关系。

众所周知,历代的标准语作为权威方言,对汉语方言的影响是持续而深远的,其结果就是几乎所有的方言中都有文白异读的现象存在。隋唐以后的科举制度、梨园戏曲和私塾教学是以读书音的形式传播和保存历代标准语的基本方式。除了中央方言对地方方言的渗透,不同地区经常还会出现地方性的权威方言,特别是文化鼎盛、交通便捷、经济发展程度较高或具有地方政治中心地位的城市,它们的方言往往会影响周边的地区。曹志耘在讨论南部吴语语音变化的扩散方式时指出,一般的方式是由点及面辐射,呈波形状态,但有时受地理、交通等因素的制约,也不排除呈条状或扇形扩散的可能[①]。

就吴语区来说,北部吴语势力较强的方言包括苏州、杭州、绍兴、宁波等城市,南部吴语则是金华、衢州、丽水、温州为中心方言。这些方言的音变特征会从中心向四周辐射,越接近中心的邻近方言受影响的程度也越重。下面以北部吴语为例,对辐射型的地理分布特征作些具体说明。

(一)上海市区方言向周边郊区方言的辐射。由于城市化进程和郊区向市区口音靠拢的心理等因素,促使郊区方言在中、新派都放弃了不少本地口音而改用市区口音。游汝杰从老派、新派口音比较的角度,对上海郊区话受市区话影响的程度作了统计分析。市区话对郊区话的特征辐射,如声母层面包括尖团合流、内爆音(implosive)的减少甚至消失、[z]声母的出现、双唇擦音[ɸ

---

① 曹志耘:《南部吴语语音研究》,第 204 页。

β]到唇齿擦音[f v]的演变、[ɕ ʨʰ ʑ]声母的消失、"风"字 hoŋ＞foŋ 的音变等①。

（二）杭州话向周边吴语的辐射。杭州话的音系性质在整个吴语区方言中显得很特殊，跟其他吴语相比，杭州话中有大量的官话成分。北宋末年中原官话随着中央政权南渡临安，它对当时的杭州吴语有重要的影响。不妨设想，吴语的大量文读音更可能是官话化的杭州话的辐射式影响所造成的。比如见开二在杭州只读舌面音、寒韵字锐钝声母字韵母的全面合流、缺少"支微入虞"音变、通合三入声读[yəʔ]类韵母、梗摄各等韵母的合流且为非低元音等音变特征在北部吴语都有不同程度的反映，而且都是作为文读音存在，而区别于各地吴语自身的白读音。

六、结语

不同的移民类型也会制约不同的方言演变类型。根据游汝杰的研究，历史上有五种不同的移民方式，造成五种不同的现代方言地理类型。其中包括：（一）占据式移民和内部一致的大面积方言区；（二）墨渍式移民和方言的蛙跳型传布方式；（三）蔓延式移民和渐变性方言②。联系本节的论题，第（一）种对应于连续型的地理分布，第（二）种对应于离散型的地理分布，第（三）种对应于递推型和辐射型的地理分布。当然，各种移民类型造成的语音演变往往都是由语言/方言接触（外部因素）而触发的。其中还必须严格区分由接触导致的内部音变和直接借用权威方言的读音替代或读音叠置，所以说历史上的移民类型和方言的地理分布类型之间并不能画等号。

如果考虑到产生音变的不同因素（音系内部结构造成的音变、语言接触造成的音变），那么，（1）上文所讨论的方言音变特征的连续型分布显然来自内部因素造成的音变；（2）离散型分布中的"特字"读音的形成也是内部音变造成的，竞争性音变虽然是语言接触的结果，但音变本身还是在系统结构内部发生的；（3）以递推型、辐射型分布方式呈现的音变也在系统内进行，即便有外部

---

① 游汝杰：《上海郊区语音近30年来的演变》，《方言》2010年第3期，第194-200页。
② 游汝杰：《汉语方言演变的文化原因》，《游汝杰自选集》，第273-274页。

因素的影响，它也只起触发性作用，虽然不能直接决定音变是否发生，但可以决定以何种方式发生。

本节将方言的音变规律放在方言地理学的背景下讨论，认为音变规律在地理分布上如何体现，需要作一些较为细致的分类。如果将方言地理学的观察视角和分析方法引入方言音变特征的研究，会发现语音演变其实有着更丰富的共时表现；同时，音变方式的类型划分可以和地理分布的类型划分相契合。大部分汉语方言内部都含有一定的"异质"成分，这点与印欧语有很大不同。因此，汉语方言的音变方式也显得更加多样化，地理分布类型也会相应地呈现出比较纷繁的图景。

第二节 方音史的研究理论与方法

一、引言

严格说来，汉语语音史的研究应包括"通语/共同语"语音史和方言语音史研究两个方面。一般认为，谐声字、《诗经》押韵和先秦典籍中的通假、转注、异文、词族等材料都是探讨上古音的基本资料；中古音的探讨则主要依赖《切韵》和晚唐北宋的韵图；近代音研究则以《中原音韵》、《蒙古字韵》及其他宋元明清时期的韵书、韵图为基本材料。这些材料反映的几乎都是北方官话的语音系统，总的来看内部是同质的，很少出现异方言成分。由于汉字属于语素-音节文字，不像拉丁文、藏文等可以直接反映语音，因此如果要做"审音"的工作，最好能够借助一些表音性的材料，比如可以根据东汉时期的梵汉对音考察秦汉音，根据日译吴音（Go-on）、日译汉音（Gan-on）及汉越音（Sino-Vietnamese）、朝鲜汉字音（Sino-Korean）考察中古音。

与汉语通语语音史（或称"汉语语音史"、"语音史"）相比，方言语音史在研究条件、理论、方法、思路等方面有同也有异。汉语语音史的研究到了清代的乾嘉学派已经成绩斐然，章黄学派作为传统古音学研究的殿军同样有卓越的贡献，但在研究材料方面已经较难再有突破。也正由于此，瑞典学者高本汉

(1889—1978)的 Edudes sur la Phonologie Chinoise(《中国音韵学研究》,1915—1926)成为里程碑式的著作,因为该书不仅依赖《广韵》、宋元韵图等文献资料,还利用了二十六个汉语方言(包括中古域外汉字音)材料,作为拟测中古音系的依据,这种研究方法和思路源自19世纪兴起的印欧历史比较语言学,它摆脱了中国传统音韵学只求其"类"(sound class)、不知其"值"(phonetic value)的局限。作为第一部用现代描写语言学方法研究汉语方言的著作,赵元任的《现代吴语的研究》通过对吴语三十三个方言点的调查,以《切韵》的分类为框架,详细列出了各个音类在各地方言的今读音[①]。赵先生的此种做法,不仅是为了提供吴语研究的第一手资料,同时也是准备用比较方法来构拟共同吴语(Common Wu)[②]。

从研究条件来看,汉语共同语拥有自甲骨文时代开始的延绵不绝的丰富文献,而且各个时期的代表性文献内容全面、性质明确,而方言语音史的研究缺乏像《诗经》、《切韵》、《中原音韵》之类的系统的文献资料以供参考,由于材料零散,故而只能反映局部的信息。宋元以后描写不同方言的韵书、韵图和诗文押韵资料开始增多,很大程度上改善了方音史的研究条件。

从理论和方法来看,汉语语音史研究基本上还是按照谱系树模式的理论展开,也就是印欧历史语言学所谓的"新语法学派假设",承认语音演变是规则的、单线发展的[③];由于汉语方言(尤其是南方方言)是内部演化和外部接触等多种因素作用的产物,同字异读的现象大量存在,因此还需要在单线发展模式以外,引入层次分析法和词汇扩散理论。诚如何大安所说:"方言史的研究和语言史的研究,所采用的方法,没有什么不同;基本上仍不外内部构拟和外部比较二途。但是汉语方言有其特殊的时空背景,其中有若干因素——例如方言接触——在方言演变的历史上,具有重要的地位,这类因素的影响,会

[①] 高本汉:《中国音韵学研究》(中译本),第14-72页。
[②] 梅祖麟:《中国语言学的传统与创新》,《学术史与方法学的省思》,台北"中研院"历史语言研究所,2000年,第482-483页。
[③] 汉语语音史上有时也会出现非单线发展的情形,比如中古后期流摄唇音字和遇摄的语音关系甚为密切,唐代李涪《刊误》也有记载。这说明流摄的部分唇音字有过一字两读的过渡阶段。参麦耘:《汉语历史音韵研究中的一些方法问题》,《汉语史学报》第五辑,上海教育出版社,2005年,第148页。

第八章　研究方法的综合

因方言不同而有程度或形态上的差异。甚至同一方言的不同部分,也会有轻重之分。"①可见,既要运用汉语语音史的研究方法来观察方言语音的演变史,同时还需要结合方言变化的实际情形,借助其他一些研究方法,才能准确描写,进而发现规律。

从研究思路来看,包括以下几点:从现代方言出发,结合文献考证,为共时材料寻求历史解释,较多地使用了现代语言学的研究理论和方法;或者从历史材料出发,通过细致的文献学考证,并参考现代方言,将历时和共时的材料相结合。两者都是汉语方言语音史研究应该坚持的方向,并应根据研究条件等因素择取合适的研究理论和方法②。本节将结合已有的研究,着重介绍和说明语言层次、类型学、词汇扩散等理论,以及历史比较、结构分析、文献考证等方法如何运用于吴语音韵史的探讨。

与吴语音韵史研究有关的两个问题需要先作个简单的说明。

(一)《切韵》的性质。《颜氏家训·音辞篇》说:"共以帝王都邑参校方俗,考核古今,为之折衷。摧而量之,独金陵与洛下耳。"意思是金陵、洛下代表了当时的标准方言。金陵在南,洛下在北,两者的口语差异可以想见,因此颜氏所指实际上是南北的书音系统。周祖谟指出:"《切韵》分韵绝不是主观的、人为的,其中所分多与齐、梁、陈之间江东音相合。"③在王仁昫《刊谬补缺切韵》四声韵目小注所涉"五家韵书"之中,夏侯该《韵略》主要代表了南方韵书的押韵习惯。也就是说,《切韵》尽管有实际的语音基础(即6世纪前后的文学语言),但多少吸收了南朝江东方言的成分,也就是中古的吴语。丁邦新发现,文献所揭魏晋时期的江东、秦陇两大方言特征至为明显④。与《切韵》时代相近的曹宪《博雅音》、陆德明《经典释文》、顾野王《原本玉篇》等均为吴地吴人所撰,其中也流露出若干江东吴音的成分,可以作为吴语音韵史研究的文献佐证,例如鱼

---

① 何大安:《方言史中的阶段与层次——横县、达县、石陂的个案研究》,《汉语方言与音韵论文集》(自印本),2009年,第173页。
② 事实上,还有学者完全撇开古代汉语的音类框架,利用纯粹的历史比较法,舍弃层次分析和文献考证,直接用方言共时形式来构拟古音,这种做法以20世纪60年代前后"普林斯顿学派"为代表。
③ 周祖谟:《切韵的性质和它的音系基础》,《语言学论丛》第五辑,第66页。
④ Ting, Pang-hsin(丁邦新): *Chinese Phonology of the Wei-Chin Period: Reconstruction of the Finals as Reflected in Poetry*,第296页。

虞有别、先仙有别等。

（二）吴闽关系。游汝杰从移民史和汉语史两个角度，提出"汉语南方各大方言中吴语、湘语、粤语、赣语、平话的直接源头应是北方汉语，可以说是直接从古汉语分化的；闽语和徽语则是从吴语分化的，客方言是从赣语分化的，可以说是次生的"①。可见吴闽、吴徽之间具有密切的历史联系。丁邦新用音韵、词汇两类证据说明"南北朝时的吴语就是现在闽语的前身"②。下文的讨论也将表明，探讨早期吴语的音韵特征，离不开与现代闽语的比较。另外，吴语内部有南、北的不同，苏南、浙北的吴语（即"太湖片/北部吴语"）相对于浙南吴语而言，由于地理因素的影响，前者受官话层的覆盖较为严重，后者在音韵面貌上相对特征，与闽语的一致性成分更多，但这并不代表北部吴语与闽语就没有共同保留早期特征的可能。

二、层次理论

语言史意义上的层次（stratum）和"底层"（substratum）有所不同，后者来自语言转换，前者来自语言的内部演化或外部接触。学界经常提到南方方言的某些底层，主要是侗台、苗瑶等少数民族语言影响的结果。宋严棉、罗杰瑞、郑张尚芳较早注意到了吴、闽方言中的层次问题③。方言的层次与文白异读两者密不可分，下面具体论之。

（一）文白异读的定义

白读（vernacular）和文读（literary）是从风格色彩、使用语境的角度对同字的不同读音所做的分类。白读音多在日常口语里出现，文读音则常用来读书读报④。

---

① 游汝杰：《汉语方言学导论》（修订本），第 110 页。
② 丁邦新：《吴语中的闽语成分》，《历史语言研究所集刊》第五十九本第一分，第 15 页。
③ 宋严棉（Sung Margaret M. Y.）："A study of literary and colloquial Amoy Chinese"，*Journal of Chinese Linguistics*，第 1 卷第 3 期，1973 年，第 414－436 页；罗杰瑞："Chronological strata in Min dialects"，《方言》1979 年第 4 期，第 268－274 页；郑张尚芳：《温州方言歌韵读音的分化和历史层次》，《语言研究》1983 年第 2 期，第 108－120 页。
④ 赵元任《现代吴语的研究》（第 16 页）说："在中国好些方言当中有些字读书或'joai'文时是一种念法，说话时又是一种念法。……比方丹阳'bh''dh''gh'等母的平声有文白两读，是别处没有听见过的；金华有好些韵有文白两读，也是别处所没有的。还有'交''间'之类有'giao''jien'跟'gau''gan'文白两读。"

第八章 研究方法的综合

一般情况下,文白异读很容易被发现,如"日"字上海话读 ȵiɪʔ⁸(～头:太阳)或 zəʔ⁸(抗～)。但口语中的有些字音只在某些土俗词中出现,随着时间的推移,对于其本字的信息往往会被使用者遗忘,进而出现"有音无字"的现象,这部分文白异读的确立,需要借助语言学的知识。如"旺"字在吴语中普遍读 waŋ⁶,和北方官话读音相近,但在表示火旺时读 jiaŋ⁶,该读音由于跟官话相差甚远,当地人已经意识不到该字的本字为"旺",于是将其径写作"炀"。通过古今音演变的分析,我们发现阳韵合口三等在吴语中有个白读层-iaŋ,除了"旺"字,"王"字用作地名时也读 jiaŋ²,如常熟吴语的"王市"[jiaŋ² zɿ⁶]、"阎王路形容某人走了一条不归路"[ȵiɪ² jiaŋ² lʏɯ⁶]等。由于地名用字确凿无疑,反过来可以证明与"王"同韵的"旺"读-iaŋ 完全合理。对于调查者来说,文白异读的分析过程,同时也是探寻该方言音变规律及其来源的过程。

用风格色彩来判定某个读音是文白性质有时会不太管用,必要时还需借助其他一些标准来确立文白性质。比如哈韵"戴"字在北部吴语(如常州)作动词用时读 ta⁵(～帽子),作姓时读 tɐi⁵,两者在口语中都常用,很难说孰文孰白。总的来说,作姓时的读音,不一定代表本地的读音,因为它比较容易借用,或者是因为当地没有这个姓而不知道本地怎么难,于是用标准语来类推,这时候就成了文读音。

第一,汉语语音史是判断文白的有效参考标准。一般来说,代表较早阶段的音韵特征为白读音,代表较晚的阶段的读音为文读音。如非组从帮组分化出来完全独立是在中古汉语后期完成的,因此上海话老派"凤"(～仙花)读 boŋ⁶,常州话"缝"(牙齿～)读 boŋ⁶,奉母读 b-便是白读音,读 v-则为文读音。又如曾梗二摄北宋以后出现合并,中古汉语前期两类韵母各自不混,目前苏州话"硬 ŋa⁶ | 生 sã¹ | 棚 bã² | 梗 kã¹ | 樱 ã¹ | 百 pɑʔ⁷ | 客 khɑʔ⁷ | 麦 mɑʔ⁸ | 拆 tshɑʔ⁷"等字都属白读,读[əŋ iŋ əʔ]则同曾摄,属于文读音。根据我们的观察,有些音韵特征见于现代吴语,同时也属于白读,以音值为表现形式的如知组读作舌尖塞音[t],匣母字读舌根浊塞音[g],歌韵字读低元音[ɑ]或[ai];以音类关系为表现形式的如鱼虞有别,哈泰有别,止开三(支脂之微)和蟹开三(祭)有别,止开三(支脂之微)和蟹开四(齐)有别,支与脂之有别,豪肴有别,寒山有别,仙先有

别,覃谈有别,东三与钟韵有别等。

将汉语史的早、晚不同阶段分别和方言中的白读、文读相对应,是基于白读趋于保守、文读趋于创新的一般认识。在大多数情况下,该标准是有效的,上文所举十余条特殊皆属此类,但并不绝对。如闽南话阳声韵、入声韵的白读分别是鼻化韵-ṽ(v代表韵母元音)和喉塞尾-ʔ,文读分别是鼻音韵尾-m/-n/-ŋ和塞音韵尾-p/-t/-k。和语音史比较,显然文读音代表早期阶段,白读音代表晚期阶段。"戴"字读 tɐi⁵ 符合哈韵字在吴语中的一般音变规律,同时与泰韵字有别(如"蔡"读 tshaʔ⁵),而"戴"读 ta⁵ 倒属于哈泰合韵的层次了。王福堂提到包括绍兴话在内的吴语,特别是中部、南部广泛存在着哈、泰两韵字的双向互变: ɛ>a、ɛ>aʔ①。"戴"字读-a,可以看成 ɛ>a 之类的音变(绍兴的-ɛ 对应于常州的-ɐi)。从音类关系来看,哈泰合流属于后来的官话性层次,但从音值表现来看,哈泰韵一同读-ai、-ɛ 等才算是官话型的读书音;而哈-ai≠泰=佳-a 应是吴语的典型特征之一。可见,白读和文读与保守和创新并没有必然联系。正如王洪君所指出的:"层次早不等于演变阶段早。比如,代表宋以前层次的白读音,其音值有可能在近几十年刚刚发生过连续式音变。"②

第二,从读音分布来看,文读音的辖字较多,在地理上往往呈连续式分布;白读音的辖字则较为零星,地理上多数为离散式分布。如浙江桐庐话的青韵入声锡韵字"笛狄"读 diʌʔ⁸,同韵类的其他字读[iəʔ]:的ᵢ~滴嫡 tiəʔ⁷ | 踢剔 thiəʔ⁷ | 敌籴 diəʔ⁸,可见读[iʌʔ]的字少,读[iəʔ]的字多。在风格色彩不明显的情况下,可根据此点将[iʌʔ]定为白读音,[iəʔ]定为文读音。再看寒韵字的白读音在吴语中的分布,我们可以发现,作为白读音,其表现是寒韵锐、钝声母字同韵,且与山删韵读音*-an 有别,同时韵母读圆唇主元音*-on。至于白读音的地理分布,只在北部吴语区的崇明、启东、海门,以及南部吴语区的江山、常山、开化、玉山,正好是位于吴语的东北、西南两个角落,同时其他一些吴语也可以观察到这一类白读音,但例字只是极少几个。作为文读音,则寒韵锐、钝音声母

---

① 王福堂:《绍兴方言中蟹摄一等哈泰韵的分合》,余霭芹、柯蔚南主编:《罗杰瑞先生七秩晋三寿庆论文集》,香港中文大学出版社,2009 年,第 131-138 页。
② 王洪君:《层次与断阶——叠置式音变与扩散式音变的交叉与区别》,《中国语文》2010 年第 4 期,第 314 页。

字不同韵,钝音字读圆唇主元音*-on,锐音声母字与山删韵同韵读*-an。地理分布上见于所有的吴语次方言,辖字数量无疑远远超过白读音。闽语的寒韵字表现与吴语相类似,也有白读、文读的差异,区别在于闽语的寒韵不论开合(寒桓),都读作*-on;吴语的寒韵字锐钝分韵,可以与桓韵同韵,也可以不同韵。《切韵》时代寒韵合口字带有-w-介音,开口字则无,既然音变起点不同,寒韵的开合口字在后世理应可以有不同的演变方向;由于合口也属于钝音特征的表现之一,因此寒韵合口在闽语中与开口同变,也是可以理解的。

不过也要注意,由于不同方言受到内部音系结构和外部接触影响等各种因素的影响,有的方言会保留更多的白读音,比如浙江常山方言"单₁弹～棉花摊难拦丹滩炭檀栏烂散"读[ō],"单₂弹子～旦蛋但"读[ā],大部分字的读法属于白读音,少数字为文读音。因此不能单凭辖字数量来判断文白性质,词语风格色彩仍然是首要考虑的因素。

第三,年龄差异和文白异读的关系。方言调查一般要求以中老派发音人为依据,原因是老派发音稳定,相对不容易受到外方言的影响(当然还有文化程度、生活环境、个人喜好等因素需要考虑)。如果存在新派和老派的发音差异,老派总是倾向于用更多的白读音,新派由于较容易受到共同语或周边强势方言的影响,因此会有更多的文读音。比如上海话"认得"的"认"字中老派读 $niəŋ^6$,新派一般也读舌面鼻音声母,但同时也可读 $ləŋ^6$,显然这是从北京话类推而来的文读形式,老派口中就不会出现。

需要强调,新派音不等于文读,老派音不等于白读。试举一例,苏州话老派的知三章组今读为翘舌音[tʂ],该念法还见于苏州部分郊区以及评弹的唱词和念白,目前苏州话这类字只读舌尖音[ts]了。王洪君认为这是由社会语言学意义上的阶层差异造成的①。丁邦新敏锐地注意到赵元任《现代吴语的研究》对所记录的苏州话的发音人的描述,其中有两位是高中生(新派),一位是中学校长(旧派)②。赵先生说:"'j'系字(张、穿、船)老年人都跟'tz'系字辨。

---

① 王洪君:《层次与演变阶段——苏州话文白异读析层拟测三例》,《语言暨语言学》第7卷第1期,2006年,第74页。
② 丁邦新:《汉语方言中的历史层次》,《中国语文》2012年第5期,第390页。

讲究唱曲的也辨得很清。年轻人只有少数能辨。"[1]由此丁先生指出,旧派、新派代表的是两个年龄层的白话音/口语音,也就是说老派读[tʂ]和新派读[ts]都属于白读音。由于文白读是个相对的概念,如果认为某类读法是文读,那么肯定就意味着另有一类是白读,反之亦然。此外丁邦新先生还提到日母的读法,认为n̠-是白读音,z̻-是文读音(如"肉"n̠yoʔ^8/z̻oʔ^8),从其他吴语的情形来看n̠-确属白读,至于文读音,其他吴语与苏州话相对应的是z-。丁先生认为苏州老派知三章字读tʂ和日母读z̻-相平行,进而说明老派音也可以是文读音。作为一项规律,口语音里既可以出现白读,还可以出现文读,但读书音中只出现文读。

(二) 语音层次的不同理解

根据王福堂对层次的定义,如果同一古音来源的字(一个或一组字)在方言共时语音系统中有两个或两个以上不同的语音形式,这些读音便构成了层次[2]。从20世纪70年代国内外学者开始关注汉语及其方言的层次开始,不同的研究者对层次的内涵有不同的认识。层次与文白异读关系密切,因此将两者结合起来看会更加容易理解。

第一,从汉语语音史看层次问题。罗杰瑞最早发现闽语的词汇来自不同时间层次的北方汉语的累积[3]。如厦门方言"石"字tsioʔ^8(～头)、siaʔ^8(～砚)、sik^{8}三个读音分别代表了秦汉、南朝、晚唐三个时期的北方汉语,其形成的原因是历代北方移民所带来的语言影响。上文说到,文白读的辨认主要根据词汇风格色彩及土人感觉(feeling of native),因此可以很容易地确定sik^{8}为文读,tsioʔ^8、siaʔ^{8}均为白读。再将其与汉语语音史比较,可知tsioʔ^{8}的韵母代表了秦汉时期的汉语,因为厦门话-ioʔ是中古昔韵和职韵的合流读音层,而此种层次表现反映了来自上古铎部的特点;siaʔ^{8}的韵母代表了中古汉语的职韵在厦门话中的读法;sik^{8}最接近北方官话,可以视为晚唐北方汉语的影响。该例再次

---

[1] 赵元任:《现代吴语的研究》,第81页。
[2] 王福堂:《汉语方言语音中的层次》,《语言学论丛》第二十七辑,商务印书馆,2003年,第1页。
[3] 罗杰瑞:"Chronological strata in Min dialects",第274页。

第八章 研究方法的综合

说明,文白读只是相对的概念,如果简单地认为只要是来自北方官话的读音都属于文读,那么厦门"石"字的三种读法都可以看成文读音,但这显然不符合情理。如果用汉语语音史的眼光加以判别,以最早层、次早层为白读,那么最晚层就可称作文读。必须注意的是,用汉语史判断方言中层次的早晚,要避免单纯只看音值,而更应该以音类分合为准。吴语中鱼韵-i/-ei之类的今读之所以认为是反映《切韵》层的读音,除了其音值是开口,更重要的是它属于鱼、虞有别的层次。寒韵锐音字在启东、海门、江山、常山等方言读合口韵母,而且属于寒、山删有别的层次,所以反映的是南朝层次,大部分吴语寒韵锐音字读开口,同时也和山删韵同韵,因此只能追溯至晚唐以后的北方官话。

第二,从共时读音看层次问题。中古宕江曾梗通诸摄入声字在北京话多有两读。如:薄 po^2/pau^2 | 削 $ɕye^1/ɕiau^1$ | 觉 $tɕye^2/tɕiau^3$ | 北 po^2/pei^3 | 得 $tə^2/tei^3$ | 择 $tsə^2/tsai^2$ | 册 $tshə^5/tshai^3$ | 色 $sə^5/ʂai^3$。-ai、-au、-iau、-ei 为白读,-o、-ə、-ye 为文读。有些学者将这种一字二音称为"层次"或"读音层次"。和上面所说的时间层次不同,此处主要着眼于不同读音的来源①,已有的研究表明,这些字之所以出现异读,是其他汉语方言影响北京话的结果。如"择、册"读 $tsə^2$、$tshə^5$ 应借自明代以后的南京官话。

不同来源的层次在同个共时平面并存,在静态上表现为"叠置"(layering),在动态上表现为"竞争"(competing),竞争是叠置的必然结果。徐通锵指出,如果不同来源的某个读音在竞争中退出交际领域,亦即被另个读音所覆盖,那么叠置的状态就被改变了,实现了两个系统的结构要素统一。这一竞争过程称为叠置式音变②。

作为高层方言,共同语会以读书音的姿态对南、北汉语方言施加不同程度的影响,历史上具体的影响方式包括科举、私塾、戏曲等。共时层次强调不同地域来源的语音系统的并存和消长,离官话区较近的方言相对更容易产生更多的文读音,比如见系开口二等字在吴语中的舌面音白读由北向南逐渐递减;

---

① 以汉语史标准看方言的时间层次,并不代表忽视其历史来源。事实上,将其视作不同时代的北方汉语的影响(有时也涉及周边的权威方言),也是在讲层次的来源。
② 徐通锵:《历史语言学》,第389页。

闽语的文读和白读音各自成一个系统,并行不悖,也是由于这些方言非常保守,本地白读很难被外来文读逐个渗透,于是文读音只好自成体系。周边的权威方言对某个土语音系的影响也不容忽视。浙江金华、兰溪、浦江、龙游、衢州方言的文读音丰富①。金华方言的文读音系统是南宋以来在北方汉语、北部吴语、杭州方言的影响下形成的,它跟北部吴语、跟浙江各地流行的所谓"浙江官话"很接近。

吴语区在历史上出现过复杂的多系统叠置的现象。何大安指出六朝吴语有非汉语层、江东庶民层、江东文读层和北方士庶层四个层次②。非汉语层是"南染吴越、北杂夷虏"的具体表现,据《方言》郭璞注等文献,南方方言至晚在南朝还受到百越民族语言(如山越)的影响。江东庶民和江东文读有别,各成系统,北方士庶则否,可以合并,所以《颜氏家训·音辞篇》说:"易服而与之谈,南方士庶,数言可辨。隔垣而听其语,北方朝野,终日难分。"

三、词汇扩散理论

19 世纪印欧历史语言学强调,音变是有规律的,音变的基本单位是音类。也就是说符合某一条件的音类内部各个成员都会发生音变,而且 x>y 这种音变的过程是不可观察的,亦即不存在中间状态或过渡阶段。这类音变以音位为单位,即符合条件的某一音位均发生变化,连续而不间断,所以可以叫作"连续式音变"。但是这种看法受到了来自印欧语材料本身的挑战。徐通锵曾经引用了英语中双元音[oo]所发生的/u:/>/u/音变例子来说明词汇扩散的问题。双[o]在-k 尾词如 book、took、look 读短元音[u],在-s、-d、-l 尾词如 whose、zoos、loose、pool 等仍读[u:],在-t 收尾的词中则有三种情况:boot、loot 读[u:],foot 读[u],而 soot、root 则处于变化过程当中,两种读法都有③。

更重要的是,新语法学派式的观点无法解释汉语方言的复杂情形。王士元于 1969 年提出了"词汇扩散"理论,"在初期,适合条件的单词中只有一小部

---

① 曹志耘:《南部吴语语音研究》,第 196 – 199 页。
② 何大安:《六朝吴语的层次》,《历史语言研究所集刊》第六十四本第一分,第 867 – 875 页。
③ 徐通锵:《历史语言学》,第 279 页。

分发生变化。发生变化的词有些可能是直接变为 y 的发音,有些可能一开始还有 x 和 y 两种发音,这种动摇不定的情况或许是随机的,或者是因为有语速或风格的因素"[①]。它和新语法学派不同的看法包括以下两点:

1. 音变的过程是可观察的,体现为"未变＞变异＞已变"三个阶段。x、y 两种发音并存,就是"变异"(variation)阶段。可以北京话零声母[uei]韵母的读音为例:"危微薇巍"只读阴平,"唯惟维违"读阴平、阳平字均可,"围为桅"只读阳平[②]。上举英语的例子也与之类似。

2. 音变的基本单位是词汇,亦即音变对于符合条件的某个音类的成员来说是逐词进行的,而并非整齐划一。汉语方言中经常可以见到,在诸如 x＞y＞z 之类的音变过程中,大部分词变得较快,读音为 z,但少数词仍然滞留在 y 阶段。从共时平面来看,x＞z 为主体音变,阶段 z 所属读音层属于主体层次(或叫"基本读音层")。x＞y 为非主体音变,阶段 y 为滞后层。苏州话歌韵绝大多数字读[əu],如:驼 dəu² | 搓 tshəu¹ | 歌 kəu¹ | 多₁ təu¹ | 拖₁ thəu¹ | 左₁ tsəu³ | 大₁ dəu⁶。少数字读[ɒ],如:多₂ tɒ¹ | 拖₂ thɒ¹ | 大₂ dɒ⁶。其中"大"字读 dɒ⁶ 为文读音,借自官话;"多拖"读[ɒ]为白读,隐藏较深,有些本地人已经意识不到它们的写法。[əu]无疑为主体层,但[ɒ]要分清内部演化形成的一类和由外部接触形成的另一类。"多拖"读[ɒ]是歌韵字中古以后 *ɑ＞ɒ＞ɔ＞o＞u＞əu 的音变过程中由扩散式音变所产生的滞后层,而"大"读[ɒ]则是苏州话对北方官话[a]的音系折合。苏州话自身没有[a]音位,于是用与之最近的[ɒ]来代替,此所谓语言接触中的"最大相似原则"。

当然,偶尔也会当大部分词才完成了 x＞y 时,已有少数词发生了 x＞z 音变,即出现超前音变。如常州话前高元音[i]发生舌尖化,"鸡欺西骑齐医"读音可写作[tɿi tɕhi ɕi dʑi zi ji],但是个别字已经变成[ɿ],"衣裳"一词就读作[ɿ zaŋ]。滞后/超前音变的提出是基于方言中某个历史音类的主体层读音和非主体层读音的辖字数量的对比而提出的概念。

[①] 王士元:《竞争性演变是残留的原因》(中译文),王士元著:《语言的探索——王士元语言学论文选译》,北京语言文化大学出版社,2001 年,第 8 页。

[②] 王福堂:《汉语方言语音中的层次》,《语言学论丛》第二十七辑,第 7 页。

（一）扩散音变与年龄层次

文白异读是从词语风格色彩的角度，对共时平面的一字多读所做的分类。在一般情况下，"文白叠置"就隐含着文、白异读属于不同系统的预设。文读源自外来方言，白读源自本地方言①。那有没有文读是从白读演化而来的可能性呢？也就是说，白读和文读之前是否可能是具有音变关系的前后阶段，而不是来自不同系统的两个读音呢？王福堂指出："由异方言借入的音类和本方言构成叠置。但方言中还有因本方言演变而构成的音类叠置。"②上举北京话读[uei]音的字的声调演变便是一例，只不过从风格色彩上看，很难说阳平或阴平的读法哪个为文读，哪个是白读。再如苏州话"拖多"有-ɒ、-əu 两读，前为白读、后为文读，这点很明确。作为扩散式音变，-ɒ、-əu 可以在同一音变链上找到各自的位置，两者是具有音变关系的两个读音，所以-ɒ 是滞后层，-əu 是主体层。可见，扩散式音变是单个系统内的音变，叠置式音变是异系统之间的音变；文白异读的形式即可能是叠置式音变的结果，也可能是扩散式音变的结果。

上文提到苏州老派知三章组字读 tʂ-，新派则读 ts-。丁邦新将其与文白读相联系，做了以下的分类：③

最早期　日母白读 ŋ-
次早期　日母文读旧派读 ʐ̩-；照三（即指知三章）系旧派读 tʂ-、tʂh-、ʂ-、ʐ̩-
晚期　　日母新派读 z-；照三系新派读 ts-、tsh-、s-、z-

丁先生所说的知三章和日母字晚期的读音为文读，以及日母白读 ŋ-、旧派 ʐ̩-为文读都至为明显，无需辞费。至于旧派读 tʂ-的知三章组字，丁先生认为"同

---

① 从上文对厦门话"石"字三个读音层来源的论述可知，本地的白读更早可能还是来自外方言，亦即是更早时期的文读，所以说文读、白读是个相对概念。为了避免混淆，此处再次强调。
② 王福堂：《汉语方言语音中的层次》，《语言学论丛》第二十七辑，第 7 页。
③ 丁邦新：《汉语方言中的历史层次》，《中国语文》2012 年第 5 期，第 391 页。

属文读的卷舌音自然也可能是后起的"①。理由是日母字读 z_{ι}-是文读,对于白读 n-来说显然是后起的,而日母和知三章组字是一组的,因此后者读 tṣ-也是后起的。

我们从现代吴语的发展情况来看,日母字的白读 n-是普遍存在的,同时也有文读 z-;但知三章字在整个吴语区具有 ts-、tṣ-的新旧派读音对立的只有苏州和无锡两个方言。也就是说,这类字读翘舌音在吴语中的分布范围很小,只有苏州、无锡、常熟三个相邻的县市才有。但常熟不分旧、新派,这类字一律都读翘舌音(老派另外还有舌面音的读法,详下文)。常熟话日母字也有三个读音层,即白读 n-(如"日脚_{日子}"的"日")、文读 z_{ι}-(如"日本"的"日")和 dz_{ι}-(如"惹厌_{淘气}"的"惹";这类是早期吴语出现的禅日两母相混的表现)。但其他北部吴语知三章字不论新旧派都读 ts-,而日母仍然是白读 n-、文读 z-,所以苏州老派日母读 z_{ι}-,很难排除是因为有 tṣ-而产生类推(analogy)的可能,否则很难解释为何苏州老派的日母字会有 n-、z_{ι}-两读。根据袁丹的调查研究:(1)常熟音系的见系字的实际音值为舌叶音[tʃ-]组。(2)常熟城关虞山镇以东的梅李镇方言中,知三章组字的读法有新老派的不同。老派知三章字和见系细音字有合并的迹象,如:朝_{今~} 娇 tʃiɔ52 | 潮桥 dʒiɔ34 | 周纠 tʃiɯ52 | 仇球 dʒiɯ34 | 张疆 tʃiaŋ52 | 虫穷 dʒioŋ34 | 猪居 tʃi52 | 池奇 dʒi34。类似的音类合并还见于与梅李邻近的王市镇,以及无锡老派和海门等北部吴语。(3)根据"苏州文学协会委员会"编《苏州方言字音表》(英文,1892 年)的记录,早期苏州话有声母 ch-,《字音表》编者描写为"介于英文 church 中的 ch[tʃ]与 rats 中的 ts[ts]之间",还指出 sh-和 zh-与英文的舌叶音很接近甚至相同。可见,当时的苏州话已经出现由舌叶音向翘舌音演变的迹象,ch-已变作[tṣ],而 sh-、zh-还是近似于[tʃ]的读法。综合邻近方言和文献资料,我们认为,苏州话老派知三章字读[tṣ]并不是来自北方官话的读法,而是从更早的舌叶音[tʃ]的念法通过系统内自身演化的结果。诚然,常熟话或早期苏州话的舌叶音未必和英语的[tʃ]在音色上完全一致,但至少可以和后来的翘舌音相区别,同时更加接近于见系细音字的声母。

---

① 丁邦新:《汉语方言中的历史层次》,《中国语文》2012 年第 5 期,第 390 页。

因此，丁先生关于苏州老派这类读 tṣ-文读为后起的推论是正确的，只是需要从知三章字本身的读音来证明，而不是从日母字的读音做出推断。

(二) 扩散音变与叠置音变

王福堂、王洪君等主张区分"层次"和"演变阶段"[①]。层次是指同个历史音类、不同地域来源的两个（或以上）读音在同个共时系统中并存，如苏州话歌韵字读-ɒ（"大₂那他"）和读-əu（"大₁歌"）之间的关系。"演变阶段"是指同个历史音类、同个共时系统的两个（或以上）读音具有前后相继的演变关系，如苏州话歌韵字读-ɒ（"多拖"）和读-əu（"大₁歌"）之间的关系。从音变方式的角度来看，层次性的音变为叠置式音变，阶段性的音变为扩散式音变；从音变的来源来看，层次性的音变为异源音变，来自异源系统，阶段性的音变为自源音变，来自同源系统。将层次概念作狭义的理解，以便区分外部接触造成的异读和内部演变造成的异读，是很有必要的，只是在论述时会有些不便，因此可以考虑将前一种称为外源层次，后一种为自源层次。前者是真正的"层次"，后者为"演变阶段"。

以文白异读为主要表现形式的是叠置式音变[②]，但是扩散式音变也能以文白异读的方式来展现。上文已经强调，文白异读只是个相对概念，同字异读在风格色彩上体现为文白差异，并不考虑异读之间是否有演变关系，对于苏州话"多拖"的-ɒ 来说，它是白读，大多数歌韵字读-əu 便是文读；对于"大₂那他"的-ɒ 来说，它是文读，大多数歌韵字读-əu 便是白读。

从共时表现来看，扩散式音变和叠置式音变有相似之处，王洪君提到两点[③]：(1) 音变方式。语音突变、词汇渐变，即两者都以"词音"而不是"字音"的方式来体现。由于词音比字音难调查，因此在田野调查中不能单纯依靠《方言

---

① 王福堂：《汉语方言语音中的层次》，《语言学论丛》第二十七辑，第 1-10 页；王洪君：《层次与演变阶段——苏州话文白异读析层拟测三例》，《语言暨语言学》第 7 卷第 1 期，第 63-68 页。
② 王洪君：《层次与断阶——叠置音变与扩散式音变的交叉与区别》，《中国语文》2010 年第 4 期，第 314 页。
③ 王洪君：《层次与断阶——叠置音变与扩散式音变的交叉与区别》，《中国语文》2010 年第 4 期，第 315 页。

调查字表》，而应该结合词汇调查，以获取更多的一字异读材料。(2) 辖字数量。叠置式、扩散式两种不同的音变，都只会造成少数字的停留，由此可以区别于该方言的主体层。

除了王先生所做的归纳，我们还可以补充两点：(1) 文白性质。从风格色彩来看，由于外方言的影响，叠置式音变会造成本地方言里旧形式的逐渐消失，残存的形式都以白读音的方式保留在地方色彩明显的词音之中。寒韵字锐钝不分且与山韵有别的早期层次，在部分吴语中以词音的方式存在。如常熟话"拦"、"瘫"在"拦牢拦住"、"瘫子瘫瘓"中读圆唇的-ɵ，嘉定话的"滩"、"散"在"许家滩地名"、"散装"中读-ɵ，这些都是隐藏较深的口语音，而来自晚唐以后的读开口-ɛ、-e 的锐钝不分且与山韵相混的层次，则既可以作口语音，也可以作读书音，因此属于文读层。扩散式音变造成的残余形式作为少数派，也会隐藏得较深，以"词音"而非"字音"的方式出现。(2) 音值表现。由于扩散式音变和叠置式音变所产生的异读形式都有共同的历史音类来源，因此既然音变条件相同，理论上可以形成相同的音变的结果。苏州话的-ɒ 就是歌韵字叠置式、扩散式音变的共同音值。

四、类型学理论

19 世纪的古典类型学注重对语言的形态学分类，主要是从构词法将世界语言分成屈折语、孤立语和黏着语等。以格林伯格(Greenberg)为代表的当代类型学将研究兴趣转至以语序为主的句法类型的分类。语音类型的研究可以分成共时和历时两个层面，共时类型包括对世界语言语音系统的探讨，如元音格局、辅音数量、各种音素的出现频率等；历时类型包括对世界语言音变类型的探讨，如音变规则、各种音变的出现频率、相关音变的发生序列等。雅柯布森(Jakobson)较早提出了不少语音共性，尤其是蕴含共性，如有擦音(fricative)必定有阻音(stops)，有浊送气辅音必定有浊不送气辅音等。对蕴含共性的关注是当代语言类型学走向成熟的重要表现之一。

从历时类型学研究语音问题，关注的焦点至少包括两个方面：

(一) 音变类型的共性。历史语言学的教科书经常提到的音变类型有同化、异化、强化、弱化、腭化、唇化、清化、浊化等。但这些音变出现的频率并不相同,有些是反复出现的"自然音变"(nature process)。比如两个元音之间的清塞音容易浊化、浊塞音在词末位置容易清化、塞辅音在后接前高元音的影响下容易腭化等。如果套用句法类型学的术语,自然音变可以看作是"优势音变"。此类音变会在不同语言(方言)或是不同时代的文献材料反复出现,也能用实验语音学的方法重现,同时可以用生理、声学、感知等语音学动因来解释。一般的音变表现为从音位 P1 到音位 P2(如 b>ph,ɛ>a),还有就是 P1>P2>P3···>Pn 之类链式音变。常见的链式音变包括推链和拉链两种方式。西方历史语言学经常援引的例子是英语长元音的大转移:a>ɛ>e>i>ai、ɔ>o>u>au。吴语音韵史上也有引人注目的链式音变,涉及中古果、假、遇、蟹、流、效诸摄,涵盖了歌、麻、鱼、模、佳、侯、尤、豪等韵类。其元音演变的类型有后高化、破裂化、低化等①:

歌韵 *ɑ>ɔ>o>u>əu>au;　　　　　麻韵 *a>ɑ>ɔ>o>u>əu>au;

佳韵 *æi>æ>a>ɑ>ɔ>o>u>əu>au;　模韵 *o>u>əu>au;

侯韵 *u>əu>au;　　　　　　　　豪韵 *ɑu>au②。

Labov 总结了元音演变的三条共性:a) 长元音高化,b) 短元音低化,c) 后元音前化③。其中第一条在汉语标准语及方言、藏缅语、苗瑶语等均能见到。浙江温州话的魂韵-aŋ 中的[a]是短元音,它在温州及其周边方言中发生了低化音变:uen>uɛn>uan(蒲门)>uaŋ>aŋ(温州软腭声母字);相应的桓韵[y]、[ø]是长元音,其为高化音变:uan>uɛn>uɛ>uɛ>ue(乐清大荆)>ʉe>ye(温州老派)>yø(瑞安)>y(温州新派)④。

---

　　① 郑伟:《吴方言比较韵母研究》,第 30 页。
　　② 北部吴语所见的一些裂化音变主要是前显裂化,即单元音裂化为"主元音+韵尾",而一些南部吴语和徽语中则有后显裂化的现象。
　　③ Labov: *Principles of Linguistic Change*, Volume 1: *Internal Factors*, 第 31 页。
　　④ 潘悟云:《音变规则是区分内源性层次的主要标准》,何大安等编:《山高水长:丁邦新先生七秩寿庆论文集》,台北"中研院"语言学研究所,2006 年,第 943 页。

(二)历时蕴含的共性。共时平面的语音系统都是历时音变的结果,汉语方言(包括共同语)的音系结构是不同时代来源和地域来源的历史音变层累的产物。不同音类会发生相同的音变,但在逻辑过程上是有先后之分的,比如见系、精组细音字都会发生腭化(Ts-、K->Tɕ->/_y,i),但是大量的方言材料证明它会遵循"喉→牙→齿"声母的腭化顺序[①],比如见组字往往先于精组字变成舌面音声母。如何解释不同音类参与某个历史音变的次序先后,是很值得研究的问题。当然,语言事实的充分观察和分析是解释的前提。背后的原因除了音系结构各成分的相互制约关系,还可能牵涉更普遍的音理机制,比如发音生理、声学性质、听感差异等因素的影响。音系学(phonological)理据固然重要,而语音学(phonetic)动因则更具普遍性和解释力。

朱晓农指出汉语舌尖化 i>ɿ 按声母不同的次序,可以用蕴含次序表示为:P→T→Ø/Ç→S[②]。即如果唇音声母 P 后的[i]舌尖化了,就表示齿塞音 T 后的[i]也舌尖化了,意味着喉音 Ø、龈腭音声母 Ç 后的[i]更早就舌尖化了,蕴含着齿擦音已经舌尖化了。反过来说,就是 s-/z-之类声母后的[i]最容易发生舌尖化,而 p-/b-之类的唇音之后的[i]最不容易变成[ɿ]。形成此种蕴含特征的语音学动因,朱先生未作解释。我们初步认为,$Si>S\textrm{ɿ}$ 最容易发生,因为辅音 S 和元音[ɿ]的调音部位最近,由于协同发音(co-articulation)的作用,[i]在 S 之后就变作[ɿ]了。作为另一端的辅音 P,其调音部位在口腔边缘而不是口腔内,所以比较难以和[ɿ]共存。张光宇注意到汉语方言中的合口介音消变 *uei>ei 在声母层面呈现出阶段性,开口化从唇音声母开始,然后按照各类声母的不同推进[③]:p>n>l>t/th>ts/tsh/s>k/kh/x。其蕴含关系为:凡 ts/tsh/s 声母字读开口的,[t/th/n/l]也必读开口,舌根-软腭音声母是最容易保留合口呼,唇音则是最不容易读-uei 韵的。张先生并从生理发音学的角度尝试做出解释,如调音部位越靠前,舌体距离舌根越远,都不利于保留合口介音(如唇音 p-);舌体后部隆起部位越高,越容易保留合口介音(如舌根音 k-)等。麦耘分

[①] 朱晓农:《腭化与 i-失落的对抗》,朱晓农著:《音韵研究》,商务印书馆,2006 年,第 339 页。
[②] 朱晓农:《汉语元音的高顶出位》,第 443 页。
[③] 张光宇:《汉语方言合口介音消失的阶段性》,《中国语文》2006 年第 4 期,第 350-351 页。

析流摄一等侯韵在方言中是否带-i-介音时发现，在某个方言中，如果软腭声母字不带-i-介音，其他声母字也一定不带；如果有其他声母字带-i-介音，则软腭声母字一定带①。以赣方言为例（表8-2）：

表8-2　赣方言侯韵字的今读音

		够	藕	走	厚	斗	亩
1	余干	kɛu	ŋɛu	tsɛu	hɛu	tɛu	mɛu
2	南昌	kieu	ŋieu	tseu	heu	teu	meu
3	南丰	kiou	ŋiou	tsiou	hɛu	tɛu	mɛu
4	高安	kiɛu	ŋiɛu	tsiɛu	hiɛu	tɛu	mɛu
5	弋阳	kiəu	ŋiəu	tsiəu	hiəu	tiəu	miəu

麦先生指出，产生此种蕴含关系的语音学原因是软腭声母与硬腭介音-i-最有亲和性。这类特征在临湘赣语的蟹臻曾梗一二开口字、豫东南中原官话的曾梗一二等开口入声字、晋语中区果摄一等字的表现都能看得出来。郑伟通过对文献和方言中支微入虞音变的具体表现的全面考察，提出了基于韵类条件和声母性质两方面的历时蕴含，分别属于音系、语音层面②。综合来看，汉语共时和历时材料中的支微入虞涉及中古止摄合口三等（支脂微）、蟹摄合口三四等（祭废齐）和蟹摄合口一等（灰泰）各韵。这些韵类参与支微入虞音变的相对次序为"止合三→蟹合三四→蟹合一"。从蕴含关系来看，如果某个方言的蟹合三四等字入虞，那么止合三字必然也已入虞，如果蟹合一字入虞，那么止合三、蟹合三四等字必定都读入虞韵。从声母性质来看，上述韵类的唇音（P）、软腭音（K）、舌尖中音（T）③、舌尖-舌面-舌叶音（Ç）和喉音（∅）声母字都可能读入虞韵（表8-3）。

---

① 麦耘：《软腭辅音与硬腭过渡音的亲和性——一项语音演化研究》，《方言》2013年第3期，第258-259页。
② 郑伟：《"支微入虞"与现代方言》，《语言暨语言学》第13卷第5期，第909-911页。
③ 这类声母字从语音性质上最为复杂，从主动调音部位来看，汉语方言里属于这类的声母包括舌尖前/舌尖后/舌面前/舌面中/舌叶音，被动调音部位涉及龈/龈腭/龈后/硬腭等。包括/tɕ tɕʰ dʑ ɕ ʑ/、/ts tsʰ s z/、/tʂ tʂʰ ʂ/、/tʃ dʒ ʃ/、/c ç ɟ ɲ/等辅音。

表8-3 汉语方言支微入虞在声母辅音层面的特点

		唇音	舌根音	舌尖中音	舌尖/舌面/舌叶音	喉音
1	闽北	P	K	T	Ç	Ø
2	吴、晋、赣		K	T	Ç	Ø
3	通泰、老湘、徽			T	Ç	Ø
4	客				Ç	Ø

综观整个汉语方言,蟹止摄合口诸韵入虞后的音值几乎都是-y(少数为-ɥ、-ʮ等变体),而各类声母与-y拼合的难易程度是有差别的。喉辅音相当于零声母,韵母读-y自然无问题(如"围苇纬"等字),所以在汉语各方言的出现频率最高。音系学经常提到的"强制性曲性原则"(Obligatory Contour Principle)指出两个相邻位置不支持出现特征完全相同的音段。唇音[p/ph/f/m]带有[＋前]、[＋圆唇]双重特征,而元音[y]同样也带有此两项特征,因此[py/phy/fy/my]的音段配列就比较少见。如果换作[pu/phu/fu/mu],出现频率显然就高得多,因为元音[u]虽然为[＋圆唇],但同时具有[-前]特征。[tɕy/tɕhy/ɕy/ɲy]在汉语方言中很常见,辅音[tɕ]的成组部位为龈腭—舌面前,元音[y]为舌面前元音,在[＋圆唇]特征上一致,但前者同时为[-圆唇],而后者为[＋圆唇],因此相配并无困难。tʃ-组辅音为龈后—舌叶音,ts-组为齿龈—舌尖音,与y并没有两种以上的特征重合,因此辅音和元音的配合也并不困难。[ky/khy/ŋy/xy]的软腭辅音k-组特征为[＋后],与前元音[y]并不重合,但由于南北方言普遍出现腭化音变ky>tɕy,所以[ky]类音段序列在汉语方言中也属于非常见音型(sound pattern)。

五、比较方法

历史比较法在19世纪印欧历史语言学中创造了辉煌的成就,声母(格林定律、格拉斯曼定律)、元音(英语的元音大转移)和轻重音(维尔纳定律)方面都有著名的例子。这些研究的工作性假设就是"语音演变无例外",如果有例外,必有另一套规律。徐通锵提出的"连续式音变"指的也就是青年语法学派所说的规则性音变,徐先生强调的"空间差异能反映时间上的演变序列"[1],其基本精神也在于此。本节开头就提到,比较方法运用于汉语方言的历史研究,在赵元任《现代吴语的研究》(1928)中已见萌芽。董同龢将该方法用于闽南话演变问题的探讨,有不少重要的发现,如鱼虞有别、哈泰有别、支和脂之有别等[2]。吴语方面,张琨较早运用比较方法,说明温州、武义、宁波等吴语有鱼虞有别的层次[3]。《吴语和闽语的比较研究》(1995)、《闽语及其与周边方言的关系》(2002)、《历史层次与方言研究》(2007)收录了梅祖麟、郑张尚芳、游汝杰、潘悟云、平田昌司等学者讨论吴语比较音韵的论文。

就汉语方言而言,历史比较和层次分析是两项密切相关的工作。20 世纪 70 年代前后"普林斯顿学派"对吴、粤、闽、客、赣等原始方言的构拟,之所以最后没有得到学界的广泛认可,其原因并非比较方法有问题,而是所有这些探讨都忽略了汉语方言形成和发展的复杂性,尤其是对于中原移民南下所携带的权威官话及周边方言对本地方言的影响。也就是说,只关注内部演化,忽视了外部接触所提供的音系结构内的各个成分。以闽语为例,游汝杰明确说明,闽语的各个次方言不太可能从形成于一时一地的"原始闽语"分化而来,只能是不同历史层次的语言成分的堆积[4]。王福堂详细分析了闽北方言的清弱化声母和"第九调",指出这两种现象完全是吴方言影响的产物,完全可以借助《切韵》系统得到解释,并无必要上溯到原始闽语(proto-Min)的构拟[5]。

吴语的比较研究同样需要在层次分析的基础上进行,因为吴语的不同历史层次在共时系统上叠置的现象是非常明显的。以果摄为例,整个吴语可以分成最早层、次早层(《切韵》以前)和渐新层、次新层、官话层(《切韵》以后)多个层次。具体包括[6]:

---

[1] 徐通锵:《历史语言学》,第 339 页。
[2] 董同龢:《四个闽南方言》,《历史语言研究所集刊》第三十本,1959 年,第 729 - 1042 页。
[3] 张琨:《论吴语方言》,《历史语言研究所集刊》第五十六本第二分,1985 年,第 215 - 260 页。
[4] 游汝杰:《汉语方言学导论》(修订本),第 118 页。
[5] 王福堂:《原始闽语中的清弱化声母和相关的"第九调"》,《中国语文》2004 年第 2 期,第 430 - 433 页。
[6] 郑伟:《吴方言比较韵母研究》,第 39 页。

最早层：个(绍兴)-e＞左(松江)-i＞簸(象山)-ei；

次早层：个(常州)-ɛ＞破(上海)-a；

渐新层：朵(盛泽)-o＞我(桐庐)-uo＞可(南汇)-uA；朵(盛泽)-o＞磨(桐乡)-oŋ；

次新层：歌(海盐)-u＞多(鄞县)-əu；歌(海盐)-u＞我(湖州)-ŋ；歌(海盐)-u＞河(罗店)-v；

官话层："大"-a。

这些层次都来自不同时代南下的中原权威官话，较早的读音到了吴地成为白读，后来传入的变成了文读；随着时间的推移，新的文读音再被借入，而旧文读又成为新白读。吴语中层次较为复杂的还有麻、佳二韵，两者不但有多种分合变化的共性，同时也牵涉不同时代、地域来源的读音层。① 在进行层次分析的工作之后，通过运用比较方法，观察同个音类在各地方言的同一层次的不同读音，我们可以对麻二、麻三和佳韵在早期吴语的读音作出构拟。这类读音就是"连续式音变"的结果，也是新语法学派所强调的规则性音变。② 少数与主体层表现不同的读音，可以归为词汇扩散层，因为是以词汇为变化条件的，而且辖字较为零星，没有音变条件可言。麻韵①和佳韵的特字层总起来说叫作"麻佳同韵"，分开来说则要区分"佳入麻韵"、"麻入佳韵"两类，两者在现代吴语中的音值表现不同。该层次可追溯至南朝江东方言，至今在日译吴音、古汉越语、闽语等仍能见到。③ 还有一类为文读音，来自晚近北方官话的影响(参看表8-4)。

表8-4 吴方言麻佳同韵的音类及音值表现

	主体层-连续式	特字层-扩散式	文读层-叠置式
麻二	*-o	麻入佳韵*-ai	-a
麻三	*-ia	—	-i, -ie
佳韵	*-ai	佳入麻韵*-o	-ia

---

① 现代吴语中属于麻佳同韵层的麻韵字都是二等韵字，日译吴音、《广韵》异读等文献材料也是如此，所以表中麻三的特字层用短横表示没有。这跟声母条件有关，可参看本书第四章第一小节的讨论。

汉语方言的实际情形决定层次分析是使用比较法的前提,有时候根据已有的汉语语音史的知识,可以帮助我们判定哪些层次是异源层次。比如尤韵唇音字读入模韵,音值为-u、-o 之类的韵母,与其他尤韵字演变不一致。《慧林音义》已经指出,像"覆"读敷救反,就是"吴楚之音",读敷务反,就是"秦音"。实际上前者和《切韵》音保持一致,说它是吴音是不合理的[①]。现代吴语也保留这类读音,和本方言的主体层相比,这类读音显然是北方官话影响的结果。吴语嘉定话尤韵的主体层是[ø],而明母尤韵字读[iɪ],唇音和非唇音声母字不同韵,似乎可以与官话影响相联系。但历史层次分析法还有个重要原则,即同个韵类在不同声母后的不同读音,如果没有明显的证据表明其来自外源音系,理应视作同一层次的不同变体。嘉定话尤韵唇音读[iɪ]是官话成分,还是主体层的条件变体,需要证明。该方言寒桓韵已失去鼻音韵尾读-ø,亦即和侯尤韵主体层相同正好寒桓韵的唇音声母字和尤韵的唇音声母字一样都读[iɪ],这就表明,两个韵类经历的是平行演变[②](参看表 8-5)。

表 8-5 嘉定方言寒桓侯尤诸韵字的今读音比较

	圆 唇		展 唇	
	韵 母	例 字	韵 母	例 字
寒桓韵	-ø	窜 tshø⁵	-iɪ	搬 piɪ¹
侯尤韵	-ø	首 sø³	-iɪ	谋某 miɪ⁵

纯粹从共时的方言材料出发,构拟原始语言,这便是典型的历史比较法。如果共时语料不全面,或者缺乏某些方言的材料,就可能影响构拟的结果。所以我们在构拟吴语某个韵类的早期形式时,如果对材料缺乏完整的认识,就可能会造成一些偏差。梅祖麟在考察吴、闽方言中的虞尤合并层时,根据所观察到的北部吴语虞韵特字"鬚(鬍~)"的读法(如苏州 səu¹、上海 su¹),将其早期形式拟作 *-iu[③]。南部吴语的虞尤合并层辖字比北部吴语多一些,如常山:取

[①] 李荣:《论李涪对〈切韵〉的批评及其相关问题》,《中国语文》1985 年第 1 期,第 8 页。
[②] 郑伟:《吴方言比较韵母研究》,第 162 页。
[③] 梅祖麟:《现代吴语与"支脂鱼虞,共为不韵"》,《中国语文》2001 年第 1 期,第 11 页。

tɕhiɣɯ³ | 树 dziɣɯ⁶ | 鬏 ɕiɣɯ¹（虞韵）；修 ɕiɣɯ¹（尤韵），汤溪的该层次读 *-iɣɯ，梅先生据此构拟为 *-iɯ。闽语中该类层次的表现更为丰富，如厦门、揭阳、建瓯、建阳、福州的虞尤合并层读-iu，因此梅先生将闽语该层次的早期形式拟作 *-iu。根据南部吴语和闽语的材料所做出的构拟是合理的，但北部吴语的材料并不完备，因为常熟话"鬏(髬～)"读 siɣɯ¹，同时与本方言"修"字同音，这才是真正的虞尤合并层，而上海、苏州的读音其实代表的是虞模合并层。既然要构拟北部吴语虞尤合并层的早期形式，则应以常熟话的共时读音为依据，因此我们主张应和南部吴语一样拟作 *-iɯ。

六、结构分析法

继历史比较语言学之后，20世纪西方语言学的研究重点从历时转向共时。布拉格学派、哥本哈根学派（语符学）、美国描写主义学派构成了结构主义语言学的三大流派。青年语法学派研究语言的历时变化，而结构语言学派集中研究语言的共时结构。尽管如此，结构主义有些观点与语言的历时演变研究还是有些关系的。例如：

1. 瑞士语言学家索绪尔首先强调了语言的系统性和符号性，并提倡区分共时语言学和历时语言学。布拉格学派进一步指出，语言的共时、历时研究的意义相同，"共时描写不能完全排除进化概念，因为甚至在语言的共时研究部分，也总是觉察到，现阶段正被一种形成中的另一阶段代替"[①]。

2. 描写主义学派提出了分布分析法、直接成分分析法、句法转换等结构分析方法。其中对立、互补等分析语言成分之间的关系的方法，也为语言的历时研究所借鉴。

3. 观察封闭的对称系统中的不对称现象（"空格"slot），可以成为观察音变的一个有价值的窗口。"空格"是内部拟测法的关注对象之一，也是语言史研究中的结构分析法之一。

4. "新语法学派"强调音变无例外，"结构主义学派"则强调语言共时结构

[①] 康德拉绍夫：《语言学说史》（中译本），武汉大学出版社，1985年，第148页。

的系统性。规律实际上也是一种历时的结构,而系统则是一种共时的规律。从这个意义上说,两个学派有共同之处。

(一) 音类分合与历史音变

由于印欧语没有明显的历史音类的观念,所以音类的分合对于印欧语的历史语言学研究没有意义。汉语由于像《诗经》、《切韵》、《中原音韵》、现代北京音系等一系列不同时代反映音类关系的材料有着很完整的连续性,因此对于方言语音史来说,运用结构分析的方法,探讨共时音值所反映的音类分合关系,是个行之有效的重要方法。利用我们对汉语语音史的知识,可以判断哪些音类之间的合并先发生,哪些后发生。以吴语为例,以下一些音类分合能够反映出不同的历史演变的讯息[①]。

(1) 果开一歌韵字和假开二麻韵字的合并("歌家"同音)至晚已出现于宋元时期的吴语资料(如南戏押韵),目前分布于绍兴、萧山、临海、黄岩、缙云、庆元、乐清等现代吴语。

(2) 遇合三鱼韵字和止开三支脂之微韵字的合并至晚已出现于南宋的临安方言,当时读作开口[i](或变体[ɿ]),目前不少北部吴语的类似表现渊源于此。

(3) 遇合三虞韵字和流开三尤韵字的合并("鬚修"同音)在南朝江东地区的诗文押韵中已露端倪,当时的读音大概为[iu],目前仍见于少数北部吴语(如常熟)和大部分南部吴语、闽语的次方言。

(4) 遇合三虞韵字和止合三微韵字的合并("拘归"同音)至晚于15世纪前期已在吴语中出现,目前几乎在所有的吴语中都有分布。

(5) 山开一寒韵字和山开二山删韵字的合并("单干扮"同韵)出现于晚唐北宋以后,相关的现象可以参看邵雍《声音唱合图》、《集韵》、汉越音等资料,目前大部分吴语中寒(主要是锐音声母字)、山韵的关系也属于此类情形。

(6) 曾开一、三等字和梗开二、三等字的合并("升生"同音)出现于北宋的

---

① 郑伟:《吴方言比较韵母研究》,第 262—263 页。

北方汉语,后来以文读势力的形式影响包括吴语在内的南方方言;梗摄字白读的音值表现为低元音,音类表现为梗、宕两摄的合流("耕刚"同音①)。

(7) 曾梗合流后的帮组字读圆唇韵母,与《中原音韵》"庚青"、"东钟"两韵并收不无关系,后来广泛分布于吴语、江淮官话等方言,想必也跟明清以来的南系官话有关。

(二) 分布分析与历史音变

在同个历史层次的前提下,某一历史音类在不同方言的读音之间,能够建立历史演变关系,这是根据地理分布来构拟音变过程。比如"拜"字北京 $pæe^5$、太原 $pæE^5$、西安 $pæ^5$、济南 $pε^5$、合肥 pE^5,通过比较,可以建立元音高化的音变:-æe>-æE>-æ>-ε>-E②。另外,在某个方言内部,同一音类可能由于声母条件的不同而读音不同,比如北京话的歌韵在舌齿音声母后多读-uo,在牙喉音声母后多读-ɤ。从中古到现代北京话,可以建立音变规则: *ɑ>ɔ>o>uo>uo; *ɑ>ɔ>o>ɤ。根据我们的观察,吴语音韵史上出现过不少由于声母条件所造成的不同类型的韵母演变。例如:

(1) 歌韵字在宜兴方言根据声母条件的不同,有两类今读韵母:帮组字读[au],其他声母字读[o]。其中帮组字的复元音读音表明其演变速度快于其他声母字,因为从音变规则来说,[au]应该视作高元音[u]阶段以后高顶出位而裂化的表现(u>əu>au)。

(2) 麻韵二等在桐庐方言中的今读音有两类,唇牙喉音声母[p]、[k]组后读[uo],舌齿音声母[tɕ]组后读[yo]。麻二字在吴语中普遍的读法是后高元音[o]、[u]等。桐庐的这两类读音也符合音变规则,它们是[o]裂化的结果(唇牙喉字 o>uo>uo)。

(3) 麻韵三等在兰溪方言中的今读韵母有[iu yu ai ya]好几种③。其中[u]、[yu]均可分布于舌齿音声母之后,分化条件是[u]韵与[ts]组声母相配,

---

① 但不少吴语宕摄字读后[ɑŋ],梗摄字的白读音为前[aŋ],此种情形之下,"耕刚"便不会同音。
② 王福堂:《汉语方言语音的演变和层次》(修订本),语文出版社,2005 年,第 2 页。
③ 秋谷裕幸等:《吴语兰溪东阳方言调查报告》,神户市外国语大学外国语学部,2001 年,第 7 页。

[yu]与[tɕ]组声母相配。

（4）鱼韵庄组字在不少吴方言中有个鱼虞有别的层次，比如"锄（～头）"、"梳（～头）"在常熟方言分别有 zɿ²、sɿ¹ 的白读，[ɿ]只出现在[ts]组声母之后。另外，鱼韵庄组字由于受早期读舌叶[tʃ]组或翘舌[tʂ]组声母色彩的影响，很早就出现了韵母读圆唇元音的影响，其表现往往与非庄组字不同。这点不仅可以从现代吴语中看到，宋元以后反映吴地方言的日本汉字音材料中也有明确的反映。

（5）溧阳方言的侯韵见系字读-i，如：勾 ki¹｜抠 khi¹｜口 khi³，帮端系读-ei，如：亩 mei³｜某 mei³｜茂 mei⁶｜偷 thei¹｜投 dei²｜楼 lei²｜叟 sei³。其音变规则可以写作：*əu＞eu＞ei＞ei＞i。

七、文献考证法

文献资料在语言的历史研究中价值是不容置疑的。语文学（philology）作为历史语言学的分支，研究内容即是语言发展的早期阶段在书面材料上的表征。Campbell 曾以四个例子说明语文学方法的价值：（1）原始玛雅语擦音[*x]和[*h]的对立，（2）Huastec 玛雅语唇化软腭音[kʷ]的晚近创新，（3）Poqomam、Pogomchi' 和 Q'equchi' 三种玛雅语里 *ts＞s 的音变性质，（4）如何用 Cholan 玛雅语的音变 *k＞č 来辨别词源[①]。

汉语语音史之所以得以完整的建立，完全仰赖于文献资料的连续性和丰富性。虽然汉语各大方言本身缺乏完整而丰富的文献，但多少还可以从汉语史历代文献中爬梳搜罗出来一些。就吴语音韵史而言，首先应在汉语语音史的背景下展开讨论，同时必须有效地利用各类文献资料，比如南朝江东地区的诗文押韵、域外译音（日译吴音、汉音及朝鲜汉字音、汉越音等）、历代笔记小说的相关记录等。结合我们近来的研究，下面举例说明文献材料对于吴语音韵史研究的价值。

（1）南宋费衮（江苏无锡人）《梁溪漫志》卷七："方言可以入诗。吴中以八

---

① Campbell：*Historical Linguistics: An Introduction*（2ⁿᵈ Edition），第 362 - 367 页。

月露下而雨,谓之㴑露;九月霜降而云,谓之护霜。""护"显然是个同音字,应为"下"。可见吴语麻二字后高化与模韵相混的历史已有约八百年。

(2) 明代叶盛(1420—1474)《水东日记》卷四:"吾昆山、吴淞江南,以'归'呼入虞字韵。"可见昆山、吴淞江南地区"归"字读入虞韵的存在时间已经有了约六百年的历史。

(3) 日本"推古朝遗文"和"万叶假名"显示公元 6 世纪左右的汉语鱼韵字读[ə],为鱼虞有别的表现。古汉越语的鱼韵字读开口的-uˈa[iə],比如:锯 cuˈa|许huˈa|序tuˈa|贮chuˈa①。鱼虞有别是南朝时期太湖流域吴地方言的典型特征之一。南宋陆游(1125—1210)《老学庵笔记》卷六:"吴人讹鱼字,则一韵皆开口。"可见,早期吴语的鱼韵字读开口韵早有文献可征。

(4) 虞尤相混在南朝江东地区的诗文押韵里有明显的表现,公元 5 至 6 世纪的日本吴音也用直音的方式反映了类似的现象,充分说明目前仍普遍见于浙南吴语和闽语的虞尤相混渊源有自。

(5) 寒韵字在《切韵》时代声母无论锐钝,自成一类,现代吴语和闽语的白读层也是如此。追溯至日本吴音,寒韵字的韵母为[an],不出现分化。

(6) 曾梗摄唇音字读合口-oŋ 在吴语和江淮官话都所反映,《中原音韵》曾梗摄的牙喉音、唇音字庚青、东钟两韵并收,稍早的《古今韵会举要》(自序作于 1292 年)也已经有了类似的记载,但当时并没有关于早期吴语的确切资料。南宋赵彦卫《云麓漫钞》(自序作于 1206 年):"国墨北惑字,北人呼作谷木卜斛,南方则小转为唇音。北人近于俗,南人近于雅。"赵氏所说的北"俗"南"雅"的具体涵义,光凭这则材料无法说清;但明确指出了北方话曾梗摄合口入声字与通摄入声字合并,在南方话中也有合口化的倾向,这两者在当时如何区分,我们不得而知,但显然是对当时包括吴语在内的南方方言这类字读音的真实记录。

(7) 通摄三等钟韵"龙"字在中古时期带-i-介音,但现代北方话已经失去-i-,在浙南吴语则仍然保留,如:温州 lie²|丽水 lioŋ²|云和 liõŋ²|景宁 lyoŋ²|青

---

① 梅祖麟:《现代吴语与"支脂鱼虞,共为不韵"》,第 12、14 页。

田 lio² | 龙泉 lioŋ²①。明代沈宠绥(约生于万历年间)《度曲须知·字厘南北》："即平声中如'龙'、如'皮'等字,且尽反《中原》(即《中原音韵》——引者按)之音,而一祖《洪武正韵》焉。……'龙'字《中原》驴东切,《洪武》卢容切。"可见,《洪武》"龙"字的念法还是三等细音韵,而《中原》已经是洪音读法了。后者代表了元代北方口语音,前者虽然在主观上要反映"中原雅音",但经常流露出吴音的色彩。

八、结语

本节以吴语为例,对汉语方音史研究涉及的各种理论和方法做了详细的讨论。下面列出几项基本结论,相信不但适用于吴语,也适用于其他汉语方言。

(一)汉语方音史的研究必须将历史文献和现代方言两方面的材料相结合。文献记载有多种可能的解释,而且反映历史方言的文献多数较为片面,需要用现实语料加以补充或验证;另一方面,从现实语料的共时变异获得的历时演变,其发生的绝对年代不明,历史文献则可以提供这方面的信息。因此二者皆不可偏废。

(二)汉语方言不论南北,都要面对读音层次的问题。层次的表现形式是文白异读,而孰文孰白可以通过词语的风格色彩差异加以鉴别。白读和口语音、文读和读书音之间不能直接划等号。白读、文读是个相对的概念,两者之间没有截然的分别,白读也许是过去的文读,文读也许会成为将来的白读。甲方言的白读在乙方言也许就是文读,反之亦然。白读和文读都可以在口语音中出现,白读则只在口语音中出现。在大多数情况下,白读和文读有不同的地域来源,分属不同语音系统,白读是本地的,文读是外来的,文、白读之间没有音变关系可言。

(三)词汇扩散可以用来解释汉语方言中的"例外音变"。用《切韵》所提

---

① 傅国通等:《浙江吴语分区》,浙江省语言学会编委会·浙江省教育厅方言研究室,1985 年,第 68 页。

供的音类框架来观察汉语的古今音变,的确行之有效。但同个音类的辖字在现实方言(尤其是南方方言)中往往有不同的读法,而且找不到明确的音系条件,这种情形属于以词汇为条件的"扩散式音变"。"主体音变"形成共时系统中某个历史音类的大部分辖字的读音,"滞后音变"或"超前音变"形成某个历史音类的少部分辖字的读音。

扩散式音变(主体/滞后/超前音变)是在单个系统内发生的,它们之间可以建立音变关系,在逻辑过程上有先后之别。作为少数派,参与滞后音变的例字往往会被认定为白读音,主体音变被认为是文读音,也就是扩散式音变和叠置式音变有着相同的表现方式,于是便和真正的文白异读出现混淆。如果两种音变恰好造成相同形式的读音,比如苏州话"大~学 拖~鼻涕"都读-D,那么用风格色彩就很容易分辨哪个字读-D 为扩散式音变的结果,哪个为叠置式音变的结果。

从读音的年龄差异来看,老派口音往往保留更多的白读,新派口音则会使用更多的文读音。如果某个历史音类的读音在老派音中出现或 x 或 y 式的变异,同时出现的频率是 x 少 y 多,那么可以预测 x＞y 的历时音变,同时 y 读音会在新派口音占绝对优势。把老派音的 x、y 分别视作白读和文读,表面上看很合理,但实际上已经掩盖了这种年龄变异的内源性,亦即此种现象仍属扩散式音变,而非文白异读所体现出来的叠置式音变。总之,"文白"是目前汉语方言学界最不好用但又不得不用的概念。

(四)当代语言类型学理论既包括"描写"(如注重形式分类),也包括"解释"(如努力寻求"蕴含共性")。蕴含共性的基本表达式为"如果一种语言有 x 现象,必有 y 现象,但反过来不一定成立"[1]。某条蕴含共性的提出,不但只是对语言事实的描写和归纳,更重要的是解释已知的语言事实,进而演绎未知的语言事实。句法方面的蕴含共性的功能解释,最后需要诉诸心理学、认知科学等相关学科,也就是着眼于人类处理语言信息时的普遍做法,比如简单原则(simplicity)、容易原则(easiness)、自然原则(naturalness)。语音方面的蕴含

---

[1] 陆丙甫:《"形式描写、功能解释"的当代语言类型学》,《东方语言学》创刊号,上海教育出版社,2006 年,第 11 页。

共性包括两个方面：一是共时层面的语音类型，比如"如果一个语言的浊辅音有送气不送气的对立，那么清辅音也是如此，但反过来不一定成立"；二是历时层面的音变类型，汉语方音史的研究属于后者。探讨方言音变的蕴含共性，就是想要说明几个相关的音变之间，发生孰难孰易，次序孰先孰后。共性背后的动因也和句法类型一样，需要考虑人类处理语音信息的普遍规律，如发音/感知/心理等因素。

（五）历史比较法是 19 世纪印欧历史语言学的精髓，同样也适合于汉语语音史和汉语方音史的研究。但正如本节反复强调的，汉语方言的复杂性远非印欧语能比，共时系统在大多数情况下内部是不同质的，运用比较法的前提是厘清历史层次，剔除因方言接触而形成的外源层次。但必须注意的是，层次分析只是对历史比较法的重要补充，并不是汉语方音史研究的基本方法。运用比较法探讨汉语方言的语音演变，目前主要有两种途径，一是经典的历史比较法的思路，通过比较不同地域的读音，将其视作历史演变在空间上的投影；二是当代社会语言学的研究思路，通过对言语社团的年龄、性别、阶层等不同因素所造成的语音变异，从中归纳音变的规律和方向。运用两种不同方法所构拟出的历史音变，都应该符合音变类型学的一般规律，同时最好能用文献材料加以验证。

（六）结构主义的分析方法对于汉语方音史的研究来说尤为重要，因为从上古到现代汉语"音类"的观念始终非常明确。语音演变过程中，不同音类之间的分合关系、音系条件引起的音类间读音分合、某个音类内部成员的"换类"所造成的"空档"等，都需要借助结构分析的方法，而且必须以历代文献作为参照系。结构分析和层次分析都可能面对"文白异读"问题，因为条件音变也会造成脱离主体音变的"少数派"从而被认定为白读（如苏州"母亩墓陆~；地名"白读[m̩]、文读[məu]，常熟"墓坟~募捐幕~步"白读[moŋ]、文读[mu]），这类"白读"形成有特定的音系条件（如后高元音使鼻音声母音节化，或容易增生鼻音韵尾），同时是单系统内部的演变；而真正的白读是相对于来自外系统的文读而言的，没有音系条件可言。

第九章 全书总结

第一节 内容回顾

本书以笔者近年来所做的诸多个案研究为基础,围绕汉语语音与音系研究中涉及的各种研究方法展开论述。之所以用我们做过专门研究的论题作为本书的基本内容,主要是因为:第一,自己研究过的题目,自己驾轻就熟,如果从旁迂曲,只引述他人的见解,总觉得心里没底,往往也容易隔靴搔痒、言之无物。第二,就本书的论题而言,对于音韵研究中的几种基本方法,我们基本都做过探索,因此在讨论每一种研究方法时,可以通过对亲身经历的记述,具体地说明哪些方法适用于哪些论题的研究,哪些方法适用于哪些语料的分析。当然,这并不意味着除了本书所述之外就没有其他方法,像数理统计、社会语言学、感知语音学[①]等等,也是音韵研究中可以利用的重要的方法。本书没有提及,主要还是因为我们没有做过专门的个案研究,所以只好阙如。

有一点必须强调,正如上文每一章节的具体讨论所示,其实研究方法并非各自孤立,而是彼此依存、相互配合的,这样才能有效地发挥其价值。也就是说,像本书这样分开讨论各种方法,并不意味着只用一种方法,而只是在面对具体问题、具体语料时,侧重于某些方法而已。

总的来说,本书属于历史语言学层面的探讨,但历时、共时密不可分,探讨

[①] 本书第六章的两小节虽然从实验语音学的角度研究问题,但主要是声学分析(acoustic analyasis),并没有用到生理语音学、感知语音学等其他实验方法。

历史演变,也离不开共时语料的调查与描写。因此,在研究思路方面,除了主要关注汉语历史上和现代方言里语音与音系的演变,同时也注意到了对某些现代方言共时语料的微观分析。在语料的择取方面,既注重本土的传统历史文献,也将域外译音、少数民族语与汉语的关系字等材料纳入考察的范围。

不管是探讨现代方言的语音,还是古代汉语的语音,以《切韵》系韵书和《韵镜》、《切韵指掌图》等韵图材料为依托的中古音一直以来都是非常重要的部分,因为它起了承上启下的关键作用。本书第一章作为绪论,主要介绍了音韵学界对中古音研究的一般性认识,作为接下来分析文献与方言中的音韵现象的参照系。

第一章可以看作是绪论,主要介绍音韵学界对中古音的基本认识,包括将中古音分作早、晚两期来看的必要性,从高本汉开始对韵图性质的看法,中古音系在声、韵两方面的特点等。

从第二章到第八章是本书的主体部分,详细讨论了文献考证、历史比较、译音参证、语言地理学、实验/田野语音学、语言类型学等音韵研究中涉及的研究方法,除第八章的两节是综合探讨两种以上的研究方法,其他各章都是以某种方法为主的讨论。当然,只是"为主",不是"唯一"。

第二章包括五个小节,主要探讨文献考证方法在音韵研究中的价值。

(一)"雅言中心观"贯穿了数千年汉语历史的演进,然而文献资料显示,从先秦开始便已存在不同的汉语方言变体。本小节根据中国古代方言自身的演变特点,并参考汉语史的历史分期,将其分作先秦两汉、魏晋南北朝、隋唐两宋、元明等四个历史时期展开论述。中国古代方言的各个阶段的特征表明,不同类型的研究材料,如出土或传世文献、少数民族语言或现代汉语方言对于探讨中国古代方言都有重要的参考价值;观察汉语方言的历史,除了立足于语言学材料的分析,同时也应该放宽眼界,考虑民族交往、社会变迁、文化盛衰等外部因素对语言演变的影响。

(二)本章第二小节针对东晋郭璞《方言》注"江东、山越间呼姊声如市"的记录,分析汉语、侗台语两方面的音韵演变,指出"市"字实际上是古越语(早期侗台语)表"姊"义语素的标音字,此为魏晋南北朝汉语"南染吴越、北杂夷虏"

《颜氏家训·音辞》)在词汇层面上的表现之一。另外,还比较了其他若干古江东方言词与侗台语之间的音义关系,旨在说明,要全面地诠释"南染吴越"的涵义,还需要结合非汉语的资料。

(三)从汉魏至宋元的汉语音韵史文献中常常提到"五音"、"五声"、"宫商角徵羽"、"五姓"等相关的名目,已有不少学者做过解释。"五音"在大多数文献中都用来指称声母的类别("唇牙喉舌齿"),"宫商"之名也有类似的含义。本章第三小节认为,宋本《玉篇》后附《五音之图》的"五音"包含了10个代表字,每组2个,一共五组。其区分标准并非声母、声调,也不是介音或主元音,而是"韵"的语音性质,即主元音和韵尾搭配后的五种不同的口腔发音状态。另外,汉代以来的文献资料里将"五姓"与"宫商"相联系,也应该从这个角度来解释,而且历史上前后一致,很有规律。

(四)本章第四小节结合汉语语音史和吴、闽北、山西等南北方言的资料,对《事林广记》音谱类所录《辨字差殊》中所录若干音韵材料作进一步的分析。文章指出,有的条例需要参考现代方言之间的比较,并且结合"词汇扩散理论",才能得出比较完整的解释。此外,《度曲须知》等记录南曲音韵的文献,反映了早期吴语的语音面貌,对于如何释读《辨字差殊》也有所帮助。

(五)本章第五小节的主要内容包括:(1)《中原音韵》"微维"同音的记录实际上反映的是前腭音声母 j-唇齿化为浊擦音 v-,这种音类合并可以追溯至 10 世纪的河西方音,可见汉语史上"惟维"和"微"字读音混同的发生年代可以提前。而更早时期梵汉对音所反映的东晋北方话和《经典释文》的有关记录与其只有表面上的类似,其语音性质实有不同,需要另作解释。(2)该音变可以形式化为 j->v-/__V[＋back,-low],除了汉语史材料,汉语方言、民族语等材料以及语音实验的分析都可以表明,该音变具有生理基础和类型学意义的自然音变。

第三章包括三小节,主要探讨词族比较在音韵研究中的价值,本章从语言比较的角度,集中讨论三个核心词在其他语言中的对应词(corresponding words)。

(一)本章第一小节指出,甲骨文里有三个意义不同的"来"字,分别是做动词的"来"、象麦子形的名词"来"和表示时间的"来",这三种用法都有共同汉藏语的来源。汉语的"来"和藏语的同源词在词根上形成对应。此外,本节还讨论了藏文几个声母的早期来源等相关问题。

(二)本章第二小节将上古汉语中和"洗"有关的词系联为几个不同的词族,并将其与藏缅、侗台、苗瑶以及南亚、南岛语进行历史比较,试图说明"洗"的相关词在东亚语言的广泛分布。

(三)本章第三小节将古文献中与"咬"有关的词划分为不同的词族,方法与前一小节讨论"洗"及其词族类似,并将藏缅语中与"咬"有关的词与汉语做了比较。

第四章包括三小节,主要借助域外汉字译音,分析中古前后的三种音韵现象,其中前两种主要关乎韵类或声类(phonological category)分合,第三种主要关乎音值表现(phonetic value)。

(一)本章第一小节主要讨论汉语音韵史和现代方言中两种不同类型的"麻佳同韵"。(1)类型Ⅰ是中古金陵音系的反映,除了见于日译吴音、古汉越语,在现代吴语和闽语中分别以特字白读(扩散式音变)和音类白读(连续式音变)来体现。(2)类型Ⅱ来自晚唐北方官话,多见于北部吴语,具体表现为麻二见组字与佳韵同韵,属条件音变,与类型Ⅰ性质迥异。该层次还见于日译汉音、汉越音及现代闽语(文读)、新湘语、江淮官话、西南官话等。

(二)本章第二小节指出,"喻三(云母)归匣"是上古、中古直到现代汉语的不同历史阶段都有的现象,但是它在南、北不同方言中存在的时间有长短的不同。确切地说,中古音阶段的"喻三归匣"应称作"匣入喻三",即匣母变得和云母读音相同,而不是相反。从音变方向来看,中古音阶段的"喻三归匣"应称作"匣入喻三",即匣母读同云母,而不是相反。本文指出,从日译吴音等域外文献资料来看,"匣入喻三"是古江东方言(东晋南朝之吴语/金陵口语音系)的音韵特征之一;通过对《经典释文》、《篆隶万象名义》等文献的分类分析,可以看到,该音变也影响到了金陵书音系统云、匣母在中古金陵音系中合流后的音值应分别拟作[*w-]和[*Ø(w)-],即均为带合口介音的零声母。北方的云、匣母分别读[*w-]和[*ɣ-],各自独立。

第九章 全书总结

（三）本章第三小节指出，《切韵》时代重纽三等和重纽四等的对立可以概括为介音的钝/-rj-/、锐/-i-/之别，其中重三字的介音会向[＋合口]的方向演变，或者使后接主元音圆唇化。以《蒙古字韵》为代表的元代八思巴字译音材料中，唇音字的重纽对立在中古支、脂、质、陌（清）等韵得以保存，音系特征上表现为钝音、锐音的对比。唇音重纽三等字在宋元时期的音韵史资料（如《中原音韵》、《辨字差殊》）和现代方言（如闽语）所体现出韵母的合口性质都与此有关。由于二等介音与重纽三等介音具有相同的音素，因此唇音二等字在《中原音韵》和现代方言中也有类似的语音表现。

第五章是从地理语言学的角度分析边界性方言的音韵特征的专章，包括三个小节。

（一）本章第一小节是概述，主要讨论汉语边界方言有关的一般性问题。包括边界方言的早期研究；边界方言基本特征及其与方言分区、分类的关系；方言边界与行政边界的区别与联系；方言边界的不同类型等。

（二）本章第二小节从介绍和分析史皓元等对吴语与南部江淮官话的比较研究入手，讨论了北部吴语通语音系的构拟、南部江淮官话和吴语方言属性的检测标准、北部吴语与江淮官话若干共享特征的性质、方言研究的参照系等四个方面的具体问题。文章认为：（1）构拟北部吴语共同音系时，有必要针对共时平面上音韵特征的不同性质划分不同类型的标准；（2）在检测南部江淮官话的方言属性时，需要考虑它跟北部吴语的历史联系；（3）边界地带方言的音韵特征可能来自内部演化或外部接触；（4）《切韵》是现代方言音韵的共时调查和历时研究必不可少的参照系。

（三）本章第三小节根据笔者第一手的田野调查资料，描写和比较了皖东南当涂县境内博望、新博、吴家和湖阳_{大邢村}四个邻近吴语的韵母系统及其演变。该片吴语身处江淮官话的包围之中，不但经历了与江淮官话类似的元音高化，同时还有与元音高化相关的后续演变，具体包括高元音[i]的舌尖化、[y]的近音化、定母字后[i]变作舌叶元音[ɿ]、舌面音声母[tɕ]组的舌尖化、[l]和[n]在元音[i]前的自成音节化，以及元音高化所引起的声母锐钝分韵、介音洪细分韵等。

第六章是从语音实验的角度分析现代方言中语音演变的专章,包括两个小节。

(一)本章第一小节指出,赣、湘、吴语等的"次清化浊"和"气流分调"是汉语方言学界熟知的现象,但是迄今尚未见到有关于"全清化浊"的详细报导。本节依据田野调查的第一手资料,介绍和分析了浙江淳安县威坪镇汪川村方言的声调系统。通过声学分析及数据计算的方法,指出该方言的古全清阴平字并非一般的常态嗓音,而是气嗓音,也即该方言具有"全清化浊"现象。文章还讨论了若干相关的问题,例如发声类型与声调演变的关系等。

(二)本章第二小节对浙江淳安威坪镇汪川村方言里的中古明母、来母字的语音性质作了声学分析,认为该方言的部分双唇鼻音[m]和边近音[l]实际上读作内爆音[ɓ]、[ɗ]。本节指出,产生内爆音的语音条件是该方言中读高调的音节。通过联系威坪话和其他方言/语言中的相关现象,说明了嗓音发声类型和声调之间的制约关系。

第七章是从语言类型学角度分析音韵史和现代方言中若干音变的地理分布和音变类型,包括两个小节。

(一)本章第一小节在演化音系学的框架下,根据汉语语音史、现代方言、民族语、田野语言学等材料,尝试讨论以母字从上古到中古的演变、来母字从中古到现代的演变、音段[l]在音节不同位置时的音韵行为。由此说明边近音l的演化方式,其中包括腭化(硬腭化/软腭化)、塞化(爆音化/塞擦化)、唇齿化、鼻音化等基本类型,从而说明其背后的泛时意义和类型学价值。

(二)本章第二小节分析和探讨了汉语方言中即中古一等灰韵、泰韵合口字与三等虞、鱼韵字在音类上合并的现象,即所谓"灰泰入虞"。该音变见于北方方言(晋语)、中部方言(江淮官话通泰片、赣、徽语)以及南部方言(闽北、粤北、湘南土话)。本节还通过比较现代方言的相关演变,讨论了该音变的性质,指出灰泰入虞的音变条件与前腭介音的增生密切相关。

第八章是研究方法的综合,注重将两种以上的音韵研究方法综合起来,主要从笔者较为熟悉的吴语材料出发,希望借鉴现代语言学的理论框架和方法观察音变特征在地理分布上的不同类型,以及如何做方言语音史的探索。

（一）本章第一小节旨在说明，历史语言学、语言地理学是探讨语言演变的两种基本方法，两者都可以揭示音变规律，同时在研究方法上可以互相补充。本节以汉语方言（以吴语为主）若干音变特征为例，主张音变规律在方言地理分布类型上有四种不同的表现：1. 连续型分布，2. 离散型分布，3. 递推型分布，4. 辐射型分布。

（二）本章第二小节以吴语为例，具体说明汉语方音史研究应该注意的若干理论与方法。文章认为，研究的理论框架主要包括语言层次、词汇扩散和语言类型学。词汇扩散强调音变的基本单位是词汇，层次理论涉及内部演化和外部接触等不同的演变方式。文白异读只是个相对的概念，白读音是口语音，但文读音既可以是读书音，也可以是口语音，它和音变单位、音变方式均有密切关系。类型学的历时蕴含理论为方言语音史提供了科学的视角和演绎的方法。比较方法、结构分析法分别强调从共时平面的地理分布和音类分布获取历史演变的信息，文献考证法则为共时分析提供了重要的历史证据。

第九章是全书的总结，除了对本书的基本内容做些回顾，也简单谈及方法论的基本问题。

第二节　结　语

从现代学科的性质来看，语言学是一门经验学科。由此，"经验"称为分别各种理论的辨别方法。经验科学的特征包括用归纳方法得出结论。波普尔指出，只有在一个系统能为经验所检验的条件下，才承认其是经验的或科学的。可以作为划界标准的不是"可证实性"，而是"可证伪性"[①]。

胡适在《清代学者的治学方法》一文中指出，清代学术的"朴学"具有科学的精神。具体地说：一、文字学，从科学的历史音变的角度研讨字音的变迁、文字通假等；二、训诂学，即用科学的方法，实际的证据来解释古书的字义；

---

① 卡尔·波普尔：《科学发现的逻辑》（中译本），中国美术学院出版社，2008年，第17页。

三、校勘学,即用科学的方法校正古书的文字讹误;四、考订学,即考证古书、古史的真伪,存怀疑主义的治学态度。就音韵学的研究来说,胡先生用钱大昕关于"古无舌上音"的研究作为具体的例子,说明了清代朴学的研究方法是如何体现科学精神的,具引如下①:

> 看他(钱氏)每举一个例,必先证明那个例;然后从那些证明了的例上求出那"古无舌头舌上之分"的大通则。这里面有几层的归纳,和几层的演绎。他从《诗·释文》、《檀弓·注》、《王制·释文》各例上寻出"古读直如特"的一条通则,便是一层归纳。他用相同的方法去寻出"古读竹如笃"、"古读猪如都"等等通则,便是十几次的归纳。然后把这许多通则贯串综合起来,求出"古读舌上音皆为舌头音"的大通则,便是一层大归纳。经过这层大归纳之后,有了这个大通则,再看这个通则有没有例外。如字书读冲为虫,他便可应用这条大通则,说虫字古时也读如"同"。这是演绎。他怕演绎的证法还不能使人心服,故又去寻个体的例,如虫字的"直忠"和"都冬"两切,证明虫字古读如同。这又是归纳了。
> 这是汉学家研究音韵学的方法。三百年来的音韵学所以能成一种有系统有价值的科学,正因为那些研究音韵的人,自顾炎武直到章太炎都能用这种科学的方法,都能有这种科学的精神。

我们又知道,同一个学科,在不同的时代、面对新鲜的材料,需要在继承传统的基础上,在方法上有所革新。钱大昕等清代学者在音韵学上的伟大成就,胡适在上面所引的一段话中,已经说得很清楚、很全面了;另一方面,很明显,钱氏对现代方言、域外译音等材料或方法还没有触碰的条件,到了瑞典汉学家高本汉,则将现代方言的历史比较、域外译音的相互参证作为探讨隋唐古音的重要方法。从这个意义上说,高本汉在学术贡献上又前进了一步。作为胡适的学生,且同样出任过北京大学校长的傅斯年,曾经旗帜鲜明地肯定了现代科

---

① 胡适:《清代学者的治学方法》,《胡适文存》(壹),华文出版社,2013年,第281页。

学方法对音韵研究的价值①：

> 凡一种学问能扩充他作研究时应用的工具的，则进步，不能的，则退步。实验学家之相竞如斗宝一般，不得其器，不成其事，语言学和历史学亦复如此。中国历来的音韵学者审不了音，所以把一部《切韵》始终弄不甚明白，一切古音研究仅仅以统计的方法分类，因为几个字的牵连，使得分类上各家不同，即令这些分类有的对了，也不过能举其数，不能举其实，知其然不知其所以然，如钱大昕论轻唇、舌上古来无之，乃自重唇舌头出，此言全是，然何以重唇分出一类为轻唇，舌头分出一类为舌上，竟不是全部的变迁，这层道理非现在审音的人不能明白，钱君固说不出。若把一个熟习语音学的人和这样一个无工具的研究者比长短，是没法子竞争的。又如解释隋唐音，西洋人之知道梵音的，自然按照译名容易下手，在中国人本没有这个工具，又没有法子。又如西藏、缅甸、暹罗等语，实在和汉语出于一语族，将来以比较语言学的方法来建设中国古代言语学，取资于这些语言中的印证处至多，没有这些工具不能成这些学问。

平心而论，当时时出于为新型的历史学、语言学研究张目，为创建中研院历史语言研究所摇旗呐喊，傅斯年先生的上述评论不无过激之处，比如对钱大昕的成绩评价不应如此之低。因为在当时的历史条件下，钱氏在古音研究领域居功甚伟，不容置疑。

当然，另一方面，傅氏提出在近代西方历史比较语言学的学术背景下，为近代中国的史学、语言学研究寻求新的研究方法。这一见解无疑是非常正确的。傅氏所举的语音学（主要是实验语音学）方法、译音参证方法、历史比较方法等，都是汉语历史音韵、方言音韵研究之必需，我们在本书中结合实际语料所做的探讨辨便是就此所做的具体努力与实践。

---

① 傅斯年：《历史语言研究所工作之旨趣》，《历史语言研究所集刊》第一本第一分（创刊号），1928年，第6页。

名 词 索 引

该索引所收范围包括本书中的专业术语、概念、人名和较多引到的古代典籍的名称(书名用粗体表示)等,以便查检。全部词条按照汉语拼音顺序排列。另外像《切韵》、《广韵》之类出现经常引用的著作,不再编入索引。

B

八思巴字　前言 4、67、151、153-160、164、166、315

白保罗(本尼迪克特、Benedict, P. K.)　77、95、101、106、108、111、113、116、236、238、241、243

白虎通　前言 1、17、25、44

鲍明炜　62、123、127

北京大学中文系语言学教研室　73、127

北梦琐言　21

毕鄂　15

波普尔　317

博雅音　118、120-124、145、147、283

汴洛官话　51、174

Bateman, Nicoleta　234

Baxter, William H.(白一平)　156、260

Berkson, K. H.　214

Blevins, Juliette　前言 2

Branner, D. P.　3

Bynon, T.　264、277

C

蔡国璐　177

蔡勇飞　269

曹志耘　56、58、73、127、178、211、222、223、231、266、269-271、278、279、290

曹剑芬(Cao, Jianfen)　215

曹宪　120、147、283

柴田武　265

常玉芝　86

朝鲜译音(高丽译音)　3、4、22、119、186、259

陈承融　127、135

陈梦家　8、25、85、86

陈其光　219

陈然然　175

陈潇　178

陈寅恪　前言 2、前言 7、18、19、28、36、41、118、140

陈章太　57

楚辞　8、13、14、101、107、116

淳安县志编纂委员会　211

Campbell, Lyle　235

Catford, John 233
Chang, Betty Shefts(张谢蓓蒂) 96
寸熙(Cun, Xi) 231

D
大西博子 127
大西克也 15
大西拓一郎 265
戴震 44、49
岛邦男 86
邓晓华 36、109
丁邦新(Ting, Pang-hsin) 30、91、119、125、126、129、132、134、136、148、152、159、161、163、187、259、260、274、277、283、284、287、288、292、296
丁锋 120-122、147
丁启阵 16
董达武 17
董同龢 134、170、300
钝音 44、48、152、153、155、159、160、163、166、207、210、275、286、287、315

E
尔雅 10、36、37、108、114
Essen, O. von 239

F
范新幹 147
方国瑜 49
方松熹 127、135
福建省地方志编纂委员会 162
傅国通 58、211、307
傅斯年 前言 5、318、319

G
冈井慎吾 40
高本汉(Karlgren, Bernhard) 前言 5、前言 7、前言 9-前言 11、前言 13、前言 15、1、2、6、19、42、68、143、152、281、282、312、318
高田时雄 70、71
葛信益 121
葛毅卿(Ku, Ye-ching) 135、150
龚煌城(Gong Hwang-cherng) 87、95、96、98、107、114、158、234、237、240
古汉越语 19、118、123-126、133、234、301、307、314
顾黔 127、178、189、252、254
顾野王 120、138、283
郭必之 10、178
郭骏 271
郭沫若 11
郭璞 13、16、20、24、26、27、30、31、35-39、107、290、312

H
韩哲夫 196
汉书 前言 7、前言 8、17、26、44、48、49、95、115
汉越音(汉越语) 3、4、22、32、68、118、119、125、126、130-133、136、154、156-158、160、165、259、281、304、306、314
河北方言 119、133、145
何成 68
何大安 24、26、27、119、137、149、219、282、283、290、296
何九盈 110、118
河野六郎 138
侯精一 59、175
后汉书 9、17、25、115
淮南子 13、14、103、106、112
黄淬伯 21
黄侃 12
黄树先 25、113
黄笑山 3、5、43、44、69、70、142、151、163、165

黄耀堃　　44、46、49、50、123
Hashimoto, Mantaro J.(桥本万太郎)　155
Hock, Henrich H.　　238、239、244
Hombert, J. M.　　218、229

J

集韵　　20、36、37、101、103、105、106、114 - 116、141、157、275、304
简启贤　　147
江东方言(江南方言/江东吴语/南朝吴语)　18 - 20、26、32、39、125、126、133、137、149、150、283、301、313、314
蒋冰冰　　272、273
蒋冀骋　　24
经典释文　　前言 8、5、13、18、69、70、83、95、118 - 124、132、135 - 138、141、143、145、147、150、185、283、313、314
Jakobson, Roman(雅柯布森)　　295
Jäschke, H. A.(叶斯开)　　90

K

卡尔·波普尔　　317
刊误　　20、282
康德拉绍夫　　303
柯蔚南(Coblin, South)　　112、196、286
孔江平　　218
Keating, Patricia A.　　221

L

李方桂(Li, Fang-kuei)　　前言 5、前言 6、1、13、17、68、91、94、134、172、218、219、236、240、245、250
李涪　　20、282、302
李蓝　　74
李荣　　135、150、180、302
李如龙　　35、55、57、62、74、162、163、242、255、256

李思敬　　123
李新魁　　前言 2、4、21、30、36、117、134、242
李永燧　　134
梁敏　　31 - 34、36、37、78、236
林虹瑛　　15
林炯阳　　121
林语堂　　前言 15、16
凌濛初　　23
刘广和　　67、68、146
刘纶鑫　　58
刘勋宁　　67
龙宇纯　　141
卢今元　　58
陆志韦　　42、67、152
论语　　9、11、138、218
罗常培　　前言 2、前言 5、前言 7、前言 12、1、2、22、67、68、135、149、150、155、157、160、252、253、259
罗杰瑞(Norman, Jerry)　　20、36 - 38、171、182、196、242、265、266、284、286、288
罗仁地(LaPolla, Randy J.)　　87、89、113
洛阳旧音　　18、118、137、150
洛生咏　　19
吕氏春秋　　前言 7、14
吕叔湘　　75、76、171、174、177
Labov, William(拉波夫)　　195、296
Ladefoged, Peter　　224、233

M

马伯乐(Maspero, H.)　　前言 6、1
马尔姆贝格　　前言 14、274
马希文　　182
麦耘　　3、6、21、82、152 - 154、163、165、182、282、297、298
梅耶　　前言 4、前言 14、264
梅祖麟(Mei, Tsu-lin)　　前言 2、前言 5、

20、36、107、126、132、133、136、171、186、242、282、300、302、307

孟庆惠　58

孟子　10、12

Maddieson, Ian　233

Mielke, Jeff　251

N

南词叙录　23

宁忌浮　52

O

Ohala, John J.　32、220

P

帕依洛斯　108

潘悟云　35、68、106、110、126、129、134、152、165、234、245、296、300

潘耀武　253

平山久雄　19、159-161

平田昌司　51-53、56、58、64、65、161、255、300

篇海类编　106、108、112、114、115

蒲立本（Pulleyblank, E. G.）　2、109、142、235

普林斯顿学派　283、300

Painter, Colin　229

Pickett, J. M.　239

Q

钱大昕　40、318、319

钱乃荣　127、194

钱曾怡　59、127、205

强制性曲线原则　128

乔全生　61

邱尚仁　256

秋谷裕幸　54-57、75、76、127、196、252、255、305

裘锡圭　8、85

全清化浊　215、219、220、223、316

泉州市志编纂委员会　127

R

饶宗颐　前言2、50

日译吴音　20、117-119、123-126、130、131、133、136、141、142、144-146、150、259、281、301、306、314

日译汉音　前言5、3、22、118、119、124、130-132、136、259、281、314

阮咏梅　135

锐音　152、166、207、210、275、287、289、304、315

Richard, Wright　229

S

三根谷彻　68

沙加尔（Sagart, Laurent）　96、102、105

尚书　86、110、135、138

邵荣芬　118、119、121、134

沈培　87

沈建民　69、119、120、137、143

沈瑞清　75

沈若云　256

沈钟伟（Shen, Zhongwei）　151、154-156、186、188、205、250

声音唱和图　22、275

声韵考　44、49

施向东　87、90、103、106、112、114、147

时秀娟　249

石汝杰　178、265

史皓元（Simmons, Richard VanNess）　178、179、182-184、186-188、196、197、202、206、315

史记　前言7、26、112、259

世说新语　19、36、37、139、140

水东日记　63、307

水谷真成　121
四声等子　21、22、54、71
宋严棉（Song, Margaret Mien-yen）　284
孙景涛　234、245
Shryock, Aaron　229
Serruys, Paul(司礼义)　16

T
汤珍珠　127、135
唐兰　47
唐韵　前言 2、前言 7、1、157
藤堂明保　159
Takashima, Ken-ichi　9
Trask, R. L.　239

W
王福堂　65、127、196、197、286、288、291、292、294、300、305
王国维　14、135
王珂　51
王均　62、127
王力　前言 13、29 - 31、41、69、119、121、137、152、236
王临惠　59、253
"王三"("全王")　141
王士元（Wang, William S.-Y.）　65、193、290、291
王仲荦　27
魏建功　139、141
温端政　58、59、172
闻宥　前言 5、前言 6、12、25
吴波　120、147
吴福祥　24
吴建生　59
吴瑞文　133
吴音(日译吴音/日本吴音)　6、19 - 21、52、67、119、125、130、137、140 - 142、150、179、180、182、184、185、196、197、283、302、307、308
伍云姬　75
"五家韵书"　118、136、283

X
夏含夷　86
项梦冰　178
辛嶋静志　69、236
邢公畹　31
徐通锵　111、126、289、290、299
徐文堪　17
徐中舒　90、109
许宝华　127、135、165、271

Y
雅洪托夫　22、134
严耕望　16
岩田礼　178、265、266
颜森　256、257
颜氏家训　18、19、26、35、36、39、119 - 121、132、136、139、149、150、185、186、283、290、312
严学宭　12、115
颜逸明　177、269
杨剑桥　242
杨耐思　67、160、161、164
扬雄　前言 15、16、24、26
叶祥苓　135
一切经音义　3、21、97、111、112、115、148
逸周书　86
殷孟伦　49
游汝杰　35、36、38、73、126、173、255、266、279、280、284、300
有坂秀世　152
于省吾　85、106
余迺永　30、37、157

余伟文　256
俞敏　9、87、95、101、146、152
俞光中　127
喻世长　37
尉迟治平　52、115、147
玉篇　5、40、42-46、48-51、101、109、110、112、114、115、120、135、138、139、141-143、147、185、313
原本玉篇　40、120、132、135、138、142、143、150、283
袁家骅　174
元庭坚　21
韵集　47
韵略　117、120、283
蕴含共性　60、295、309、310
俞志强(Yu, Zhiqiang)　182
余霭芹(Yue, Anne O.)　91、172、286

Z

藏缅语语音和词汇编写组　236
张光宇　58、59、234、242、244、245、248-250、252、255、259、260、266、297
张光直　99
张洪年　174
张济民　240
张琨(Chang, Kun)　前言6、94、96、118、173、177、252、259、300
张清常　41、47、49
张世禄　前言9、前言10、46、49、50
章太炎　11、12、318
张晓勤　74

张永言　12、13
张正明　13
沼本克明　130、142
赵彤　14、15、93
赵新那　前言13、169、181
赵元任(Chao, Yuen-ren)　前言5、前言6、前言12-前言14、前言16、1、169-172、179-187、194、196、197、219、221、229、261、271、282、284、287、300
郑光　158、167
郑伟(Zheng, Wei)　前言16、13、15、55、57、58、63、127、132、133、156、157、159、174、194、195、201、206、234、243、252、253、276、296、298、300、302、304
郑张尚芳　17、18、20、36、46、49、50、69、73、87、91、94、96、97、100、109、135、173、176、204、221、234、237、240、259、261、284、300
中央民族学院　12、33、38、94、112
钟兆华　148
钟梓强　176
周法高(Chou, Fa-kao)　前言1、2、68、148、156
周振鹤　35
周祖谟　前言2、5、22、36、40、41、72、118、120、122、123、137-139、141-143、150、283
朱晓农　32、165、201、202、204、210、218、223、225、230-234、250、297
庄初升　256
左传　前言11、9、10、12、92、105、112

主要征引古籍

以下所列本书主要征引的古籍，全部按照书名首字的音序来排列。请注意，这些并非本书所引古籍的全部，若有缺漏，可参看正文涉及的相关例句。

（清）陈立：《白虎通疏证》，北京：中华书局，1994年。
（宋）孙光宪：《北梦琐言》，林艾园校点，上海：上海古籍出版社，1981年"宋元笔记丛书"本。
（宋）洪兴祖：《楚辞补注》，北京：中华书局，1983年。
杨伯峻：《春秋左传注》，北京：中华书局，1990年。
（宋）陈彭年等：《大宋重修广韵》（一般简称"宋本广韵"或"广韵"），上海：上海人民出版社2008年余迺永先生校订本，书名作《新校互注宋本广韵》（定稿本），底本为影印清张士俊泽存堂翻刻宋本。
（宋）陈彭年等：《大广益会玉篇》（一般简称"玉篇"），北京：中华书局1987年影印清张士俊泽存堂本。
郭沫若：《管子集校》，《郭沫若全集·历史编》（五—八），北京：人民出版社，1984-1985年。
（汉）韦昭注：《国语》，上海师范大学古籍整理组、上海五七干校六连历史组点校，上海：上海古籍出版社，1978年。
（汉）班固：《汉书》，（唐）颜师古注，北京：中华书局，1998年影印四部备要本。
李学勤主编：《尔雅注疏》（十三经注疏标点本），北京：北京大学出版社，1999年。

(刘宋) 范晔：《后汉书》，(唐) 李贤注，北京：中华书局，1965年。

刘文典：《淮南鸿烈集解》，冯逸、乔华点校，北京：中华书局，1989年。

(清) 皮锡瑞：《今文尚书考证》，盛冬铃、陈抗点校，北京：中华书局，1989年。

(唐) 房玄龄等：《晋书》，杭州：浙江古籍出版社，1998年二十五史百衲本。

(唐) 陆德明：《经典释文》，北京：中华书局，1983年影印通志堂本。

(唐) 王仁昫：《刊谬补缺切韵》，北京故宫博物院藏宋濂跋本（一般称"王三"或"全王"），北京：中华书局，1985年周祖谟先生《唐五代韵书集存》本；南京：江苏凤凰教育出版社，2017年影印北京故宫博物院藏宋濂跋本。

(唐) 李涪：《刊误》，张秉戌点校，沈阳：辽宁教育出版社，1998年（底本为宋刻《百川学海》本）。

《礼记》，(汉) 郑玄注，(唐) 孔颖达等正义，上海：上海古籍出版社，1997年十三经注疏阮刻本。

(辽) 释行均：《龙龛手镜》，北京：中华书局，1985年。

杨伯峻：《论语译注》，北京：中华书局，1990年。

王利器：《吕氏春秋注疏》，成都：巴蜀书社，2002年。

(宋) 朱熹集注：《孟子》，沈文倬点校，北京：中华书局，1987年。

《切韵指掌图》，北京：中华书局，1986年影印北京图书馆藏宋绍定刻本。

(晋) 陈寿：《三国志》，(刘宋) 裴松之注，北京：中华书局，1982年。

(清) 戴震：《声韵考》，北京：中华书局，1985年影印贷园丛书本。

《尚书》，(汉) 孔安国传，(唐) 孔颖达等正义，上海：上海古籍出版社，1997年十三经注疏阮刻本。

(清) 钱大昕：《十驾斋养新录》，陈文和、孙显军点校，南京：江苏古籍出版社，2000年（底本为商务印书馆1937年排印本）。

(汉) 司马迁：《史记》，(宋) 裴骃集解，(唐) 司马贞索隐，(唐) 张守节正义，北京：中华书局，1959年。

(南朝) 刘义庆撰，刘孝标注：《世说新语》，上海：上海书店出版社，1986年诸子集成本。

(汉) 许慎：《说文解字》，(宋) 徐铉编订本（一般简称"大徐本《说文》"或"说文"),北京:中华书局,1996年。

(宋)丁度等:《集韵》,北京:中华书局,1988年影印北京图书馆藏宋刻本。

(唐)孙愐:《唐韵》,(清)蒋斧藏本,北京:中华书局,1985年周祖谟先生《唐五代韵书集存》本。

(宋)郑樵:《通志·七音略》,台北:艺文印书馆,1981年《等韵五种》本,影印元至治本。

《荀子》,(唐)杨倞注,(清)卢文弨、谢墉校,上海:上海古籍出版社影印清光绪浙江书局辑《二十二子》本。

(唐)玄应:《一切经音义》,北京:中华书局,1993年《中华大藏经》本,影印金藏广寺本。

(唐)慧琳:《一切经音义》,上海:上海古籍出版社,1986年影印日本狮谷本。

黄怀信:《逸周书汇校集注》(修订本),上海:上海古籍出版社,2007年。

(梁)顾野王:《原本玉篇残卷》(一般简称"原本玉篇"),北京:中华书局,1985年。

《韵镜》,台北:艺文印书馆,1981年《等韵五种》影印永禄本。

《周礼》,(汉)郑玄注,(唐)贾公彦疏,上海:上海古籍出版社,1997年十三经注疏阮刻本。

(唐)令狐德棻等:《周书》,杭州:浙江古籍出版社1998年二十五史百衲本。

引 用 书 目

专著

坂井健一:《魏晋南北朝字音研究》,东京:汲古书院,1975年。
冈井慎吾:《玉篇の研究》,东京:东洋文库,1933年。
三根谷彻:《中古汉语と越南汉字音》,东京:汲古书院,1993年。
藤堂明保:《中国语音韵论》,东京:江南书院,1957年。
鲍明炜:《唐代诗文韵部研究》,南京:江苏古籍出版社,1990年。
鲍明炜、王均主编:《南通地区方言研究》,南京:江苏教育出版社,2002年。
北京大学中文系语言学教研室:《汉语方音字汇》(第二版重排本),北京:语文
　　出版社,2003年。
卡尔·波普尔:《科学发现的逻辑》(查汝强、邱仁宗、万木春译),杭州:中国美
　　术学院出版社,2008年。
蔡国璐:《丹阳方言词典》,南京:江苏教育出版社,1995年。
曹志耘:《严州方言研究》,东京:好文出版,1996年。
曹志耘:《南部吴语语音研究》,北京:商务印书馆,2002年。
曹志耘等:《吴语处衢方言研究》,东京:好文出版,2000年。
曹志耘主编:《汉语方言地图集》(语音卷),北京:商务印书馆,2008年。
常玉芝:《殷商历法研究》,长春:吉林文史出版社,1998年。
陈梦家:《殷虚卜辞综述》,北京:科学出版社,1956年。
陈章太、李如龙:《闽语研究》,北京:语文出版社,1991年。
淳安县志编纂委员会:《淳安县志·方言》(傅国通执笔),上海:汉语大词典出
　　版社,1990年。

大西博子:《萧山方言研究》,东京:好文出版,1999年。
当涂县志编纂委员会:《当涂县志·方言》,北京:中华书局,1995年。
岛邦男:《殷墟卜辞研究——殷代的社会》(温天河、李寿林译),台北:鼎文书
　　　局,1975年。
邓晓华:《人类文化语言学》,厦门:厦门大学出版社,1993年。
丁邦新:《一百年前的苏州话》,上海:上海教育出版社,2003年。
丁邦新:《音韵学讲义》,北京:北京大学出版社,2015年。
丁邦新主编:《历史层次与方言研究》,上海:上海教育出版社,2007年。
丁邦新、张双庆主编:《闽语研究及其与周边方言的关系》,香港:中文大学出
　　　版社,2002年。
丁锋:《〈博雅音〉音系研究》,北京:北京大学出版社,1995年。
丁启阵:《秦汉方言》,北京:东方出版社,1991年。
董达武:《周秦两汉魏晋南北朝方言共同语初探》,天津:天津古籍出版社,
　　　1992年。
范新幹:《东晋刘昌宗音研究》,武汉:崇文书局,2002年。
方松熹:《义乌方言研究》,杭州:浙江省新闻出版局,2000年。
福建省地方志编纂委员会:《福建省志·方言志》,北京:方志出版社,
　　　1998年。
傅国通、方松熹、蔡勇飞、鲍士杰、傅佐之:《浙江吴语分区》,杭州:浙江省语言
　　　学会编委会·浙江省教育厅方言研究室,1985年。
高本汉:《中上古汉语音韵纲要》(聂鸿音译),济南:齐鲁书社,1987年。
葛信益:《广韵丛考》,北京:北京师范大学出版社,1993年。
古文字诂林编纂委员会:《古文字诂林》(第五册),上海:上海教育出版社,
　　　2002年。
顾黔:《通泰方言音韵研究》,南京:南京大学出版社,2001年。
郭骏:《溧水方言探索集》,北京:科学技术文献出版社,2004年。
何成等:《越汉辞典》,北京:商务印书馆,1960年。
贺登崧:《汉语方言地理学》(石汝杰、岩田礼译),上海:上海教育出版社,

2003年。

侯精一主编：《现代汉语方言概论》，上海：上海教育出版社，2002年。

侯精一、温端政主编：《山西方言调查报告》，太原：山西高校联合出版社，1993年。

胡福汝：《中阳县方言志》，上海：学林出版社，1990年。

黄布凡主编：《藏缅语族语言词汇》，北京：中央民族学院出版社，1992年。

黄淬伯：《唐代关中方言音系》，南京：江苏古籍出版社，1998年。

黄树先：《汉缅语比较研究》，武汉：华中科技大学出版社，2003年。

黄笑山：《〈切韵〉和中唐五代音位系统》（厦门大学1991年博士论文），台北：文津出版社，1995年。

简启贤：《〈字林〉音注研究》，成都：巴蜀书社，2003年。

蒋冰冰：《吴语宣州片方言音韵研究》，上海：华东师范大学出版社，2003年。

蒋冀骋、吴福祥：《近代汉语纲要》，长沙：湖南教育出版社，1997年。

康德拉绍夫：《语言学说史》（杨余森译），武汉：武汉大学出版社，1985年。

戴维·克里斯特尔：《现代语言学词典》（沈家煊译），北京：商务印书馆，2002年。

孔江平：《论语言发声》，北京：中央民族大学出版社，2001年。

李方桂：《上古音研究》，北京：商务印书馆，1980年。

李蓝：《湖南城步青衣苗人话》，北京：中国社会科学出版社，2004年。

李如龙：《福建县市方言志12种》，福州：福建教育出版社，2001年。

李如龙、张双庆主编：《客赣方言调查报告》，厦门：厦门大学出版社，1992年。

李思敬：《音韵》，北京：商务印书馆，1985年。

李新魁：《汉语音韵学》，北京：北京出版社，1986年。

李新魁：《中古音》，北京：商务印书馆，1991年。

李维琦：《祁阳方言研究》，长沙：湖南教育出版社，1998年。

梁敏、张均如：《侗台语族概论》，北京：中国社会科学出版社，1996年。

刘纶鑫主编：《客赣方言比较研究》，北京：中国社会科学出版社，1999年。

刘晓南：《宋代闽音考》，长沙：岳麓书社，1999年。

卢今元:《吕四方言研究》,上海:上海辞书出版社,2007年。

陆志韦:《古音说略》,北京:《燕京学报》专号之二十,1947年。

罗常培:《唐五代西北方音》,上海:中研院历史语言研究所单刊甲种之十二,1933年。

罗常培、蔡美彪:《八思巴字与元代汉语》,北京:中国社会科学出版社,2004年。

吕叔湘:《汉语语法论文集》(增订本),北京:商务印书馆,1984年(科学出版社,1955年第一版)。

吕叔湘:《丹阳方言语音编》,北京:语文出版社,1993年。

孟庆惠:《徽州方言》,合肥:安徽人民出版社,2005年。

孟庆惠:《安徽省志·方言志》,北京:方志出版社,1997年。

宁忌浮:《洪武正韵研究》,上海:上海辞书出版社,2003年。

欧阳觉亚、郑贻青:《黎语调查研究》,北京:中国社会科学出版社,1983年。

潘耀武:《清徐方言志》,太原:山西高校联合出版社,1990年。

潘悟云:《汉语历史音韵学》,上海:上海教育出版社,2000年。

平田昌司主编:《徽州方言研究》,东京:好文出版,1998年。

钱乃荣:《当代吴语研究》,上海:上海教育出版社,1992年。

钱曾怡主编:《汉语官话方言研究》,济南:齐鲁书社,2010年。

乔全生:《洪洞方言研究》,北京:中央文献出版社,1999年。

秋谷裕幸:《吴语江山广丰方言研究》,松山:爱媛大学法文学部综合政策学科,2001年。

秋谷裕幸等:《吴语兰溪东阳方言调查报告》,神户:神户市外国语大学外国语学部,2002年。

秋谷裕幸:《浙南的闽东区方言》,台北:"中研院"语言学研究所专刊,2005年。

秋谷裕幸:《闽北区三县市方言研究》,台北:"中研院"语言学研究所专刊,2008年。

秋谷裕幸:《闽东区福宁片四县市方言音韵研究》,福州:福建人民出版社,2010年。

邱尚仁:《南城方言字音研究》,香港:21世纪中国国际网络出版有限公司,
    2001年。
泉州市志编纂委员会:《泉州市志·方言》,北京:中国社会科学出版社,
    2000年。
阮咏梅:《温岭方言研究》,北京:中国社会科学出版社,2013年。
邵荣芬:《经典释文音系》,台北:学海出版社,1995年。
沈建民:《〈经典释文〉音切研究》,北京:中华书局,2007年。
沈若云:《宜章土话研究》,长沙:湖南教育出版社,1999年。
施向东:《汉语和藏语同源体系比较研究》,北京:华语教学出版社,2000年。
史皓元、顾黔、石汝杰:《汉语方言词汇调查手册》,北京:中华书局,2006年。
孙景涛:《古汉语重叠构词法研究》,上海:上海教育出版社,2008年。
汤珍珠、陈忠敏:《嘉定方言研究》,北京:社会科学文献出版社,1993年。
王福堂:《汉语方言语音的演变和层次》(修订本),北京:语文出版社,
    2005年。
王辅世、毛宗武:《苗瑶语古音构拟》,北京:中国社会科学出版社,1995年。
王力:《汉语史稿》,北京:中华书局,1957年。
王力:《汉语语音史》,北京:中国社会科学出版社,1985年。
王力:《中国语言学史》,《王力文集》(第十二卷),济南:山东教育出版社,
    1990年。
王临惠:《汾河流域方言的语音特点及其流变》,北京:中国社会科学出版社,
    2003年。
王仲荦:《魏晋南北朝史》(上册),上海:上海人民出版社,1979年。
吴安其:《汉藏语同源研究》,北京:中央民族大学出版社,2002年。
吴建生、赵宏因:《万荣方言词典》,南京:江苏教育出版社,1997年。
伍云姬、沈瑞清:《湘西古丈瓦乡话调查报告》,上海:上海教育出版社,
    2010年。
项梦冰、曹晖:《汉语方言地理学——入门与实践》,北京:中国文史出版社,
    2005年。

徐通锵:《历史语言学》,北京:商务印书馆,2008年(1991年初版)。
徐中舒:《徐中舒历史论文选辑》(上、下册),北京:中华书局,1998年。
徐中舒主编:《甲骨文字典》,成都:四川辞书出版社,2003年。
许宝华、汤珍珠主编:《上海市区方言志》,上海:上海教育出版社,1988年。
颜森:《黎川方言研究》,北京:社会科学文献出版社,1993年。
颜森:《黎川方言词典》,南京:江苏教育出版社,1995年。
颜逸明:《吴语概说》,上海:华东师范大学出版社,1994年。
岩田礼:《汉语方言解释地图》,东京:白帝社,2009年。
杨耐思:《中原音韵音系》,北京:中国社会科学出版社,1981年。
杨秀芳:《闽南语文白系统的研究》,台北:台湾大学博士学位论文,1982年。
叶祥苓:《苏州方言志》,南京:江苏教育出版社,1988年。
游汝杰:《汉语方言学导论(修订本)》,上海:上海教育出版社,2000年。
游汝杰:《汉语方言学教程》,上海:上海教育出版社,2004年。
游汝杰、杨乾明:《温州方言词典》,南京:江苏教育出版社,1998年。
余迺永:《新校互注宋本广韵(定稿本)》(上、下册),上海:上海人民出版社,
    2008年。
余伟文、张振江、庄益群、宋长栋:《粤北乐昌土话》,广州:广东高等教育出版
    社,2001年。
喻世长:《布依语调查报告》,北京:科学出版社,1959年。
于省吾主编:《甲骨文字诂林》,北京:中华书局,1996年。
于省吾:《双剑誃群经新证·双剑誃诸子新证》,上海:上海书店出版社,
    1999年。
袁家骅等:《汉语方言概要》(第二版),北京:语文出版社,2001年。
藏缅语语音和词汇编写组:《藏缅语语音和词汇》,北京:中国社会科学出版
    社,1991年。
张光宇:《闽客方言史稿》,台北:南天书局,1996年。
张光直:《商文明》,沈阳:辽宁教育出版社,2002年。
张惠英:《崇明方言研究》,北京:中华书局,2009年。

张济川：《藏语词族研究——古代藏族如何丰富发展他们的词汇》，北京：社会科学文献出版社，2009年。

张济民：《仡佬语研究》，贵阳：贵州民族出版社，1993年。

张世禄：《中国音韵学史》（上、下册），北京：商务印书馆，1998年（1938年初版）。

张双庆主编：《乐昌土话研究》，厦门：厦门大学出版社，2000年。

张双庆：《连州土话研究》，厦门：厦门大学出版社，2004年。

中国戏曲研究院编：《中国古典戏曲论著集成》（五），北京：中国戏曲出版社，1959年。

张晓勤：《宁远平话研究》，长沙：湖南教育出版社，1999年。

张正明：《楚文化史》，上海：上海人民出版社，1987年。

赵彤：《战国楚方言音系》，北京：中国戏剧出版社，2006年。

赵新那、黄培云：《赵元任年谱》，北京：商务印书馆，1998年。

赵元任：《现代吴语的研究》，北京：科学出版社，1928年。

赵元任：《湖北方言调查报告》，上海：商务印书馆，1948年。

赵元任：《通字方案》，北京：商务印书馆，1983年。

浙江省桐庐县县志编纂委员会、北京师范学院中文系方言调查组：《桐庐方言志》，北京：语文出版社，1992年。

郑光：《蒙古字韵研究——训民正音与八思巴字文字关系探析》（曹瑞炯译），北京：民族出版社，2013年。

郑林啸：《〈篆隶万象名义〉声系研究》，保定：河北大学出版社，2007年。

郑伟：《吴方言比较韵母研究》，北京：商务印书馆，2013年。

郑张尚芳：《温州方言志》，北京：中华书局，2008年。

郑张尚芳：《上古音系》（第二版），上海：上海教育出版社，2013年（2003年初版）。

中央民族学院少数民族语言研究所第五研究室：《壮侗语族语言词汇集》，北京：中央民族学院出版社，1985年。

周振鹤、游汝杰：《方言与中国文化》，上海：上海人民出版社，1986年。

周祖谟：《唐五代韵书集存》（上、下册），北京：中华书局，1983年。

朱晓农:《北宋中原韵辙考》,北京:语文出版社,1989 年。

朱晓农:《语音学》,北京:商务印书馆,2010 年。

竺家宁:《声韵学》,台北:五南图书出版公司,1991 年。

庄初升:《粤北土话音韵研究》,北京:中国社会科学出版社,2004 年。

Bateman, Nicoleta, *A Crosslinguistic Investigation of Palatalization*. Unpublished Ph.D. dissertation. San Diego: University California, 2007.

Baxter, William H., *Old Chinese origins of the Middle Chinese Chóngniǔ doublets: A study of using multiple character readings*, Unpublished Ph.D. dissertation. Ithaca: Cornell University, 1977.

Baxter, William H., *A Handbook of Old Chinese Phonology*. Berlin & New York: Mouton de Gruyter, 1992.

Benedict, P. K., *Sino-Tibetan: A Conspectus*. Cambridge: Cambridge University Press, 1972.中译本《汉藏语言概论》(白保罗著、罗美珍、乐赛月译),北京:中国社会科学院民族研究所,1984 年。

Berkson, K. H., *Phonation Types in Marathi: An Acoustic Investigation*. Unpublished Ph. D. dissertation. Lawrence: Kansas University, 2013.

Blevins, Juliette., *Evolutionary Phonology*, Cambridge: Cambridge University Press, 2004.

Bynon, T., *Historical Linguistics*. Cambridge: Cambridge University Press, 1977.

Campbell, Lyle., *Historical Linguistics: An Introduction* (2nd Edition), Edinburgh: Edinburgh University Press, 2004.

Catford, John, *Fundamental problems in phonetics*, Edinburgh: Edinburgh University Press, 1977.

Coblin, South., *A Sinologist's Handlist of Sino-Tibetan Lexical Comparisons*, Steyler Verlag, 1986.

Hock, Henrich H., *Principles of Historical Linguistics*. New York:

Mouton de Gruyter, 1986.

Labov, William, *Principles of linguistic change*, *Volume 1: internal factors*. Oxford: Blackwell Publishing Ltd, 1994.

Jakobson, Roman, Fant C. Gunnar M. and Halle Morris, *Preliminaries to Speech Analysis: The Distinctive Features and their Correlates*. Cambridge: The MIT Press, 1951. 中译本《语音分析初探——区别性特征及其相互关系》(王力译), 钱军编:《雅柯布森文集》, 长沙: 湖南教育出版社, 2001年。

Jäschke, H. A., *A Tibetan-English Dictionary*. Delhi: Motilal Banarsidass Publishers, 1999 (First printed in 1881).

Karlgren, Bernhard 高本汉, *Etudes sur la phonologie chinoise*. Leiden: E. J. Brill, 1915 - 1926. 中译本《中国音韵学研究》(赵元任、李方桂、罗常培译), 上海: 商务印书馆, 1940年。

Ladefoged, Peter., *A Phonetic study of West African Languages*. Cambridge: Cambridge University Press, 1968.

Ladefoged, Peter & Maddieson Ian., *The Sounds of the World's Languages*. Blackwell: Blackwell Publishing, 1996.

Maddieson Ian., *Patterns of Sounds*. Cambridge: Cambridge University Press, 1984.

Mielke, Jeff., *The Emergence of Distinctive Features*. Oxford: Oxford University Press, 2008.

Norman, Jerry 罗杰瑞, *Chinese*. Cambridge: Cambridge University Press, 1988.

Pickett J. M., *The Sounds of Speech Communication*. Allyn & Bacon, 1977.

Pulleyblank, E. G., *Middle Chinese: A Study in Historical Phonology*. Vancouver: The University of British Columbia Press, 1984.

Serruys, Paul., *The Dialects of Han Time according to Fang Yan*. Berkeley & Los Angeles: University of California Press, 1959.

Simmons, Richard VanNess 史皓元, *Chinese Dialect Classification*. Amsterdam: John Benjamins, 1999. 中译本《汉语方言分区的理论与实践——以江淮官话与吴语的分区为例》(顾黔译), 北京: 中华书局, 2011年。

Thurgood, Graham and Randy J. LaPolla (eds.), *The Sino-Tibetan Languages*. New York: Routledge, 2003.

Ting, Pang-hsin 丁邦新, *Chinese Phonology of the Wei-Chin Period: Reconstruction of the Finals as Reflected in Poetry* 魏晋音韵研究. Taipei: Institute of History and Philology, "Academia Sinica", 1975.

Trask R. L. *Historical Linguistics*. Edward Arnold, 1996.

Yu, Zhiqiang 俞志强, *Optimization of Wu Dialect Classification*. Shanghai: Fudan University Press, 2000.

论文

河野六郎:《玉篇に现れたる反切の音韵的研究》,《河野六郎著作集2·中国音韵学论文集》, 东京: 平凡社, 1979年。

林虹瑛、村濑望、古屋昭弘:《战国文字「龖」について》,《开篇》(日本) 2004年第23期。

有坂秀世:《ヵールグレン氏の拗音说を评す》,《音声学协会会报》1937—1939年第49、51、53、58期; 载《国语音韵史の研究》(增补新版), 东京: 三省堂, 1957年。

沼本克明:《吴音·汉音分韵表》, 筑岛裕编:《日本汉字音史论辑》, 东京: 汲古书院, 1995年。

毕鄂(Behr, Wolfgang):《楚语管窥》, "上古汉语构拟国际学术研讨会"论文, 上海: 复旦大学, 2005年。

蔡勇飞:《吴语的边界和南北分区》,《方言》1984年第1期。

曹志耘:《汉语方言的地理分布类型》,《语言教学与研究》2011年第5期。

柴田武:《愿方言地理学在中国开花结果》,《汉语方言地理学·序》(贺登崧著,石汝杰、岩田礼译),上海:上海教育出版社,2003年。

陈承融:《平阳方言记略》,《方言》1979年第1期。

陈梦家:《释市》,《西周铜器断代》(上册),北京:中华书局,2004年。

陈其光:《华南一些语言的清浊对转》,《民族语文》1991年第6期。

陈然然:《灵川杨家话语音研究》,郑作广主编:《广西汉语珍稀方言语音研究》,南宁:广西民族出版社,2009年。

陈潇:《剑磨八年、璧合中西——评方言地理学的最新成果江淮官话与吴语边界的方言地理学研究》,《语言文字周报》2007年8月22日第4版。

陈寅恪:《四声三问》,《清华学报》第9卷第2期,1934年。

陈寅恪:《东晋南朝之吴语》,《历史语言研究所集刊》第七本第一分,1936年。

陈寅恪:《魏书司马叡传江东民族条释证及推论》,《历史语言研究所集刊》第十一本第一分,1944年。

陈寅恪:《从史实论切韵》,《岭南学报》1949年第2期;又载《金明馆丛稿初编》,北京:生活·读书·新知三联书店,1980年。

陈章太:《邵武市内的方言》,载陈章太、李如龙:《闽语研究》,北京:语文出版社,1991年。

大西克也:《马王堆帛书〈五十二病方〉的语法特点》,湖南省博物馆编:《马王堆汉墓研究文集——1992年马王堆汉墓国际学术讨论会论文选》,长沙:湖南出版社,1994年。

大西克也:《并列连词"及""与"在出土文献中的分布及上古汉语方言语法》,郭锡良主编:《古汉语语法论集》,北京:语文出版社,1998年。

大西拓一郎:《语言地理学的研究目标是什么?》,《语言教学与研究》2011年第5期。

邓晓华:《试论古南方汉语的形成》,邹嘉彦、游汝杰编:《语言接触论集》,上海:上海教育出版社,2004年。

邓岩欣:《当涂境内的吴语》,《吴语研究——第四届国际吴方言学术研讨会论文集》,上海:上海教育出版社,2003年。

丁邦新:《与〈中原音韵〉相关的几种方言现象》,《历史语言研究所集刊》第五十二本第四分,1981年。

丁邦新:《吴语中的闽语成分》,《历史语言研究所集刊》第五十九本第一分,1988年。

丁邦新:《重建汉语中古音系的一些想法》,《中国语文》1995年第6期。

丁邦新:《重纽的介音差异》,《声韵论丛》第六辑,台北:学生书局,1997年。

丁邦新:《上古音声母*g和*ɣ在闽语的演变》,《闽语研究》(Journal of Chinese Linguistics 专刊第14种),1999年。

丁邦新:《汉语方言中的"特字"》,Journal of Chinese Linguistics,第30卷第1期,2002年。

丁邦新:《汉语方言中的历史层次》,《中国语文》2012年第5期。

董同龢:《四个闽南方言》,《历史语言研究所集刊》第三十本,1959年。

方国瑜:《〈玉篇〉所载五音声论跋》,1931年;载《方国瑜文集》(第五辑),昆明:云南教育出版社,2003年。

傅斯年:《历史语言研究所工作之旨趣》,《历史语言研究所集刊》第一本第一分(创刊号),1928年。

高田时雄(Takata, Tokio):《于阗文书中的汉语语汇》,1988年;载《敦煌·民族·语言》,北京:中华书局,2005年。

葛毅卿:《喻三入匣再证》,《历史语言研究所集刊》第八本第一分,1937年。

龚煌城:《从汉、藏语的比较看汉语上古音流音韵尾的拟测》,《西藏研究论文集》,1993年;载《汉藏语研究论文集》,北京:北京大学出版社,2004年。

龚煌城:《从汉藏语的比较看重纽问题——兼论上古*-rj-介音对中古韵母演变的影响》,《声韵论丛》第六辑,台北:学生书局,1997年。

龚煌城:《从汉藏语的比较看上古汉语的词头问题》,《语言暨语言学》第1卷第2期,2000年。

龚煌城:《从汉藏语的比较看上古汉语若干声母的拟测》,1990年;载《汉藏语研究论文集》,北京:北京大学出版社,2004年。

龚煌城:《上古汉语与原始汉藏语带r与l复声母的构拟》,2001年;载《汉藏语研究论文集》,北京:北京大学出版社,2004年。

郭必之：《金文中的楚系方言词三则》，《东方文化》1998年第36期。
郭必之：《从虞支两韵"特字"看粤方言跟古江东方言的关系》，《语言暨语言学》第5卷第3期，2006年。
郭必之：《方言地理学和方言分区可以结合吗？——读项梦冰、曹晖编著〈汉语方言地理学——入门与实践〉》，《北京大学学报（哲学社会科学版）》2006年第5期。
郭沫若：《屈原研究》，1942年；载《郭沫若全集·历史编》（第四卷），北京：人民出版社，1982年。
何大安：《南北朝韵部演变研究》，台北：台湾大学博士论文，1981年。
何大安：《送气分调及相关问题》，《历史语言研究所集刊》第六十本第四分，1990年。
何大安：《六朝吴语的层次》，《历史语言研究所集刊》第六十四本第一分，1993年。
何大安：《论郭璞江东语的名义》，1999年；何大安著：《汉语音韵与方言论文集》，台北：自印本，2009年。
何大安：《方言史中的阶段与层次——横县、达县、石陂的个案研究》，《汉语方言与音韵论文集》，台北：自印本，2009年。
何九盈：《〈中国字例〉音韵释疑》，《国学研究》第四卷，1996年；载《音韵丛稿》，北京：商务印书馆，2002年。
胡明扬：《北京话"女国音"调查》，《语文建设》1988年第1期。
胡适：《清代学者的治学方法》，1919—1921年；载《胡适文存》（壹），北京：华文出版社，2013年。
黄树先：《说"膝"》，《古汉语研究》2003年第3期。
黄笑山：《于以两母和重纽问题》，《语言研究》1996年增刊。
黄笑山：《中古二等韵介音和〈切韵〉元音数量》，《浙江大学学报》2002年第1期。
黄耀堃：《试释神珙〈九弄图〉的"五音"——兼略论"五音之家"》，《均社论丛》（京都）1982年第11号；载《黄耀堃语言学论文集》，南京：凤凰出版社，

2004年。

黄耀堃:《口调五音与纳音——并试论"苍天已死,黄天当立"》,1982年;载《黄耀堃语言学论文集》,南京:凤凰出版社,2004年。

黄耀堃:《唐代近体诗首句用邻韵研究——文学批评与语言学的空间》,2002年;载《黄耀堃语言学论文集》,南京:凤凰出版社,2004年。

孔江平:《现代语音学研究与历史语言学》,《北京大学学报(哲学社会科学版)》2006年第3期。

李方桂:《中国上古音声母问题》,《香港中文大学中国文化研究所学报》第三卷第二期,1970年。

李荣:《从现代方言论古群母有一、二、四等》,《中国语文》1965年第5期。

李荣:《论李涪对〈切韵〉的批评及其相关问题》,《中国语文》1985年第1期。

李荣:《"鹹淡"倒过来听还是"鹹淡"》,《方言》1986年第2期。

李如龙:《闽西北方言"来"母字读s-的研究》,1983年;载《方言与音韵论集》,香港:香港中文大学中国文化研究所吴多泰中国语文研究中心,1996年。

李如龙:《自闽方言证四等韵无-i-说》,《音韵学研究》(第一辑),北京:中华书局,1984年。

李如龙:《闽方言中的古楚语和古吴语》,1988年;载《方言与音韵论集》,香港:香港中文大学中国文化研究所吴多泰中国语文研究中心,1996年。

李新魁:《论"等"的起源和发展》,1980年;载《李新魁自选集》,郑州:河南教育出版社,1993年。

李新魁:《上古音"晓匣"归"见溪群"说》,《李新魁自选集》,郑州:河南教育出版社,1993年。

李新魁:《梵学的传入与汉语音韵学的发展》,《李新魁音韵学论集》,汕头:汕头大学出版社,1997年。

李永燧:《汉语古有小舌音》,《中国语文》1990年第3期。

刘广和:《东晋译经对音的晋语声母系统》,《语言研究》1991年增刊。

林炯阳:《切韵系韵书反切异文形成的原因及其价值》,1993年;载《林炯阳教授论学集》,台北:文史哲出版社,2000年。

林语堂：《前汉方音区域考》，1927年；载《语言学论丛》（林语堂名著全集·第十九卷），长春：东北师范大学出版社，1994年。

林语堂：《陈宋淮楚歌寒对转考》，《庆祝蔡元培先生六十五岁论文集》（历史语言研究所集刊外编第一种），1933年。

刘勋宁：《〈中原音韵〉"微薇维惟"解》，《语言学论丛》第十五辑，北京：商务印书馆，1988年。

龙宇纯：《例外反切的研究》，《历史语言研究所集刊》第三十六本第一分，1965年。

陆丙甫：《"形式描写、功能解释"的当代语言类型学》，《东方语言学》创刊号，上海：上海教育出版社，2006年。

陆志韦：《三四等及所谓"喻化"》，《燕京学报》1939年第26期。

陆志韦：《释中原音韵》，《燕京学报》1946年第31期。

罗常培：《切韵鱼虞之音值及其所据方音考——高本汉切韵音读商榷之一》，《历史语言研究所集刊》第二本第三分，1931年。

罗常培：《〈中原音韵〉声类考》，《历史语言研究所集刊》第二本第四分，1932年。

罗常培：《〈经典释文〉和〈原本玉篇〉反切中的匣于两纽》，《历史语言研究所集刊》第八本第一分，1937年。

罗常培：《拟答郭晋稀〈读切韵指掌图〉》，1943年；载《罗常培文集》（第七卷），济南：山东教育出版社，2008年。

罗杰瑞：《关于官话方言早期发展的一些想法》，《方言》2004年第4期。

罗仁地：《独龙语与原始藏缅语比较研究（下）》（罗美珍译），《民族语文研究情报资料集》第十二集，北京：中国社会科学院民族研究所语言室，1987年。

吕叔湘：《说们》，《汉语语法论文集》，北京：科学出版社，1955年。

马尔姆贝格：《方言学与语言地理学》（黄长著译），中国社会科学院语言研究所语言学情报研究室编：《语言学译丛》（第一辑），北京：中国社会科学出版社，1979年。

马希文：《通字——文字改革的一种途径》，《文字改革》1985年第3期。

麦耘:《〈韵法直图〉中二等开口字的介音》,《语言研究》1987年第2期。

麦耘:《韵图的介音系统及重纽在〈切韵〉前后的演变》,1990年;载麦耘:《音韵与方言研究》,广州:广东人民出版社,1995年。

麦耘:《论重纽及〈切韵〉的介音系统》,《语言研究》1992年第1期。

麦耘:《〈蒙古字韵〉中的重纽及其他》,载麦耘:《音韵与方言研究》,广州:广东人民出版社,1995年。

麦耘:《〈切韵〉元音系统试拟》,载《音韵与方言研究》,广州:广东人民出版社,1995年。

麦耘:《汉语历史音韵研究中的一些方法问题》,《汉语史学报》第五辑,上海:上海教育出版社,2005年。

麦耘:《音韵学概论》,南京:江苏教育出版社,2009年。

麦耘:《软腭辅音与硬腭过渡音的亲和性——一项语音演化研究》,《方言》2013年第3期。

梅耶:《历史语言学的中的比较方法》,1924年;载《国外语言学论文选译》(岑麒祥译),北京:语文出版社,1992年。

梅祖麟:《中国语言学的传统与创新》,《学术史与方法学的省思》,台北:"中研院"历史语言研究所,2000年。

梅祖麟:《现代吴语与"支脂鱼虞,共为不韵"》,《中国语文》2001年第1期。

梅祖麟:《近代汉语和晚唐五代官话》,《吕叔湘先生百年诞辰纪念文集》,北京:商务印书馆,2010年。

梅祖麟:《重纽在汉语方言的反映——兼论颜氏家训所论"奇""祇"之别》,《方言》2012年第2期。

梅祖麟:《试释〈颜氏家训〉里的"南染吴越,北杂夷虏"——兼论现代闽语的来源》,《语言暨语言学》第16卷第2期,2015年。

梅祖麟、罗杰瑞:《试论几个闽北方言中的来母s-声字》,《清华学报》新第9卷第1期,1971年。

梅祖麟、龚煌城:《汉藏语比较语言学的回顾与前瞻》,《语言暨语言学》第7卷第1期,2006年。

施向东:《玄奘译著中的梵汉对音和唐初中原方音》,《语言研究》1983年第1期。

帕依洛斯、史塔洛斯汀:《汉-藏语和澳-泰语》(周国炎译),《民族语文研究情报资料集》第八集,北京:中国社会科学院民族研究语言室,1987年。

潘悟云:《中古汉语方言中的鱼和虞》,《语文论丛》第2辑,上海:上海教育出版社,1983年。

潘悟云:《汉藏语历史比较中的几个声母问题》,《语言研究集刊》第一辑,上海:复旦大学出版社,1987年。

潘悟云:《"囡"所反映的吴语历史层次》,《语言研究》1995年第1期。

潘悟云:《对华澳语系假说的若干支持材料》,1995年;载《著名中年语言学家自选集·潘悟云卷》,合肥:安徽教育出版社,2002年。

潘悟云:《温处方言与闽语》,《吴语和闽语的比较研究》,上海:上海教育出版社,1995年。

潘悟云:《喉音考》,《民族语文》1997第5期。

潘悟云:《吴语中麻韵与鱼韵的历史层次》,丁邦新、张双庆主编:《闽语研究及其与周边方言的关系》,香港:中文大学出版社,2002年。

潘悟云:《语言接触与汉语南方方言的形成》,邹嘉彦、游汝杰编:《语言接触论集》,上海:上海教育出版社,2004年。

潘悟云:《音变规则是区分内源性层次的主要标准》,何大安等编:《山高水长:丁邦新先生七秩寿庆论文集》,台北:"中研院"语言学研究所,2006年。

潘重规:《新抄Ｐ二零一二守温韵学残卷》,《瀛涯敦煌韵辑别录》,87-92页,香港:新亚研究所,1973年。

平山久雄:《中古唇音重纽在〈中原音韵〉齐微韵里的反映》,《中原音韵新论》,北京:北京大学出版社,1991年。

平山久雄:《中古汉语鱼韵的音值——兼论人称代词"你"的来源》,《中国语文》1995年第5期。

平田昌司:《闽北方言"第九调"的性质》,《方言》1988年第1期。

平田昌司:《唐宋科举制度转变的方言背景》,《吴语和闽语的比较研究》,上海：上海教育出版社,1995年。

平田昌司：《〈事林广记〉音谱类〈辨字差殊〉条试释》,《汉语史学报》第五辑,上海：上海教育出版社,2005年。

钱曾怡：《长乐话音系》,《方言》2003年第4期。

钱曾怡、曹志耘、罗福腾：《平度方言内部的语音差别》,《方言》1985年第3期。

秋谷裕幸：《闽北松溪方言同音字汇》,《开篇》(东京)1993年第11期。

秋谷裕幸、韩哲夫：《历史比较法与历史层次法》,《语言学论丛》第四十五辑,北京：商务印书馆,2012年。

裘锡圭：《甲骨卜辞》,1986年;载《裘锡圭学术文集·杂著卷》,上海：复旦大学出版社,2012年。

裘锡圭：《甲骨文中所见的商代农业》,《古文字论集》,北京：中华书局,1992年。

饶宗颐：《秦简中的五行说与纳音说》,《中国语文研究》1985年总第7期。

沙加尔：《论汉语、南岛语的亲属关系》(郑张尚芳、曾晓渝译),石锋编：《汉语研究在海外》,北京：北京语言学院出版社,1995年。

邵荣芬：《匣母字上古一分为二试析》,《语言研究》1991年第1期。

沈培：《殷墟甲骨文"今"的特殊用法》,《古文字研究》第二十六辑,北京：中华书局,2006年。

时秀娟：《汉语方言元音格局的类型分析》,《南开语言学刊》第1期,北京：商务印书馆,2007年。

水谷真成：《表示梵语"翘舌"元音的汉字——二等重韵和三四等重纽》(张猛译),1960年;载朱庆之编：《中古汉语研究(二)》,北京：商务印书馆,2005年。

王福堂：《闽北方言弱化声母和"第九调"之我见》,《中国语文》1994年第6期。

王福堂：《汉语方言语音中的层次》,《语言学论丛》第二十七辑,北京：商务印书馆,2003年。

王福堂：《原始闽语中的清弱化声母和相关的"第九调"》,《中国语文》2004年第2期。

王福堂:《汉语方言调查与方言语音》,《语言学论丛》第三十六辑,北京:商务印书馆,2007年。

王福堂:《绍兴方言同音字汇》,《方言》2008年第1期。

王福堂:《绍兴方言中蟹摄一等咍泰韵的分合》,《罗杰瑞先生七秩晋三寿庆论文集》,香港:中文大学出版社,2009年。

王莉宁:《赣语中的次清浊化与气流分调》,《语言研究》2010年第3期。

王洪君:《文白异读、音韵层次与历史语言学》,《北京大学学报(哲学社会科学版)》2006年第2期。

王洪君:《层次与演变阶段——苏州话文白异读析层拟测三例》,《语言暨语言学》第7卷第1期,2006年。

王洪君:《演变的阶与叠置的层——再论单系统纵向演变与异系统横向接触的本质区别与彼此交叉》,"中国语言学会第十五届学术年会"论文,呼和浩特:内蒙古大学,2010年。

王洪君:《层次与断阶——叠置式音变与扩散式音变的交叉与区别》,《中国语文》2010年第4期。

王健庵:《〈诗经〉用韵的两大方言韵系——上古方音初探》,《中国语文》1992年第3期。

王静如:《论开合口》,《燕京学报》1941年第29期。

王珂:《宋元日用类书〈事林广记〉研究》,上海:上海师范大学博士学位论文,2010年。

王力:《古韵脂微质物月五部的分野》,《语言学论丛》第五辑,北京:商务印书馆,1963年。

王力:《〈经典释文〉反切考》,《龙虫并雕斋文集》(第三册),北京:中华书局,1982年。

王士元、James W. Minett:《语言演变中的横向传递和纵向传递》,2005年;载王士元著:《演化语言学论集》,北京:商务印书馆,2013年。

王为民:《"支微入鱼"的演变模式及其在晋方言中的表现》,《语言科学》2011年第6期。

魏建功：《与周祖谟论韵书》，《魏建功文集》（第三册），南京：江苏教育出版社，2001年。

温端政：《论晋语研究中的几个问题》，单周尧、陆镜光主编：《语言文字学研究》，北京：中国社会科学出版社，2005年。

闻宥：《黑鹿释名》，《民族语文》1979年第1期。

闻宥：《族名小考》，《中央民族学院学报》1981年第3期。

闻宥：《释"姐"》，《纪念顾颉刚学术论文集》（下册），成都：巴蜀书社，1990年。

吴波：《〈博雅音〉及其音系性质问题》，《汉语史学报》第六辑，上海：上海教育出版社，2006年。

吴瑞文：《覃谈有别与现代方言》，《声韵论丛》第十三辑，台北：学生书局，2004年。

夏含夷：《释"御方"》，1984年；载夏含夷：《古史异观》，上海：上海古籍出版社，2005年。

项梦冰：《方言地理、方言分区和谱系分类》，《龙岩学院学报》2012年第4期。

辛嶋静志：《汉译佛典的语言研究》，《俗语言研究》1997年第4、5期。

邢公畹：《古无轻唇音是汉语和侗泰语共有的现象》，《王力先生纪念论文集》，北京：商务印书馆，1990年。

邢公畹：《关于汉语南岛语发生学关系问题——L·沙加尔〈汉语南岛语同源论〉述评补证》，《民族语文》1993年第3期。

徐文堪：《关于"身毒"、"天竺"、"印度"等词的词源》，《词库建设通讯》1996年第10期。

徐小燕：《淳安威坪方言语音研究》，上海：上海师范大学硕士学位论文，2012年。

雅洪托夫：《上古汉语的起首辅音w》，1977年；载《汉语史论集》，北京：北京大学出版社，1986年。

雅洪托夫：《十一世纪的北京音》，1980年；载《汉语史论集》，北京：北京大学出版社，1986年。

严耕望：《扬雄所记先秦方言地理区》，《新亚书院学术年刊》（香港）1975年第

17卷。

严学宭：《论楚族和楚语》，《严学宭民族研究文集》，北京：民族出版社，1997年。

严学宭、尉迟治平：《汉语"鼻-塞"复辅音声母的模式及其流变》，《音韵学研究》第二辑，北京：中华书局，1986年。

颜逸明：《江苏境内吴语的北部边界》，《方言》1984年第1期。

杨剑桥：《闽方言来母S声字补论》，《李新魁教授纪念文集》，北京：中华书局，1998年。

杨耐思：《元代汉语的标准音》，谢纪锋、刘广和主编：《薪火编》，太原：山西高校联合出版社，1996年。

殷孟伦：《〈四声五音九弄反纽图〉简释》，《山东大学学报》1957年第1期。

许宝华、潘悟云：《释二等》，《音韵学研究》第三辑，北京：中华书局，1994年。

许宝华、汤珍珠、游汝杰：《吴语在溧水县境内的分布》，《方言》1985年第1期。

岩田礼：《书评：〈汉语方言地理学——入门与实践〉》，《语言学论丛》第四十三辑，北京：商务印书馆，2011年。

叶祥苓、郭宗骏：《宜兴方言同音字表》，《方言》1991年第2期。

游汝杰：《论吴语的音韵特征》，1997年；载《游汝杰自选集》，桂林：广西师范大学出版社1999年。

游汝杰：《汉语方言演变的文化原因》，《游汝杰自选集》，桂林：广西师范大学出版社，1999年。

游汝杰：《上海郊区语音近30年来的演变》，《方言》2010年第3期。

俞光中：《嘉兴方言同音字汇》，《方言》1988年第3期。

俞敏：《汉藏两族人和话同源探索》，《北京师范大学学报》1980年第1期。

俞敏：《等韵溯源》，《音韵学研究》第一辑，北京：中华书局，1984年。

俞敏：《汉藏同源字谱稿》，《民族语文》1989年第1、2期。

俞敏：《东汉以前的姜语与西羌语》，《民族语文》1991年第1期。

俞敏：《后汉三国梵汉对音谱》，《俞敏语言学论文集》，北京：商务印书馆，1999年。

尉迟治平:《周、隋长安方音初探》,《语言研究》1982年第2期。

尉迟治平:《"北叶〈中原〉,南遵〈洪武〉"溯源》,《语言研究》1988年第1期。

张光宇:《从闽方言看切韵三四等韵的对立》,载张光宇著:《切韵与方言》,台北:商务印书馆,1990年。

张光宇:《吴闽方言关系试论》,《中国语文》1993年第3期。

张光宇:《汉语方言的区际联系》,载温端政、沈慧云主编《语文新论——〈语文研究〉15周年纪念文集》,太原:山西教育出版社,1996年。

张光宇:《东南方言关系综论》,《方言》1999年第1期。

张光宇:《汉语方言合口介音消失的阶段性》,《中国语文》2006年第4期。

张光宇:《汉语方言边音的音韵行为》,《汉藏语学报》第3期,北京:商务印书馆,2009年。

张洪年:《镇江方言的连读变调》,《方言》1985年第3期。

张琨:《论吴语方言》,《历史语言研究所集刊》第五十六本第二分,1985年。

张琨:《汉语方言的分类》,《中国境内语言暨语言学》(第一辑·汉语方言),台北:"中研院"历史语言研究所,1992年。

张琨:《汉语方言中的几种音韵现象》,《中国语文》1992年第4期。

张琨:《藏语在汉藏语系比较语言学中的作用》,1977年;中译文载中央民族学院少数民族语言研究所编:《民族语文研究》(黄布凡译),成都:四川民族出版社,1984年。

张清常:《汉语声韵学里面的宫商角徵羽》,1942年;载《张清常文集》(第一卷·音韵),北京:北京语言文化大学出版社,2006年。

张清常:《李登〈声类〉和"五音之家"的关系》,《南开大学学报(人文科学)》1956年第1期;载《张清常文集》(第一卷·音韵),北京:北京语言文化大学出版社,2006年。

章太炎:《论语言文字之学》,《国粹学报》1906年第24期;载章念驰编:《章太炎先生演讲录》,上海:上海人民出版社,2011年。

张永言:《语源札记三则》,《民族语文》1983年第6期。

张永言:《语源探索三例》,《中国语言学报》第3期,北京:商务印书馆,

1988年。

赵彤：《藏语声母演变的几个问题》，《语言学论丛》第二十六辑，北京：商务印书馆，2002年。

赵元任：《北京、苏州、常州语助词的研究》，《清华学报》3卷2期，1926年。

赵元任：《中国方言当中爆发音的种类》，《历史语言研究所集刊》第五本第四分，1935年。

郑伟：《古代楚方言"𩸍"字的来源》，《中国语文》2007年第4期。

郑伟：《太湖片吴语音韵研究演变》，上海：复旦大学博士学位论文，2008年。

郑伟：《先秦两汉文献所见楚语词札记》，《汉语史学报》第十一辑，上海：上海教育出版社，2011年。

郑伟：《〈切韵〉寒韵字的演变特征与现代吴语》，《中国语文》2011年第4期。

郑伟：《探索不同材料所反映的汉语以母字的音变》，《语言研究》2011年第4期。

郑伟：《"支微入虞"与现代方言》，《语言暨语言学》第13卷第5期，2012年。

郑伟：《自然音变与音变类型：边近音 l 的演化方式》，《中国语言学集刊》第六卷第二期，2012年。

郑伟：《〈切韵〉重纽字在汉台关系词中的反映》，《民族语文》2013年第4期。

郑伟：《论〈切韵〉麻韵和佳韵在吴方言中的演变与分合》，《汉学研究》2013年第1期。

郑张尚芳：《温州方言歌韵读音的分化和历史层次》，《语言研究》1983年第2期。

郑张尚芳：《浦城方言的南北区分》，《方言》1985年第1期。

郑张尚芳：《皖南吴语的分区（稿）》，《方言》1986年第1期。

郑张尚芳：《上古韵母系统和四等、介音、声调的发源问题》，《温州师范学院学报》1987年第4期。

郑张尚芳：《〈切韵〉j 声母与 i 韵尾的来源问题》，《纪念王力先生九十诞辰文集》，济南：山东教育出版社，1992年。

郑张尚芳：《汉语与亲属语同源根词及附缀成分比较上的择对问题》，1995年；载《郑张尚芳语言学论文集》（下册），中华书局，2012年。

郑张尚芳：《浙西南方言的 tɕ 声母脱落现象》，《吴语和闽语的比较研究》，上海：上海教育出版社，1995 年。

郑张尚芳：《重纽的来源及其反映》，《声韵论丛》第六辑，台北：学生书局，1997 年。

郑张尚芳：《吴语》，董楚平、金永平等撰：《吴越文化志》，上海：上海人民出版社，1998 年。

郑张尚芳：《方言介音异常的成因及 e＞ia、o＞ua 音变》，《语言学论丛》第二十六辑，北京：商务印书馆，2002 年。

郑张尚芳：《闽语与浙南吴语的深层联系》，丁邦新、张双庆主编：《闽语研究及其与周边方言的关系》，香港：中文大学出版社，2002 年。

郑张尚芳：《汉语与亲属语言比较的方法问题》，《南开语言学刊》第 2 期，天津：南开大学出版社，2003 年。

郑张尚芳：《原始汉语 p-类复声母在中古的表现形式》，载丁邦新、余霭芹主编：《汉语史研究：纪念李方桂先生百年冥诞论文集》，台北："中研院"语言学研究所，2005 年。

郑张尚芳：《颜之推"南染吴越、北杂夷虏"谜题试由声母索解》，《中国音韵学——中国音韵学研究会南昌国际研讨会论文集·2008》，南昌：江西人民出版社，2010 年。

郑张尚芳：《〈辩十四声例法〉及"五音"试解》，《语言研究》2011 年第 1 期。

郑张尚芳：《浙江南部西部边境方言全浊声母的清化现象》，《方言》2012 年第 4 期。

郑张尚芳：《吴语语音的分层及其历史记录》，游汝杰等主编：《吴语研究——第七届国际吴方言学术研讨会论文集》，上海：上海教育出版社，2014 年。

钟兆华：《颜师古反切考略》，中国社会科学院语言研究所古代汉语研究室编：《古汉语研究论文集》，北京：北京出版社，1982 年。

钟梓强：《贺州鸬鹚话语音研究》，郑作广主编：《广西汉语珍稀方言语音研究》，南宁：广西民族出版社，2009 年。

周法高：《广韵重纽的研究》，《历史语言研究所集刊》第十三本，1948 年。

周法高:《玄应反切考》,《历史语言研究所集刊》第二十本(上),1948年。

周祖谟:《切韵的性质和它的音系基础》,《语言学论丛》第五辑,北京:商务印书馆,1963年。

周祖谟:《宋代汴洛语音考》,《问学集》(下册),北京:中华书局,1966年。

周祖谟:《颜氏家训音辞篇注补》,《问学集》(上册),北京:中华书局,1966年。

周祖谟:《读守温韵学残卷后记》,《问学集》(上册),北京:中华书局,1966年。

周祖谟:《万象名义中之原本玉篇音系》,《问学集》(上册),北京:中华书局,1966年。

周祖谟:《陈澧切韵考辨误》,《问学集》(下册),北京:中华书局,1966年。

周祖谟:《齐梁陈隋的方音》,《语言学论丛》第十七辑,北京:商务印书馆,1997年。

周祖谟:《论裴务齐正字本刊谬补缺切韵》,《周祖谟语言文史论集》,北京:学苑出版社,2004年。

朱晓农:《腭化与-i-失落的对抗》,《徐州师范学院学报》1989年第1期;又载《音韵研究》,北京:商务印书馆,2006年。

朱晓农:《唇音齿龈化和重纽四等》,《语言研究》2004年第3期。

朱晓农:《汉语元音的高顶出位》,《中国语文》2004年第5期。

朱晓农:《亲密与高调》,《当代语言学》2004年第3期。

朱晓农:《内爆音》,《方言》2006年第1期。

朱晓农:《证早期上声带假声》,《中国语文》2007年第2期。

朱晓农:《重塑语音学》,《中国语言学集刊》(香港)第四卷第一期,2010年。

朱晓农、刘泽民、徐馥琼:《自发新生的内爆音——来自赣语、闽语、哈尼语、吴语的第一手资料》,《方言》2009年第1期。

Baxter, William H 白一平, "Words in Middle Chinese zy-," Unpublished handout of May 9, 1995.

Branner, D. P 林德威, "Introduction: What are rime tables and what do they mean?" In Branner D. P. (ed.) *The Chinese Rime Tables: Linguistic*

Philosophy and Historical-comparative Phonology, Amsterdam: John Benjamins Publishing Company, 2006.

Cao, Jianfen 曹剑芬 and Maddieson Ian., "An Exploration of phonation types in Wu dialects of Chinese," *Journal of Phonetics* 20, 1992. 中译文《吴语发声型考察》,载曹剑芬著《现代语音研究与探索》,北京:商务印书馆,2007 年。

Chang, Betty Shefts 张谢蓓蒂, and Kun Chang 张琨, "Tibetan prenasalized initials," *Bulletin of Institute History and Philology*, 48.2, 1977.

Chao, Yuen-ren 赵元任, "Language and Dialects in China," *The Geographical Journal* 102.2, 1943.

Chou, Fa-kao 周法高, "Stages in the development of the Chinese language," 载《中国语文论丛》,台北:正中书局,1963 年。

Cun, Xi 寸熙, "The phonetic cause of sound change from voiceless stops to implosives," *The Bulletin of Chinese Linguistics* 4.1, 2010.

Essen, O. von, "An Acoustic Explanation of the Sound Shift [ɨ]>[u] and [l]>[i]," *in Honor of Daniel Jones*, Longmans: Green & Co. Ltd.,1964.

Gong, Hwang-cherng 龚煌城, "The first palatalization of velars in late Old Chinese," *In Honor of William S.-Y. Wang: Interdisciplinary Studies on Language and Language Change*, 1994.

Gong, Hwang-cherng 龚煌城, "The system of finals in Proto-Sino-Tibetan," 载龚煌城:《汉藏语研究论文集》,北京:北京大学出版社,2004 年。

Gordon, M. & Ladefoged Peter, "Phonation types: A cross-linguistic overview," *Journal of Phonetics* 29, 2001.

Hashimoto, Mantaro J 桥本万太郎, "*hP'ags-pa Chinese*," Writing and Language Reference Materials, No. 1. Tokyo: Research Institute of Asian and African Languages and Cultures, 1978.

Hombert, J. M., Ohala J. J. and Ewan W. G, "Phonetic explanations for the development of tones," *Language* 55, 1979.

Jakobson, Roman, "Typological studies and their contribution to historical comparative linguistics," *Proceedings of the Eighth International Congress of Linguists* I, 1958.

Keating, Patricia A, "Phonetic and phonological representation of stop consonant voicing," *Language* 60, 1984.

Kennedy, George A 金守拙, "Two tone patterns in Tangsic," *Language* 29.3, 1953.

Ku, Ye-ching 葛毅卿, "On the consonantal value of 喻-class words," *T'ung Pao* 29.1, 1932.

Ladefoged, Peter, "What do we symbolize? Thoughts prompted by bilabial and labiodental fricatives," *Journal of the International Phonetic Association*, 20, 1990.

LaPolla, Randy J 罗仁地, "Variable finals in Proto-Sino-Tibetan," *Bulletin of Institute of History and Philology*, 56.1, 1994.

Li, Fang-kuei 李方桂, "Languages and Dialects," *The Chinese Year Book*, 1936–1937.

Li, Fang-kuei 李方桂, "Laryngeal Features and tone development," *Bulletin of Institute of History and Philology* 51.1, 1980.

Mei, Tsu-lin 梅祖麟, "More on the aspect marker tsɨ in Wu dialects," in Chen, Matthew Y. and Ovid Tzeng eds., In *Honor of William S-Y Wang: Interdisciplinary Studies on Language and Language Change*, Taipei: Pyramid Press, 1994.

Mei, Tsu-lin 梅祖麟 and Jerry Norman 罗杰瑞, "The Austroasiatics in ancient South China: some lexical evidence," *Monumenta Serica* 17, 1976;载《梅祖麟语言学论文集》,北京:商务印书馆,2000年。

Norman, Jerry 罗杰瑞, Chronological strata in Min dialects. *Fangyan* 4, 1979.

Norman, Jerry 罗杰瑞, "The proto-Min finals," In Proceedings of 2nd International Conference on Sinology (Section on Linguistics & Palegraphy), ed. The editorial committee of proceedings of International Conference on Sinology Academia Sinica, Taipei: Academia Sinica, 1981.

Norman, Jerry 罗杰瑞, "Common dialectal Chinese," In David P. Branner (ed.), *The Chinese Rime Tables: Linguistic Philosophy and Historical-comparative Phonology*, Amsterdam & Philadelphia: John Benjamins Publishing Company, 2006.

Ohala, John J., "A model of speech aerodynamics," *Report of the Phonology Laboratory* 1, Berkeley: University of California, 1976.

Ohala, John J, "Southern Bantu vs. the world: the case of palatalization of labials," *Berkeley Linguistic Society*, *Proceedings annual Meeting* 4, 1978.

Ohala, John J, "About Flat," In Victoria A. Fromkin (ed.), *Phonetic Linguistics: Essays in Honor of Peter Ladefoged*. Orlando: Academic Press, 1985.

Painter, Colin, "Implosives, inherent pitch, tonogenesis and laryngeal mechanisms," *Journal of Phonetics* 6, 1978.

Pulleyblank, E. G. 蒲立本, "The consonantal system of Old Chinese," *Asia Major*, New Series 9, 1962. 中译本《上古汉语的辅音系统》(潘悟云、徐文堪译),北京:中华书局,1999年。

Richard, Wright & Aaron Shryock. "The effects of implosives on pitch in SiSwati," *Journal of the International Association* 23.1, 1993.

Shen, Zhongwei 沈钟伟, "Lexical diffusion: a population perspective and numerical model," *Journal of Chinese Linguistics* 18.1, 1990.

Shen, Zhongwei 沈钟伟, "Syllabic nasals in Chinese dialects," *Bulletin of Chinese Linguistics* 1.1, 2006.

Shen, Zhongwei 沈钟伟, "The *Chongniu* 重纽 contrast in the *Menggu Ziyun* 蒙古字韵: patterns and explanation," *Essays in Chinese Historical Linguistics*, Taipei: Institute of Linguistics, Academia Sinica, 2005.

Simmons, Richard VanNess 史皓元, "A Gauchwen village dialect: Chyanshiyao tsuen," *Yuen Ren Society of Chinese Dialect Data*（元任学会汉语方言资料宝库）vol. 3, 2002.

Sung, Margaret M. Y 宋严棉, "A study of literary and colloquial Amoy Chinese," *Journal of Chinese Linguistics* 1.3, 1973.

Takashima, Ken-ichi and Anne O. Yue, "Evidence of possible dialect mixture in Oracle-Bone inscriptions," *In* Ting Pang-hsin and Anne O. Yue（eds.）*Memory of Professor Li Fang-kuei: Essays of Linguistic Change and the Chinese Dialects*. Taipei and Seattle: Institute of Linguistics（Preparatory Office）, Academia Sinica and University of Washington, 2000.

Wang, William S.-Y 王士元, "Competing change as a cause of residue," *Language* 45, 1969. 中译文《竞争性演变是残留的原因》（石锋、廖荣蓉译），《语言的探索——王士元语言学论文选译》，北京：北京语言文化大学出版社,2001年。

Zheng, Wei 郑伟, "The labiodentalization of the palatal initial j-," *Bulletin of Chinese Linguistics* 8.2, 2015.

后　　记

写完一本书,虽尚不至于"拈断数茎须",也捱过了"有苦说不出"的阶段,但当提笔写后记的时候,心情还是愉悦的。

本书的大部分内容,曾以单篇论文的形式在国内外各种期刊发表,最早的发表于 2006 年,最晚的是 2018 年。现在作为专著印行,从体例到内容,自然需要加以修改、调整甚至重写。另外,以前发表的论文,常常因为篇幅的限制,有意犹未尽的遗憾,有的文章投给国内的学术集刊或者是境外的期刊,也有这一层考虑。但不管怎么说,还是很感谢各个期刊、杂志的编辑,先行发表了与本书有关的不少内容,使我有机会听到不同的反馈意见;也要感谢各位匿名审查人对各篇论文的肯定与鼓励,并指明进一步修改的方向。即将发表或已经发表过的章节,出处交代如下:

(1) 第二章第四小节,原刊《汉语史学报》第 14 辑,上海教育出版社,2014 年,105 - 116 页,题目原作《〈事林广记〉音谱类〈辨字差殊〉若干音韵条例再分析》。(2) 第二章第五小节,本来是以英文发表的,原刊 *Bulletin of Chinese Linguistics* 2015 年第 8 卷第 2 期,195 - 213 页,题目原作"The Labiodentalization of the Palatal Initial j"。这里将其编译为中文。(3) 第三章第一小节,原刊《民族语文》2007 年第 2 期,24 - 31 页,题目原作《汉语和藏语的"来"》。作为本书的一个章节,增加了不少文章初稿中本来就有的内容。(4) 第三章第二小节,原刊《语言研究》2006 年第 4 期,56 - 61 页,题目原作《说上古汉语的"洗"》。(5) 第三章第三小节,原刊《高山流水:郑张尚芳教授八十寿诞庆祝文集》,上海教育出版社,2014年,181-185页,题目原作《论古汉语核心词"咬"》）。(6)第四章第一小节,原刊《中国语文》2015年第3期,254-265页,题目原作《中古以后麻佳同韵的类型及其性质》。(7)第四章第四小节,原刊《汉语史学报》第16辑,上海教育出版社,2016年,46-58页,题目原作《八思巴字译音等材料中汉语重纽唇音字的语音表现》。(8)第五章第一小节,原刊《边界方言语音与音系演变论集》（由我主编）,中西书局,2016年,题目原作《关于边界方言与方言边界（代前言）》。该文另有个简洁的版本,发表于《中国社会科学报》2016年8月9日3版,题目原作《边界方言与汉语方言的分区分类》。(9)第五章第二小节,原刊《语言学论丛》第51辑,商务印书馆,2015年,110-133页,题目原作《吴语与南部江淮官话音韵比较研究中几个问题》。(10)第六章第一小节,原刊《方言》2015年第1期,36-43页,题目原作《淳安威坪方言古全清平声字的声母浊化》（与袁丹、徐小燕两位合作）。(11)第七章第一小节,原刊 Bulletin of Chinese Linguistics 2012年第6卷第2期,121-140页,题目原作《自然音变与音变类型：边近音 l 的演化方式》。(12)第七章第二小节,原刊《历史语言学研究》第9辑,商务印书馆,2015年,195-204页,题目原作《灰泰入虞的地理分布与音变过程》。(13)第八章第一小节,原刊《语言研究集刊》第11辑,上海辞书出版社,2013年,266-280页,题目原作《历史音变规律与方言地理分布类型》。(14)第八章第二小节,原刊《语言科学》2015年第1期,25-46页,《高等学校文科学术文摘》、《人大复印资料·语言文字学》都转载过这篇文章的全部或主要内容,题目原作《汉语方言语音史研究的若干理论与方法：以吴语为例》。文章写得比较长,可惜具体的例子举得还是不够多。

书中还有些章节,曾在学术会议上发表,具体包括：

(1)第二章第一小节,曾于2015年5月应邀在华东师范大学对外汉语学院做过报告,题目原作《中国古代方言的源流与演变》。该文是我和郑张尚芳先生合写的（这也是我们合作的第二篇论文）,文章已投寄浙江大学中文系所办的《中文学术前沿》,拖了许久,即将刊出。郑张老师对中国语言学研究的贡献,有目共睹。能跟郑张老师一起写文章,我觉得很荣幸,也很珍惜这样的机会。现在将这篇文章编入本书,以表示我对郑张老师的敬意于万一。老师于今年五月底归道山,思之不胜泫然。谨以此书聊表我对郑张老师的无限哀思。
(2) 第二章第二小节,曾于 2015 年 12 月在"第二届民族语文描写与比较学术研讨会"上宣读,题目原作《古越语"市"与侗台语的关系》,最近已刊于《中国语文》2018 年第 2 期,第 143-149 页。(3) 第四章第二小节,曾于 2015 年 9 月在"汉语方言中青年国际高端论坛"上宣读,题目原作《中古汉语方言的南北差异:以云匣母的分合为例》,将刊于《语言学论丛》2018 年第 57 辑。(4) 第六章第一小节,曾于 2014 年 8 月在"2014 汉语方言类型研讨会"上宣读,题目原作《皖东南当涂吴语的元音高化:从内部演变与方言接触来看》。最近已发表于《方言》2016 年第 3 期,300-308 页。(5) 第六章第二小节,曾于 2015 年 11 月在"2015 实验方言学论坛"上宣读,题目原作《浙江淳安威坪话中来自次浊声母的内爆音》,将刊于《杭州师范大学学报(哲学社会科学版)》。

回想 2002 年 9 月,那时候我刚刚步入读研的学习阶段不久,国庆假期回家,特意去了一趟上海图书馆,在那里的书店买到了两本音韵学的书,一本是潘悟云教授的《汉语历史音韵学》(上海教育出版社,2000 年),另一本是高本汉的《修订汉文典》(潘悟云等译,上海辞书出版社,1997 年)。当时只能随便乱翻、能看懂的内容没多少;而且当时自然也不会想到,几年以后有机会到复旦,学习汉语历史语言学。很庆幸,直到现在,我还没有离开音韵学这一方既"小"又"大"的园地。同样值得庆幸的是,我在广西民大读书的三年时间里,近距离接触了南方民族语的不少资料,后来在复旦读博的三年,除了音韵学,又选修了不少古文字学方面的课,长了知识,开了眼界,无形中培养了做学问的视野,形成了自己音韵研究的"套路"。

经常有比我年轻的朋友问我,怎么样才能学好音韵学?我绝不敢说自己的音韵学学得有多好,相反地,总感觉自己还处在摸着石头过河的阶段。就我的个人经验而言,比较重要的,至少有两点:

第一,音韵学并非"绝学",不应该只是把它看作一盘散沙、一堆故纸,而应该以历史语言学的眼光,提纲挈领,抓住汉语语音历史演变的基本规律,然后利用不同时代、地域、性质的材料让它变得有迹可循,有证可查,有轨可觅。傅斯年先生说，我们做历史、语言方面的研究，得"上穷碧落下黄泉，动手动脚找材料"。我是很相信的。

第二，"不畏浮云遮望眼"、"风物长宜放眼量"，放宽眼界特别地重要。音韵学的研究对象，应该包括历史文献、现代方言、民族语等，画地为牢、各执一端、抱残守缺等等，这些都不是学习与研究音韵学应该有的态度。以语言类型学的眼光，努力发现语音及音系变化的共性与个性，进而探索其背后的普遍性的生理、心理、认知规律，这才是年轻一代音韵学者应该努力的方向、追求的目标。

"文章千古事，得失寸心知"，多年的写作生活让我逐渐明白两件事情。第一，读书仅仅是起点和过程，不是终点和结果。读书的乐趣，不仅在于自己增加了知识，更应该把读书的困惑、心得写出来，给读者参考，让同行批评，这样才会有进步。所用材料、所提观点、所做论证等，不管有多少合理成分，都会是对学术的贡献。郭沫若在其名著《中国古代社会研究》(1954年新版，后收入《郭沫若全集·历史编》第一卷，人民出版社，1982年，第4页)的"引言"里头说："错误是人所难免的，要紧的是不要掩饰错误，并勇敢地改正错误。把自己的错误袒露出来，对于读者可能也有一些好处。因为'前车之覆，后车之戒'，读者可以从我的错误中吸取一些经验。"郭老的话我很赞同。第二，写单篇论文固然重要，但是，对相关的知识加以系统化地整理，形成内容完整、主线明确的专书似乎更加必要，这样既能方便读者接受，也能方便作者自己回顾学术历程，从而有所提高。"总为他人忙读书，读书总为他人忙"，说的就是这个道理。

诚恳地希望读者诸君能够就拙著的内容、观点等，给予我有益的建议和意见。先在这里谢过。谢谢华东师范大学中国语言文学系对本书出版的支持。上海古籍出版社顾莉丹编辑为本书的编排、校阅费心费力，沈钟伟教授为拙著题写书名，亦铭感于心。

郑　伟
2018年7月6日写于华东师大中文系

图书在版编目(CIP)数据

音韵学:方法和实践 / 郑伟著. —上海:上海古籍出版社,2018.7
(华东师范大学中文系学术丛书)
ISBN 978-7-5325-8782-7

Ⅰ.①音… Ⅱ.①郑… Ⅲ.①汉语—音韵学②汉语方言—音韵学—方言研究 Ⅳ.①H11②H17

中国版本图书馆 CIP 数据核字(2018)第 056959 号

华东师范大学中文系学术丛书
音韵学:方法和实践
郑伟 著

上海古籍出版社出版发行

(上海瑞金二路 272 号 邮政编码 200020)
(1) 网址:www.guji.com.cn
(2) E-mail:guji1@guji.com.cn
(3) 易文网网址:www.ewen.co
上海商务联西印刷有限公司印刷
开本 700×1000 1/16 印张 24.25 插页 3 字数 359,000
2018 年 7 月第 1 版 2018 年 7 月第 1 次印刷
印数:1—1,300
ISBN 978-7-5325-8782-7
H·197 定价:98.00 元
如有质量问题,请与承印公司联系